Treaty Series

Treaties and international agreements registered or filed and recorded with the Secretariat of the United Nations

VOLUME 3193

Recueil des Traités

Traités et accords internationaux enregistrés ou classés et inscrits au répertoire au Secrétariat de l'Organisation des Nations Unies

United Nations • Nations Unies
New York, 2025

Print ISBN: 978-92-1-003294-0
e-ISBN: 978-92-1-106838-2
ISSN: 0379-8267
e-ISSN: 2412-1495

TABLE OF CONTENTS

I

Treaties and international agreements
registered in June 2017
Nos. 54545 to 54551

TABLE DES MATIÈRES

I

Traités et accords internationaux
enregistrés en juin 2017
N°s 54545 à 54551

NOTE BY THE SECRETARIAT

Under Article 102 of the Charter of the United Nations, every treaty and every international agreement entered into by any Member of the United Nations after the coming into force of the Charter shall, as soon as possible, be registered with the Secretariat and published by it. Furthermore, no party to a treaty or international agreement subject to registration which has not been registered may invoke that treaty or agreement before any organ of the United Nations. The General Assembly, by resolution 97 (I), established regulations to give effect to Article 102 of the Charter (see text of the regulations, vol. 859, p. VIII; https://treaties.un.org/Pages/Resource.aspx?path=Publication/Regulation/Page1_en.xml).

The terms "treaty" and "international agreement" have not been defined either in the Charter or in the regulations, and the Secretariat follows the principle that it acts in accordance with the position of the Member State submitting an instrument for registration that, so far as that party is concerned, the instrument is a treaty or an international agreement within the meaning of Article 102. Registration of an instrument submitted by a Member State, therefore, does not imply a judgement by the Secretariat on the nature of the instrument, the status of a party or any similar question. It is the understanding of the Secretariat that its acceptance for registration of an instrument does not confer on the instrument the status of a treaty or an international agreement if it does not already have that status, and does not confer upon a party a status which it would not otherwise have.

*

* *

Disclaimer: All authentic texts in the present Series are published as submitted for registration by a party to the instrument. Unless otherwise indicated, the translations of these texts have been made by the Secretariat of the United Nations, for information.

NOTE DU SECRÉTARIAT

Aux termes de l'Article 102 de la Charte des Nations Unies, tout traité ou accord international conclu par un Membre des Nations Unies après l'entrée en vigueur de la Charte sera, le plus tôt possible, enregistré au Secrétariat et publié par lui. De plus, aucune partie à un traité ou accord international qui aurait dû être enregistré mais ne l'a pas été ne pourra invoquer ledit traité ou accord devant un organe de l'Organisation des Nations Unies. Par sa résolution 97 (I), l'Assemblée générale a adopté un règlement destiné à mettre en application l'Article 102 de la Charte (voir texte du règlement, vol. 859, p. IX; https://treaties.un.org/Pages/Resource.aspx?path=Publication/Regulation/Page1_fr.xml).

Les termes « traité » et « accord international » n'ont été définis ni dans la Charte ni dans le règlement, et le Secrétariat a pris comme principe de s'en tenir à la position adoptée à cet égard par l'État Membre qui a présenté l'instrument à l'enregistrement, à savoir que, en ce qui concerne cette partie, l'instrument constitue un traité ou un accord international au sens de l'Article 102. Il s'ensuit que l'enregistrement d'un instrument présenté par un État Membre n'implique, de la part du Secrétariat, aucun jugement sur la nature de l'instrument, le statut d'une partie ou toute autre question similaire. Le Secrétariat considère donc que son acceptation pour enregistrement d'un instrument ne confère pas audit instrument la qualité de traité ou d'accord international si ce dernier ne l'a pas déjà, et qu'il ne confère pas à une partie un statut que, par ailleurs, elle ne posséderait pas.

*

* *

Déni de responsabilité : Tous les textes authentiques du présent Recueil sont publiés tels qu'ils ont été soumis pour enregistrement par l'une des parties à l'instrument. Sauf indication contraire, les traductions de ces textes ont été établies par le Secrétariat de l'Organisation des Nations Unies, à titre d'information.

I

Treaties and international agreements registered in June 2017 Nos. 54545 to 54551

Traités et accords internationaux enregistrés en juin 2017 N°s 54545 à 54551

No. 54545

Japan and Mongolia

Agreement between Japan and Mongolia for an economic partnership (with annexes and implementing agreement). Tokyo, 10 February 2015

Entry into force: *7 June 2016, in accordance with article 17*

Authentic texts: *English, Japanese and Mongol*

Registration with the Secretariat of the United Nations: *Japan, 29 June 2017*

Only the authentic texts of the Agreement and the Implementing Agreement in the Mongolian language, along with the corresponding French translations, are published in this volume. The authentic texts in English and in Japanese are published in volume 3192. The annexes, which contain highly technical information, are not published herein, in accordance with article 12 (2) of the General Assembly regulations to give effect to Article 102 of the Charter of the United Nations, as amended, and the publication practice of the UN Secretariat.

Japon et Mongolie

Accord de partenariat économique entre le Japon et la Mongolie (avec annexes et accord d'exécution). Tokyo, 10 février 2015

Entrée en vigueur : *7 juin 2016, conformément à l'article 17*

Textes authentiques : *anglais, japonais et mongol*

Enregistrement au Secrétariat de l'Organisation des Nations Unies : *Japon, 29 juin 2017*

Seuls le texte authentique en mongol de l'Accord et de l'Accord d'exécution et la traduction en français sont publiés dans le présent volume, les textes authentiques en anglais et en japonais figurant dans le volume 3192. Les annexes, qui contiennent des informations hautement techniques, ne sont pas publiées ici, conformément au paragraphe 2 de l'article 12 du règlement de l'Assemblée générale destiné à mettre en application l'Article 102 de la Charte des Nations Unies, tel qu'amendé, et à la pratique du Secrétariat en matière de publication.

[TEXT IN MONGOL – TEXTE EN MONGOL]

ЭДИЙН ЗАСГИЙН ТҮНШЛЭЛИЙН ТУХАЙ ЯПОН УЛС, МОНГОЛ УЛС ХООРОНДЫН ХЭЛЭЛЦЭЭР

Агуулга

7 дугаар бүлэгт дурдсан 6 дугаар хавсралт	Тусгай үүрэг амлалтын жагсаалт болон Нэн тааламжтай үндэстний нөхцөлөөс чөлөөлөх жагсаалт
8 дугаар бүлэгт дурдсан 7 дугаар хавсралт	Хувь хүний шилжилт хөдөлгөөний талаарх Тусгай үүрэг амлалт
10 дугаар бүлэгт дурдсан 8 дугаар хавсралт	10.8 дугаар зүйлийн 1 дэх хэсэгт дурдсан хадгалах арга хэмжээ
10 дугаар бүлэгт дурдсан 9 дүгээр хавсралт	10.8 дугаар зүйлийн 3 дахь хэсэгт дурдсан хадгалах арга хэмжээ
10 дугаар бүлэгт дурдсан 10 дугаар хавсралт	Албадан хураалт

Оршил

Япон Улс болон Монгол Улс нь,

Талууд хоорондын дотно харилцаа болон худалдаа, хөрөнгө оруулалт, түүнчлэн харилцан ашигтай хамтын ажиллагааг хөгжүүлснээр бий болсон эдийн засаг, улс төрийн бат бөх холбоог ухамсарлан,

Даяаршил болон дэлхийн эдийн засгийн интеграцчиллын үр дүнд дэлхийн хурдацтай өөрчлөгдөж байгаа орчин нь эдийн засгийн шинэ сорилт, боломжийг Талуудад бий болгож байгааг харгалзан,

Талуудын эдийн засаг харилцан бие биеэ нөхөх боломжтой бөгөөд энэхүү боломж нь өөрсдийн эдийн засгийн хүчийг ашиглан хоёр талын худалдаа, хөрөнгө оруулалтын үйл ажиллагаагаар дамжуулан эдийн засгийн тогтвортой хөгжилд хувь нэмэр оруулна гэдгийг харгалзан,

Талуудын эдийн засгийн хөгжлийн түвшингийн ялгаатай байдлыг харгалзан,

Талууд хоорондын худалдаа, хөрөнгө оруулалтыг зохицуулах харилцан ашигтай дүрэм, журам бий болгох замаар худалдаа, хөрөнгө оруулалтын хүрээг тодорхой, баталгаатай болгохыг эрмэлзэн,

Талуудын эдийн засгийн өрсөлдөх чадвар болон нийлүүлэлтийн чадавхийг бэхжүүлэх, тэдгээрийн зах зээлийг илүү үр ашигтай, идэвхтэй болгох, хоорондын худалдаа, хөрөнгө оруулалтыг цаашид нэмэгдүүлэхэд худалдааны урьдчилан таамаглах боломжтой орчин бүрдүүлэх, түүнчлэн Талуудын эдийн засгийн цаашдын үр ашиг, өсөлтөд хувь нэмэр оруулахыг дахин эрмэлзэн,

Талууд хоорондын худалдаа, эдийн засгийн харилцааг өргөжүүлэхэд хувийн хэвшлийн гүйцэтгэх үүргийг тэмдэглэн энэхүү хэлэлцээрээр хувийн хэвшилд худалдаа, хөрөнгө оруулалтын шинэ боломжуудыг бий болгоно гэдгийг тэмдэглэн,

Энэхүү хэлэлцээрийг хэрэгжүүлснээр хүний нөөцийг хөгжүүлэн ажлын байрны шинэ болон илүү боломжуудыг бий болгоход хувь нэмэр оруулж, улмаар Талуудын хүн амын амьжиргааны түвшин, үүний дотор хэрэглэгчийн сайн сайхан байдлыг дээшлүүлнэ гэдэгт итгэж,

Энэхүү хэлэлцээр нь Талууд хоорондын өнөөгийн улс төр, эдийн засгийн холбоог бэхжүүлээд зогсохгүй Япон Улс, Монгол Улсын хооронд "стратегийн түншлэл"-ийг бий болгоход нэгэн чухал алхам болно гэдэг итгэл үнэмшлийг дахин нотолж,

1994 оны Тариф, худалдааны ерөнхий хэлэлцээрийн 24 дүгээр зүйл болон Үйлчилгээний худалдааны ерөнхий хэлэлцээрийн 5 дугаар зүйлийг тус тус эргэн санаж,

Энэхүү хэлэлцээр Талууд хоорондын харилцаанд шинэ эрин авч ирнэ гэдэгт итгэж, түүнчлэн

Талууд хоорондын эдийн засгийн түншлэлийг бэхжүүлэх эрх зүйн хүрээг тодорхойлох шийдвэр төгс байж,

Дор дурдсан зүйлийг хэлэлцэн тохиролцов:

1 дүгээр бүлэг
Ерөнхий зүйл

1.1 дүгээр зүйл
Зорилго

Энэхүү хэлэлцээрийн зорилго нь Талуудын хөгжлийн үе шат, эдийн засгийн хэрэгцээ, шаардлагыг харгалзан дараахь зорилтыг хэрэгжүүлэх замаар эдийн засагт түлхэц үзүүлэхэд оршино:

(a) Талууд хоорондын бараа болон үйлчилгээний худалдааг чөлөөлөх болон хөнгөвчлөх;

(b) Талууд хоорондын хувь хүний шилжилт хөдөлгөөнийг хөнгөвчлөх;

(c) хөрөнгө оруулалтын боломжуудыг нэмэгдүүлэх, мөн Талуудын хөрөнгө оруулалт болон хөрөнгө оруулалтын үйл ажиллагааны хамгаалалтыг бэхжүүлэх;

(d) оюуны өмчийн хамгаалалтыг сайжруулах;

(e) Талуудын өрсөлдөөний хуулийг үр дүнтэй хэрэгжүүлэхэд чиглэсэн хамтын ажиллагаа, уялдааг дэмжих;

(f) худалдаа, хөрөнгө оруулалтад хамааралтай бүх салбарт хоёр талын хамтын ажиллагааг цаашид эрчимжүүлэх; өргөтгөн гүнзгийрүүлж, бизнесийн орчныг сайжруулах хүрээг тодорхойлох;

(g) энэхүү хэлэлцээрийг хэрэгжүүлэх, маргаанаас сэргийлэх, маргааныг шийдвэрлэх үр дүнтэй журмыг бий болгох зэрэг орно.

1.2 дугаар зүйл
Ерөнхий тодорхойлолт

Энэхүү хэлэлцээрт өөрөөр заагаагүй бол хэлэлцээрийн зорилгоор:

(a) "Гаалийн үнэлгээний тухай хэлэлцээр" гэх нэр томьёо нь Дэлхийн Худалдааны Байгууллагын тухай хэлэлцээрийн 1А хавсралт дахь 1994 оны Тариф, худалдааны ерөнхий хэлэлцээрийн 7 дугаар зүйлийг хэрэгжүүлэх тухай хэлэлцээрийг хэлнэ;

(b) "нутаг дэвсгэр" гэх нэр томьёо нь:

(i) Япон Улсын хувьд, Япон Улсын нутаг дэвсгэр болон олон улсын эрх зүйн дагуу Япон Улс өөрийн бүрэн эрх, эсхүл шүүхийн эрх мэдлээ хэрэгжүүлж байгаа эдийн засгийн онцгой бүс болон эх газрын хормой;

(ii) Монгол Улсын хувьд, Монгол Улсын нутаг дэвсгэрийг хэлнэ;

Тайлбар: Энэхүү заалт нь олон улсын эрх зүйн хүрээнд Талуудын хүлээсэн эрх, үүрэг, үүний дотор Нэгдсэн Үндэстний Байгууллагын Далайн эрх зүйн тухай конвенцоор хүлээсэн эрх, үүргийг хөндөхгүй.

(c) "арилжааны төлөөлөл" гэх нэр томьёо нь аль нэг Талын нутаг дэвсгэрт бизнесийн, эсхүл мэргэжлийн байгууллагын үйлчилгээ үзүүлэх зорилгоор:

(i) байгуулсан, худалдан авсан, ажиллуулж буй хуулийн этгээдийг;

(ii) байгуулсан буюу ажиллуулж буй салбар, төлөөлөгчийн газар зэргийг хэлнэ;

(d) "гаалийн байгууллага" гэх нэр томьёо нь Талуудын болон энэхүү хэлэлцээрт оролцогч бус талын хуулийн дагуу гаалийн хууль тогтоомжийг хэрэгжүүлэх үүрэгтэй эрх бүхий байгууллага буюу:

(i) Япон Улсын хувьд Сангийн яам, эсхүл түүний залгамжлагч;

(ii) Монгол Улсын хувьд Гаалийн ерөнхий газар, эсхүл түүний залгамжлагчийг хэлнэ;

(e) "хоног" гэх нэр томьёо нь амралт болон баярын өдрүүдийг оролцуулан хуанлийн өдрийг хэлнэ;

(f) "аж ахуйн нэгж" гэх нэр томьёо нь тохирох хууль тогтоомжийн дагуу байгуулсан, эсхүл зохион байгуулсан ашгийн болон ашгийн бус, хувийн, эсхүл төрийн өмчит, эсхүл тэдгээрийн хяналтад байгаа корпораци, сан, нөхөрлөл, ганцаар өмчлөл, хамтарсан компани, нэгдэл, байгууллага, эсхүл компани зэрэг аливаа хуулийн этгээд буюу аж ахуйн нэгжийг хэлнэ;

(g) "аль нэг Талын аж ахуйн нэгж" гэх нэр томьёо нь тухайн Талын холбогдох хууль тогтоомжийн дагуу байгуулагдсан, эсхүл зохион байгуулсан аж ахуйн нэгжийг хэлнэ;

(h) "ҮХЕХ" гэх нэр томьёо нь Дэлхийн Худалдааны Байгууллагын тухай хэлэлцээрийн 1В хавсралт дахь Үйлчилгээний худалдааны тухай ерөнхий хэлэлцээрийг хэлнэ;

(i) "1994 оны ТХЕХ" гэх нэр томьёо нь Дэлхийн Худалдааны Байгууллагын тухай хэлэлцээрийн 1А хавсралт дахь 1994 оны Тариф, худалдааны ерөнхий хэлэлцээрийг хэлнэ. Энэхүү хэлэлцээрийн зорилгоор 1994 оны ТХЕХ зүйлийн тайлбар мөн хамаарна;

(j) "Уялдуулсан систем", эсхүл "УС" гэх нэр томьёо нь Барааг тодорхойлон кодлох уялдуулсан системийн тухай олон улсын конвенцийн хавсралтад заасан бөгөөд Талууд батлан өөрсдийн хуулийн хүрээнд хэрэгжүүлж байгаа Барааг тодорхойлон кодлох уялдуулсан системийг хэлнэ;

(k) "хөрөнгө оруулалт" гэх нэр томьёо нь хөрөнгө оруулагчийн шууд, эсхүл шууд бус эзэмшилд, эсхүл хяналтад байгаа дараахь хөрөнгийг хэлнэ Үүнд:

(i) аж ахуйн нэгж болон аж ахуйн нэгжийн салбар;

(ii) хувьцаа, эсхүл түүний дотор аж ахуйн нэгжийн өмчийн оролцооны бусад хэлбэр тэдгээртэй холбогдсон эрх;

(iii) үнэт цаас, өрийн бичиг, зээл болон түүний дотор тэдгээртэй холбогдсон эрх зэрэг өрийн бусад хэлбэрийг хамарна;

(iv) гэрээгээр үүсэх эрх түүний дотор түлхүүр гардуулах, барилга, менежментийн, бүтээгдэхүүн, эсхүл ашиг хуваах зэрэг эрхийг хамарна;

(v) санхүүгийн үнэ цэнэтэй аливаа гэрээнээс үүсэх мөнгөний болон үүргийн биелэлтийг шаардах нэхэмжлэл;

(vi) оюуны өмч;

Тайлбар: Оюуны өмч гэх нэр томьёо нь 12.2 дугаар зүйлд заасныг хэлнэ.

(vii) хууль тогтоомж, эсхүл гэрээний дагуу олгогдсон концесс, лиценз, эрх олгох болон зөвшөөрлийн эрх, түүний дотор санхүү, харилцаа холбооны үйлчилгээ үзүүлэх, цөмийн эрчим хүчний үйлдвэрлэл болон байгалийн баялгийг олборлох, ашиглах зэрэг болон эдгээрээр үл хязгаарлагдах эрхийг хамруулан;

(viii) аливаа бусад биет болон биет бус, хөдлөх болон үл хөдлөх өмч болон түрээс, ипотек, хөрөнгө барьцаалах болон үүрэг хүлээх зэрэг аливаа хөрөнгөтэй холбоотой эрх;

Тайлбар: Хөрөнгө оруулалт нь хөрөнгө оруулалтаар оруулсан дүнг тухайлбал ашиг, хүү, хөрөнгийн үр ашиг, ногдол ашиг, роялти болон хураамжийг багтаана. Хөрөнгө оруулалтын хэлбэрийг өөрчлөх нь хөрөнгө оруулалтын шинж чанарыг өөрчлөхгүй.

(l) “аль нэг Талын хөрөнгө оруулагч” гэх нэр томьёо нь нөгөө Талын нутаг дэвсгэрт хөрөнгө оруулалт хийх гэж байгаа, эсхүл хийж байгаа буюу хийсэн:

(i) тухайн Талын хуулийн дагуу иргэн нь болох хувь хүнийг;

(ii) тухайн Талын аж ахуйн нэгжийг хэлнэ.

(m) “хуулийн этгээд” гэх нэр томьёо нь тохирох хуулийн дагуу байгуулсан, эсхүл зохион байгуулсан ашгийн болон ашгийн бус, хувийн болон төрийн өмчийн корпораци, сан, нөхөрлөл, хамтарсан компани, ганцаар өмчлөл, эсхүл нэгдэл зэрэг аливаа хуулийн этгээдийг хэлнэ;

(n) хуулийн этгээд нь:

(i) хэрэв хөрөнгө оруулагч түүний хувь нийлүүлсэн хөрөнгийн 50-иас дээш хувийг эзэмшдэг бол тухайн этгээдийн “эзэмшлийн”;

(ii) хэрэв хөрөнгө оруулагч түүний захирлуудын дийлэнх олонхыг томилох, эсхүл хуулийн дагуу түүний үйл ажиллагааг чиглүүлэх эрх мэдэлтэй бол тухайн этгээдийн “хяналтын” байна;

(o) "зохих гарал үүсэлтэй бараа" гэх нэр томьёо нь гарал үүсэл нь 3 дугаар бүлгийн заалтын дагуу тодорхойлсон барааг хэлнэ;

(p) "Талууд" гэх нэр томьёо нь Япон Улс болон Монгол Улсыг, "Тал" гэдэг нь Япон Улс, эсхүл Монгол Улсыг хэлнэ;

(q) "этгээд" гэх нэр томьёо нь тухайн нөхцөлөөс хамааран хувь хүн, эсхүл аж ахуйн нэгж/хуулийн этгээдийг хэлнэ;

(r) "үйлчилгээ үзүүлэгч" гэх нэр томьёо нь аливаа үйлчилгээ үзүүлж байгаа, эсхүл үзүүлэх этгээдийг хэлнэ;

Тайлбар: Үйлчилгээг хуулийн этгээд шууд үзүүлж байгаа, эсхүл үзүүлэх бус, харин салбар, төлөөлөгчийн газар зэрэг арилжааны зорилго бүхий аливаа байгууллагын бусад хэлбэрээр үзүүлж байгаа, эсхүл үзүүлэх бол үйлчилгээ үзүүлэгчдэд (өөрөөр хэлбэл хуулийн этгээд) 7 дугаар бүлгийн дагуу энэхүү арилжааны төлөөлөл бүхий байгууллагаар дамжуулан олгох нөхцөлийг олгоно. Ийм нөхцөлийг үйлчилгээ үзүүлж байгаа, эсхүл үзүүлэх арилжааны төлөөлөл бүхий байгууллагад олгох ба үйлчилгээ үзүүлэгчийн үйлчилгээ үзүүлж байгаа, эсхүл үзүүлэх тухайн Талын нутаг дэвсгэрээс гадуур орших хэсэгт олгох шаардлагагүй.

(s) "ЭАУЭААХХ тухай хэлэлцээр" гэх нэр томьёо нь Дэлхийн Худалдааны Байгууллагын тухай хэлэлцээрийн 1А хавсралт дахь Эрүүл ахуй, ургамлын эрүүл ахуйн арга хэмжээг хэрэгжүүлэх тухай хэлэлцээрийг хэлнэ;

(t) "төрийн өмчит аж ахуйн нэгж" гэх нэр томьёо нь аль нэг Талын өмч, эсхүл хяналтад байгаа хуулийн этгээдийг хэлнэ;

(u) "ОӨЭХХА-ын тухай хэлэлцээр" гэх нэр томьёо нь Дэлхийн Худалдааны Байгууллагын тухай хэлэлцээрийн 1С хавсралт дахь Оюуны өмчийн эрхийн худалдаатай холбогдсон асуудлын тухай хэлэлцээрийг хэлнэ;

(v) "НҮБДЭЗК" гэх нэр томьёо нь 1982 оны 12 дугаар сарын 10-ны өдөр Монтего буланд байгуулсан Нэгдсэн Үндэстний Байгууллагын Далайн эрх зүйн тухай конвенцийг хэлнэ;

(w) "ДХБ-ын тухай хэлэлцээр" гэх нэр томьёо нь 1994 оны 4 дүгээр сарын 15-ны өдөр Марракеш хотноо байгуулсан Дэлхийн Худалдааны Байгууллагыг байгуулах тухай Марракешийн хэлэлцээрийг хэлнэ.

1.3 дугаар зүйл
Ил тод байдал

1. Тал бүр өөрийн нийтээр дагаж мөрдөх хууль тогтоомж болон шүүхийн шийдвэр, түүнчлэн энэхүү хэлэлцээрт хамаарал бүхий аливаа асуудлын тухайд нэгдэн орсон олон улсын хэлэлцээрийг даруй нийтлэх, эсхүл ямар нэг байдлаар олон нийтэд нээлттэй болгоно.

2. Тал бүр 1 дүгээр хэсэгт заасан хууль тогтоомжийг хариуцаж байгаа эрх бүхий байгууллагын нэр, хаягийг олон нийтэд нээлттэй байлгана.

3. 1 дүгээр хэсэгт заасан асуудлын тухайд аль нэг Тал хүсэлт гаргавал нөгөө Тал нь тавьсан тодорхой асуултад боломжтой хугацаанд өөрийн боломжийн хэрээр англи хэлээр хариу өгч, мэдээллээр хангана.

4. Аль нэг Тал энэхүү хэлэлцээрийн хэрэгжилтэд онцгой нөлөө үзүүлэх хууль тогтоомжийг шинээр гаргах, эсхүл өөрчлөх тохиолдолд тухайн Тал онцгой нөхцөл байдлаас бусад тохиолдол болон дотоодын хуулийн хүрээнд эдгээр хууль тогтоомжийг нийтлэх, эсхүл олон нийтэд нээлттэй болгох болон тэдгээрийн хүчин төгөлдөр үйлчилж эхлэх хугацааны хооронд боломжит хугацаа олгох талаар чармайна.

1.4 дүгээр зүйл
Олон нийтийн санал авах журам

Тал бүр энэхүү хэлэлцээрт хамаарал бүхий аливаа асуудлаар олон нийтийн санал авах журмыг өөрийн хууль тогтоомжийн дагуу болон боломжийн хүрээнд хэрэгжүүлнэ.

1.5 дугаар зүйл
Захиргааны журам

1. Аль нэг Талын эрх бүхий байгууллага энэхүү хэлэлцээрт хамаарал бүхий, эсхүл түүний хэрэгжилтэд нөлөө үзүүлэхүйц захиргааны шийдвэр гаргуулахаар гаргасан этгээдийн өргөдлийг хүлээн авсан бол өөрийн хууль тогтоомжийн дагуу:

(a) өргөдлийг хууль тогтоомжийн дагуу бүрэн гэж үзэж, хүлээн авснаас хойш гарсан шийдвэрийн талаар өргөдөл гаргагчид боломжийн хугацаанд мэдээлэх ба чингэхдээ 3 дугаар хэсэгт заасны дагуу тогтоосон хугацааг харгалзан үзнэ;

(b) өргөдөл гаргагчийн хүсэлтийн дагуу өргөдлийн шийдвэрлэх явцын талаарх мэдээллийг боломжийн хугацаанд өгнө.

2. Талуудын эрх бүхий байгууллагууд 1 дүгээр хэсэгт заасан өргөдлийг хянан үзэх шалгуурыг өөрийн хууль тогтоомжийн дагуу тогтооно. Эрх бүхий байгууллагууд нь эдгээр шалгуурыг:

(a) аль болох тодорхой;

(b) тухайн Талд захиргааны онцгой хүндрэл учруулахаас бусад тохиолдолд олон нийтэд нээлттэй болгоно.

3. 1 дүгээр хэсэгт заасан өргөдлийг хянан үзэх зорилгоор Талуудын эрх бүхий байгууллага өөрийн хууль тогтоомжийн дагуу:

(a) өргөдлийг хүлээн авах болон түүний талаар шийдвэр гаргах хооронд стандарт хугацаа тогтоох талаар чармайна;

(b) дээрх хугацааг тогтоосон бол олон нийтэд нээлттэй болгоно.

4. Талуудын эрх бүхий байгууллага өөрийн хууль тогтоомжийн дагуу этгээдэд үүрэг хүлээлгэх, эсхүл тухайн этгээдийн хууль ёсны эрхийг хязгаарлах талаар эцсийн шийдвэр гаргахын өмнө тухайн этгээдийг дараахь зүйлээр хангахыг эрмэлзэнэ:

(a) боломжит мэдэгдэл түүний дотор арга хэмжээний төрөл, түүний үндэслэл болох хуулийн заалт болон арга хэмжээг авч хэрэгжүүлэхэд хүргэсэн баримтыг хамрах;

(b) өөрийн байр суурийг хамгаалах баримт, нотолгоог танилцуулах бодит боломж.

1.6 дугаар зүйл
Хянан үзэх ба давж заалдах

1. Тал бүр энэхүү хэлэлцээрт хамаарал бүхий асуудлаар захиргааны үйл ажиллагааг нэн даруй хянан үзэх, үндэслэлтэй гэж үзвэл засах зорилгоор шүүх, эсхүл журамтай байна. Эдгээр шүүх, эсхүл журам нь дээрх үйл ажиллагааг захиргааны хувьд хэрэгжүүлэх үүрэг бүхий байгууллагаас ангид, бие даасан байна.

2. Тал бүр ийм журам, шүүхийн ажиллагаанд оролцогчдыг дараахь эрхээр хангана:

(a) өөрсийн байр суурийг дэмжих, эсхүл хамгаалах боломж;

(b) нотлох баримт болон тэмдэглэлд үндэслэн шийдвэр гаргуулах.

3. Тал бүр өөрийн хууль тогтоомжийн дагуу давж заалдах, эсхүл цаашид хянан үзэх нөхцөлийн дагуу тухайн захиргааны үйл ажиллагаатай холбоотойгоор гарсан шийдвэрийг холбогдох эрх бүхий байгууллага хэрэгжүүлэх явдлыг хангана.

1.7 дугаар зүйл
Авлигын эсрэг арга хэмжээ

Тал бүр энэхүү хэлэлцээрт хамаарах асуудлаар өөрийн хууль тогтоомжийн дагуу төрийн албан хаагчдыг авлигаас сэргийлэх болон авлигатай тэмцэх зохих арга хэмжээг авч хэрэгжүүлнэ.

1.8 дугаар зүйл
Нууц мэдээлэл

1. Тал бүр энэхүү хэлэлцээрийн дагуу нөгөө Талын итгэл үзүүлж өгсөн мэдээллийн нууцлалыг өөрийн хууль тогтоомжийн дагуу хадгална.

2. Энэхүү хэлэлцээрт өөрөөр заагаагүй бол нууц мэдээллийг задруулсны улмаас хууль тогтоомжоо хэрэгжүүлэхэд нь саад учруулах, эсхүл ямар нэг байдлаар нийтийн ашиг сонирхолд харшлах, эсхүл улсын болон хувийн тодорхой аж ахуйн нэгжийн хууль ёсны арилжааны ашиг сонирхолд хохирол учруулж болохуйц нууц мэдээлэл гаргаж өгөхийг энэхүү хэлэлцээрийн аль ч заалт аль нэг Талаас шаардахгүй.

1.9 дүгээр зүйл
Татвар

1. Энэхүү хэлэлцээрт өөрөөр заагаагүй бол хэлэлцээрийн заалтууд татварын аливаа арга хэмжээнд хамаарахгүй.

2. Энэхүү хэлэлцээр нь аль нэг Талын татварын аливаа конвенцоор хүлээсэн эрх, үүргийг хөндөхгүй. Ийм конвенц энэхүү хэлэлцээрт үл нийцэх тохиолдолд нийцэхгүй байгаа хэмжээгээр тухайн конвенцийг дагаж мөрдөнө.

3. Энэхүү хэлэлцээрийн заалтууд нь татварын арга хэмжээнд хамаарах хэмжээгээр 1.3 болон 1.8 дугаар зүйлийг эдгээр татварын арга хэмжээнд хэрэглэнэ.

1.10 дугаар зүйл
Үл хэрэглэх тохиолдол

1. 7, 8, 12 дугаар бүлгээс бусад бүлгийн хувьд болон энэхүү хэлэлцээрийн зорилгоор 1994 оны ТХЕХ-ийн 20, 21 дүгээр зүйл энэхүү хэлэлцээрийн нэгэн хэсэг болж, тэдгээрийг *mutatis mutandis* зарчмаар хэрэглэнэ.

2. 7, 8, 9, 10 дугаар бүлгийн зорилгоор ҮХЕХ-ийн 14, 14 bis дүгээр зүйлүүд энэхүү хэлэлцээрийн нэгэн хэсэг болж, тэдгээрийг *mutatis mutandis* зарчмаар хэрэглэнэ.

3. Талууд дараахь нөхцөл байдалтай холбоотой асуудлаар зөвлөлдөж болно:

(a) эдийн засаг нь цөөн нэр төрлийн түүхий эдээс хамаарал бүхий Талын экспортын орлого эдгээр түүхий эдийн борлуулалт, эсхүл дэлхийн зах зээлийн үнэ буурснаас буурах;

(b) аль нэг Тал өөрийн хүн амын амьжиргааны түвшинг дээшлүүлэх зорилгоор аливаа тодорхой үйлдвэрлэлийг байгуулахад дэмжлэг үзүүлэх шаардлага бий болсон.

Тайлбар: Энэ зүйлийн зорилгоор 1994 оны ТХЕХ-ийн 20 дугаар зүйлийн (b), ҮХЕХ-ийн 14 дүгээр зүйлийн (b) дэд хэсэг нь хүн, амьтан, ургамлын амьдрал, эсхүл эрүүл мэндийг хамгаалахад шаардлагатай арга хэмжээнд байгаль орчныг хамгаалах арга хэмжээг хамруулж ойлгоно. Түүнчлэн 1994 оны ТХЕХ-ийн 20 дугаар зүйлийн (g) дэд хэсэгт амьд болон амьгүй байгалийн шавхагдах нөөцийг хамгаалах арга хэмжээнд хамаарна.

1.11 дүгээр зүйл
Бусад хэлэлцээрт хамаарах нь

1. Талууд ДХБ-ын тухай хэлэлцээр, эсхүл Талуудын нэгдэн орсон аливаа бусад хэлэлцээрээр хүлээсэн эрх, үүргээ дахин нотолж байна.

2. Энэхүү хэлэлцээр нь ДХБ-ын тухай хэлэлцээрт нийцэхгүй тохиолдолд нийцэхгүй байгаа хэмжээгээр ДХБ-ын тухай хэлэлцээрийг дагаж мөрдөнө.

3. Энэхүү хэлэлцээр нь ДХБ-ын тухай хэлэлцээрээс бусад Талуудын нэгдэн орсон аливаа бусад хэлэлцээрт нийцэхгүй тохиолдолд Талууд харилцан тааламжтай шийдэлд хүрэх зорилгоор олон улсын эрх зүйн нийтлэг зарчмыг харгалзан даруй зөвлөлдөнө.

1.12 дугаар зүйл
Хэрэгжүүлэх хэлэлцээр

Талуудын Засгийн газар энэхүү хэлэлцээрийг хэрэгжүүлэхтэй холбоотойгоор мэдээлэл болон журмыг тодорхойлсон хэлэлцээр (цаашид “Хэрэгжүүлэх хэлэлцээр” гэх)-ийг тусад нь байгуулах бөгөөд энэ нь энэхүү хэлэлцээрийн нэмэлт болно.

1.13 дугаар зүйл
Хамтарсан хороо

1. Энэхүү хэлэлцээрийн хүрээнд Талууд Хамтарсан хороог үүгээр байгуулав.

2. Хамтарсан хороо нь дараахь чиг үүрэгтэй байна:

(a) энэхүү хэлэлцээрийн хэрэгжилт болон үйл ажиллагааг судалж үзэх болон хянан шалгах, шаардлагатай бол Талуудад холбогдох зөвлөмж өгөх;

(b) энэхүү хэлэлцээрт нэмэлт, өөрчлөлт оруулах асуудлыг авч үзэх, Талуудад зөвлөмж өгөх;

(c) энэхүү хэлэлцээрийн дагуу байгуулсан бүх дэд хорооны үйл ажиллагааг удирдан чиглүүлэх, зохицуулах;

(d) дараахь зүйлийг батлах:

(i) 2.20 болон 3.26 дугаар зүйлд тус тус дурдсан Барааны худалдааны талаарх Үйл ажиллагааны журам, Гарал үүслийн талаарх Үйл ажиллагааны журам;

(ii) шаардлагатай бусад шийдвэр;

(e) Талуудын тохиролцсоны дагуу бусад чиг үүргийг гүйцэтгэх.

3. Хамтарсан хороо нь:

(a) Талуудын Засгийн газрын төлөөлөгчдөөс бүрдэнэ;

(b) 1.14 дүгээр зүйлд зааснаас бусад дэд хороо байгуулж болно;

(c) өөрийн үүргийг дэд хороонд даалгаж болно.

4. Хамтарсан хороо нь өөрийн үйл ажиллагааны дүрэм болон журмыг тогтооно.

5. Хамтарсан хороо нь энэхүү хэлэлцээр хүчин төгөлдөр үйлчилж эхлэх өдөр анхны хуралдаанаа хийж, цаашид Талуудын харилцан тохиролцсоны дагуу товлосон хугацаанд болон газарт, эсхүл тохиролцсон бусад хэлбэрээр хийнэ.

1.14 дүгээр зүйл
Дэд хороо

1. Энэхүү хэлэлцээр хүчин төгөлдөр үйлчилж эхлэх өдөр дараахь дэд хороог байгуулна:

(a) 2.19 дүгээр зүйлд заасны дагуу Барааны худалдааны дэд хороо;

(b) 3.25 дугаар зүйлд заасны дагуу Гарал үүслийн дүрмийн дэд хороо;

(c) 4.8 дугаар зүйлд заасны дагуу Гаалийн үйл ажиллагааны болон худалдааг хөнгөвчлөх дэд хороо;

(d) 5.6 дугаар зүйлд заасны дагуу Эрүүл ахуй, ургамлын эрүүл ахуйн арга хэмжээний дэд хороо;

(e) 6.9 дүгээр зүйлд заасны дагуу Техникийн зохицуулалт, стандарт болон тохирлын үнэлгээний журмын дэд хороо;

(f) 7.16 дугаар зүйлд заасны дагуу Үйлчилгээний худалдааны дэд хороо;

(g) 8.6 дугаар зүйлд заасны дагуу Хувь хүний шилжилт хөдөлгөөний дэд хороо;

(h) 9.13 дугаар зүйлд заасны дагуу Цахим худалдааны дэд хороо;

(i) 10.18 дугаар зүйлд заасны дагуу Хөрөнгө оруулалтын дэд хороо;

(j) 12.18 дугаар зүйлд заасны дагуу Оюуны өмчийн дэд хороо;

(k) 13.5 дугаар зүйлд заасны дагуу Засгийн газрын худалдан авах ажиллагааны дэд хороо;

(l) 14.2 дугаар зүйлд заасны дагуу Бизнесийн орчныг сайжруулах дэд хороо;

(m) 15.4 дүгээр зүйлд заасны дагуу Хамтын ажиллагааны дэд хороо.

2. Дэд хороод нь 1 дэх хэсэгт дурьдсан холбогдох зүйлд тодорхойлсон чиг үүргийг гүйцэтгэнэ.

1.15 дугаар зүйл
Харилцаа холбоо

Энэхүү хэлэлцээртэй холбоотой аливаа асуудлаарх харилцааг дэмжих зорилгоор Тал бүр харилцах этгээдийг томилно.

2 дугаар бүлэг
Барааны худалдаа

1 дүгээр хэсэг
Ерөнхий дүрэм

2.1 дүгээр зүйл
Тодорхойлолт

Энэхүү бүлгийн зорилгоор:

(a) "хөдөө аж ахуйн тухай хэлэлцээр" гэх нэр томьёо нь ДХБ-ын тухай хэлэлцээрийн 1А хавсралт дахь Хөдөө аж ахуйн тухай хэлэлцээрийг хэлнэ;

(b) "демпингийн эсрэг арга хэмжээний тухай хэлэлцээр" гэх нэр томьёо нь ДХБ-ын тухай хэлэлцээрийн 1А хавсралт дахь 1994 оны ТХЕХ-ийн 6 дугаар зүйлийг хэрэгжүүлэх тухай хэлэлцээрийг хэлнэ;

(c) "хамгаалалтын арга хэмжээний тухай хэлэлцээр" гэх нэр томьёо нь ДХБ-ын тухай хэлэлцээрийн 1А хавсралт дахь Хамгаалалтын арга хэмжээний тухай хэлэлцээрийг хэлнэ;

(d) "татаас болон саармагжуулах арга хэмжээний тухай хэлэлцээр" гэх нэр томьёо нь ДХБ-ын тухай хэлэлцээрийн 1А хавсралт дахь Татаас болон саармагжуулах арга хэмжээний тухай хэлэлцээрийг хэлнэ;

(e) "хоёр талын хамгаалалтын арга хэмжээ" гэх нэр томьёо нь 2.8 дугаар зүйлийн 2 дахь хэсэгт заасан хоёр талын хамгаалалтын арга хэмжээг хэлнэ;

(f) "гаалийн татвар" гэх нэр томьёо нь барааг импортлохтой холбоотойгоор ногдуулах гаалийн, эсхүл импортын аливаа татварыг хэлэх боловч дараахь зүйлийг хамруулахгүй:

(i) 1994 оны ТХЕХ-ийн 2 дугаар зүйлийн 2 дахь хэсэг болон 3 дугаар зүйлийн 2 дахь хэсэгт нийцүүлэн ногдуулах дотоодын татвартай тэнцэх хураамж;

(ii) аль нэг Талын хууль болон 1994 оны ТХЕХ-ийн 6 дугаар зүйл, Демпингийн эсрэг арга хэмжээний тухай болон Татаас болон саармагжуулах арга хэмжээний тухай хэлэлцээрийн дагуу хэрэгжүүлэх демпингийн эсрэг, эсхүл саармагжуулах татвар;

(iii) үзүүлсэн үйлчилгээний өртөгтэй дүйцэх шимтгэл, эсхүл хураамж;

(g) "барааны гаалийн үнэлгээ" гэх нэр томьёо нь импортын бараанд гаалийн татварын хувь ногдуулах зорилгоор бараанд тогтоосон үнэлгээг хэлнэ;

(h) "дотоодын үйлдвэрлэл" гэх нэр томьёо нь аль нэг Талд үйл ажиллагаа явуулж байгаа ижил, эсхүл шууд өрсөлдөх чадвартай бүтээгдэхүүний нийт үйлдвэрлэгчдийг, эсхүл ижил, эсхүл шууд өрсөлдөх чадвартай бүтээгдэхүүний үйлдвэрлэлийн нийлбэр нь тухайн бүтээгдэхүүний үндэсний үйлдвэрлэлийн үндсэн хэсгийг бүрдүүлж байгаа үйлдвэрлэгчдийг хэлнэ;

(i) "хоёр талын хамгаалалтын түр арга хэмжээ" гэх нэр томьёо нь 2.13 дугаар зүйлийн 1 дэх хэсэгт заасан хоёр талын хамгаалалтын түр арга хэмжээг хэлнэ;

(j) "ноцтой хохирол" гэх нэр томьёо нь дотоодын үйлдвэрлэлийн ерөнхий нөхцөл байдал илэрхий доройтохыг;

(k) "ноцтой хохирол учруулах аюул" гэх нэр томьёо нь зөвхөн мэдэгдэл, таамаглал, цаашдын боломжоор бус, харин бодит баримтад үндэслэн тогтоосон ноцтой хохирол учруулах нь зайлшгүй гэдэг нь тодорхой байдлыг хэлнэ.

2.2 дугаар зүйл
Барааны ангилал

Талууд хоорондын худалдаанд хамаарах барааны ангиллыг Уялдуулсан системтэй нийцүүлсэн байна.

2.3 дугаар зүйл
Үндэсний нөхцөл

Тал бүр 1994 оны ТХЕХ-ийн 3 дугаар зүйлийн дагуу нөгөө Талын бараанд үндэсний нөхцөл олгох бөгөөд энэ зорилгоор 1994 оны ТХЕХ-ийн 3 дугаар зүйл *mutatis mutandis* зарчмаар энэхүү хэлэлцээрийн бүрэлдэхүүн хэсэг байна.

2.4 дүгээр зүйл
Гаалийн татварыг тэглэх, эсхүл бууруулах

1. Энэхүү хэлэлцээрт өөрөөр заагаагүй бол Тал бүр нөгөө Талын зохих гарал үүсэлтэй бараанд ногдуулах гаалийн татварыг 1 дүгээр хавсралт дахь жагсаалтын дагуу тэглэх, эсхүл бууруулна.

2. Аль нэг Тал хүсэлт гаргавал 1 дүгээр хавсралт дахь жагсаалтын дагуу Талуудын хэлэлцэхээр тохиролцсон гарал үүсэлтэй барааг зах зээлд нэвтрүүлэх нөхцөлийг сайжруулах зэрэг асуудлаар Талууд жагсаалтад заасан нөхцөлийн дагуу хэлэлцэнэ.

3. 1994 оны ТХЕХ-ийн 2 дугаар зүйлийн 1(b) дэд хэсэгт заасны дагуу Талуудын хооронд худалдаалж байгаа барааг импортлох, эсхүл импортлохтой холбоотойгоор ногдуулах татвар, эсхүл хураамжаас чөлөөлнө.

4. Энэ зүйлийн аль ч заалт нь нөгөө талын аливаа барааг импортлоход 2.1 дүгээр зүйлийн (f) (i) дэд хэсгээс (iii) хүртэл дурдсан дотоодын татвартай тэнцэх хураамж, демпингийн эсрэг, эсхүл саармагжуулах татвар, эсхүл бусад татвар, хураамжийг ямар ч үед ногдуулахад аль нэг Талд саад болохгүй.

5. Тодорхой бараанд ногдуулж байгаа үндэстний нэн тааламжтай тарифын хэмжээ 1 дэх хэсгийн дагуух нөгөө Талын гарал үүсэлтэй, тухайн ижил код бүхий бараанд ногдуулах тарифын хэмжээтэй тэнцэх, эсхүл түүнээс бага хэмжээтэй болох тохиолдолд Тал бүр хугацаа алдалгүйгээр ийнхүү тэглэсэн, эсхүл бууруулсан талаар нөгөө Талдаа мэдэгдэнэ.

6. Тодорхой бараанд ногдуулж буй гаалийн татварын хэмжээнд үндэстний нэн тааламжтай нөхцөл үйлчилсний дүнд татварын хэмжээ 1 дэх хэсэгт заасны дагуу ижил тарифын баганаар ангилагдсан гарал үүсэлтэй бараанд үйлчилж байгаа гаалийн татварын хэмжээнээс бага болсон тохиолдолд, Тал бүр тэрхүү гарал үүсэлтэй холбоотой бараанд бага хэмжээг нь хэрэглэнэ.

2.5 дугаар зүйл
Гаалийн үнэлгээ

Талуудын хооронд худалдаалж буй барааны гаалийн үнэлгээг тодорхойлох зорилгоор Гаалийн үнэлгээний тухай хэлэлцээрийн 1 дүгээр хэсгийг *mutatis mutandis* зарчмаар мөрдөнө.

2.6 дугаар зүйл
Экспортын татаас

Аль ч Тал ДХБ-ын тухай хэлэлцээрт үл нийцэх экспортын аливаа татаасыг Хөдөө аж ахуйн тухай хэлэлцээрийн 1 дүгээр хавсралт дахь жагсаалт бүхий хөдөө аж ахуйн аливаа бараанд шинээр олгохгүй буюу хэрэгжүүлэхгүй.

2.7 дугаар зүйл
Импортын болон экспортын хязгаарлалт

1. Аль нэг Тал нөгөө Талын аливаа барааг импортлох, эсхүл нөгөө Талд экспортлох, эсхүл экспортлох зорилгоор худалдахад гаалийн татвараас бусад ДХБ-ын тухай хэлэлцээрийн холбогдох хэсгийн дагуу хүлээсэн үүрэгт үл нийцэх аливаа хориг, эсхүл хязгаарлалт шинээр тогтоохгүй буюу хэрэгжүүлэхгүй.

2. Талуудын тохиролцох барааны хувьд нөгөө Талаас импортлох, эсхүл экспортлохтой холбоотой ДХБ-ын хэлэлцээрийн заалтад нийцүүлсэн гаалийн татвараас бусад хориг, эсхүл хязгаарлалтыг Аль нэг Тал нэвтрүүлсэн тохиолдолд нөгөө Талын холбогдох хууль тогтоомжид нийцэхүйцээр, тийм хориг, эсхүл хязгаарлалтыг нэвтрүүлэхээс өмнө, эсхүл түүнээс хойш нэн даруй нэг Тал нөгөө Талдаа холбогдох мэдээллийг нээлттэй байлгах болон мэдээллэхийг эрмэлзэнэ. Хориг, хязгаарлалт тогтоосон Тал мэдээллийг хуваалцах нь нийтийн ашиг сонирхолд үл нийцнэ хэмээн үзсэн тохиолдолд энэ заалт хэрэгжихгүй.

Тайлбар: Энэ заалтыг хэрэгжүүлэхдээ аль нэг Тал нөгөө Талдаа хүргүүлэх мэдээллийг ДХБ-ын тухай хэлэлцээрийн холбогдох журмын дагуу хүргүүлж болно.

2 дугаар хэсэг
Хамгаалалтын арга хэмжээ

2.8 дугаар зүйл
Хоёр талын хамгаалалтын арга хэмжээг хэрэглэх нь

1. Энэ хэсгийн заалтыг хангахад аль нэг Тал нөгөө Талын гарал үүсэлтэй бараанд ногдуулж байгаа гаалийн татварыг 2.4 дүгээр зүйлийн дагуу тэглэх, эсхүл бууруулсны үр дүнд тэрхүү барааны импорт нь тухайн Талын дотоодын үйлдвэрлэлд үнэмлэхүй, эсхүл харьцангүй тоо хэмжээгээр нэмэгдэж, түүнчлэн тэрхүү гарал үүсэлтэй барааны импорт дотоодын үйлдвэрлэлд ноцтой хохирол учруулах, эсхүл ийм хохирол учруулах аюулыг бий болгох нөхцөлд хоёр талын хамгаалалтын арга хэмжээг дотоодын үйлдвэрлэлд ноцтой хохирол учрахаас сэргийлэх, эсхүл учирсан хохирлыг нөхөх, улмаар зохицуулалтыг хялбарчлахад зайлшгүй шаардлагатай хамгийн бага хэмжээтэй хэрэгжүүлж болно.

2. Аль нэг Тал хоёр талын хамгаалалтын арга хэмжээг:

(a) энэхүү бүлэгт заасны дагуу гарал үүсэлтэй бараанд ногдуулж байгаа гаалийн татварыг цаашид бууруулахгүй байх;

(b) гарал үүсэлтэй бараанд ногдуулж байгаа гаалийн татварын хэмжээг дараагийн аль багаас нь илүү гаргахгүйгээр нэмэгдүүлэх:

(i) хоёр талын хамгаалалтын арга хэмжээг хэрэгжүүлэх өдөр үйлчилж буй үндэстний нэн тааламжтай тариф;

(ii) энэхүү хэлэлцээр хүчин төгөлдөр үйлчилж эхлэх өдрийн өмнөх өдөр үйлчилж буй үндэстний нэн тааламжтай тариф.

2.9 дүгээр зүйл
Нөхцөл болон хязгаарлалт

1. Ноцтой хохирлоос сэргийлэх, эсхүл ийм хохирлыг багасгах болон зохицуулалтыг хялбарчлахад шаардлагатай хэмжээ, хугацаанд хэрэгжүүлэхээс бусад тохиолдолд хоёр талын хамгаалалтын арга хэмжээ авахгүй ба тухайн хугацаа 3 жилээс хэтрэхгүй байна. Гэвч, нэн онцгой нөхцөлд хоёр талын хамгаалалтын арга хэмжээг хэрэгжүүлэх хугацааг сунгаж болох бөгөөд хоёр талын хамгаалалтын арга хэмжээг хэрэгжүүлэх нийт хугацаа сунгасан хугацааг оролцуулан 6 жилээс хэтрэхгүй байна. Хоёр талын хамгаалалтын арга хэмжээг хэрэгжүүлэх хугацаа 1 жилээс илүү байх нөхцөлд шаардлагатай зохицуулалтыг хийх зорилгоор уг арга хэмжээг хэрэгжүүлж байгаа Тал нь арга хэмжээг хэрэгжүүлэх хугацаанд түүнийг тогтмол хугацаагаар аажмаар чөлөөлнө.

2. Тодорхой гарал үүсэлтэй барааны импортод хоёр талын хамгаалалтын арга хэмжээг тухайн бараанд хэрэгжүүлсэн хоёр талын хамгаалалтын арга хэмжээний хугацаатай тэнцэх, эсхүл 1 жилийн хугацаанд буюу эдгээрийн аль урт хугацаанд нь дахин хэрэгжүүлэхгүй.

3. Хоёр талын хамгаалалтын арга хэмжээ дуусахад гарал үүсэлтэй тухайн бараанд ногдуулах гаалийн татварын хэмжээ хоёр талын хамгаалалтын арга хэмжээ аваагүй тохиолдолд үйлчлэх хэмжээ байна.

4. Экспортлогч Талын гарал үүсэлтэй бараа импортлогч Талын тухайн барааны импортод 3 хувиас хэтрэхгүй хувийг эзэлж байвал хоёр талын хамгаалалтын арга хэмжээг хэрэгжүүлэхгүй.

5. Талууд хоёр талын хамгаалалтын арга хэмжээг хэрэгжүүлэхтэй холбоотой журмыг тэнцвэртэй, шаардлагатай цаг үед нь, ил тод болон үр дүнтэй байдлаар хэрэгжүүлнэ.

2.10 дугаар зүйл
Мөрдөн шалгалт

1. Талууд хоёр талын хамгаалалтын арга хэмжээг зөвхөн эрх бүхий байгууллагаас Хамгаалалтын арга хэмжээний тухай хэлэлцээрийн 3 болон 4 дүгээр зүйлийн 2 дахь хэсэгт заасан журмын дагуу мөрдөн шалгалт хийсний дараа хэрэгжүүлнэ.

2. Онцгой нөхцөл байдлаас бусад тохиолдолд 1 дэх хэсэгт дурдсан мөрдөн шалгалт эхэлсэн өдрөөс хойш 1 жилийн дотор дуусгах ба ямар ч тохиолдолд 18 сараас хэтрүүлэхгүй.

2.11 дүгээр зүйл
Мэдэгдэх болон зөвлөлдөх

1. Аль нэг Тал:

(a) 2.10 дугаар зүйлийн 1 дэх хэсэгт дурдсан ноцтой хохирол, эсхүл ноцтой хохирол үүсэх аюул, үүний шалтгаантай холбоотой мөрдөн шалгалтыг эхлүүлэх;

(b) хоёр талын хамгаалалтын арга хэмжээ авах, эсхүл сунгах болсон тухай шийдвэрийн талаарх мэдээллийг бичгээр нөгөө Талд шуурхай мэдэгдэнэ.

2. 1 дэх хэсэгт дурдсан бичгээр мэдээлэл өгөх Тал нь нөгөө Талдаа дараахийг багтаасан холбогдох бүх мэдээллийг хүргүүлнэ.

(a) 1(a) дэд хэсэгт дурдсан бичгээр өгөх мэдээлэлд мөрдөн шалгалт хийх шалтгаан, мөрдөн шалгалтад хамруулах зохих гарал үүсэлтэй барааны тодорхой тайлбар, Уялдуулсан систем дахь код, мөрдөн шалгалт хийх хугацаа болон эхлүүлэх огноо;

(b) 1(b) дэд хэсэгт дурдсан бичгээр өгөх мэдээлэлд зохих гарал үүсэлтэй барааны импортын хэт өсөлтийн улмаас үүсэх ноцтой хохирол, эсхүл ийм хохирол учруулах аюулын талаар нотлох баримт, хоёр талын хамгаалалтын арга хэмжээ хэрэгжүүлэх зохих гарал үүсэлтэй барааны тодорхой тайлбар болон Уялдуулсан систем дахь код, хэрэгжүүлэх хоёр талын хамгаалалтын арга хэмжээний талаарх тодорхой тайлбар, арга хэмжээг хэрэгжүүлж эхлэх огноо болон үргэлжлэх хугацаа зэрэг орно.

3. Хоёр талын хамгаалалтын арга хэмжээ авах, эсхүл сунгах санал гаргасан Тал 2.10 дугаар зүйлийн 1 дэх хэсэгт дурдсан мөрдөн шалгалтын үр дүнд гарах мэдээллийг үнэлж дүгнэх, хоёр талын хамгаалалтын арга хэмжээний талаар санал солилцох, 2.12 дугаар зүйлд заасан нөхөн олговорын талаар тохиролцох зорилгоор нөгөө Талтай урьдчилан зөвлөлдөх боломжоор хангана.

2.12 дугаар зүйл
Нөхөн олговор

1. Хоёр талын хамгаалалтын арга хэмжээ хэрэгжүүлэх, эсхүл сунгах санал гаргаж байгаа Тал нь худалдааны нөхөн олговор олгох арга замын талаар тохиролцож болно. Энэхүү нөхөн олговор хоёр талын хамгаалалтын арга хэмжээний үр дүнд ногдуулах гаалийн нэмэлт татварын хэмжээтэй бодит байдлаар тэнцүү байна.

2. Талууд 2.11 дүгээр зүйлийн 3 дахь хэсгийн дагуу зөвлөлдөөн эхэлснээс хойш 30 хоногийн дотор нөхөн олговорын талаар тохиролцоонд хүрч чадахгүй тохиолдолд хоёр талын хамгаалалтын арга хэмжээнд хамрагдаж байгаа барааны гарал үүслийн Тал энэхүү хэлэлцээрийн дагуу гаалийн татварын хөнгөлөлтийг хоёр талын хамгаалалтын арга хэмжээтэй бодитоор тэнцэхүйц хэмжээгээр түдгэлзүүлж болно. Ийнхүү түдгэлзүүлэх эрх эдэлж буй Тал нь гаалийн татварын хөнгөлөлтийг гагцхүү тэнцэхүйц нөлөөнд хүрэхэд шаардлагатай хамгийн бага хугацаагаар болон гагцхүү хоёр талын хамгаалалтын арга хэмжээг хэрэгжүүлэх хугацаагаар түдгэлзүүлж болно.

2.13 дугаар зүйл
Хоёр талын хамгаалалтын түр арга хэмжээ

1. Хоёр талын хамгаалалтын арга хэмжээ хэрэгжүүлэх хугацааг удаашруулах нь хор уршгийг засахад хүнд байдал үүсгэх онцгой нөхцөл байдалд аль нэг Тал хоёр талын хамгаалалтын түр арга хэмжээг хэрэгжүүлж болно. Арга хэмжээг 2.8 дугаар зүйлийн 2(a), эсхүл 2(b) дэд хэсэгт заасан хэлбэрт нийцүүлэх ба нөгөө Талын зохих гарал үүсэлтэй барааны импортын өсөлт дотоодын үйлдвэрлэлд ноцтой хохирол учруулсан буюу учруулах аюулын гарцаагүй нотолгоог урьдчилан тодорхойлсоны үндсэн дээр хэрэгжүүлнэ.

2. Аль нэг Тал хоёр талын хамгаалалтын түр арга хэмжээ хэрэгжүүлэхээс өмнө нөгөө Талдаа бичгээр мэдэгдэнэ. Хоёр талын хамгаалалтын түр арга хэмжээг хэрэгжүүлж эхлэмэгц арга хэмжээний талаар Талууд зөвлөлдөнө.

3. Хоёр талын хамгаалалтын түр арга хэмжээ 200 хоногоос хэтрэхгүй. Энэ хугацаанд 2.10 дугаар зүйлд заасан зохих шаардлагыг биелүүлнэ. Хоёр талын хамгаалалтын түр арга хэмжээг хэрэгжүүлэх хугацааг 2.9 дүгээр зүйлийн 1 дэх хэсэгт дурдсан хугацаанд оруулж тооцно.

4. Хоёр талын хамгаалалтын түр арга хэмжээг 2.9 дүгээр зүйлийн 3-аас 5 дахь хэсэгт *mutatis mutandis* зарчмаар нийцүүлнэ. 2.10 дугаар зүйлийн 1 дэх хэсэгт заасан мөрдөн шалгалтаар нөгөө Талын гарал үүсэлтэй барааны импорт дотоодын үйлдвэрлэлд ноцтой хохирол учруулсан, эсхүл учруулах аюултай эсэх нь тогтоогдоогүй тохиолдолд хоёр талын хамгаалалтын түр арга хэмжээний үр дүнд ногдуулсан гаалийн татварыг нөхөн олгоно.

2.14 дүгээр зүйл
ДХБ-ын тухай хэлэлцээрийн дагуу хэрэгжүүлэх хамгаалалтын арга хэмжээтэй хамаарах нь

1. Аль нэг Тал:

(a) 1994 оны ТХЕХ-ийн 19 дүгээр зүйл болон Хамгаалалтын арга хэмжээний тухай хэлэлцээр;

(b) хөдөө аж ахуйн тухай хэлэлцээрийн 5 дугаар зүйлийн дагуу нөгөө Талын зохих гарал үүсэлтэй бараанд хамгаалалтын арга хэмжээ хэрэгжүүлэхэд энэ хэсэг саад болохгүй.

2. 1994 оны ТХЕХ-ийн 19 дүгээр зүйл болон Хамгаалалтын арга хэмжээний тухай хэлэлцээр, эсхүл Хөдөө аж ахуйн тухай хэлэлцээрийн 5 дугаар зүйлийн дагуу аль нэг Тал нөгөө Талын зохих гарал үүсэлтэй барааны импортод хамгаалалтын арга хэмжээ хэрэгжүүлж байгаа бол тэрхүү импортод энэ хэсгийн дагуу хоёр талын хамгаалалтын арга хэмжээг нэг зэрэг хэрэгжүүлэхгүй.

3. Аль нэг Тал нөгөө Талын зохих гарал үүсэлтэй барааны импортод энэхүү бүлгийн дагуу хоёр талын хамгаалалтын арга хэмжээг 1994 оны ТХЕХ-ийн 19 дүгээр зүйл болон Хамгаалалтын арга хэмжээний тухай хэлэлцээр, эсхүл Хөдөө аж ахуйн тухай хэлэлцээрийн 5 дугаар зүйлийн дагуу хэрэгжүүлэх хамгаалалтын арга хэмжээнээс өмнө хэрэгжүүлсэн бол энэ хамгаалалтын арга хэмжээг хоёр талын хамгаалалтын арга хэмжээний нийт хугацаанд оруулж тооцно. Энэхүү хамгаалалтын арга хэмжээг хэрэгжүүлж дуусмагц тухайн Тал үлдсэн хугацаанд тэрхүү импортод хоёр талын хамгаалалтын арга хэмжээг үргэлжлүүлэн хэрэгжүүлж болно.

2.15 дугаар зүйл
Харилцаа холбоо

2.11 дүгээр зүйлийн 1, 2.13 дугаар зүйлийн 2 дахь хэсэгт дурдсан бичгээр өгөх мэдэгдэл болон энэ хэсгийн дагуу Талууд хоорондын аливаа харилцаа холбоог англи хэлээр гүйцэтгэнэ.

2.16 дугаар зүйл
Хяналт

Талууд энэ хэсгийн заалтыг шаардлагатай бол энэхүү хэлэлцээр хүчин төгөлдөр үйлчилж эхэлсэн өдрөөс хойш 10 жилийн дараа хянаж үзнэ.

3 дугаар хэсэг
Бусад заалт

2.17 дугаар зүйл
Демпингийн эсрэг болон саармагжуулах арга хэмжээ

Энэхүү бүлгийг 1994 оны ТХЕХ-ийн 6 дугаар зүйл, Демпингийн эсрэг арга хэмжээний тухай, Татаас болон саармагжуулах арга хэмжээний тухай хэлэлцээрийн дагуу аливаа арга хэмжээг хэрэгжүүлэхэд аль нэг Талд саад болохоор тайлбарлахгүй.

2.18 дугаар зүйл
Төлбөрийн тэнцлийг хангах зорилгоор авах арга хэмжээ

1. Төлбөрийн тэнцлийг хангах зорилгоор аливаа арга хэмжээ авахад аль нэг Талд саад болохоор энэхүү Бүлгийг тайлбарлахгүй. Аль нэг Тал ийм арга хэмжээ авахдаа 1994 оны ТХЕХ-ийн 12 дугаар зүйл болон ДХБ-ын тухай хэлэлцээрийн 1А хавсралт дахь ТХЕХ-ийн төлбөрийн тэнцэлтэй холбогдсон заалтын тухай харилцан ойлголцох барим бичигт заасан нөхцөлийн дагуу хэрэгжүүлнэ.

2. Аль нэг Тал Олон улсын валютын сангийн хэлэлцээрийн зүйлд нийцүүлэн валютын хяналт, эсхүл хязгаарлалтын арга хэмжээ авахад энэ бүлгийн аль ч заалт саад болохгүй.

2.19 дүгээр зүйл
Барааны худалдааны дэд хороо

1. Энэхүү бүлгийн хэрэгжилтийг үр дүнтэй хангах зорилгоор Талууд Барааны худалдааны дэд хороо (цаашид энэ зүйлд "Дэд хороо" гэх)-г үүгээр байгуулав.

2. Дэд хороо нь дараахь чиг үүрэгтэй байна:

(a) энэхүү бүлгийн хэрэгжилтийг хянан үзэх, хяналт тавих;

(b) талуудын тохиролцсоны дагуу энэ бүлэгтэй холбоотой аливаа бусад асуудлыг авч үзэх;

(c) 2.20 дугаар зүйлд заасан Барааны худалдаанд хамаарах үйл ажиллагааны журмыг хянах, шаардлагатай бол Хамтарсан хороонд зохих зөвлөмжийг өгөх;

(d) дэд хорооны үр дүн болон дүгнэлтийг Хамтарсан хороонд тайлагнах;

(e) хамтарсан хорооноос даалгаж болох бусад чиг үүргийг хэрэгжүүлэх.

3. Дэд хороо нь Талуудын Засгийн газрын төлөөлөгчдөөс бүрдэнэ.

4. Дэд хороо нь хурлаа Талуудын харилцан тохиролцсоны дагуу товлосон хугацаанд болон газарт, эсхүл тохиролцсон бусад хэлбэрээр хийнэ.

2.20 дугаар зүйл
Барааны худалдааны талаарх үйл ажиллагааны журам

Хамтарсан хороо нь энэхүү хэлэлцээр хүчин төгөлдөр болсон өдөр Талуудын холбогдох байгууллагууд энэхүү бүлгийн дагуу үүргээ биелүүлэхтэй холбоотой тодорхой дэгийг тогтоосон Барааны худалдааны талаарх үйл ажиллагааны журмыг батална.

2.21 дүгээр зүйл
Экспорттой холбоотой хамтын ажиллагаа

Талууд экспортлогч Талын экспортолж байгаа хуучин автомашины талаар 15 дугаар бүлэгт заасны дагуу хамтран ажиллана.

3 дугаар бүлэг
Гарал үүслийн дүрэм

3.1 дүгээр зүйл
Тодорхойлолт

Энэхүү бүлгийн зорилгоор:

(a) "эрх бүхий төрийн байгууллага" гэх нэр томьёо нь Тал бүрийн хууль тогтоомжийн дагуу гарал үүслийн гэрчилгээ олгох үүрэг бүхий, эсхүл тийм гэрчилгээ олгох нэгж буюу байгууллагыг томилох үүрэг бүхий эрх бүхий байгууллагыг хэлнэ:

(b) "экспортлогч" гэх нэр томьёо нь экспортлогч Талаас бараа экспортолж байгаа экспортлогч Талд байршилтай этгээдийг хэлнэ;

(c) "нэг Талын үйлдвэр-хөлөг онгоц", эсхүл "нэг Талын далайн хөлөг онгоц" гэх нэр томьёо нь дараахь нөхцөлийг хангасан үйлдвэр-хөлөг онгоц, эсхүл далайн хөлөг онгоцыг хэлнэ:

(i) тухайн Талд бүртгэлтэй;

(ii) тухайн Талын далбааг мандуулсан;

(iii) дараахь нөхцөлийн аль нэгийг хангасан:

(A) тэдгээрийн хамгийн багадаа 50 хувь нь тухайн Талуудын иргэдийн өмчлөлд байдаг;

(B) тэдгээр нь аль нэг Талд төвтэй, мөн тэнд үндсэн үйл ажиллагаа эрхэлдэг, түүнчлэн Тал бус улсад бүртгэлтэй аливаа тэнгисийн хөлөг, эсхүл усан онгоц өмчилдөггүй хуулийн этгээдийн өмчлөлд байдаг;

(d) "аль нэг Талын зохих гарал үүсэл орлох бараа" буюу "аль нэг Талын зохих гарал үүсэл орлох материал" гэх нэр томьёо нь арилжааны зориулалтаараа бие биенээ орлох, тэдгээрийн мөн чанар нь үндсэндээ адилхан, аль нэг Талын гарал үүсэлтэй бараа, эсхүл материалын аль тохирохыг хэлнэ;

(e) "нягтлан бодох бүртгэлийн нийтээр хүлээн зөвшөөрсөн зарчмууд" гэх нэр томьёо нь тодорхой хугацаагаар тасалбар болгон эдийн засгийн эх үүсвэр, өр төлбөрийг актив, пассиваар бүртгэх, түүнд гарч буй өөрчлөлтийг хэрхэн хэмжих болон тайлагнах, ямар мэдээллийг хэрхэн толилуулах болон санхүүгийн тайланг бэлтгэх тал дээр байгууллагын хүрээнд харилцан хүлээн зөвшөөрөгдсөн болон бодитоор батлагдсан зарчмыг хэлнэ. Эдгээр стандарт нь нийтээр дагаж мөрдөх ерөнхий зарчим, түүнчлэн нарийвчилсан практик хэрэглээ болон хэмжих аргачлал байж болно;

(f) "импортлогч" гэх нэр томьёо нь импортлогч Тал руу бараа импортолж байгаа этгээдийг хэлнэ.

(g) "туслах материал" гэх нэр томьёо нь өөр бараа үйлдвэрлэх, турших, эсхүл шалгахад ашигласан, гэхдээ тухайн бараанд биет хэлбэрээр шингээгүй (түүний бүрдэл хэсэг болоогүй) барааг, эсхүл өөр бараа үйлдвэрлэхтэй холбогдуулан барилга байгууламжийн засварын ажилд, эсхүл тоног төхөөрөмж ажиллуулахад ашигласан барааг, түүний дотор дараах зүйлсийг хэлнэ:

(i) түлш болон эрчим хүч;

(ii) багаж хэрэгсэл, хэв болон цутгуур;

(iii) барилга байгууламжийн болон тоног төхөөрөмжийн засварын ажилд ашигласан сэлбэг хэрэгсэл болон бараа;

(iv) үйлдвэрлэлийн явцад ашигласан, эсхүл тоног төхөөрөмж ажиллуулахад болон барилга байгууламжид ашигласан тос, тослох материал, хольц болон бусад бараа;

(v) бээлий, хамгаалалтын нүдний шил, гутал, хувцас, аюулгүй ажиллагааны тоног хэрэгсэл болон сэлбэг;

(vi) барааг турших, эсхүл шалгах зориулалтаар ашигласан тоног төхөөрөмж, аппарат хэрэгсэл болон сэлбэг;

(vii) идэвхжүүлэгч (катализатор) болон уусгагч (бодис);

(viii) өөр бараанд биет хэлбэрээр шингээгүй, гэхдээ тухайн барааг үйлдвэрлэхэд түүнийг ашигласан явдал тухайн үйлдвэрлэлийн нэг дамжлага хэсэг болохыг нотлон харуулж чадах аливаа бусад бараа;

(h) "материал" гэх нэр томьёо нь өөр бараа үйлдвэрлэхэд ашигласан барааг хэлнэ;

(i) "зохих гарал үүсэлгүй материал" гэх нэр томьёо нь энэ бүлэгт заасан гарал үүслийн шаардлагыг хангаагүй материалыг хэлнэ;

(j) "зохих гарал үүсэлтэй материал" гэх нэр томьёо нь энэ бүлэгт заасан гарал үүслийн шаардлагыг хангасан материалыг хэлнэ;

(k) "бараа тээвэрлэх болон ачих зориулалттай савлагааны (баглаа боодлын) материал болон хайрцаг сав" гэх нэр томьёо нь тээвэрлэлтийн явцад барааг хамгаалах зорилгоор ашигладаг, 3.13 дугаар зүйлд заасан жижиглэн худалдах барааны савлагааны (баглаа боодлын) материал болон хайрцаг савнаас бусад барааг хэлнэ;

(l) "тарифын хөнгөлөлт" гэх нэр томьёо нь экспортлогч Талын гарал үүсэлтэй бараанд 2.4 дугаар зүйлийн 1 дэх хэсгийн дагуу хамаарах гаалийн татварын хувь хэмжээг хэлнэ;

(m) "үйлдвэрлэгч" гэх нэр томьёо нь бараа буюу материалын үйлдвэрлэл эрхэлдэг этгээдийг хэлнэ;

(n) "үйлдвэрлэл" гэх нэр томьёо нь бараа гаргаж авах аргыг, түүний дотор үйлдвэрлэх, угсрах, боловсруулах, өсгөх, ургуулах, үржүүлэх, ашигт малтмал олборлох, баяжуулах, ургац хураах, загас агнах, урхи тавих, түүх буюу цуглуулах, хураах, ан агнах болон амьдаар нь барихыг хэлнэ.

3.2 дугаар зүйл
Зохих гарал үүсэлтэй бараа

Энэ бүлэгт өөрөөр заагаагүй бол аливаа нэг бараа дараахь тохиолдолд аль нэг Талын зохих гарал үүсэлтэй бараа байх шаардлагыг хангана:

(a) тухайн бараа 3.3 дугаар зүйлд заасны дагуу тухайн Талд бүхэлд нь гаргаж авсан, эсхүл бүрэн үйлдвэрлэгдсэн;

(b) тухайн барааг бүхэлд нь гагцхүү холбогдох Талын зохих гарал үүсэлтэй материалаар үйлдвэрлэсэн байх;

(c) тухайн бараа 2 дугаар хавсралтад заасан бүтээгдэхүүний тусгай дүрэм (тарифын ангилал өөрчлөгдөх, өртгийн агууламжийн шаардлага хангах, эсхүл үйлдвэрлэлийн буюу боловсруулалтын тодорхой технологи ашигласан байх)-ийн шаардлагыг хангаж байгаа, мөн хэрэв энэхүү бүлгийн холбогдох бусад бүх шаардлагыг хангаж тухайн барааг зохих гарал үүсэлгүй материалаар холбогдох Талд бүхэлд нь үйлдвэрлэсэн.

3.3 дугаар зүйл
Бүрэн гарал үүсэлтэй бараа

3.2 дугаар зүйлийн (a) дэд хэсгийн зорилгоор дараахь барааг аль нэг Талд бүхэлд нь гаргаж авсан, эсхүл бүрэн үйлдвэрлэгдсэн гэж үзнэ:

(a) тухайн Талд төрсөн болон өсч бойжсон амьд амьтан;

(b) тухайн Талд ан агнах, урхи тавих, загас агнах, цуглуулах, эсхүл амьдаар нь барих замаар олж авсан амьтан;

(c) тухайн Талд байгаа амьд амьтнаас гаргаж авсан бараа;

(d) тухайн Талд хураасан, түүсэн, эсхүл цуглуулсан ургамал болон ургамлын гаралтай бүтээгдэхүүн;

(e) тухайн Талд олборлосон буюу баяжуулсан, (a)-аас (d) дэд хэсэгт үл хамаарах эрдэс бүтээгдэхүүн болон байгалийн тогтоцтой бусад бодис;

(f) тухайн Талын харьяа тэнгисээс гадна орших далай, тэнгисийн уснаас тухайн Талын хөлөг онгоцоор барьсан загас агнуурын бараа болон бусад бараа;

(g) тухайн Талын харьяа тэнгисээс гадна орших тухайн Талын үйлдвэр-хөлөг онгоцон дээр (f) дэд хэсэгт хамаарах бараагаар үйлдвэрлэсэн бараа;

(h) тухайн Тал НҮБДЭЗК-ийн холбогдох заалтын дагуу тухайн Талын харьяа тэнгисээс гадна орших далай, тэнгисийн ёроол буюу хөрснөөс олборлолт хийх эрхтэй байх тохиолдолд тэрхүү далай, тэнгисийн ёроол буюу хөрснөөс гаргаж авсан бараа;

(i) тухайн Талд цуглуулсан, тухайн Талд анхны зориулалтаар нь ашиглах боломжгүй болсон, сэргээх буюу засварлах ч боломжгүй болсон бөгөөд зөвхөн устгах, эсхүл эд анги буюу түүхий эд болгоход тохиромжтой бараа;

(j) тухайн Талд явагдсан үйлдвэрлэлийн буюу боловсруулалтын үйл ажиллагааны үр дүнд, эсхүл хэрэглээний явцад бий болсон бөгөөд зөвхөн устгах, эсхүл эд анги буюу түүхий эд болгон ашиглахад тохиромжтой хаягдал буюу хог;

(k) анхны зориулалтаар нь ашиглах боломжгүй болсон, сэргээх буюу засварлах ч боломжгүй болсон эд зүйлээр тухайн Талд сэргээн засварласан эд анги буюу түүхий эд;

(l) зөвхөн (a)-аас (k) дэд хэсэгт заасан бараанаас гаргаж авсан буюу түүгээр үйлдвэрлэсэн бараа.

3.4 дүгээр зүйл
Өртгийн агууламжийн шаардлага

1. 3.2 дугаар зүйлийн (c) дэд хэсгийн зорилгоор, аливаа нэг бараа өртгийн агууламжийн шаардлага хангасан эсэхийг дараах аргын аль нэгээр тооцно:

(a) зохих гарал үүсэлгүй материалын өртөгт суурилсан арга ("Хасах арга")

$$\text{ӨАШ} = \frac{\text{ФОБ үнэ} - \text{ЗГҮ-гүй МӨ}}{\text{ФОБ үнэ}} \times 100$$

(b) зохих гарал үүсэлтэй материалын өртөгт суурилсан арга ("Нэмэх арга")

$$\text{ӨАШ} = \frac{\text{ЗГҮ-тэй МӨ} + \text{Ажлын шууд зардал} + \text{Нэмэгдэл шууд зардал} + \text{Ашиг}}{\text{ФОБ үнэ}} \times 100$$

Үүнд:

ӨАШ гэдэг нь аливаа нэг барааны өртгийн агууламжийн шаардлага, хувиар илэрхийлэгдсэн болно;

ФОБ үнэ гэдэг нь, 2 дахь хэсэгт зааснаас бусад тохиолдолд, тээврийн төрлөөс үл хамааран, тухайн барааг худалдан авагчаас тухайн барааг худалдагчид төлөх тухайн бараа (тээврийн хэрэгслийн) тавцан дээр гаргаад чөлөөлөгдөх нөхцөлийн үнэ болно. Үүнд тухайн барааг экспортлох үед хасагдсан, чөлөөлсөн, эсхүл буцаан олгосон дотоодын аливаа онцгой албан татвар хамаарахгүй;

ЗГҮ-гүй МӨ гэдэг нь тухайн барааг үйлдвэрлэхэд ашигласан, зохих гарал үүсэлгүй материалын өртөг болно;

ЗГҮ-тэй МӨ гэдэг нь тухайн барааг үйлдвэрлэхэд ашигласан, зохих гарал үүсэлтэй материалын өртөг болно.

Тайлбар: Аливаа нэг бараа өртгийн агууламжийн шаардлага хангасан эсэхийг тооцох зорилгоор экспортлогч Талын Нягтлан бодох бүртгэлийн нийтээр хүлээн зөвшөөрсөн зарчмыг мөрдөнө.

2. 1 дэх хэсэгт дурдсан ФОБ үнэ нь дараах үнэ байна:

(a) хэрэв аливаа нэг барааны ФОБ үнэ байгаа боловч тэр нь тодорхой бус бөгөөд тогтоох боломжгүй бол тухайн бараанд зориулж худалдан авагчаас тухайн барааг үйлдвэрлэгчид төлсөн болохыг анх тогтоосон үнэд залруулга хийсэн үнэ;

(b) хэрэв аливаа нэг барааны ФОБ үнэ байхгүй бол Гаалийн үнэлгээний тухай хэлэлцээрийн 1-8 дугаар зүйлийн дагуу тодорхойлсон үнэ.

3. Аливаа нэг бараа өртгийн агууламжийн шаардлага хангасан эсэхийг 1 дэх хэсгийн дагуу тооцох зорилгоор, тухайн барааг аль нэг Талд үйлдвэрлэхэд ашигласан материалын өртөг нь:

(a) Гаалийн үнэлгээний тухай хэлэлцээрийн дагуу тодорхойлогдох бөгөөд түүнд тухайн материалыг холбогдох барааны үйлдвэрлэгч байршиж буй Талын импортын боомт хүртэл тээвэрлэхэд гарсан тээврийн зардал, мөн хэрэгцээтэй гэж үзвэл даатгалын хураамж, баглаа боодлын болон бусад бүх зардал багтсан байна;

(b) хэрэв уг өртөг нь тодорхой бус бөгөөд тогтоох боломжгүй бол уг материалд зориулж тухайн Талд төлсөн болохыг анх тогтоосон үнэ өртөг нь тодорхой бус бөгөөд тогтоох боломжгүй бол уг агуулахаас холбогдох үйлдвэрлэгчийн байршиж буй газар хүртэл тээвэрлэхэд тухайн Талд гарсан тээврийн, даатгалын болон баглаа боодлын зэрэг бүх зардал, мөн тухайн Талд гарсан болох нь тодорхой бөгөөд тогтоож болох аливаа бусад зардлыг хасч болно.

4. Аливаа нэг бараа аль нэг Талын зохих гарал үүсэлтэй бараа болохыг тогтоохын тулд тухайн бараа өртгийн агууламжийн шаардлага хангасан эсэхийг тооцох зорилгоор:

(a) тухайн барааны 1(a) дэд хэсэгт заасан ЗГҮ-гүй МӨ-т тухайн барааг үйлдвэрлэхэд ашигласан, холбогдох Талын зохих гарал үүсэлтэй материалыг үйлдвэрлэхэд ашигласан зохих гарал үүсэлгүй материалын өртгийг тооцохгүй;

(b) тухайн барааны 1(b) дэд хэсэгт заасан ЗГҮ-тэй МӨ-т тухайн барааг үйлдвэрлэхэд ашигласан, холбогдох Талын зохих гарал үүсэлтэй материалыг үйлдвэрлэхэд ашигласан зохих гарал үүсэлгүй материалын өртгийг тооцно.

5. 2(b) болон 3(a) дэд хэсгийн зорилгоор, аливаа нэг бараа эсхүл аливаа нэг материалын өртгийг тодорхойлох үүднээс Гаалийн үнэлгээний тухай хэлэлцээрийг хэрэглэхэд дотоодын хэлцэлүүд, эсхүл тухайн бараа буюу материалд хамаарах хэлцэл байхгүй тохиолдлуудыг авч үзэхдээ Гаалийн үнэлгээний тухай хэлэлцээрийг *mutatis mutandis* зарчмын дагуу хэрэглэнэ.

3.5 дугаар зүйл
Нийлмэл гарал үүсэл

Аливаа бараа аль нэг Талын зохих гарал үүсэлтэй бараа болох эсэхийг тогтоох зорилгоор:

(a) аль нэг Талын зохих гарал үүсэлтэй барааг нөгөө Тал бараа үйлдвэрлэхэд материал байдлаар ашигласан тохиолдолд уг материалыг бараа үйлдвэрлэхдээ материал хэлбэрээр ашиглаж буй талын зохих гарал үүсэлтэй гэж үзэж болно;

(b) аль нэг Талд явагдсан үйлдвэрлэлийг нөгөө Талд явагдсан үйлдвэрлэл гэж үзэж болно;

(c) тухайн Талд, эсхүл нөгөө Талд нэг буюу хэд хэдэн үйлдвэрлэгчийн олон төрлийн шат дамжлага дамжсан үйлдвэрлэлийг, хэрэв холбогдох барааг зохих гарал үүсэлгүй материалаар үйлдвэрлэсэн бол харгалзан үзэж болно.

уг барааны үйлдвэрлэлийн эцсийн үйл ажиллагаа экспортлогч Талд явагдсан байхаас гадна уг үйлдвэрлэлийн ажиллагаа нь 3.7 дугаар зүйлд заасан үйл ажиллагаанаас гадна үйлдвэрлэлийн ажиллагаа хийгдсэн тохиолдолд.

3.6 дугаар зүйл
***De Minimis* (*Үл тооцох хувь*)**

1. 2 дугаар хавсралтад заасан бүтээгдэхүүний тусгай дүрмийг хэрэглэхийн тулд, аливаа нэг бараа үйлдвэрлэхэд ашигласан, тухайн бараанд хамаарах дүрэмд үл нийцэх, зохих гарал үүсэлгүй материалыг, уг материал нийтдээ холбогдох барааны үнэ, жин, эсхүл эзлэхүүний тодорхой хувиас хэтрээгүй бөгөөд тухайн бараанд хамаарах бүтээгдэхүүний тусгай дүрэмд тийм хувь заасан байх тохиолдолд, үл тооцно.

2. 1 дэх хэсэг зохих гарал үүсэлгүй тухайн материал гарал үүслийг нь энэ зүйлийн дагуу тодорхойлж байгаа барааны мөрнөөс өөр мөрөнд заагдсан байхаас бусад тохиолдолд Уялдуулсан системийн 1-ээс 24 дүгээр бүлэгт заасан аливаа барааг үйлдвэрлэхэд ашигласан зохих гарал үүсэлгүй материалд хамаарахгүй.

3.7 дугаар зүйл
Үл хамаарах ажиллагаа

1. Аливаа барааг дараахь ердийн шалтгаанаар аль нэг Талын зохих гарал үүсэлтэй бараа гэж үзэхгүй:

(a) тээвэрлэлт болон хадгалалтын явцад бүтээгдэхүүний хэвийн байдлыг хангах ажиллагаа (хатаах, хөлдөөх, давсны уусмалд хадгалах зэрэг) болон тэдгээртэй адилтгах бусад ажиллагаа;

(b) сав, баглаа боодлыг өөрчлөх, мөн сав боодлыг задалж салгах болон нэгтгэх;

(c) задлах (задаргаа хийх);

(d) шил, авдар, хайрцагт савлах болон тэдгээртэй адилтгах энгийн үйл ажиллагаа;

(e) Уялдуулсан системийн ерөнхий тайлбар дүрмийн 2(a) дүрмийн дагуу аливаа бараа гэж ангилагдах эд анги болон бүрдэл хэсгүүдийг цуглуулж бөөгнүүлэх;

(f) олон төрлийн барааг зүгээр хольж нийлүүлэн иж бүрдэл болгох;

(g) (a)–аас (f) дэд хэсэгт дурдсан ажиллагааг аливаа байдлаар хослуулах.

2. 1 дэх хэсэг нь 2 дугаар хавсралтад заасан бүтээгдэхүүний тусгай дүрмээс давуу хүчинтэй байна.

3.8 дугаар зүйл
Тээвэрлэлтийн шалгуур

1. Нөгөө Талын зохих гарал үүсэлтэй барааг дараахь тохиолдолд тээвэрлэлтийн шалгуур хангасанд тооцно:

(a) нөгөө Талаас шууд тээвэрлэсэн;

(b) энэхүү хэлэлцээрийн оролцогч бус нэг буюу хэд хэдэн улсаар дамжуулан өнгөрүүлэх, эсхүл тэнд байгаа агуулахад түр хадгалах зорилгоор тэдгээр улсаар дамжуулан тээвэрлэсэн, ингэхдээ тухайн барааг буулгах, дахин ачих, мөн түүний хэвийн байдлыг хангах аливаа бусад ажиллагаанаас өөр ажиллагаа хийгдээгүй байх.

2. Хэрэв нөгөө Талын зохих гарал үүсэлтэй бараа 1 дэх хэсэгт заасан тээвэрлэлтийн шалгуурыг хангаагүй бол тухайн барааг нөгөө Талын зохих гарал үүсэлтэй бараа гэж үзэхгүй.

3.9 дүгээр зүйл
Угсраагүй буюу задалсан бараа

1. Хэрэв аливаа бараа 3.2-оос 3.7 дугаар зүйлийн холбогдох заалтын шаардлагыг хангаж байгаа бөгөөд нөгөө Талаас аль нэг Тал руу угсраагүй эсхүл задалсан байдлаар орж ирсэн боловч Уялдуулсан системийн ерөнхий тайлбар дүрмийн 2(a) дугаар дүрмийн дагуу угсарсан бараа буюу иж бүрдэл гэж ангилагдаж байвал тэрхүү барааг нөгөө Талын зохих гарал үүсэлтэй бараа гэж үзнэ.

2. Аль нэг Тал руу оруулсан бөгөөд Уялдуулсан системийн ерөнхий тайлбар дүрмийн 2(а) дугаар дүрмийн дагуу угсарсан бараа буюу иж бүрдэл гэж ангилсан угсраагүй буюу задалсан материалаар тухайн Талд угсарсан барааг, хэрэв тэрхүү угсраагүй буюу задалсан материалын дундаас зохих гарал үүсэлгүй материал бүрийг тухайн Тал руу угсраагүй буюу задалсан байдлаар бус салангид нь оруулсан бол тухайн бараа 3.2-оос 3.7 дугаар зүйлийн холбогдох заалтын шаардлагыг хангах байсан тохиолдолд, тухайн Талын зохих гарал үүсэлтэй бараа гэж үзнэ.

3.10 дугаар зүйл
Орлох бараа болон материал

1. Аливаа бараа аль нэг Талын зохих гарал үүсэлтэй бараа болохыг тогтоох зорилгоор, хэрэв бараа материалын нөөцөд Тухайн талын зохих гарал үүсэлтэй орлох материал болон зохих гарал үүсэлгүй орлох материалыг хольж тухайн барааг үйлдвэрлэхэд ашигласан бол тухайн материалын гарал үүслийг тухайн Талын нягтлан бодох бүртгэлийн нийтээр хүлээн зөвшөөрсөн зарчимд заасан бараа материалын нөөцийн удирдлагын аргаар тогтоож болно.

2. Хэрэв тухайн Талын зохих гарал үүсэлтэй орлох бараа болон гарал үүсэлгүй орлох барааг бараа материалын нөөцөд хольсон бөгөөд экспортоор гаргахаас өмнө тэдгээрийг хольсон Талд буулгах, дахин ачих, мөн түүний хэвийн байдлыг хангах аливаа бусад ажиллагаанаас өөр үйлдвэрлэлийн аливаа процесс буюу аливаа ажиллагаа хийгдээгүй бол тухайн барааны гарал үүслийг тухайн Талын нягтлан бодох бүртгэлийн нийтээр хүлээн зөвшөөрсөн зарчимд заасан бараа материалын нөөцийн удирдлагын аргаар тогтоож болно.

3.11 дүгээр зүйл
Туслах материал

Туслах материалыг хаана үйлдвэрлэснээс үл харгалзан холбогдох барааг үйлдвэрлэсэн Талын зохих гарал үүсэлтэй материал гэж үзнэ.

3.12 дугаар зүйл
Дагалдах хэрэгсэл, сэлбэг хэрэгсэл болон багаж хэрэгсэл

1. Аливаа бараа үйлдвэрлэхэд ашигласан гарал үүсэлгүй бүх материалын хувьд холбогдох тарифын ангилал өөрчлөгдсөн, эсхүл 2 дугаар хавсралтад заасан тодорхой үйлдвэрлэлийн буюу боловсруулалтын үйл ажиллагаа хийгдсэн эсэхийг тогтооход тухайн бараатай хамт нийлүүлсэн, тухайн барааны стандарт дагалдах хэрэгсэл, сэлбэг хэрэгсэл, эсхүл багаж хэрэгслийн бүрдэл хэсэг болох дагалдах хэрэгсэл, сэлбэг хэрэгсэл, эсхүл багаж хэрэгслийг дараахь тохиолдолд тооцохгүй:

(a) тухайн дагалдах хэрэгсэл, сэлбэг хэрэгсэл, эсхүл багаж хэрэгслийн хувьд тэдгээрийг холбогдох үнийн нэхэмжлэх дээр тусад нь бичсэн эсэхийг үл харгалзан, тухайн бараанаас тусдаа үнийн нэхэмжлэх байхгүй байх;

(b) тухайн дагалдах хэрэгсэл, сэлбэг хэрэгсэл, эсхүл багаж хэрэгслийн тоо хэмжээ болон үнэ тухайн барааны хувьд хэвийн байх.

2. Хэрэв аливаа барааны хувьд өртгийн агууламжийн шаардлага тавигдсан бол тухайн барааны өртгийн агууламжийг тооцохдоо тухайн дагалдах хэрэгсэл, сэлбэг хэрэгсэл, эсхүл багаж хэрэгслийн үнийг, тухайн тохиолдлыг харгалзан, тухайн барааг үйлдвэрлэсэн Талын зохих гарал үүсэлтэй материалын, эсхүл зохих гарал үүсэлгүй материалын өртөг гэж үзнэ.

3.13 дугаар зүйл
Жижиглэн худалдах барааны савлагаа, баглаа боодлын материал болон хайрцаг сав

1. Уялдуулсан системийн ерөнхий тайлбар дүрмийн 5 дугаар дүрмийн дагуу тухайн бараатайгаа хамт ангилагдах жижиглэн худалдах барааны савлагаа, баглаа боодлын материал болон хайрцаг савыг уг барааны гарал үүслийг тодорхойлоход дор дурдсан тохиолдолд тооцохгүй:

(a) тухайн бараа 3.2 дугаар зүйлийн (a) дэд хэсэгт зааснаар бүхэлд нь гаргаж авсан, эсхүл бүрэн үйлдвэрлэгдсэн;

(b) тухайн барааг 3.2 дугаар зүйлийн (b) дэд хэсэгт зааснаар гагцхүү зохих гарал үүсэлтэй материалаар үйлдвэрлэсэн байх;

(c) тухайн барааны тарифын ангилал өөрчлөгдсөн байх, эсхүл түүнийг үйлдвэрлэхэд 2 дугаар хавсралтад заасан тодорхой үйлдвэрлэлийн буюу боловсруулалтын үйл ажиллагаа хийгдсэн.

2. Хэрэв аливаа барааны хувьд өртгийн агууламжийн шаардлага тавигдсан бол тухайн барааны өртгийн агууламжийг тооцохдоо жижиглэн худалдах барааны савлагаа, баглаа боодлын материал болон хайрцаг савны үнийг, тухайн тохиолдлыг харгалзан, тухайн барааг үйлдвэрлэсэн Талын зохих гарал үүсэлтэй материалын, эсхүл зохих гарал үүсэлгүй материалын өртөг гэж үзнэ.

3.14 дүгээр зүйл
Бараа тээвэрлэх болон ачих зориулалттай савлагаа, баглаа боодлын материал болон хайрцаг сав

Аливаа барааг тээвэрлэх болон ачих зориулалттай савлагаа, баглаа боодлын материал болон хайрцаг савыг тухайн барааны гарал үүслийг тогтооход тооцохгүй.

3.15 дугаар зүйл
Тарифын хөнгөлөлт эдлэх хүсэлт

1. Импортлогч Тал экспортлогч Талын зохих гарал үүсэлтэй бараанд гарал үүслийн гэрчилгээг үндэслэн энэ хэлэлцээрийн дагуу тарифын хөнгөлөлт олгоно.

2. 1 дэх хэсгийг үл харгалзан:

(a) импортлогч Тал Америкийн Нэгдсэн Улсын 1,500 доллараар илэрхийлэгдсэн хэмжээнээс, эсхүл тухайн импортлогч Талын түүнтэй тэнцэх хэмжээний үндэсний валютаас, эсхүл тухайн импортлогч Талаас тогтоож болох илүү өндөр хэмжээнээс хэтрээгүй гаалийн нийт үнэ бүхий, экспортлогч Талын зохих гарал үүсэлтэй барааг оруулахад холбогдох импортлогчоос гарал үүслийн гэрчилгээ шаардахгүй. Энэ тохиолдолд тухайн импорт гарал үүслийн гэрчилгээ олгох шаардлагаас зайлсхийх зорилгоор тусгайлан хийгдсэн гэж үзэж болох импортын нэг хэсэг байж болохгүй;

(b) импортлогч Тал өөрийн хууль тогтоомжийн дагуу гарал үүслийн гэрчилгээ шаардах явдлыг цуцалж болно.

3. Импортлогч Тал, зүйтэй гэж үзвэл, тухайн бараа нь экспортлогч Талын зохих гарал үүсэлтэй бараа болохыг нотлох өөр баримт гаргаж өгөхийг холбогдох импортлогчоос шаардаж болно.

4. Экспортлогч Талын зохих гарал үүсэлтэй бараа энэхүү хэлэлцээрийн Тал бус нэг буюу хэд хэдэн улсаар дамжин орж ирж байгаа бол, импортлогч Тал тухайн барааны хувьд тарифын хөнгөлөлт эдлэхийг хүссэн импортлогчоос дараахь зүйлийг шаардаж болно:

(a) дамжин өнгөрөх тээврийн баримтын хувь;

(b) тэдгээр энэхүү хэлэлцээрийн Тал бус улсад тухайн барааг буулгах, дахин ачих, мөн түүний хэвийн байдлыг хангах аливаа бусад ажиллагаанаас өөр ажиллагаа хийгдээгүй болохыг нотлон уг хэлэлцээрийн Тал бус улсын гаалийн байгууллагаас, эсхүл өөр холбогдох газраас гаргаж өгсөн гэрчилгээ, эсхүл аливаа бусад мэдээлэл.

3.16 дугаар зүйл
Гарал үүслийн гэрчилгээ

1. 3.15 дугаар зүйлийн 1 дэх хэсэгт дурдсан гарал үүслийн гэрчилгээг экспортлогч Талын эрх бүхий төрийн байгууллага холбогдох экспортлогчоос, эсхүл түүний итгэмжлэгдсэн төлөөлөгчөөс гаргасан хүсэлтийг үндэслэн олгоно. Гарал үүслийн тухайн гэрчилгээ нь 3 дугаар хавсралтад заасан гарал үүслийн гэрчилгээнд тусгагдах үндсэн мэдээллийг агуулсан байна.

2. Энэ зүйлийн зорилгоор, экспортлогч Талын эрх бүхий төрийн байгууллага гарал үүслийн гэрчилгээ олгох үүрэг бүхий бусад нэгж буюу байгууллагыг экспортлогч Талын зохих хууль тогтоомжоор олгогдсон эрхийнхээ дагуу томилж болно.

3. Экспортлогч Талын эрх бүхий төрийн байгууллага гарал үүслийн гэрчилгээ олгох үүрэг бүхий бусад нэгж буюу байгууллагыг томилсон бол экспортлогч Тал тийнхүү томилогдсон этгээдийн талаар нөгөө Талд бичгээр мэдэгдэнэ.

4. Энэ бүлгийн зорилгоор, энэхүү хэлэлцээр хүчин төгөлдөр болсон өдөр, Талууд Тал тус бүрт мөрдөгдөх гарал үүслийн гэрчилгээний загварыг 3.26 дугаар зүйлд заасан Гарал үүслийн талаарх үйл ажиллагааны журамд англи хэлээр тогтооно.

5. Гарал үүслийн гэрчилгээг англи хэлээр бөглөнө.

6. Гарал үүслийн гэрчилгээ нь хэвлэмэл маягттай, эсхүл Талуудын хооронд тохиролцсон өөр бусад хэлбэртэй байна.

7. Олгосон гарал үүслийн гэрчилгээ нь экспортлогч Талаас импортлогч Тал руу илгээх зохих гарал үүсэлтэй барааны нэг удаагийн импортод хамаарах бөгөөд олгосон өдрөөс хойш 12 сарын хугацаанд хүчин төгөлдөр байна.

8. Аливаа бараа экспортлогч нь экспортлогч Талд байгаа тухайн барааг үйлдвэрлэгч биш бол тухайн экспортлогч дараахь бичиг баримтыг үндэслэн гарал үүслийн гэрчилгээ хүсч болно:

(a) холбогдох бараа үйлдвэрлэгчээс экспортлогчид өгсөн мэдээллийг үндэслэн уг экспортлогчоос эрх бүхий төрийн байгууллагад, эсхүл түүнээс томилогдсон этгээдэд гаргаж өгсөн мэдүүлэг;

(b) холбогдох бараа үйлдвэрлэгчээс тухайн экспортлогчийн хүсэлтээр эрх бүхий төрийн байгууллагад, эсхүл түүнээс томилогдсон этгээдэд сайн дураараа, шууд гаргаж өгсөн мэдүүлэг.

9. Гарал үүслийн гэрчилгээг зөвхөн гарал үүслийн гэрчилгээ хүссэн экспортлогч, эсхүл экспортлогч Талд байгаа, 8(b) дэд хэсэгт дурдсан бараа үйлдвэрлэгч экспортлогч Талын эрх бүхий төрийн байгууллагад, эсхүл түүнээс томилогдсон этгээдэд экспортлох гэж буй бараа экспортлогч Талын зохих гарал үүсэлтэй бараа болох шаардлагыг хангасан болохыг нотлон харуулсны дараа олгоно.

10. Экспортлогч Талын эрх бүхий төрийн байгууллага тухайн эрх бүхий төрийн байгууллагын, эсхүл түүнээс томилогдсон этгээдийн ажлын байранд хэрэглэдэг гарын үсгийн загвар болон тамга, тэмдгийн дардсын загварыг импортлогч Талд хүргүүлнэ.

11. Талууд нь тэдгээрийн хууль тогтоомжийн дагуу, эрх бүхий төрийн байгууллага, эсхүл түүнээс томилогдсон этгээд олгосон гарал үүслийн гэрчилгээний бүртгэлийг тухайн гэрчилгээ олгосон өдрөөс хойш 5 жилийн хугацаанд хадгалах нөхцөлийг бүрдүүлнэ. Уг бүртгэлд экспортлогч Талын зохих гарал үүсэлтэй барааны шаардлага хангасан болохыг нотлон харуулсан дагалдах бүх бичиг баримт хавсрагдсан байна.

12. Экспортлогч Талын эрх бүхий төрийн байгууллага аливаа гарал үүслийн гэрчилгээ олгох шийдвэрээ цуцалсан бол тухайн гарал үүслийн гэрчилгээг эрх бүхий тухайн төрийн байгууллагад буцаан өгсөнөөс бусад тохиолдолд тийм гарал үүслийн гэрчилгээ олгогдсон экспортлогчид, мөн импортлогч Талын гаалийн байгууллагад нэн даруй мэдэгдэнэ.

3.17 дугаар зүйл
Экспортын үйл ажиллагаатай холбогдуулан хүлээх үүрэг

Талууд, тэдгээрийн хууль тогтоомжийн дагуу, гарал үүслийн гэрчилгээ олгогдсон экспортлогч, эсхүл экспортлогч Талд байгаа, 3.16 дугаар зүйлийн 8 (b) дэд хэсэгт заасан бараа үйлдвэрлэгч дараахь үүрэг хүлээх нөхцөлийг бүрдүүлнэ:

(a) уг экспортлогч, эсхүл үйлдвэрлэгч гарал үүслийн гэрчилгээ авсан бараа экспортлогч Талын зохих гарал үүсэлтэй бараа болох шаардлага хангаагүй болохыг мэдсэн бол экспортлогч Талын эрх бүхий төрийн байгууллагад, эсхүл түүнээс томилогдсон этгээдэд нэн даруй бичгээр мэдэгдэх;

(b) холбогдох зохих гарал үүсэлтэй бараатай холбогдсон баримт бүртгэлийг гарал үүслийн гэрчилгээ олгосон өдрөөс хойш 5 жилийн хугацаанд хадгалах.

3.18 дугаар зүйл
Гарал үүслийн гэрчилгээг шалгах хүсэлт

1. Энэхүү бүлгийг зөв мөрдөх явдлыг хангах үүднээс, Талууд аливаа гарал үүслийн гэрчилгээтэй холбоотой мэдээллийг шалгахад энэ хэлэлцээр, мөн тэдгээрийн холбогдох хууль тогтоомжийн дагуу бие биедээ харилцан туслалцаа үзүүлнэ.

2. Экспортлогч Талаас тарифын хөнгөлөлттэй импортлосон бараа экспортлогч Талын зохих гарал үүсэлтэй бараа болох шаардлагыг хангаж байгаа эсэхийг тодорхойлох зорилгоор, импортлогч Талын гаалийн байгууллага холбогдох барааны зохих гарал үүсэлтэй холбоотой мэдээллийг гарал үүслийн гэрчилгээг үндэслэн экспортлогч Талын эрх бүхий төрийн байгууллагаас хүсч болно.

3. 2 дахь хэсгийн зорилгоор, экспортлогч Талын эрх бүхий төрийн байгууллага уг хүссэн мэдээллийг, экспортлогч Талын хууль тогтоомжийн дагуу холбогдох хүсэлтийг хүлээн авсан өдрөөс хойш 4 сарын хугацаанд гаргаж өгнө. Хэрэв импортлогч Талын гаалийн байгууллага шаардлагатай гэж үзвэл, тухайн барааны гарал үүсэлтэй холбоотой нэмэлт мэдээлэл хүсч болно. Хэрэв импортлогч Талын гаалийн байгууллагаас нэмэлт мэдээлэл хүссэн бол экспортлогч Талын эрх бүхий төрийн байгууллага уг хүссэн мэдээллийг, экспортлогч Талын хууль тогтоомжийн дагуу холбогдох хүсэлтийг хүлээн авсан өдрөөс хойш 2 сарын хугацаанд гаргаж өгнө.

4. 3 дахь хэсгийн зорилгоор, экспортлогч Талын эрх бүхий төрийн байгууллага гарал үүслийн гэрчилгээ олгогдсон экспортлогчоос, эсхүл экспортлогч Талд байгаа, 3.16 дугаар зүйлийн 8(b) дэд хэсэгт заасан бараа үйлдвэрлэгчээс уг хүссэн мэдээллийг өөрт гаргаж өгөхийг хүсч болно.

3.19 дүгээр зүйл
Газар дээр нь очиж шалгах

1. Хэрэв импортлогч Талын гаалийн байгууллага 3.18 дугаар зүйлийн дагуу тавьсан шалгах хүсэлтийн үр дүнг хангалтгүй гэж үзвэл экспортлогч Талд дараахь хүсэлт тавьж болно:

(a) аливаа барааны гарал үүсэлтэй холбоотой мэдээлэл цуглуулж, гаргаж өгөх, мөн энэ зорилгоор, экспортлогч Талын эрх бүхий төрийн байгууллага импортлогч Талын гаалийн байгууллагатай хамтран гарал үүслийн гэрчилгээ олгогдсон экспортлогч, эсхүл экспортлогч Талд байгаа, 3.16 дугаар зүйлийн 8(b) дэд хэсэгт заасан бараа үйлдвэрлэгчийн байгууламжид очих замаар тухайн барааны үйлдвэрлэлийн үйл ажиллагааг газар дээр нь шалгах;

(b) (a) дэд хэсгийн дагуу газар дээр нь очих явцад, эсхүл түүний дараа экспортлогч Талын эрх бүхий төрийн байгууллагын, эсхүл түүнээс томилогдсон этгээдийн эзэмшилд байгаа, тухайн барааны гарал үүсэлтэй холбоотой мэдээллээр хангах.

2. Импортлогч Талын гаалийн байгууллага экспортлогч Талд 1 дэх хэсэгт заасны дагуу газар дээр нь очих хүсэлт гаргахдаа, уг хүсэлтийг тийнхүү газар дээр нь очихоор санал болгосон өдрөөс 40-өөс доошгүй хоногийн өмнө бичгээр тавих бөгөөд экспортлогч Тал түүнийг хүлээн авсан тухайгаа баталгаажуулна. Экспортлогч Талын эрх бүхий төрийн байгууллага байгууламжид нь очих гэж буй экспортлогчоос, эсхүл экспортлогч Талд байгаа бараа үйлдвэрлэгчээс мөн бичгээр зөвшөөрөл авна.

3. 2 дахь хэсэгт дурдсан захидалд дараахь зүйлс тусгагдсан байна:

(a) захидал бичсэн гаалийн байгууллагын нэр;

(b) байгууламжид нь очих гэж буй экспортлогчийн, эсхүл экспортлогч Талд байгаа бараа үйлдвэрлэгчийн нэр;

(c) газар дээр нь очихоор санал болгосон өдөр болон газар;

(d) газар дээр нь очих ажлын зорилго болон хамрах хүрээ, үүнд гарал үүслийн гэрчилгээнд байгаа, шалгахаар болсон барааг тодорхой заасан байна;

(e) газар дээр нь очих явцад байлцах импортлогч Талын гаалийн байгууллагын ажилтны нэр болон албан тушаал.

4. Экспортлогч Тал 1 дэх хэсгийн дагуу газар дээр нь очих хүсэлтийг хүлээн зөвшөөрч байгаа, эсхүл татгалзаж байгаа тухайгаа импортлогч Талд 2 дахь хэсэгт дурдсан захидлыг хүлээн авснаас хойш 30 хоногийн дотор бичгээр мэдэгдэнэ.

5. Экспортлогч Талын эрх бүхий төрийн байгууллага 1 дэх хэсгийн дагуу олж авсан мэдээллийг шалгалт хийсэн сүүлчийн өдрөөс хойш 45 хоногийн дотор, эсхүл харилцан тохиролцсон өөр бусад хугацаанд, экспортлогч Талын холбогдох хууль тогтоомжийн дагуу импортлогч Талын гаалийн байгууллагад гаргаж өгнө.

3.20 дугаар зүйл
Гарал үүслийг тодорхойлох асуудал болон тарифын хөнгөлөлт

1. Импортлогч Талын гаалийн байгууллага тарифын хөнгөлөлтөд хамрагдахаар импортлогчоос хүссэн аливаа бараа экспортлогч Талын зохих гарал үүсэлтэй бараа биш болох тохиолдолд, эсхүл тухайн импортлогч энэхүү бүлгийн холбогдох аль нэг шаардлагыг дагаж мөрдөөгүй бол тухайн бараанд тарифын хөнгөлөлт олгохоос татгалзаж болно.

2. Импортлогч Талын гаалийн байгууллага экспортлогч Талын эрх бүхий төрийн байгууллагаас 3.16 дугаар зүйлийн 12 дахь хэсгийн дагуу тухайн бараанд гарал үүслийн гэрчилгээ олгосон шийдвэрээ цуцалсан тухай мэдэгдэл хүлээн авсан бол аливаа бараа экспортлогч Талын зохих гарал үүсэлтэй бараа биш болохыг тогтоож болно, мөн тарифын хөнгөлөлт олгохоос татгалзаж болно.

3. Импортлогч Талын гаалийн байгууллага дараахь тохиолдолд аливаа бараа экспортлогч Талын зохих гарал үүсэлтэй бараа биш болохыг тогтоож, тарифын хөнгөлөлт олгохоос татгалзаж болох бөгөөд энэ талаар бичгээр гаргасан шийдвэрээ экспортлогч Талын эрх бүхий төрийн байгууллагад хүргүүлнэ:

(a) экспортлогч Талын эрх бүхий төрийн байгууллага холбогдох мэдээллийг 3.18 дугаар зүйлийн 3 дахь хэсэгт, эсхүл 3.19 дүгээр зүйлийн 5 дахь хэсэгт заасан хугацаанд ирүүлээгүй;

(b) экспортлогч Тал газар дээр нь очиж шалгалт хийхээс татгалзсан, эсхүл уг Тал 3.19 дүгээр зүйлийн 2 дахь хэсэгт заасан захидлын хариуг 3.19 дүгээр зүйлийн 4 дэх хэсэгт заасан хугацаанд өгч чадаагүй;

(c) 3.18 буюу 3.19 дүгээр зүйлийн дагуу импортлогч Талын гаалийн байгууллагад өгсөн мэдээлэл тухайн барааг экспортлогч Талын зохих гарал үүсэлтэй бараа болохыг нотлоход хангалттай биш байх.

4. Импортлогч Талын гаалийн байгууллага 3.18 буюу 3.19 дүгээр зүйлийн аль тохироход нь заасан үйл ажиллагааг явуулсны дараа тухайн бараа экспортлогч Талын зохих гарал үүсэлтэй бараа мөн, эсхүл биш болох талаар бичгээр гаргасан шийдвэрээ экспортлогч Талын эрх бүхий төрийн байгууллагад баримт нотолгоо болон тийм шийдвэр гаргах болсон эрх зүйн үндэслэлийн хамт гаргаж өгнө. Экспортлогч Талын эрх бүхий төрийн байгууллага импортлогч Талын гаалийн байгууллагын гаргасан уг шийдвэрийн талаар 3.19 дүгээр зүйлийн дагуу газар дээр нь очих байсан байгууламжийн эзэн болох экспортлогчид, эсхүл экспортлогч Талд байгаа бараа үйлдвэрлэгчид мэдэгдэнэ.

3.21 дүгээр зүйл
Мэдээллийн нууцыг хамгаалах

1. Талууд энэхүү бүлэгт заасаар өөрт нь нууц гэж гаргаж өгсөн мэдээллийг өөрсдийн хууль тогтоомжийн дагуу нууцалж, уг мэдээллийг гаргаж өгсөн этгээдүүдийн өрсөлдөх чадварт сөргөөр нөлөөлж болзошгүй мэдээлэл задрахаас сэргийлнэ.

2. Импортлогч Талын гаалийн байгууллагын энэхүү бүлгийн дагуу олж авсан мэдээллийг:

(a) зөвхөн тухайн байгууллага энэхүү бүлгийн зорилгоор ашиглаж болно;

(b) импортлогч Тал, экспортлогч Талд тийм мэдээлэл авах хүсэлт тавьсан бөгөөд түүнийг тухайн импортлогч Талд дипломат шугамаар, эсхүл экспортлогч Талын холбогдох хууль тогтоомж болон дүрэм журамд заасан өөр бусад сувгаар гаргаж өгсөн байхаас бусад тохиолдолд, шүүхийн журмаар буюу шүүгчээс аливаа эрүүгийн хэрэг шүүн таслах үйл ажиллагаанд ашиглаж болохгүй.

3.22 дугаар зүйл
Жижиг алдаа

Импортлогч Талын гаалийн байгууллага бага зэргийн зөрөө гарсан, эсхүл зарим зүйл орхигдсон, алдаатай бичигдсэн, хүснэгтээс хальсан зэрэг жижиг хэмжээний алдаа нь гарал үүслийн гэрчилгээнд байгаа мэдээлэл үнэн зөв эсэхийг эргэлзээтэй болгох хэмжээнд хүргэхээргүй бол тэдгээр жижиг алдааг тоохгүй байж болно.

3.23 дугаар зүйл
Худал мэдүүлэг өгсөн тохиолдолд хүлээлгэх шийтгэл, авах арга хэмжээ

1. Талууд гарал үүслийн гэрчилгээ олгохоос өмнө экспортлогч Талын эрх бүхий төрийн байгууллагад, эсхүл түүнээс томилогдсон этгээдэд худал мэдүүлэг буюу хуурамч бичиг баримт гаргаж өгсөн тохиолдолд гарал үүслийн гэрчилгээ олгогдсон экспортлогч, болон экспортлогч Талд байгаа, 3.16 дугаар зүйлийн 8(b) дэд хэсэгт заасан бараа үйлдвэрлэгч нарт өөрсдийн холбогдох хууль тогтоомж болон дүрмийн дагуу зохих шийтгэл тогтоон мөрдөнө, эсхүл хариуцлагын өөр бусад арга хэмжээ авч хэрэгжүүлнэ.

2. Талууд гарал үүслийн гэрчилгээ олгосны дараа уг гарал үүслийн гэрчилгээг олгосон бараа экспортлогч Талын зохих гарал үүсэлтэй бараа биш болохыг мэдмэгцээ энэ талаар экспортлогч Талын эрх бүхий төрийн байгууллагад, эсхүл түүнээс томилогдсон этгээдэд бичгээр нэн даруй мэдэгдээгүй тохиолдолд гарал үүслийн гэрчилгээ олгогдсон экспортлогч, эсхүл экспортлогч Талд байгаа, 3.16 дугаар зүйлийн 8(b) дэд хэсэгт заасан бараа үйлдвэрлэгч нарт өөрсдийн холбогдох хууль тогтоомжийн дагуу зохих арга хэмжээ авна.

Тайлбар: Илүү ойлгомжтой болгох үүднээс, гарал үүслийн гэрчилгээ олгогдсон экспортлогч, эсхүл экспортлогч Талд байгаа, 3.16 дугаар зүйлийн 8(b) дэд хэсэгт заасан бараа үйлдвэрлэгч нарт хэрэв тэд гарал үүслийн гэрчилгээ олгосны дараа уг гарал үүслийн гэрчилгээг олгосон бараа экспортлогч Талын зохих гарал үүсэлтэй бараа биш болохыг мэдмэгцээ энэ талаар экспортлогч Талын эрх бүхий төрийн байгууллагад, эсхүл түүнээс томилогдсон этгээдэд бичгээр нэн даруй мэдэгдсэн бол, Талуудын холбогдох хууль тогтоомжийн дагуу энэ хэсэгт заасан арга хэмжээг авахгүй.

3.24 дүгээр зүйл
Бусад заалт

Импортлогч Тал болон экспортлогч Тал хоорондын харилцаа англи хэлээр үйлдэгдэнэ.

3.25 дугаар зүйл
Гарал үүслийн дүрмийн дэд хороо

1. Энэ бүлгийн хэрэгжилтийг үр дүнтэй хангах зорилгоор Талууд Гарал үүслийн дүрмийн дэд хороо (энэ зүйлд цаашид "Дэд хороо" гэх)-г үүгээр байгуулав.

2. Дэд хороо нь дараахь чиг үүрэгтэй байна:

(a) Дараахь асуудлаар бүлгийн хэрэгжилтэд хяналт тавих мөн шаардлагатай тохиолдолд зохих зөвлөмж боловсруулан Хамтарсан хороонд оруулах:

(i) энэхүү бүлгийг хэрэгжүүлэх болон мөрдөх асуудал;

(ii) хавсралт 2 буюу 3-т аль нэг Талаас санал болгосон нэмэлт, өөрчлөлтүүд;

(iii) 3.26 дугаар зүйлд дурдсан Гарал үүслийн талаарх үйл ажиллагааны журам;

(b) Талуудаас тохиролцсоны дагуу энэхүү бүлэгт хамааралтай гэж үзсэн аливаа бусад асуудлыг авч үзэх;

(c) Дэд хорооны үр дүн болон дүгнэлтийг Хамтарсан хороонд тайлагнах;

(d) Хамтарсан хорооноос даатгаж болох бусад үүргийг гүйцэтгэх.

3. Дэд хороо нь Талуудын Засгийн газрын төлөөлөгчдөөс бүрдэнэ.

4. Дэд хороо нь хурлаа Талуудын харилцан тохиролцсоны дагуу товлосон хугацаанд болон газарт, эсхүл тохиролцсон бусад хэлбэрээр хийнэ.

3.26 дугаар зүйл
Гарал үүслийн талаарх үйл ажиллагааны журам

Хамтарсан хороо, энэхүү хэлэлцээр хүчин төгөлдөр болсон өдөр, Талуудын гаалийн байгууллага, эрх бүхий төрийн байгууллага болон холбогдох бусад байгууллагууд өөрсдийн хүлээсэн үүргээ энэхүү бүлгийн хүрээнд гүйцэтгэх асуудлыг нарийвчилан зохицуулсан үйл ажиллагааны журмыг батална.

4 дүгээр бүлэг
Гаалийн үйл ажиллагаа болон худалдааг хөнгөвчлөх

4.1 дүгээр зүйл
Хамрах хүрээ болон зорилго

1. Энэхүү бүлэг нь Талуудын хооронд худалдаалсан барааны бүрдүүлэлтэд шаардагдах гаалийн үйл ажиллагаанд хамаарна.

2. Энэхүү бүлгийг Талуудын хууль тогтоомжийн дагуу болон тэдгээрийн гаалийн холбогдох байгууллагад байгаа нөөц бололцооны хүрээнд хэрэгжүүлнэ.

3. Энэхүү бүлгийн зорилго нь Талуудын хоорондын барааны худалдааг хөнгөвчлөх үүднээс ил тод байдлыг хангах, гаалийн хууль тогтоомжийг зохистой мөрдөх болон барааны бүрдүүлэлтийг шуурхай хийх үндсийг бий болгох, гаалийн үйл ажиллагааны чиглэлээрх хамтын ажиллагааг хөхиүлэн дэмжихэд оршино.

4.2 дугаар зүйл
Тодорхойлолт

Энэхү бүлгийн зорилгоор, "гаалийн хууль тогтоомж" гэх нэр томьёо нь бараа оруулах, гаргах болон дамжуулан өнгөрүүлэхтэй холбоотой Тал бүрийн гаалийн байгууллагаас хэрэгжүүлж буй гаалийн татвар, хураамж болон бусад татварт хамаарах, эсхүл Тал бүрийн гаалийн нутаг дэвсгэрийн хилээр хяналттай нэвтрүүлэх эд зүйлийн хөдөлгөөнийг зохицуулсан хориг, хязгаарлалт болон тэдгээртэй адилтгах бусад хяналтанд хамаарах хууль тогтоомжийг илэрхийлнэ.

4.3 дугаар зүйл
Ил тод байдал

1. Тал бүр өөрийн гаалийн хууль тогтоомжид хамаарах нийтлэг хэрэглээний холбогдох бүх мэдээлэл аливаа нэг сонирхогч этгээдэд нээлттэй байх явдлыг хангана.

2. Тал бүр олон нийтэд түгээсэн мэдээллийг өөрсдийн гаалийн хууль тогтоомжид өөрчлөлт орсны улмаас шинэчлэх шаардлагатай болсон тохиолдолд сонирхогч этгээд тэдгээр өөрчлөлтийг харгалзан үзэх боломжийг бүрдүүлэх үүднээс аль болох тухайн өөрчлөлт хүчин төгөлдөр болохоос өмнө уг шинэчилсэн мэдээллийг тэдэнд хялбар хүртээлтэй болгоно.

3. Тал бүр нь тэдгээрийн аливаа сонирхогч этгээдийн хүсэлтээр тэдний тавьсан болон өөрсдийн гаалийн хууль тогтоомжид хамаарах гаалийн тодорхой асуудалтай холбоотой мэдээллийг аль болох түргэн шуурхай, үнэн зөв гаргаж өгнө. Талууд зөвхөн тухайлан хүссэн мэдээллийг төдийгүй, тухайн сонирхогч этгээд мэдвэл зохино гэж үзсэн аливаа бусад зохистой мэдээллийг мөн гаргаж өгнө.

4. Тал бүр Талуудын аливаа сонирхогч этгээдээс гаалийн асуудлаар тавьсан үндэслэл бүхий асуултад хариулт өгөх үүрэгтэй нэг буюу хэд хэдэн мэдээлэл, лавлагааны төвийг томилон ажиллуулах бөгөөд эдгээр төвийн нэр, хаягийг өөрийн цахим хаягаар дамжуулан олон нийтэд нээлттэй болгоно.

4.4 дүгээр зүйл
Гаалийн бүрдүүлэлт

1. Талууд өөрийн гаалийн холбогдох үйл ажиллагааг урьдчилан таамаглахуйц, тогтвортой, ил тод байдлаар явуулна.

2. Талуудын хооронд худалдаалсан барааны гаалийн бүрдүүлэлтийг шуурхай хийх үүднээс, Тал бүр:

(a) мэдээлэл, харилцаа холбооны технологийг ашиглана;

(b) өөрийн гаалийн үйл ажиллагааг хялбарчилна;

(c) өөрийн гаалийн үйл ажиллагааг аль болох Гаалийн хамтын ажиллагааны зөвлөлийн хүрээнд гаргасан зэрэг олон улсын холбогдох стандарт заалт болон практик зөвлөмжтэй уялдуулна;

(d) өөрийн гаалийн байгууллага болон дараах байгууллага хоорондын хамтын ажиллагааг зохистой үед хөхиүлэн дэмжинэ:

(i) тухайн Талын дотоодын байгууллага;

(ii) тухайн Талын худалдааны нийгэмлэг;

(iii) энэхүү хэлэлцээрийн оролцогч бус талын гаалийн эрх бүхий байгууллага.

3. Тал бүр нь холбогдох Талаас гаалийн асуудлаар гаргасан тодорхой нэг шийдвэрийг шүүхийн, эсхүл захиргааны журмаар хянан үзэх ажиллагааг ашиг сонирхол нь хөндөгдсөн талууд ашиглахад хялбар дөхөм байх явдлыг хангана. Хянан үзэх уг ажиллагаа тухайн шийдвэрийн хэрэгжилтийг хариуцсан байгууллагаас хараат бус байхын зэрэгцээ алагчилалгүй, шударга байдлаар явагдана.

4.5 дугаар зүйл
Түр хугацаагаар оруулах болон дамжин өнгөрөх бараа

1. Талуудын хооронд худалдаалсан барааг түр хугацаагаар оруулах үйл ажиллагааг Тал бүр өөрийн хууль тогтоомж болон олон улсын хэмжээнд хүлээсэн үүргийнхээ дагуу хөнгөвчлөх явдлыг үргэлжлүүлнэ.

2. Тал бүр нөгөө Талаас орж ирсэн, эсхүл нөгөө Тал руу чиглэсэн дамжин өнгөрөх барааны гаалийн бүрдүүлэлтийг 1994 оны ТХЕХ-ийн 5 дугаар зүйлийн 3 дах хэсгийн дагуу хөнгөвчлөх явдлыг үргэлжлүүлнэ.

3. Талууд олон улсын хэмжээнд хүлээсэн үүргийнхээ дагуу А.Т.А. карнейг ашиглах болон Талуудад, эсхүл энэхүү хэлэлцээрт оролцогч бус талуудад байгаа дамжин өнгөрөх барааны гаалийн бүрдүүлэлтийг хөнгөвчлөх явдлыг сургалт, семинар зэрэг арга хэмжээ зохион байгуулах замаар дэмжихийг эрмэлзэнэ.

4. Энэ зүйлийн зорилгоор:

(a) "А.Т.А. карней" гэх нэр томьёог дараахь конвенцид тусгагдсан утгаар ойлгоно:

(i) Япон Улсын хувьд, 1961 оны 12 дугаар сарын 6-ны өдөр Брюссель хотноо байгуулсан Барааг түр хугацаагаар оруулах А.Т.А. карнейн тухай конвенц;

(ii) Монгол Улсын хувьд, 1990 оны 6 дугаар сарын 26-ны өдөр Стамбул хотноо байгуулсан Түр хугацаагаар оруулах тухай конвенц;

(b) “түр хугацаагаар оруулах” гэх нэр томьёо нь зарим барааг гаалийн татвараас бүхэлд нь, эсхүл хэсэгчлэн чөлөөлж, гаалийн нутаг дэвсгэрт тодорхой нөхцөлтэйгээр оруулж болох гаалийн үйл ажиллагааг илэрхийлнэ. Уг барааг тодорхой зорилгоор оруулах бөгөөд тогтоосон хугацаанд, түүнчлэн тэдгээрийг ашиглах явцад учирсан ердийн элэгдэл хорогдлоос өөр аливаа өөрчлөлтгүйгээр буцаан гаргах зорилготой байна.

4.6 дугаар зүйл
Урьдчилан шийдвэрлэх

Импортлогч Талын баталсан, эсхүл мөрдөж байгаа холбогдох хууль тогтоомжийн дагуу бичгээр өргөдөл гаргасан тохиолдолд, мөн тухайн импортлогч Тал татгалзах зүй ёсны үндэслэл байхгүй бол, тухайн импортлогч Тал холбогдох барааг оруулахаас өмнө дараахь асуудлаар бичгээр урьдчилсан шийдвэр гаргаж өгөхийг эрмэлзэнэ:

(a) тарифын ангилал;

(b) гаалийн үнэлгээ;

(c) тухайн бараа 3 дугаар бүлгийн заалтын дагуу экспортлогч Талын зохих гарал үүсэлтэй бараа байх шаардлагыг хангасан эсэх.

4.7 дугаар зүйл
Хамтын ажиллагаа болон мэдээлэл солилцох

1. Талууд гаалийн үйл ажиллагааны чиглэлд, түүний дотор хориглосон бараа худалдаалах болон оюуны өмчийн эрхийн зөрчилтэй сэжиг бүхий бараа оруулах, гаргах явдалтай тэмцэх асуудлаар хамтран ажиллаж, харилцан мэдээлэл солилцоно.

2. Дээрх хамтын ажиллагаа болон мэдээлэл солилцох явдлыг Хэрэгжүүлэх хэлэлцээрт заасныар хэрэгжүүлнэ.

3. Энэ зүйлийн дагуу мэдээлэл солилцоход 1.8 дугаар зүйлийн 2 дахь хэсгийг мөрдөхгүй.

4.8 дугаар зүйл
Гаалийн үйл ажиллагааны болон худалдааг хөнгөвчлөх дэд хороо

1. Энэхүү бүлгийн хэрэгжилтийг үр дүнтэй хангах зорилгоор Талууд Гаалийн үйл ажиллагааны болон худалдааг хөнгөвчлөх дэд хороо (цаашид энэ зүйлд "Дэд хороо" гэх)-г үүгээр байгуулав.

2. Дэд хороо дараахь чиг үүрэгтэй байна:

(a) энэхүү бүлгийн хэрэгжилтийг хянан үзэх, хяналт тавих;

(b) Талуудын хоорондын худалдааг хөнгөвчлөх хүрээнд энэ бүлэгтэй холбоотой боловсронгуй болгох шаардлагатай асуудлыг олж тодорхойлох;

(c) Дэд хорооны үр дүн болон дүгнэлтийг Хамтарсан хороонд тайлагнах;

(d) Хамтарсан хорооноос даалгаж болох бусад чиг үүргийг хэрэгжүүлэх.

3. Дэд хорооны бүрэлдэхүүнийг Хэрэгжүүлэх хэлэлцээрээр тодорхойлно.

4. Дэд хороо нь хурлаа Талуудын харилцан тохиролцсоны дагуу товлосон хугацаанд болон газарт, эсхүл тохиролцсон бусад хэлбэрээр хийнэ.

5 дугаар бүлэг
Эрүүл ахуй, ургамлын эрүүл ахуйн арга хэмжээ

5.1 дүгээр зүйл
Хамрах хүрээ

Энэхүү бүлэг нь ЭАУЭААХХ тухай хэлэлцээрийн дагуу Талуудын хэрэгжүүлж буй Талууд хоорондын барааны худалдаанд шууд буюу шууд бусаар нөлөөлж болзошгүй Эрүүл ахуй, ургамлын эрүүл ахуйн (цаашид "ЭАУЭА" гэх)-н бүхий л арга хэмжээнд хамаарна.

5.2 дугаар зүйл
Эрх болон үүргээ дахин баталгаажуулах

Талууд ЭАУЭААХХ тухай хэлэлцээрт заасан ЭАУЭА-н арга хэмжээнд хамаарах эрх болон үүргээ дахин нотлож байна.

5.3 дугаар зүйл
Уялдуулан зохицуулах

Талууд ЭАУЭА-н арга хэмжээгээ уялдуулан зохицуулахтай холбоотой асуудлаар ЭАУЭААХХ тухай хэлэлцээрийн 3 дугаар зүйлд заасанчлан аль болох өргөн хүрээнд хамтран ажиллахыг эрмэлзэнэ. Уг хамтын ажиллагаа нь ЭАУЭААХХ тухай хэлэлцээрийн 5 дугаар зүйлийн дагуу хүн, амьтан, эсхүл ургамлын амьдрал, эсхүл эрүүл мэндийг хамгаалах зохих түвшинг өөрчлөхийг аль нэг Талаас шаардахгүйгээр явагдана.

5.4 дүгээр зүйл
Адилтган үзэх

1. Экспорлогч Тал нь өөрийн ЭАУЭА-н арга хэмжээг импортлогч Талын ЭАУЭА-н хамгаалалтын зохих ёсны түвшинд хүрсэн болохыг импортлогч Талд бодитоор харуулсан тохиолдолд импортлогч Тал нь экспортлогч Талын арга хэмжээг өөрийнхтэйгээ адилтган хүлээн зөвшөөрнө.

2. Тал бүр нөгөө Талын хүсэлтийн дагуу ЭАУЭА-н тодорхой арга хэмжээг адилтган үзэхийг хүлээн зөвшөөрөхтэй холбоотой хоёр талын тохиролцоонд хүрэх зорилгоор зөвлөлдөөн хийнэ.

5.5 дугаар зүйл
Мэдээлэл, лавлагааны төв

Тал бүр хорио цээрийн арга хэмжээний талаар нөгөө Талаас тавьсан үндэслэл бүхий бүх лавлагаанд хариулт өгөх, мөн тохиромжтой бол, нөгөө Талд холбогдох мэдээлэл өгөх үүрэг бүхий мэдээлэл, лавлагааны төвийг томилон ажиллуулна.

5.6 дугаар зүйл
Эрүүл ахуй, ургамлын эрүүл ахуйн арга хэмжээний дэд хороо

1. Энэхүү бүлгийн хэрэгжилтийг үр дүнтэй хангах зорилгоор Талууд ЭАУЭА-н арга хэмжээний дэд хороо (цаашид энэ зүйлд "Дэд хороо" гэх)-г үүгээр байгуулав.

2. Дэд хороо нь дараахь чиг үүрэгтэй байна:

(a) энэхүү бүлгийн хэрэгжилтийг хянан үзэх, хяналт тавих;

(b) Талууд ЭАУЭА-тай холбоотой журам болон стандартыг өөрчлөх эсхүл нэвтрүүлэх, мөн Талууд хоорондын барааны худалдаанд шууд буюу шууд бусаар нөлөөлж болзошгүй Талуудын нутаг дэвсгэрт тохиолддог ЭАУЭА-н хэрэгтэй холбоотой асуудлаар мэдээлэл солилцох;

(c) харилцан хүлээн зөвшөөрөхүйц шийдэлд хүрэх зорилгоор ЭАУЭААХХ тухай хэлэлцээрт дурдсан уялдуулан зохицуулах, адилтган үзэх, бүс нутгийн нөхцөл байдалд зохицуулах, мөн хяналт, шалгалт болон баталгаажуулалт хийх журамтай холбоотой асуудлаар шинжлэх ухаанд суурилсан техникийн зөвлөгөөн зохион байгуулах;

(d) ЭАУЭА-н асуудал, түүний дотор чадавхийг бэхжүүлэх, техникийн туслалцаа болон мэргэжилтэн солилцох асуудлаар Талууд хоорондын техникийн хамтын ажиллагааны талаар хэлэлцэх;

(e) энэ бүлэгтэй холбоотой аливаа бусад асуудлыг хэлэлцэх;

(f) Дэд хорооны үр дүн болон дүгнэлтийг холбогдох байгууллагад тайлагнах;

(g) Хамтарсан хорооноос даалгаж болох бусад чиг үүргийг хэрэгжүүлэх.

3. Дэд хороо нь холбогдох мэргэжилтнүүдийн зохих оролцоо бүхий Талуудын Засгийн газрын төлөөлөгчдөөс бүрдэнэ.

4. Дэд хороо нь хурлаа Талуудын харилцан тохиролцсоны дагуу товлосон хугацаанд болон газарт, эсхүл тохиролцсон бусад хэлбэрээр хийнэ.

5.7 дугаар зүйл
16 дугаар бүлгийг үл хэрэглэх тухай

Энэхүү бүлгийг 16 дугаар бүлэгт хэрэглэхгүй.

6 дугаар бүлэг
Техникийн зохицуулалт, стандарт болон тохирлын үнэлгээний журам

6.1 дүгээр зүйл
Хамрах хүрээ

1. Энэхүү бүлэг нь Талуудын хоорондын барааны худалдаанд нөлөөлж болохуйц Худалдаан дахь техникийн саад тотгорын тухай хэлэлцээрт тодорхойлсон техникийн зохицуулалт, стандарт болон тохирлын үнэлгээний журамд хамаарна.

2. Энэхүү бүлэг нь дараахь зүйлд хамаарахгүй:

(a) Засгийн газрын байгууллагаас өөрийн байгууллагын үйлдвэрлэл буюу хэрэглээний шаардлагад нийцүүлэн баталсан худалдан авалтын техникийн нөхцөл;

(b) ЭАУЭААХХ тухай хэлэлцээрийн А хавсралтад тодорхойлсон Эрүүл ахуй, ургамлын эрүүл ахуйн арга хэмжээ.

6.2 дугаар зүйл
Зорилго

Энэхүү бүлгийн зорилго нь:

(a) Худалдаан дахь техникийн саад тотгорын тухай хэлэлцээрийн хэрэгжилтийг сайжруулах замаар Талуудын хоорондын худалдааг нэмэгдүүлэх ба хөнгөвчлөх;

(b) техникийн зохицуулалт, стандарт болон тохирлын үнэлгээний журам нь худалдаанд шаардлагагүй саад тотгорыг үүсгэхгүй байхыг бататгах;

(c) Талуудын хоорондын хамтын ажиллагааг нэмэгдүүлэхэд оршино.

6.3 дугаар зүйл
Тодорхойлолт

Энэхүү бүлгийн зорилгоор:

(a) "Худалдаан дахь техникийн саад тотгорын тухай хэлэлцээр" гэх нэр томьёо нь ДХБ-ын тухай хэлэлцээрийн 1А хавсралт дахь Худалдаан дахь техникийн саад тотгорын тухай хэлэлцээрийг хэлнэ;

(b) Худалдаан дахь техникийн саад тотгорын тухай хэлэлцээрийн 1 дүгээр хавсралтад тусгасан нэр томьёо, тодорхойлолтыг хэрэглэнэ.

6.4 дүгээр зүйл
Эрх, үүргийг дахин нотлох

Талууд Худалдаан дахь техникийн саад тотгорын тухай хэлэлцээрийн хүрээнд техникийн зохицуулалт, стандарт болон тохирлын үнэлгээний журмын талаар хүлээсэн эрх, үүргээ үүгээр дахин нотолж байна.

6.5 дугаар зүйл
Олон улсын стандарт

1. Тал бүр Худалдаан дахь техникийн саад тотгорын тухай хэлэлцээрийн 2 дугаар зүйлийн 4 дүгээр хэсэг болон 5 дугаар зүйлийн 4 дэх хэсгийн хүрээнд тусгасан олон улсын холбогдох стандарт болон заавар буюу өөрийн зөвлөмжийг техникийн зохицуулалт болон тохирлын үнэлгээний журмынхаа үндэслэл болгон хэрэглэнэ.

2. Тал бүр өөрийн үндэсний стандартчиллын байгууллагыг нөгөө Талын үндэсний стандартчиллын холбогдох байгууллагатай олон улсын стандартчиллын салбарт хамтран ажиллахыг дэмжинэ. Талуудын стандартчиллын байгууллагууд нь бүс нутгийн болон олон улсын стандартчиллын байгууллагын гишүүн бол энэхүү гишүүнчлэлийн хүрээнд дээр дурдсан хамтын ажиллагааг явуулж болно.

6.6 дугаар зүйл
Техникийн зохицуулалт

1. Аль нэг Тал нөгөө Талын техникийн зохицуулалттай төстэй техникийн зохицуулалт боловсруулах сонирхолтой байгаа хүсэлт гаргасан бол нөгөө Тал өөрийнэг Тал нөгөө Талын техникийн зохицуулалттай төстэй, эсхүл баримт бичиг бүхий холбогдох мэдээллийг боломжоороо өгнө.

2. Тал бүр нөгөө Талын техникийн зохицуулалтыг өөрийнхөөс нь ялгаатай боловч өөрийн техникийн зохицуулалтын зорилгыг бүрэн хангаж буй бол түүнийг адилтган үзэж хүлээн зөвшөөрөх талаар нааштай авч үзнэ.

3. Аль нэг Тал нөгөө Талын техникийн зохицуулалтыг адилтган үзэж хүлээн зөвшөөрөхгүй тохиолдолд нөгөө Тал хүсэлт гаргавал уг шалтгааныг тайлбарлана.

6.7 дугаар зүйл
Тохирлын үнэлгээний журмын үр дүнг хүлээн зөвшөөрөх

1. Талууд нөгөө Талд явуулсан тохирлын үнэлгээний журмын үр дүнг тухайн Тал хүлээн зөвшөөрөхөд дэмжлэг үзүүлэхүйц өргөн хүрээний механизм буйг хүлээн зөвшөөрнө. Тал бүр өөрийн нутаг дэвсгэрт хэрэглэж буй ийм механизмын талаарх мэдээллийг нөгөө Талын хүсэлтээр гаргаж өгнө.

2. Тал бүр нөгөө Талын тохирлын үнэлгээний журмын үр дүнг эдгээр журам нь өөрийнхөөс нь ялгаатай боловч тэдгээр журамтай нь ижил төстэй тохирох техникийн зохицуулалт буюу стандартын шаардлагад бүрэн нийцэж байгааг баталж буй бол хүлээн зөвшөөрөх явдлыг боломжоороо хангана.

3. Аль нэг Тал нөгөө Талд явуулсан тохирлын үнэлгээний журмын үр дүнг хүлээн зөвшөөрөхгүй бол уг шалтгаанаа нөгөө Талын хүсэлтийн дагуу тухайн Талд тохирох үедээ залруулах арга хэмжээ авч хэрэгжүүлэх боломж олгох зорилгоор өөрийн хууль тогтоомжийн хүрээнд тайлбарлана.

4. Тал бүр боломжтой тохиолдолд өөрийн нутаг дэвсгэр дэх тохирлын үнэлгээний байгууллагад олгодгоос дутуугүй нөхцөлөөр нөгөө Талын тохирлын үнэлгээний байгууллагыг итгэмжлэх, томилох, эсхүл хүлээн зөвшөөрнө. Хэрэв аль нэг Тал өөрийн нутаг дэвсгэртээ тодорхой техникийн зохицуулалт буюу стандартад нийцэж буй эсэх талаар үнэлгээ хийж буй байгууллагыг итгэмжлэх, томилох, эсхүл хүлээн зөвшөөрөх бөгөөд тухайн техникийн зохицуулалт буюу стандартад нийцэж буй эсэх талаар үнэлгээ хийж буй нөгөө Талын байгууллагыг итгэмжлэх, томилох, эсхүл хүлээн зөвшөөрөхөөс татгалзвал уг шалтгаанаа хүсэлт гаргасан тохиолдолд тайлбарлана.

6.8 дугаар зүйл
Мэдээлэл, лавлагааны төв

Тал бүр техникийн зохицуулалт, стандарт болон тохирлын үнэлгээний журмын талаар нөгөө Талын гаргасан үндэслэл бүхий хүсэлтэд хариу өгөх, түүнчлэн тохиромжтой үед нөгөө Тал мэдэж байх шаардлагатай гэж үзсэн бусад холбогдох мэдээллийг нөгөө Талд хүргүүлэх үүрэг бүхий мэдээлэл, лавлагааны төвийг томилон ажиллуулна.

6.9 дүгээр зүйл
Техникийн зохицуулалт, стандарт болон тохирлын үнэлгээний журмын дэд хороо

1. Энэхүү бүлгийн хэрэгжилтийг үр дүнтэй хангах зорилгоор Талууд техникийн зохицуулалт, стандарт болон тохирлын үнэлгээний журмын дэд хороо (цаашид энэ зүйлд "Дэд хороо" гэх)-г үүгээр байгуулав.

2. Дэд хороо дараах чиг үүрэгтэй байна:

(a) энэхүү бүлгийн хэрэгжилтийг хянан үзэх, хяналт тавих;

(b) техникийн зохицуулалт, стандарт болон тохирлын үнэлгээний журмыг боловсруулах болон сайжруулахад хамтын ажиллагааг идэвхижүүлэх;

(c) техникийн зохицуулалт, стандарт болон тохирлын үнэлгээний журмын талаар мэдээлэл солилцох;

(d) техникийн зохицуулалт, стандарт болон тохирлын үнэлгээний журамд хамаарах асуудлаар харилцан зөвлөлдөх;

(e) техникийн зохицуулалт, стандарт болон тохирлын үнэлгээний журамтай холбоотой бүс нутгийн болон олон талын хүрээнд хийгдэж буй үйл ажиллагааны талаар мэдээлэл солилцох;

(f) энэ бүлэгтэй холбоотой асуудлаар Талуудын хоорондын техникийн хамтын ажиллагааг хэлэлцэх;

(g) энэ бүлэгтэй холбоотой аливаа асуудал, түүний дотор Талуудын хооронд маргаан үүсгэж болохуйц асуудлыг харилцан хүлээн зөвшөөрөхүйц шийдлийг олох зорилгоор хэлэлцэх;

(h) Дэд хорооны үр дүн болон дүгнэлтийг холбогдох байгууллагад тайлагнах;

(i) Хамтарсан хорооноос даалгаж болох бусад чиг үүргийг хэрэгжүүлэх.

3. Дэд хороо нь Талуудын Засгийн газрын төлөөлөгчдөөс бүрдэнэ.

4. Дэд хороо нь хурлаа Талуудын харилцан тохиролцсоны дагуу товлосон хугацаанд болон газарт, эсхүл тохиролцсон бусад хэлбэрээр хийнэ.

5. Энэ зүйлийн хүрээнд Дэд хорооны зохицуулагч нь дараах байгууллага байна:

(a) Япон Улсын хувьд, Гадаад хэргийн яам, эсхүл түүний үүргийг залгамжлагч байгууллага;

(b) Монгол Улсын хувьд, Аж үйлдвэрийн яам, эсхүл түүний үүргийг залгамжлагч байгууллага.

6.10 дугаар зүйл
16 дугаар бүлгийг үл хэрэглэх тухай

Энэхүү бүлгийг 16 дугаар бүлэгт хэрэглэхгүй.

7 дугаар бүлэг
Үйлчилгээний худалдаа

7.1 дүгээр зүйл
Хамрах хүрээ

1. Энэхүү бүлэг нь аль нэг Талын баталсан буюу хэрэгжүүлж буй үйлчилгээний худалдаанд нөлөөлөхүйц арга хэмжээнд хамаарна.

2. Энэхүү бүлэг нь дараахь зүйлд хамаарахгүй:

(a) далайн тээврийн үйлчилгээнд эргийн дагуу хийх худалдаа;

(b) агаарын тээврийн үйлчилгээний хувьд, аливаа хэлбэрээр зөвшөөрөл олгосон тээвэрлэлтийн эрхэд нөлөөлөхүйц арга хэмжээ, эсхүл тээвэрлэлтийн эрхийг хэрэгжүүлэхтэй шууд холбоотой үйлчилгээнд нөлөөлөхүйц арга хэмжээ;

(c) Засгийн газрын худалдан авах ажиллагаа;

(d) аль нэг Талын, эсхүл төрийн өмчийн аж ахуйн нэгжийн олгосон буцалтгүй тусламж, Засгийн газрын хөнгөлөлттэй зээл, баталгаа болон даатгал бүхий татаас;

(e) цагаачлал болон зорчих тухай хууль тогтоомжтой холбоотой арга хэмжээ;

(f) нөгөө Талын хөдөлмөрийн зах зээлд нэвтрэх боломж хайж буй нэг Талын хувь хүнд нөлөөлөх арга хэмжээ, эсхүл иргэн буюу харьяат эсхүл байнга оршин суух буюу хөдөлмөр эрхлэхтэй холбоотой арга хэмжээ;

(g) засгийн газрын бүрэн эрхийн хүрээнд нийлүүлж буй үйлчилгээ.

3. Энэхүү бүлэг нь 2(b) дэд хэсэгт заасныг үл харгалзан дараахь арга хэмжээнд үйлчилнэ:

(a) агаарын хөлгийн засвар болон техникийн үйлчилгээ;

(b) агаарын тээврийн үйлчилгээний борлуулалт ба зах зээл;

(c) захиалгын цахим системийн үйлчилгээ.

4. Энэхүү бүлгийн санхүүгийн үйлчилгээ, түүний хамрах хүрээ ба нэр томьёоны тодорхойлолттой холбоотой нэмэлт заалтыг 4 дүгээр хавсралтад тусгасан.

5. Энэхүү бүлгийн харилцаа холбооны үйлчилгээ, түүний хамрах хүрээ ба нэр томьёоны тодорхойлолттой холбоотой нэмэлт заалтыг 5 дугаар хавсралтад тусгасан.

7.2 дугаар зүйл
Тодорхойлолт

Энэхүү бүлгийн зорилгоор:

(a) "агаарын хөлгийн засвар болон техникийн үйлчилгээ" гэх нэр томьёо нь агаарын хөлгийг үйлчилгээнээс гаргасан үед түүнд буюу түүний хэсэгт үйлчилгээ хийх ажлыг хэлэх бөгөөд үүнд техникийн урсгал засварын үйлчилгээ хамаарахгүй;

(b) "захиалгын цахим системийн үйлчилгээ" гэх нэр томьёо нь тийз захиалах, эсхүл худалдан авах замаар агаарын тээвэрлэгчийн нислэгийн хуваарь, боломж, үнэ болон үнийг тогтоосон журмын тухай мэдээллийг агуулсан цахим системээр үзүүлэх үйлчилгээг хэлнэ;

(c) "мөрдөж буй" гэх нэр томьёо нь энэхүү хэлэлцээр хүчин төгөлдөр болсон өдөр мөрдөж байсныг хэлнэ;

(d) "нөгөө Талын хуулийн этгээд" гэх нэр томьёо нь дараахь хуулийн этгээдийг хэлнэ:

(i) нөгөө Талын хуулийн дагуу байгуулсан буюу бусад байдлаар зохион байгуулсан;

(ii) арилжааны төлөөллөөр дамжуулан үйлчилгээ нийлүүлэх тохиолдолд дараахь этгээдийн өмчид эсхүл хяналтад байна:

(A) нөгөө Талын хувь хүн;

(B) дээрх (i) дэд хэсэгт тодорхойлсон нөгөө Талын хуулийн этгээд;

(e) "арга хэмжээ" гэх нэр томьёо нь хууль, зохицуулалт, дүрэм, журам, шийдвэр, захиргааны журам буюу бусад төрлийн аливаа арга хэмжээг хэлнэ;

Тайлбар: "арга хэмжээ" гэдэгт ДХБ-ын Үйлчилгээний худалдааны ерөнхий хэлэлцээрийн хүрээн дэх татварын арга хэмжээ хамаарна.

(f) "аль нэг Талын баталсан буюу хэрэгжүүлж буй арга хэмжээ" гэх нэр томьёо нь дор дурдсанаар баталсан буюу хэрэгжүүлж буй аливаа арга хэмжээг хэлнэ:

(i) аль нэг Талын засгийн газрын буюу эрх бүхий байгууллагын бүх түвшинд;

(ii) аль нэг Талын засгийн газрын буюу эрх бүхий байгууллагын бүх түвшинд бүрэн эрхийнхээ хүрээнд олгосон эрхийг хэрэгжүүлж буй төрийн бус байгууллагын;

(g) "аль нэг Талын үйлчилгээний худалдаанд нөлөөлөх арга хэмжээ" гэх нэр томьёо нь дараахтай холбоотой арга хэмжээг хэлнэ.

(i) үйлчилгээний худалдан авалт, төлбөр тооцоо буюу хэрэглээ;

(ii) тухайн Талын олон нийтэд санал болгодог энгийн үйлчилгээ үзүүлэхтэй холбогдуулан шаарддаг үйлчилгээнд нэвтрэх ба уг үйлчилгээг хэрэглэх;

(iii) аль нэг Талын нутаг дэвсгэрт үйлчилгээ үзүүлэхээр нөгөө Талын этгээдүүд оршин байх, түүний дотор арилжааны төлөөлөл хамаарна.

(h) "дангаар ноёрхох үйлчилгээ үзүүлэгч" гэх нэр томьёо нь аль нэг Талын тухайн зах зээлд тухайн үйлчилгээний цорын ганц үйлчилгээ үзүүлэгч болгон албан ёсоор, эсхүл нөлөөлөх байдлын бүрэн эрх олгосон, эсхүл байгуулсан төрийн, эсхүл хувийн аливаа этгээдийг хэлнэ;

(i) "аль нэг Талын хувь хүн" гэх нэр томьёо нь тухайн Талын хуульд заасан аль нэг Талын иргэнийг хэлнэ;

(j) “агаарын тээврийн үйлчилгээний худалдаа ба маркетинг” гэх нэр томьёо нь өөрийн агаарын тээврийн үйлчилгээ, түүний дотор зах зээл судлах, сурталчлах, түгээх зэрэг маркетингийн бүх үйлчилгээг чөлөөтэй худалдах ба борлуулах талаар холбогдох агаарын тээвэрлэгчид олгосон боломжийг хэлнэ. Агаарын тээврийн үйлчилгээний үнэлгээ, зохих нөхцөл нь эдгээр үйл ажиллагаанд үл хамаарна;

(k) “Засгийн газрын бүрэн эрхийн хүрээнд үзүүлж буй үйлчилгээ” гэх нэр томьёо нь арилжааны бус зорилгоор, нэг буюу түүнээс дээш үйлчилгээ үзүүлэгчтэй өрсөлдөхгүйгээр үзүүлж буй аливаа үйлчилгээг хэлнэ;

(l) “үйлчилгээ үзүүлэх” гэх нэр томьёо нь үйлдвэрлэх, түгээх, маркетинг хийх, худалдан борлуулах, үйлчилгээ хүргэхэд хамаарна;

(m) “үйлчилгээний худалдаа” гэх нэр томьёо нь дараахь төрлийн үйлчилгээ үзүүлэхийг хэлнэ:

(i) аль нэг Талын нутаг дэвсгэрээс нөгөө Талын нутаг дэвсгэрт (“хил дамнасан худалдаа”);

(ii) аль нэг Тал өөрийн нутаг дэвсгэртээ нөгөө Талын хэрэглэгчдэд үйлчлэх (“Хилийн чанад дахь үйлчилгээ”);

(iii) аль нэг Талын үйлчилгээ үзүүлэгч нөгөө Талын нутаг дэвсгэрт буй арилжааны төлөөллөөр дамжуулан үйлчилгээ үзүүлэх (“арилжааны төлөөлөл”);

(iv) аль нэг Талын үйлчилгээ үзүүлэгч нөгөө Талын нутаг дэвсгэрт буй өөрийн Талын хувь хүний төлөөллөөр дамжуулан үйлчилгээ үзүүлэх (“хувь хүний оролцоо”);

(n) "тээвэрлэлтийн эрх" гэх нэр томьёо нь үйлчлэх цэг, үйл ажиллагааны маршрут, тээвэр хийх нислэгийн төрөл, хангахуйц хүчин чадал, ногдуулах төлбөр ба нөхцөл, тоо хэмжээ, өмчлөл болон хяналт зэрэг агаарын хөлөг нисэхэд тавих шалгуурыг хангасан аль нэг Талаас нөгөө Тал руу, аль нэг Талын дотор, эсхүл аль нэг Талаар дамжуулан зорчигч, ачаа, шууданг төлбөртэйгээр, эсхүл хөлсөөр тээвэрлэх болон/буюу үйл ажиллагаа явуулах хуваарьт болон хуваарьт бус үйлчилгээ эрхлэх эрхийг хэлнэ.

7.3 дугаар зүйл
Үндэсний нөхцөл

1. 6 дугаар хавсралтад заасан тусгай үүрэг амлалтын жагсаалтад тусгасан салбар болон түүнд тусгасан аливаа нөхцөл, шаардлагын дагуу Тал бүр үйлчилгээ үзүүлэхэд нөлөөлөхүйц бүх арга хэмжээний хувьд нөгөө Талын үйлчилгээ, үйлчилгээ үзүүлэгчдэд өөрийн ижил төрлийн үйлчилгээ, үйлчилгээ үзүүлэгчдэд олгосноос дутуугүй тааламжтай нөхцөл олгоно.

Тайлбар: Энэ зүйлд заасны дагуу тусгай үүрэг амлалт нь тухайн үйлчилгээ, эсхүл гадаадын үйлчилгээ үзүүлэгчийн шинж чанараас үүдэн аливаа уламжлалт өрсөлдөөнд давуу талаа алдасны хохирлыг нөхөх талаар аль нэг Тал шаардлага тавих байдлаар тайлбарлаж үл болно.

2. Аль нэг Тал нь нөгөө Талын үйлчилгээ, үйлчилгээ үзүүлэгчдэд өөрийн ижил төрлийн үйлчилгээ, үйлчилгээ үзүүлэгчдэд олгосноос албан ёсны ижил эсхүл ялгаатай нөхцөл олгох замаар 1 дэх хэсгийн шаардлагыг биелүүлж болно.

3. Албан ёсны ижил, эсхүл ялгаатай нөхцөлийг хэрэв нөгөө Талын ижил төрлийн үйлчилгээ, үйлчилгээ үзүүлэгчтэй харьцуулахад аль нэг Талын үйлчилгээ, үйлчилгээ үзүүлэгчийг илүүд үзэж өрсөлдөөний нөхцөлийг ашигтайгаар өөрчилж байвал түүнийг тааламж багатайд тооцно.

7.4 дүгээр зүйл
Нэн тааламжтай үндэстний нөхцөл

1. Тал бүр нөгөө Талын үйлчилгээ, үйлчилгээ үзүүлэгчидэд энэхүү хэлэлцээрт оролцогч бус талын ижил төрлийн үйлчилгээ, үйлчилгээ үзүүлэгчдэд олгосноос дутуугүй тааламжтай нөхцөл олгоно.

2. Тал бүр дээрх 1 дэх хэсэгт нийцэхгүй арга хэмжээг 6 дугаар хавсралтад тусгасан нэн тааламжтай үндэстний нөхцөл үл үйлчлэх жагсаалтад оруулсан бөгөөд уг жагсаалтад оруулах шаардлага, нөхцөлийг хангасан тохиолдолд хэрэгжүүлж болно.

7.5 дугаар зүйл
Зах зээлд нэвтрэх

1. 7.2 дугаар зүйлийн (m) дэд хэсэгт заасан үйлчилгээний хэлбэрээр дамжин зах зээлд нэвтрэх тухайд аль нэг Тал нөгөө Талын үйлчилгээ, үйлчилгээ үзүүлэгчдэд 6 дугаар хавсралтад заасан өөрийн Талын Тусгай үүрэг амлалтын жагсаалтад тохирсон болзол, хязгаарлалт, нөхцөлийн дагуу олгож байгаагаас дутуугүй тааламжтай нөхцөл олгоно.

Тайлбар: Хэрэв аль нэг Тал 7.2 дугаар зүйлийн (m) дэд хэсгийн (i)-д заасан үйлчилгээний хэлбэр бүхий үйлчилгээ үзүүлэх талаар зах зээлд нэвтрүүлэх үүрэг амлалт хүлээсэн бөгөөд хөрөнгийн хил дамнасан хөдөлгөөн нь тухайн үйлчилгээний салшгүй хэсэг бол тухайн Тал уг хөрөнгийн хөдөлгөөнийг зөвшөөрөх үүрэг хүлээнэ. Хэрэв аль нэг Тал 7.2 дугаар зүйлийн (m) дэд хэсгийн (iii)-д заасан үйлчилгээний хэлбэр бүхий үйлчилгээ үзүүлэхтэй холбогдуулан зах зээлд нэвтрүүлэх үүрэг амлалт хүлээсэн бол өөрийн нутаг дэвсгэрт хөрөнгийн холбогдох шилжүүлгийг зөвшөөрөх үүрэг хүлээнэ.

2. 6 дугаар хавсралтад заасан Тусгай үүрэг амлалтын жагсаалтад өөрөөр заагаагүй бол аль нэг Тал нь зах зээлд нэвтрүүлэх үүрэг амлалт хүлээсэн салбарт бүс нутгийн хэмжээнд, эсхүл өөрийн бүх нутаг дэвсгэрт дараах арга хэмжээг батлаж, эсхүл мөрдүүлж үл болно:

(a) тоо хэмжээний хязгаар, дангаар ноёрхол, онцгой үйлчилгээ үзүүлэгч, эсхүл эдийн засгийн хэрэгцээг нотлох шаардлагын хэлбэрээр үйлчилгээ үзүүлэгчийн тоог хязгаарлах;

(b) тоо хэмжээний хязгаар, эсхүл эдийн засгийн хэрэгцээг нотлох шаардлагын хэлбэрээр үйлчилгээний шилжүүлгийн буюу хөрөнгийн нийт үнийн дүнг хязгаарлах;

(c) Тоо хэмжээний хязгаар, эсхүл эдийн засгийн хэрэгцээг нотлох шаардлагын хэлбэрээр үйлчилгээний ажлын нийт тоог, эсхүл үзүүлсэн үйлчилгээний ерөнхий хэмжээг тодорхой тоон нэгжээр илэрхийлсэн нийт хэмжээг хязгаарлах;

Тайлбар: Энэ заалт нь аль нэг Талын үйлчилгээний бүрдэлд тавих хязгаарлалтын арга хэмжээнд хамаарахгүй.

(d) үйлчилгээний тодорхой салбарт ажил эрхлүүлэх эсхүл үйлчилгээ үзүүлэгч хөлсөөр ажиллуулах хувь хүний тоо, мөн тодорхой үйлчилгээ үзүүлэхэд зайлшгүй шаардлагатай бөгөөд шууд хамааралтай хувь хүний тоог хязгаарлах, эсхүл эдийн засгийн хэрэгцээний шаардлагын дагуу хязгаарлах;

(e) үйлчилгээ үзүүлэгчийн үйлчилгээгээр дамжуулан хуулийн этгээд, эсхүл хамтарсан үйлдвэрийн онцгой хэлбэрийг хязгаарлах, эсхүл шаардах арга хэмжээ;

(f) хувь хүний, эсхүл хувь нийлүүлсэн гадаадын хөрөнгө оруулалтын нийт дүн буюу гадаадын хувь эзэмшигчийн оролцооны дээд хувийг заах байдлаар гадаадын хөрөнгийн оролцоог хязгаарлах.

7.6 дугаар зүйл
Нэмэлт үүрэг, амлалт

Талууд 7.3 болон 7.5 дугаар зүйлийн дагуу гаргасан жагсаалтад тусгаагүй үйлчилгээний худалдаанд нөлөөлөхүйц арга хэмжээ, түүний дотор мэргэшил, стандарт, эсхүл лицензийн асуудалтай холбоотой арга хэмжээний талаар үүрэг амлалт хүлээхээр хэлэлцээ хийж болно. Ийм үүрэг, амлалтыг 6 дугаар хавсралтад заасан Тусгай үүрэг амлалтын жагсаалтад тусгана.

7.7 дугаар зүйл
Тусгай үүрэг амлалтын жагсаалт

1. Тал бүр 7.3, 7.5 болон 7.6 дугаар зүйлийн дагуу өөртөө хүлээсэн үүрэг амлалтыг жагсаалтад тусгана. Ийм үүрэг амлалт хүлээж буй салбар, эсхүл дэд салбарын хувьд 6 дугаар хавсралтад заасан Тусгай үүрэг амлалтын жагсаалтыг дараах байдлаар тодорхойлно:

(a) зах зээлд нэвтрүүлэхтэй холбогдсон болзол, хязгаарлалт, нөхцөл;

(b) үндэсний нөхцөлийн талаарх нөхцөл, шаардлага;

(c) нэмэлт үүрэг амлалттай холбоотой арга хэмжээ;

(d) шаардлагатай бол, эдгээр үүрэг амлалтыг биелүүлэх цаг хугацааны хязгаар.

2. Тусгай үүрэг амлалт хүлээсэн салбар буюу дэд салбар болон “SS” тэмдэглэгээний тухайд цагаачлал болон зорчих тухай хууль тогтоомжид заасан арга хэмжээнээс бусад тохиолдолд 1(a) болон 1(b) дэд хэсэгт дурдсан аливаа болзол, хязгаарлалт, нөхцөл, мэргэжлийг хүчин төгөлдөр мөрдөж буй үл нийцэх арга хэмжээнд үндэслэн хязгаарлана.

3. 7.3 болон 7.5 дугаар зүйлтэй үл нийцэх арга хэмжээг 7.5 дугаар зүйлийн холбогдох хүснэгтэд тусгана. Энэ тохиолдолд уг бичилтийг 7.3 дугаар зүйлийн талаарх нөхцөл, эсхүл шаардлагын тайлбарын заалт гэж мөн үзнэ.

7.8 дугаар зүйл
Дотоодын зохицуулалт

1. Тал бүр үйлчилгээний худалдаанд нөлөөлөх нийтлэг хэрэглээний бүх арга хэмжээг үндэслэлтэй, бодит, шударга байдлаар хэрэглэх явдлыг хангана.

2. Үйлчилгээ үзүүлэхэд аль нэг Тал зөвшөөрөл олгох шаардлагатай бол тухайн Талын эрх бүхий байгууллага нь үндэсний хууль тогтоомжийн дагуу зохих ёсоор бүрдсэн гэж үзэж болох өргөдлийг хүлээн авснаас хойш үндэслэлээ боломжийн хугацааны дотор өргөдлийн талаар гарсан шийдвэрийг өргөдөл гаргагчид мэдээлнэ. Өргөдөл гаргагчийн хүсэлтээр тухайн Талын зохих эрх бүхий байгууллага өргөдлийг авч үзэж буй явцын талаар шударга мэдээлж байна.

3. Нөгөө Талын үйлчилгээ үзүүлэгчийн зөвшөөрөл, мэргэжлийн шаардлага болон журам, техникийн стандарт, лицензийн шаардлагатай холбоотой аливаа үйлчилгээний салбарт аль нэг Талын баталсан, эсхүл хэрэгжүүлж буй аливаа арга хэмжээ нь үйлчилгээний худалдаанд шаардлагагүй саад тотгор үүсгэхгүй байх нөхцөлийг бүрдүүлэхийн тулд дээрх арга хэмжээний хувьд Тал бүр дараахь шаардлагыг хангасан байна:

(a) үйлчилгээг нийлүүлэх ур чадвар, боломж зэрэг бодит, ил тод шалгуурт үндэслэсэн байх;

(b) үйлчилгээний чанарыг хангахад шаардлагатайгаас илүү хүндрэл учруулахгүй байх;

(c) үйлчилгээ үзүүлэхэд нуугдмал хязгаарлалт хийж саад учруулахгүй байх.

7.9 дүгээр зүйл
Хүлээн зөвшөөрөх

1. Аль нэг Тал нь нөгөө Талын үйлчилгээ үзүүлэгчид зөвшөөрөл, лиценз, эсхүл гэрчилгээ олгоход тавих стандарт, эсхүл шаардлагыг бүхлээр нь, эсхүл хэсэгчлэн хэрэгжүүлэх зорилгоор нөгөө Талд эзэмшсэн боловсрол, эсхүл хуримтлуулсан туршлага, хэрэгжүүлсэн шаардлага, эсхүл олгосон лиценз, эсхүл гэрчилгээг хүлээн зөвшөөрч болно.

2. 1 дэх хэсгийн дагуу хүлээн зөвшөөрөх явдлыг уялдуулах, эсхүл өөр аргаар хэрэгжүүлж болох бөгөөд Талуудын хооронд хэлэлцээр байгуулах, эсхүл тохиролцоонд тулгуурлах, эсхүл өөрөө дангаар олгож болно.

3. Хэрэв аль нэг Тал энэхүү хэлэлцээрийн оролцогч бус талтай хэлэлцээрээр буюу тохиролцоогоор, эсхүл өөрөө дангаар энэхүү хэлэлцээрийн оролцогч бус талд эзэмшсэн боловсрол буюу хуримтлуулсан туршлага, хэрэгжүүлсэн шаардлага, эсхүл олгосон лиценз буюу гэрчилгээг хүлээн зөвшөөрвөл:

(a) 7.4 дүгээр зүйл нь Тухайн тал нөгөө Талд эзэмшсэн боловсрол буюу хуримтлуулсан туршлага, хэрэгжүүлсэн шаардлага, эсхүл олгосон лиценз буюу гэрчилгээг тийнхүү хүлээн зөвшөөрөхийг шаардана гэж ойлгохгүй;

(b) тухайн Тал нь нөгөө Талыг ийм хэлэлцээр, эсхүл тохиролцоонд нэгдэх хэлэлцээ хийх, эсхүл Талуудын хооронд үүнтэй төсөөтэй хэлэлцээ хийх хангалттай боломжийг нөгөө Талд олгоно;

(c) хэрэв тухайн Тал өөрөө дангаар хүлээн зөвшөөрсөн бол тухайн Тал нөгөө Талд эзэмшсэн боловсрол, эсхүл хуримтлуулсан туршлага, хэрэгжүүлсэн шаардлага, эсхүл олгосон лиценз буюу гэрчилгээг мөн хүлээн зөвшөөрөх ёстойг нотлох хангалттай боломжийг нөгөө Талд олгоно.

7.10 дугаар зүйл
Дангаар ноёрхол ба онцгой үйлчилгээ үзүүлэгч

1. Аль нэг Тал бүр өөрийн нутаг дэвсгэр дээр дангаар ноёлох үйлчилгээ үзүүлэгч аливаа этгээд нь тухайн зах зээл дээр дангаар үйлчилгээ үзүүлэхдээ 7.3, 7.4 болон 7.5 дугаар зүйлийн дагуу тухайн Талын хүлээсэн үүрэг амлалттай үл нийцэх байдлаар үйл ажиллагаа явуулахгүй байх явдлыг хангана.

2. Хэрэв аль нэг Талын дангаар ноёлох үйлчилгээ үзүүлэгч нь өөрийн Талын Тусгай үүрэг амлалт хүлээсэн нутаг дэвсгэр дээр дангаар ноёрхох эрх хэмжээний хүрээнээс гадуур шууд, эсхүл охин компаниараа дамжуулан үйлчилгээ үзүүлэхээр өрсөлдөж буй бол тухайн Тал өөрийн нутаг дэвсгэрт дангаар ноёлох байдлыг буруугаар ашигласнаар 7.3 болон 7.5 дугаар зүйлийн дагуу хүлээсэн үүрэг амлалттай үл нийцэх байдлаар ажиллахгүй байх явдлыг хангана.

3. Хэрэв аль нэг Тал нөгөө Талын дангаар ноёлох үйлчилгээ үзүүлэгч нь 1, эсхүл 2 дахь хэсэгтэй нийцэхгүй байдлаар үйл ажиллагаа явуулж байгааг үндэслэл бүхий гэж үзэж байгаа бол тухайн Тал нөгөө Талыг холбогдох ажиллагааны талаар тодорхой мэдээлэл гаргаж өгөхийг хүсч болно.

4. Аль нэг Тал албан ёсоор, эсхүл нөлөөлөх байдлаар дараахь тохиолдолд энэ зүйлийг тусгай үйлчилгээ үзүүлэгчид мөн хэрэглэнэ:

(a) цөөн тооны үйлчилгээ үзүүлэгчид эрх олгосон буюу түүнийг байгуулсан;

(b) өөрийн нутаг дэвсгэр дээр тийм үйлчилгээ үзүүлэгчдийн дундах өрсөлдөөнийг үлэмж хэмжээгээр хязгаарладаг.

7.11 дүгээр зүйл
Бизнесийн үйл ажиллагаа

1. Үйлчилгээ үзүүлэгчдийн 7.10 дугаар зүйлд дурдсанаас бусад төрлийн зарим бизнесийн үйл ажиллагаа нь өрсөлдөөнийг сааруулж, улмаар үйлчилгээний худалдааг хязгаарлах магадлалтай гэдгийг Талууд хүлээн зөвшөөрнө.

2. Аль нэг Тал нь 1 дүгээр хэсэгт дурдсан үйл ажиллагааг арилгах зорилгоор нөгөө Талын хүсэлтээр зөвлөлдөөн хийнэ. Хүсэлт хүлээн авсан Тал нь тухайн хүсэлтэд анхааралтай, нааштай хандах бөгөөд тухайн асуудлаар олон нийтэд нээлттэй, нууц бус мэдээлэл өгөх замаар хамтран ажиллана. Хүсэлт хүлээн авсан Тал өөрийн хууль тогтоомжийнхоо дагуу түүнчлэн өөрийн мэдээллийн нууцыг хамгаалах талаар хүсэлт гаргасан Талтай хангалттай тохиролцоонд хүрсэн тохиолдолд бусад нээлттэй мэдээллийг хүсэлт гаргасан Талд өгнө.

7.12 дугаар зүйл
Төлбөр болон шилжүүлэг

1. 7.13 дугаар зүйлд зааснаас бусад тохиолдолд аль нэг Тал үйлчилгээний худалдаатай холбоотой урсгал гүйлгээний олон улсын шилжүүлэг, төлбөр тооцоонд хязгаарлалт хэрэглэхгүй.

2. Энэхүү бүлгийн аль ч заалт нь Олон улсын валютын сангийн хэлэлцээрийн зүйлүүдийн дагуу Олон улсын валютийн сангийн гишүүны хувьд Талуудын хүлээсэн эрх үүрэг, түүний дотор Олон улсын валютын сангийн хэлэлцээрийн зүйлүүдтэй нийцсэн гүйлгээг хөндөхгүй. Гэхдээ 7.13 дугаар зүйлд дурдсан, эсхүл Олон улсын валютын сангийн хүсэлт болгосноос бусад тохиолдолд аль ч Тал өөрийн Тусгай үүрэг амлалтаа зөрчин аливаа хөрөнгийн гүйлгээнд хязгаарлалт тавихгүй байвал зохино.

7.13 дугаар зүйл
Төлбөрийн тэнцлийг хамгаалах зорилгоор хийх хязгаарлалт

1. Төлбөрийн тэнцэл, гадаад санхүүгийн байдал ноцтой хүндэрсэн буюу хүндрэх аюул тулгарсан тохиолдолд тухайн Тал үйлчилгээний худалдаанд, тухайлбал гүйлгээний төлбөр, шилжүүлгийн талаар хязгаарлалт тогтоох буюу үргэлжлүүлэн мөрдөж болно.

2. 1 дэх хэсэгт дурдсан хязгаарлалт нь:

(a) үндэсний нөхцөл, Нэн тааламжтай үндэстний нөхцөлд үндэслэсэн байх учиртай;

(b) Олон улсын валютын сангийн хэлэлцээрийн зүйлд нийцсэн байна;

(c) нөгөө Талын худалдаа, эдийн засаг, санхүүгийн ашиг сонирхолд шаардлагагүй хохирол учруулахаас зайлсхийх ёстой;

(d) 1 дэх хэсэгт дурдсан нөхцөл байдлын шаардлагын хүрээнээс халих ёсгүй;

(e) түр шинжтэй бөгөөд 1 дэх хэсэгт дурдсан нөхцөл байдал сайжрахын хэрээр аажмаар арилна.

3. Ийм хязгаарлалтын үйлчлэх хүрээг тодорхойлохдоо аль нэг Тал өөрийн эдийн засгийн, эсхүл хөгжлийн хөтөлбөрт илүү чухал үйлчилгээ үзүүлэхэд түлхүү ач холбогдол өгч болно. Гэхдээ тухайн хязгаарлалтыг үйлчилгээний тодорхой салбарыг хамгаалах зорилгоор батлах эсхүл үргэлжлүүлэн хэрэгжүүлэхгүй.

4. 1 дэх хэсгийн дагуу тогтоосон, эсхүл мөрдөж буй аливаа хязгаарлалт, эсхүл тэдгээрт орсон аливаа өөрчлөлтийн талаар нөгөө Талд шуурхай мэдэгдэнэ.

7.14 дүгээр зүйл
Ил тод байдал

Тал бүр бүх салбарт 7.3, 7.4 болон 7.5 дугаар зүйлийн дагуу хүлээсэн үүрэг амлалтад нөлөөлөхүйц холбогдох бүх арга хэмжээг тусгасан эрх зүйн ямар нэг үр дагавар үүсгэхгүй жагсаалтыг гаргана. Тухайн жагсаалтыг энэхүү хэлэлцээр хүчин төгөлдөр болсон өдрөөс хойш таван жилийн дотор боловсруулж, нөгөө Талтайгаа солилцохоос гадна олон нийтэд нээлттэй болгох бөгөөд шаардлагатай тохиолдолд, эсхүл Талууд харилцан тохиролцсон тохиолдолд уг жагсаалтыг дахин хянаж, өөрчилж болно. Энэ жагсаалт нь дараахь мэдээллийг агуулсан байна:

(a) салбар, дэд салбар, эсхүл хамаарах асуудал;

(b) үл нийцэж буй хэлбэр (өөрөөр хэлбэл, үндэсний нөхцөл, үндэстний нэн таатай нөхцөл, болон/эсхүл зах зээлд нэвтрэхтэй холбоотой);

(c) тухайн арга хэмжээг бий болгосон хуулийн эх сурвалж, эсхүл эрх бүхий байгууллага;

(d) уг арга хэмжээний талаарх товч танилцуулга.

Тайлбар: Энэ зүйлийн дагуух жагсаалтыг зөвхөн ил тод байдлыг хангах зорилгоор гаргаж буй бөгөөд энэ бүлгийн дагуу Талуудын хүлээсэн эрх болон үүрэг, амлалтыг хөндөхгүй. Энэхүү зүйлийн дагуу тухайн жагсаалтыг цаашид ямар нэг байдлаар дахин хянаж, өөрчлөх явдал нь зөвхөн тухайн жагсаалтыг шинэчлэх зорилгоор авч буй хэрэг юм.

7.15 дугаар зүйл
Ашгаас татгалзах

1. Аль нэг Тал нөгөө Талын хуулийн этгээд болох нөгөө Талын үйлчилгээ үзүүлэгчийг энэхүү хэлэлцээрийн оролцогч бус талын хуулийн этгээд эзэмшдэг, эсхүл хяналтад байж болохыг тогтоосон бөгөөд татгалзагч тал нь дор дурдсан нөхцөлийг хангаж буй бол тухайн хуулийн этгээдэд энэ бүлгийн хүрээнд ашиг олгохоос татгалзаж болно:

(a) энэхүү хэлэлцээрт оролцогч бус талтай дипломат харилцаа тогтоогоогүй;

(b) энэхүү хэлэлцээрт оролцогч бус Талтай холбогдуулан дараахь арга хэмжээг баталсан, эсхүл мөрдөн хэрэгжүүлж буй бол:

(i) дурдсан хуулийн этгээдтэй гүйлгээ хийхийг хориглосон;

(ii) дурдсан хуулийн этгээд энэ бүлгийн хүрээнд ашиг хүртсэн бол энэхүү арга хэмжээг зөрчсөн, эсхүл зайлсхийсэн болох.

2. Нөгөө Талын хуулийн этгээд болох нөгөө Талын үйлчилгээ үзүүлэгчийг энэхүү хэлэлцээрт оролцогч бус талын хуулийн этгээд эзэмшдэг, эсхүл хяналтад байдаг, улмаар нөгөө Талын нутаг дэвсгэр дээр дорвитой бизнесийн үйл ажиллагаа явуулдаггүй болохыг тогтоосон тохиолдолд урьдчилан мэдэгдэж, зөвлөлдсөн нөхцөлд тухайн Тал дурдсан хуулийн этгээдэд энэ бүлгийн ашгийг олгохоос татгалзаж болно.

7.16 дугаар зүйл
Үйлчилгээний худалдааны дэд хороо

1. Энэхүү бүлгийн хэрэгжилтийг үр дүнтэй хангах зорилгоор Талууд үйлчилгээний худалдааны дэд хороо (цаашид энэ зүйлд "Дэд хороо" гэх)-г үүгээр байгуулав.

2. Дэд хороо дараахь чиг үүрэгтэй байна:

(a) энэхүү бүлгийн хэрэгжилтийг хянан үзэх, хяналт тавих;

(b) энэхүү бүлэгтэй холбоотой аливаа асуудлыг хэлэлцэх;

(c) Дэд хорооны хэлэлцүүлгийн үр дүн болон дүгнэлтийг Хамтарсан хороонд тайлагнах;

(d) Хамтарсан хорооноос даалгаж болох бусад чиг үүргийг хэрэгжүүлэх.

3. Дэд хороо нь Талуудын Засгийн газрын төлөөлөгчдөөс бүрдэнэ.

4. Дэд хороо нь хурлаа Талуудын харилцан тохиролцсоны дагуу товлосон хугацаанд болон газарт, эсхүл тохиролцсон бусад хэлбэрээр хийнэ.

7.17 дугаар зүйл
Үүрэг амлалтыг хянан үзэх

1. Талуудын хоорондын үйлчилгээний худалдааг цаашид илүү чөлөөлөх, түүний дотор үүрэг амлалтын жагсаалтын хэлбэрийн талаар дахин хэлэлцээ хийх боломжийг бүрдүүлэх зорилгоор Талууд харилцан тохиролцсон тохиолдолд энэ бүлэг, түүний холбогдох хавсралтыг дахин хянан үзэх талаар зохих хугацаанд авч үзнэ.

2. Хэрэв энэхүү хэлэлцээр хүчин төгөлдөр болсны дараа аль нэг Тал өөрийн аливаа үйлчилгээний салбар, дэд салбар, эсхүл үйл ажиллагааг илүү чөлөөлөх арга хэмжээг дангаар авч хэрэгжүүлэх бол тэрээр нөгөө Талаас энэхүү хэлэлцээрт ийнхүү улам чөлөөтэй болгохыг тусгах хүсэлтийг зохих хугацаанд харгалзан үзнэ.

8 дугаар бүлэг
Хувь хүний шилжилт хөдөлгөөн

8.1 дүгээр зүйл
Ерөнхий зарчим

1. Талууд хоорондын давуу эрх олгосон худалдааны харилцаа, түүнчлэн харилцан ашигтай байдалд үндэслэн хувь хүний хилээр нэвтрэх, түр оршин суух явдлыг хөнгөвчлөх болон хилээр нэвтрэх, түр оршин суухад тавих шаардлага, журмыг ил тод болгох, мөн Талуудын хилийн аюулгүй байдлыг хангах, Тал бүрийн дотоодын ажиллах хүч, байнгын хөдөлмөр эрхлэлтийг хамгаалах хэрэгцээ зэрэг Талуудын эрмэлзлэлийг энэхүү бүлэгт тусгасан.

2. Тал бүр энэхүү бүлгийн заалттай холбоотой арга хэмжээг 1 дэх хэсэгт дурдсан ерөнхий зарчмын дагуу хэрэгжүүлэх бөгөөд ялангуяа энэхүү хэлэлцээрийн хүрээнд барааны буюу үйлчилгээний худалдаа, эсхүл хөрөнгө оруулалтын үйл ажиллагаанд зүй бусаар хохирол учруулах, эсхүл саатуулах явдлаас сэргийлэх үүднээс тэдгээр арга хэмжээг шуурхай хэрэгжүүлнэ.

8.2 дугаар зүйл
Хамрах хүрээ

1. Энэхүү бүлэг нь нөгөө Талын хилээр нэвтэрч буй бөгөөд 8.4 дүгээр зүйлийн 1 дэх хэсэгт дурдсан ангилалд хамаарах аль нэг Талын хувь хүний хилээр нэвтрэх, түр оршин суухтай холбоотой арга хэмжээнд үйлчилнэ.

2. Энэхүү бүлэг нь нөгөө Талын хөдөлмөрийн зах зээлд нэвтрэх боломж эрэлхийлж буй аль нэг Талын хувь хүнд нөлөөлөхүйц арга хэмжээ, түүнчлэн иргэн буюу харьяат, эсхүл байнга оршин суух буюу хөдөлмөр эрхлэхтэй холбоотой арга хэмжээнд хамаарахгүй.

3. Энэхүү бүлэг нь аль нэг Тал өөрийн хилийн бүрэн бүтэн байдлыг хамгаалах, хилээр нэвтрэх хувь хүний шилжилт хөдөлгөөний эмх замбараатай байдлыг хангах зэргээр нөгөө Талын хувь хүнийг хилээр нэвтрүүлэх, түр оршин суух асуудлыг зохицуулах арга хэмжээ авахад саад учруулахгүй бөгөөд эдгээр арга хэмжээг авахдаа 7 дугаар хавсралтад дурдсан тусгай үүрэг амлалтын нөхцөлийн дагуу нөгөө Талд олгож буй ашгийг үгүйсгэх, эсхүл бууруулах байдлаар хэрэгжүүлж болохгүй.

Тайлбар: Энэхүү хэлэлцээрт оролцогч бус зарим талын хувь хүнийг виз авах шаардлагаас чөлөөлж, нөгөө Талын хувь хүнд виз авах шаардлага тавих дан ганц нөхцөлийг 7 дугаар хавсралтад дурдсан тусгай үүрэг амлалтын нөхцөлийн дагуу олгож буй ашгийг үгүйсгэсэн, эсхүл бууруулсанд тооцохгүй.

8.3 дугаар зүйл
Тодорхойлолт

Энэхүү бүлгийн зорилгоор "аль нэг Талын хувь хүн" гэх нэр томьёо нь аль нэг Талд, эсхүл өөр бусад газар оршин суудаг хувь хүн болон тухайн Талын хуулийн дагуу иргэн нь болох хүнийг хэлнэ.

8.4 дүгээр зүйл
Тусгай үүрэг амлалт

1. Тал бүр дараахь этгээдийн талаар хүлээсэн тусгай үүрэг амлалтыг 7 дугаар хавсралтад тусгав:

(a) нөгөө Талын богино хугацаагаар зорчих бизнес эрхлэгчид;

(b) нөгөө Талын корпорацийн дотор шилжин ажиллагсад;

(c) нөгөө Талын хөрөнгө оруулагч нар;

(d) нөгөө Талын мэргэжлийн үйлчилгээ үзүүлэгч хувь хүн;

(e) төрийн, эсхүл хувийн байгууллагатай хийсэн гэрээний дагуу ахисан түвшний технологи, эсхүл мэдлэг шаардсан үйлчилгээг тухайн Талд үзүүлдэг нөгөө Талын хувь хүн;

(f) дээр дурдсан (b)-гээс (e) хүртэлх дэд хэсэгт заасан эдгээр хувь хүнийг дагалдан яваа эхнэр, нөхөр, хүүхэд.

2. 7 дугаар хавсралтад заасан нөхцөл, болзолын дагуу 1 дэх хэсэгт дурдсан ангилалд хамаарах хувь хүнийг энэ бүлгийн заалттай үл нийцэх цагаачлал болон зорчих тухай холбогдох хууль тогтоомжийн дагуу хилээр нэвтрэх, түр оршин суух боломжтой гэж үзвэл тухайн хувь хүнд хилээр нэвтрэх, түр оршин суух зөвшөөрлийг олгоно.

3. Аль ч Тал 1 дэх хэсгийн дагуу хилээр нэвтрэх, түр оршин суух зөвшөөрөл олгохдоо хувь хүний тоонд ямар нэгэн хязгаарлалт тогтоох, эсхүл мөрдүүлэх арга хэмжээ авахгүй.

8.5 дугаар зүйл
Шаардлага болон журам

1. Энэхүү хэлэлцээр хүчин төгөлдөр болсон өдөр Тал бүр нөгөө Талд 7 дугаар хавсралтаар тухайн Талын хүлээсэн тусгай үүрэг амлалтад хамрах хувь хүний талаар дараахь зорилгоор нөгөө Талын хувь хүн хууль ёсны өргөдөл гаргахад хэрэгтэй шаардлага, журамтай холбоотой мэдээллийг нийтлэх, эсхүл нөгөө талын олон нийтэд нээлттэй болгоно:

(a) тухайн Талд хилээр нэвтрэх;

(b) тухайн Талд эхний удаад түр оршин суух;

(c) тухайн Талд түр оршин суух зөвшөөрлөө шинэчлэх;

(d) зохистой тохиолдолд тухайн Талд хөдөлмөр эрхлэх зөвшөөрөл хүсэх;

(e) тухайн Талд түр оршин суух зөвшөөрлийн хэлбэрээ өөрчлөх.

2. Тал бүр нөгөө Талын хувь хүний хүсэлтийн дагуу 1 дэх хэсэгт дурдсан шаардлага, журамтай холбоотой мэдээллээр хангахыг эрмэлзэнэ.

3. Тал бүр дээр дурдсан (a)–аас (e) хүртэлх дэд хэсгийн дагуу нөгөө Талын хувь хүн хилээр нэвтрэх, түр оршин суух, эсхүл зөвшөөрөл хүсэх талаар хүчинтэй өргөдөл гаргахтай холбоотой шаардлага, журмыг шинээр тогтоосон, эсхүл 1 дэх хэсэгт дурдсан хүчин төгөлдөр мөрдөгдөж буй аливаа шаардлага, журамд өөрчлөлт оруулсан бол энэ тухайгаа нөгөө Талд нэн даруй мэдэгдэхийг эрмэлзэнэ.

4. Тал бүр 1 дэх хэсэгт дурдсан өргөдөлд холбогдох эрх бүхий байгууллагын ногдуулж буй төлбөр нь дангаар энэ бүлгийн дагуу нөгөө Талын хувь хүн тухайн Талын хилээр нэвтрэх, түр оршин суухад үндэслэлгүй саад тотгор учруулахгүй байх явдлыг хангаж ажиллана.

5. Тал бүр өөрийн хууль тогтоомжийн хүрээнд нөгөө Талын хувь хүний хилээр нэвтрэх, түр оршин суухтай холбоотой шаардлагыг хялбарчлах, журмыг хөнгөвчлөх, шат дамжлагыг шуурхай болгоход чиглэсэн арга хэмжээг боломжийн хирээр хэрэгжүүлэхийг эрмэлзэнэ.

8.6 дугаар зүйл
Хувь хүний шилжилт хөдөлгөөний дэд хороо

1. Энэ бүлгийн хэрэгжилтийг үр дүнтэй хангах зорилгоор Талууд хувь хүний шилжилт хөдөлгөөний дэд хороо (цаашид энэ зүйлд "Дэд хороо" гэх)-г үүгээр байгуулав.

2. Дэд хороо дараахь чиг үүрэгтэй байна:

(a) энэ бүлгийн хэрэгжилтийг хянан үзэх, хяналт тавих;

(b) хувь хүний хилээр нэвтрэх, түр оршин суухыг харилцан хөхиүлэн дэмжихэд чиглэсэн арга хэмжээг хэрэгжүүлэх асуудлыг авч үзэх;

(c) 7 дугаар хавсралтад дурдсан хувь хүний хилээр нэвтрэх, түр оршин суухтай холбоотой арга хэмжээний талаар мэдээлэл солилцох;

(d) харилцан тохиролцсон энэ бүлэгтэй холбоотой аливаа асуудлыг хэлэлцэх;

(e) Дэд хорооны хэлэлцүүлгийн үр дүн болон дүгнэлтийг Хамтарсан хороонд тайлагнах;

(f) Хамтарсан хорооноос даалгаж болох бусад чиг үүргийг хэрэгжүүлэх.

3. Дэд хороо нь Талуудын Засгийн газрын төлөөлөгчдөөс бүрдэнэ.

4. Дэд хороо нь хурлаа Талуудын харилцан тохиролцоны дагуу товлосон хугацаанд болон газарт, эсхүл тохиролцсон бусад хэлбэрээр хийнэ.

8.7 дугаар зүйл
Маргаан шийдвэрлэх

1. 16 дугаар бүлэгт дурдсан маргаан шийдвэрлэх журам энэ бүлэгт дараахаас бусад тохиолдолд хамаарахгүй:

(a) үйл ажиллагааны шинжтэй хэрэг;

(b) аль нэг Талын тодорхой асуудалд өртсөн хувь хүн нь нөгөө Талын дотоодын захиргааны хамгаалалтын боломжтой бүх арга хэмжээг хэрэглэсэн.

2. 1(b) дэд хэсэгт дурдсан хамгаалалтын арга хэмжээг нөгөө Талын холбогдох эрх бүхий байгууллага захиргааны арга хэмжээг хэрэгжүүлснээс хойш нэг жилийн дотор тухайн асуудалтай холбоотой эцсийн шийдвэр гараагүй ба ийм шийдвэрийг гаргаж чадаагүй явдал нь хувь хүнээс үл хамааралтай бол тухайн бүх хамгаалалтын арга хэмжээг авсан гэж үзнэ.

9 дүгээр бүлэг
Цахим худалдаа

9.1 дүгээр зүйл
Ерөнхий заалт

1. Талууд цахим худалдаанаас бий болсон эдийн засгийн өсөлт болон боломжууд, мөн түүний ашиглалт болон хөгжилд учирч буй саад бэрхшээлээс зайлсхийхийн ач холбогдлыг хүлээн зөвшөөрч байна.

2. Энэхүү бүлгийн зорилго нь цахим худалдааг ашиглахад найдвартай болон итгэлтэй орчин бий болгох, мөн Талуудын хооронд цахим худалдаа хийх болон цахим худалдааг дэлхий дахинд өргөнөөр ашиглах явдалд дэмжлэг үзүүлэхэд оршино.

3. Талууд цахим худалдаанд технологиос үл хамаарах зарчим мөрдөхийг хүлээн зөвшөөрч байна.

4. Энэ бүлэг нь 2, 7, 10, эсхүл 12 дугаар бүлэгтэй үл нийцэх аливаа тохиолдолд нийцэхгүй буй асуудлын хүрээнд энэхүү бүлгээс бусад Бүлгийг дагаж мөрдөнө.

9.2 дугаар зүйл
Тодорхойлолт

Энэхүү бүлгийн зорилгоор:

(a) "тоон бүтээгдэхүүн" гэх нэр томьёо нь тээгч хэрэгсэлд суулгасан, эсхүл цахим хэлбэрээр дамжуулсан эсэхээс үл хамааран, тоон хувиргалт хийгдсэн компьютерийн програм хангамж, текст, дүрс бичлэг, зураг, дуу бичлэг болон бусад бүтээгдэхүүнийг хэлнэ;

(b) "цахим гэрчилгээ" гэх нэр томьёо нь хэрэглэгч цахим гарын үсэг хэрэглэснийг баталгаажуулахад ашигласан мэдээлэл нь тухайн хэрэглэгчид хамааралтай болохыг гэрчлэх зорилгоор бэлтгэсэн цахилгаан соронзон бичлэгийг хэлнэ;

(c) "цахим гарын үсэг" гэх нэр томьёо нь цахилгаан соронзон бичлэгт хадгалах боломжтой мэдээллийн хувьд авч хэрэгжүүлсэн болон дараахь хоёр шаардлагыг хангаж буй арга хэмжээг хэлнэ:

(i) тухайн арга хэмжээ нь түүнийг авч хэрэгжүүлсэн этгээд баталгаажуулсан мэдээллийг илтгэж байх;

(ii) тухайн арга хэмжээ нь уг мэдээлэл өөрчлөгдөөгүй болохыг батлан илэрхийлж байх;

(d) "худалдааны мэдээлэл хөтлөх бичиг баримт" гэх нэр томьёо нь аль нэг Талаас олгодог, эсхүл хянадаг бөгөөд бараа оруулах, гаргахтай холбогдуулан импортлогч, эсхүл экспортлогч өөрөө, эсхүл тэдний нэрийн өмнөөс хэн нэгэн бөглөх ёстой маягтыг хэлнэ.

9.3 дугаар зүйл
Гаалийн татвар

Талуудын хооронд цахим дамжуулалтад гаалийн татвар ногдуулдаггүй туршлагаа Тал бүр үргэлжлүүлэн мөрдөнө.

9.4 дүгээр зүйл
Тоон бүтээгдэхүүнийг үл ялгаварлах нөхцөл

1. Аль ч Тал дараахь арга хэмжээг авч батлахгүй, эсхүл үргэлжлүүлэн хэрэгжүүлэхгүй:

(a) нөгөө Талын тоон бүтээгдэхүүнд түүнтэй адилтгах өөрийн тоон бүтээгдэхүүнд олгодог нөхцөлөөс тааламжгүй нөхцөл олгох арга хэмжээ;

(b) нөгөө Талын тоон бүтээгдэхүүнд энэхүү хэлэлцээрийн оролцогч бус талын түүнтэй адилтгах тоон бүтээгдэхүүнд олгодог нөхцөлөөс тааламжгүй нөхцөл олгох арга хэмжээ.

2. 1 дэх хэсэг нь дараахь зүйлд хамаарахгүй:

(a) Засгийн газрын худалдан авах ажиллагаа;

(b) аль нэг Талын, эсхүл аль нэг төрийн өмчит аж ахуйн нэгжийн олгосон буцалтгүй тусламж болон, засгийн газрын дэмжлэгтэй зээл, баталгаа болон даатгал;

(c) аль нэг Талаас 7.4 дүгээр зүйлийн 2 дахь хэсгийн дагуу хэрэгжүүлсэн арга хэмжээ;

(d) аль нэг Талаас 7.3, эсхүл 7.5 дугаар зүйлийн үйлчлэх хүрээнд авч хэрэгжүүлсэн буюу баталсан дараахь арга хэмжээ:

(i) 6 дугаар хавсралтад байгаа өөрийн Тусгай үүрэг амлалтын жагсаалтаар үүрэг амлалт аваагүй салбарт хамаарах;

(ii) 6 дугаар хавсралтад байгаа өөрийн Тусгай үүрэг амлалтын жагсаалтаар тохиролцсон болон түүнд заасан хугацаа, хязгаарлалт, нөхцөл болзол болон шаардлагад нийцээгүй.

(e) 10.8 дугаар зүйлийн дагуу авч хэрэгжүүлсэн буюу баталсан үл нийцэх арга хэмжээ.

3. Тал бүр 1 дэх хэсэгт заасан үүргээ хэрэгжүүлэхдээ, шаардлагатай бол, аливаа нэг тоон бүтээгдэхүүн нь аль нэг Талын, эсхүл нөгөө Талын, эсхүл энэхүү хэлэлцээрийн оролцогч бус талын тоон бүтээгдэхүүн байна гэдгийг бодитоор тодорхойлно. Ийнхүү тодорхойлох нь ил тод, бодит баримттай, учир шалтгаантай, шударга байх замаар явагдана.

4. Талууд хэрэв 1 дэх хэсэгт заасан үүргээ хэрэгжүүлэх явцад аливаа нэг тоон бүтээгдэхүүний гарал үүслийг тодорхойлсон бол, нөгөө Талын хүсэлтээр, уг гарал үүслийг хэрхэн тодорхойлсноо тайлбарлана.

5. Талууд аливаа нэг тоон бүтээгдэхүүний гарал үүслийг тодорхойлох шалгуур үзүүлэлт боловсруулах ажилд тус дэм үзүүлж, тийм шалгуур үзүүлэлтийг энэхүү хэлэлцээрт тусгах зорилгоор олон улсын байгууллага болон нийгэмлэгтэй хамтран ажиллана.

9.5 дугаар зүйл
Цахим гарын үсэг

1. Аль ч Тал цахим гарын үсэгт холбогдох дараахь арга хэмжээг батлах эсхүл үргэлжлүүлэн хэрэгжүүлэхгүй:

(a) цахим хэлцэлд оролцогч талууд өөрсдийн хэлцэлд тохирох цахим гарын үсгийн аргыг харилцан тодорхойлохыг хориглох;

(b) цахим хэлцэлд оролцогч талууд өөрсдийн цахим хэлцлийг хууль эрх зүйн аливаа шаардлагад нийцсэн гэдгийг шүүх дээр нотлох боломжгүй болох.

2. Тал бүр 1 дэх хэсгийг үл харгалзан тодорхой төрлийн цахим хэлцлийн хувьд холбогдох цахим гарын үсэг нь үйлдлийн тодорхой стандартыг хангасан байх, эсхүл тухайн Талын хууль тогтоомжийн дагуу магадлан итгэмжлэгдсэн буюу хүлээн зөвшөөрөгдсөн гэрчилгээжүүлэх үйлчилгээ үзүүлэгч этгээдээс тусгайлан олгосон цахим гэрчилгээнд суурилсан байх шаардлага тавьж болно. Гэхдээ уг шаардлага нь:

(a) хууль ёсны бодлогын зорилтод нийцсэн байна;

(b) уг зорилтод хүрэхэд ихээхэн хамааралтай байна.

9.6 дугаар зүйл
Хэрэглэгчийг хамгаалах

1. Талууд цахим худалдаанд хэрэглэгчийг хамгаалах ил тод болон үр дүнтэй арга хэмжээг авч хэрэгжүүлэх болон батлахын зэрэгцээ хэрэглэгчийн итгэлийг нэмэгдүүлэхэд түлхэц болохуйц арга хэмжээ авч хэрэгжүүлэхийн ач холбогдлыг хүлээн зөвшөөрнө.

2. Талууд хэрэглэгч хамгаалах ажлыг өргөжүүлэн хөгжүүлэх зорилгоор цахим худалдаанд хамаарах үйл ажиллагааны талаар тэдгээрийн хэрэглэгчийг хамгаалах асуудал эрхэлсэн холбогдох эрх бүхий байгууллагууд хоорондоо хамтран ажиллахын ач холбогдлыг хүлээн зөвшөөрнө.

3. Талууд өөрийн хууль тогтоомжийн дагуу цахим худалдаа ашиглагчийн хувийн мэдээллийг хамгаалах арга хэмжээг батлах эсхүл хэрэгжүүлнэ.

9.7 дугаар зүйл
Худалдааны сайн дурын цахим шуудан

Тал бүр сурталчилгааны зорилготой худалдааны сайн дурын цахим шууданг зохицуулах зохистой болон шаардлагатай арга хэмжээ авч хэрэгжүүлэхийг эрмэлзэнэ.

9.8 дугаар зүйл
Цаасгүй худалдаа удирдан явуулах

1. Тал бүр худалдааны мэдээлэл хөтлөх бүх бичиг баримтыг цахим хэлбэрээр олон нийтэд хүртээлтэй болгохыг эрмэлзэнэ.

2. Тал бүр цахим хэлбэрээр илгээсэн худалдааны мэдээлэл хөтлөх бичиг баримтыг эрх зүйн хувьд тийм бичиг баримтын цаасан хувилбартай адил хүчин чадалтай гэж хүлээн зөвшөөрөхийг эрмэлзэнэ.

3. Талууд худалдааны мэдээлэл хөтлөх бичиг баримтын цахим хувилбарыг хүлээн зөвшөөрөх явдлыг бэхжүүлэх үүднээс хоёр талын хүрээнд болон олон улсын салбарт хамтран ажиллана.

9.9 дүгээр зүйл
Дотоодын зохицуулалт

Тал бүр тэдний цахим худалдаанд хамаарах бүх арга хэмжээ нь ил тод, бодитой, үндэслэлтэй, шударга байдлаар хэрэгжих, мөн хууль ёсны бодлогын зорилтыг хангахад шаардагдахаас илүү хүндрэл учруулахгүй байх нөхцөлийг бүрдүүлнэ.

9.10 дугаар зүйл
Тооцооллын хэрэгслийн байршилд хамаарах
шаардлагад хориглох зүйл

1. Талууд:

(a) нөгөө Талын үйлчилгээ үзүүлэгчээс;

(b) нөгөө Талын хөрөнгө оруулагчаас;

(c) нэг Талын нутаг дэвсгэрт нөгөө Талын хөрөнгө оруулагчаас хийж буй хөрөнгө оруулалт,

өөрийн Талын нутаг дэвсгэрт үйл ажиллагаа явуулах нөхцөл болгон өөрийн Талын нутаг дэвсгэр дэх тооцооллын хэрэгслийг ашиглах эсхүл тооцооллын хэрэгслээ тэнд байршуулахыг шаардахгүй.

2. 1 дэх хэсгийг үл харгалзан, энэ зүйлийн аль ч заалтыг аль нэг Тал нийтийг хамарсан хууль ёсны бодлогын зорилтод хүрэхийн тулд тооцооллын хэрэгсэл ашиглах, эсхүл байршуулахад хамаарах арга хэмжээ авч хэрэгжүүлэх буюу батлахыг хориглосон мэтээр тайлбарлахгүй. Гэхдээ тийм арга хэмжээг бодит бусаар, эсхүл үндэслэлгүйгээр ялгаварлан гадуурхах, эсхүл худалдааг далд байдлаар хязгаарлах арга хэрэгсэл болгон хэрэглэхгүй байна.

9.11 дүгээр зүйл
Эх код

1. Талууд нөгөө Талын хэн нэгэн этгээдийн өмчлөлд байгаа програм хангамжийг, эсхүл тийм програм хангамж агуулсан бүтээгдэхүүнийг өөрийн нутаг дэвсгэрт оруулах, түгээх, борлуулах, эсхүл ашиглах нөхцөл болгон уг програм хангамжийн эх кодыг шилжүүлэн өгөх, эсхүл түүнд нэвтрэх шаардлага тавихгүй.

2. Энэ зүйлийн зорилгоор, 1 дэх хэсэгт хамаарах програм хангамж нь нийтийн хэрэглээний програм хангамж, эсхүл энэ төрлийн програм хангамж агуулсан бүтээгдэхүүнээр хязгаарлагдах бөгөөд онц чухал дэд бүтцийн зориулалттай програм хангамж түүнд хамаарахгүй.

9.12 дугаар зүйл
Хамтын ажиллагаа

1. Талууд тохиромжтой бол цахим худалдааны хөгжлийг дэмжих зорилгоор хоёр талын хүрээнд хамтран ажиллаж, бүс нутгийн болон олон талт чуулга уулзалтад идэвхитэй оролцоно.

2. Талууд тохиромжтой үед тухайлбал хэрэглэгчийн итгэл үнэмшил, кибер аюулгүй байдал, худалдааны сайн дурын цахим шуудантай тэмцэх, оюуны өмч, цахим засаглал болон хувийн өгөгдөл хамгаалахтай холбогдсон мэдээлэл болон туршлагаасаа, түүний дотор цахим худалдаанд хамаарах хууль тогтоомж, сайн туршлагаасаа хуваалцана.

3. Талууд цахим худалдаа ашиглахад жижиг, дунд үйлдвэрт тулгарч буй саад бэрхшээлийг даван туулах чиглэлээр хамтран ажиллана.

4. Тал бүр өөрийн Талд байгаа ашгийн бус байгууллагын цахим худалдааг дэмжихэд чиглэсэн үйл ажиллагааг, түүний дотор мэдээлэл, үзэл бодол солилцох явдлыг өөрт байгаа арга хэрэгслийг ашиглан дэмжинэ.

5. Тал бүр мэдээллийн хил дамнасан урсгалыг дэмжиж ажиллах нь цахим худалдааны идэвхтэй орчинг бүрдүүлэх чухал бүрэлдэхүүн хэсэг болохыг хүлээн зөвшөөрнө.

6. Талууд тоон бүтээгдэхүүний худалдааг өргөжүүлэн хөгжүүлэхийн ач холбогдлыг хүлээн зөвшөөрнө.

9.13 дугаар зүйл
Цахим худалдааны дэд хороо

1. Энэхүү бүлгийн хэрэгжилтийг үр дүнтэй хангах зорилгоор Талууд Цахим худалдааны дэд хороо (цаашид энэ зүйлд "Дэд хороо" гэх)-г үүгээр байгуулав.

2. Дэд хороо дараахь чиг үүрэгтэй байна:

(a) энэхүү бүлгийн хэрэгжилтийг хянан үзэх, хяналт тавих;

(b) энэ бүлэгт хамаарах аливаа асуудлыг, түүний дотор, тохиромжтой бол, 9.4 дүгээр зүйлийг хянан үзэх боломжийг хэлэлцэх;

(c) тоон бүтээгдэхүүний худалдааг өргөжүүлэн хөгжүүлэх шинэ боломжийг эрэлхийлэх;

(d) Дэд хорооны үр дүн болон дүгнэлтийг Хамтарсан хороонд тайлагнах;

(e) Хамтарсан хорооноос даалгаж болох бусад чиг үүргийг хэрэгжүүлэх.

3. Дэд хороо нь Талуудын Засгийн газрын төлөөлөгчдөөс бүрдэнэ.

4. Дэд хороо нь хурлаа Талуудын харилцан тохиролцсоны дагуу товлосон хугацаанд болон газарт, эсхүл тохиролцсон бусад хэлбэрээр хийнэ.

10 дугаар бүлэг
Хөрөнгө оруулалт

10.1 дүгээр зүйл
Хамрах хүрээ

1. Энэ бүлэг нь аль нэг Тал дараахь зүйлтэй холбоотой батлах эсхүл үргэлжлүүлэн хэрэгжүүлэх арга хэмжээнд хамаарна:

(a) нөгөө Талын хөрөнгө оруулагчид;

(b) Аль нэг Талын нутаг дэвсгэрт хийсэн нөгөө Талын хөрөнгө оруулагчдын хөрөнгө оруулалт;

(c) 10.7 болон 10.17 дугаар зүйлийн хувьд аль нэг Талын нутаг дэвсгэр дэх бүх хөрөнгө оруулалт.

Тайлбар 1: Илүү тодорхой болгох зорилгоор, энэ бүлэг нь энэхүү хэлэлцээр хүчин төгөлдөр болохоос өмнө нэг Талын нутаг дэвсгэр дэх нөгөө Талын хөрөнгө оруулагчдын хийсэн хөрөнгө оруулалттай холбоотойгоор тухайн Талын батлах эсхүл үргэлжлүүлэн хэрэгжүүлэх арга хэмжээний хувьд мөн хэрэглэгдэнэ.

Тайлбар 2: Илүү тодорхой болгох зорилгоор, энэ бүлэг нь энэхүү хэлэлцээр хүчин төгөлдөр болохоос өмнө болсон үйл явдлаас үүссэн маргааны асуудалд хэрэглэгдэхгүй.

2. Энэхүү бүлэг болон 7 дугаар бүлэг хооронд ямар нэгэн зөрүүтэй байдал гарсан тохиолдолд:

(a) 10.3, 10.4 болон 10.7 дугаар зүйлийн хүрээнд хамаарах асуудлын хувьд зөрүүтэй байдал үүсвэл 7 дугаар бүлгийг дагаж мөрдөнө;

(b) дээрх (a) дэд хэсэгт хамаарахгүй бусад асуудлаар зөрүүтэй байдал үүсвэл энэ Бүлгийг дагаж мөрдөнө.

3. Энэхүү бүлгийн аль ч заалт нь цагаачлал, зорчих тухай хууль тогтоомжийнхоо дагуу хэрэгжүүлж буй арга хэмжээний хувьд аль нэг Талд аливаа үүрэг хүлээлгэхгүй.

10.2 дугаар зүйл
Тодорхойлолт

Энэхүү бүлгийн зорилгоор:

(a) "Хоёр талт хөрөнгө оруулалтын хэлэлцээр" гэх нэр томьёо нь 2001 оны 2 дугаар сарын 15-ны өдөр Токио хотод гарын үсэг зурсан Япон Улс, Монгол Улс хоорондын хөрөнгө оруулалтыг хөхиүлэн дэмжих, харилцан хамгаалах тухай хэлэлцээрийг хэлнэ;

(b) аж ахуйн нэгж гэж:

(i) хэрэв аль нэг хөрөнгө оруулагч нь түүний хувь нийлүүлсэн хөрөнгийн 50-иас дээш хувийг эзэмшдэг бол хөрөнгө оруулагчийн "эзэмшлийн";

(ii) хэрэв аль нэг хөрөнгө оруулагч нь захирлуудынхаа дийлэнх олонхийг томилох, эсхүл хуулийн дагуу үйл ажиллагааг нь удирдах эрх мэдэлтэй бол хөрөнгө оруулагчийн "хяналтын" аж ахуйн нэгж гэнэ;

(c) "мөрдөж буй" гэх нэр томьёо нь энэхүү хэлэлцээрийг хүчин төгөлдөр болох өдөр үйлчилж байгааг хэлнэ;

(d) "чөлөөтэй ашиглаж болохуйц валют" гэх нэр томьёо нь Олон улсын валютын сангийн хэлэлцээрийн холбогдох зүйлд тодорхойлсон чөлөөтэй ашиглаж болохуйц валютыг хэлнэ;

(e) "хөрөнгө оруулалтын үйл ажиллагаа" гэх нэр томьёо нь байгуулах, худалдан авах, өргөжүүлэх, үйл ажиллагаа явуулах, удирдах, үйлчилгээ үзүүлэх, ашиглах, хэрэглэх болон худалдах, эсхүл хөрөнгө оруулалтын бусад зохицуулалтыг хэлнэ;

(f) "арга хэмжээ" гэх нэр томьёо нь хууль, дүрэм, журам, шийдвэр, захиргааны арга хэмжээ зэрэг бүх төрлийн арга хэмжээг хэлнэ;

10.3 дугаар зүйл
Үндэсний нөхцөл

1. Талууд өөрийн нутаг дэвсгэр дээр хөрөнгө оруулалтын үйл ажиллагаатай холбоотойгоор, ижил төстэй нөхцөлд, өөрийн хөрөнгө оруулагч, тэдний хөрөнгө оруулалтад олгодгоос дутуугүй тааламжтай нөхцөлийг нөгөө Талын хөрөнгө оруулагч болон тэдний хөрөнгө оруулалтад олгоно.

2. 1 дэх хэсгийг аль нэг Тал өөрийн нутаг дэвсгэр дээрх нөгөө Талын хөрөнгө оруулагчийн хөрөнгө оруулалтын үйл ажиллагаатай холбоотой тусгай журам батлах, хэрэгжүүлэхийг хориглосон байдлаар тайлбарлахгүй бөгөөд тэрхүү тусгай журам нь энэ бүлэгт заасан тухайн хөрөнгө оруулагчийн эрхийн агуулгыг хөндөхгүй байх нөхцөлтэй байна.

10.4 дүгээр зүйл
Нэн тааламжтай үндэстний нөхцөл

Талууд өөрийн нутаг дэвсгэр дээр хөрөнгө оруулалтын үйл ажиллагаатай холбоотойгоор, ижил төстэй нөхцөлд, энэхүү хэлэлцээрт оролцогч бус талын хөрөнгө оруулагч, тэдний хөрөнгө оруулалтад олгодгоос дутуугүй тааламжтай нөхцөлийг нөгөө Талын хөрөнгө оруулагч болон тэдний хөрөнгө оруулалтад олгоно.

10.5 дугаар зүйл
Ерөнхий нөхцөл

1. Талууд өөрийн нутаг дэвсгэр дээр нөгөө Талын хөрөнгө оруулагчдын хөрөнгө оруулалтад олон улсын эрх зүйн дагуу тухайлбал, шударга, эрх тэгш хандах нөхцөл, мөн бүрэн хамгаалалт болон аюулгүй байдлын нөхцөлийг олгоно.

Тайлбар 1: Энэ хэсэг нь олон улсын заншлын эрх зүйн хүрээнд гадаад хүмүүст олгодог хамгийн доод стандартыг нөгөө Талын хөрөнгө оруулагчдын хөрөнгө оруулалтад хамгийн доод нөхцөл болгон олгохыг тодорхойлсон болно. "Шударга, эрх тэгш хандах нөхцөл", мөн "бүрэн хамгаалалт болон аюулгүй байдал" гэсэн ойлголтууд нь олон улсын заншлын эрх зүйн дагуу хэвшмэл болсон гадаад хүмүүст тавьдаг хамгийн доод стандартаас илүү нэмэлт, эсхүл түүнээс хэтэрсэн шаардлагыг тавихгүй. Энэхүү хэлэлцээрийн өөр нэг заалт эсхүл өөр тусдаа олон улсын бусад хэлэлцээрийг зөрчсөн нь тогтоогдсон ч тэр нь энэ хэсгийг зөрчигдсөнд тооцогдохгүй болно.

Тайлбар 2: "Шударга, эрх тэгш хандах нөхцөл" гэдэгт хуулийн зохих журмын дагуу явагдаж байгаа эрүүгийн, иргэний, эсхүл захиргааны шүүхийн үйл ажиллагаанд шударга байдлыг үгүйсгэхгүй байх Талуудын үүргийг хамааруулна.

2. Тал бүр нөгөө Талын хөрөнгө оруулагчийн тодорхой хөрөнгө оруулалттай холбоотойгоор аливаа бичгээр хүлээсэн үүргээ биелүүлэх бөгөөд энэхүү үүрэг нь хөрөнгө оруулагч хөрөнгө оруулалтаа хийх, худалдан авах, эсхүл өргөтгөх үед нь үндэслэл болсон байж болно.

3. Энэ зүйл нь татварын арга хэмжээнд хамаарна.

10.6 дугаар зүйл
Шүүхэд хандах боломж

1. Талууд өөрийн нутаг дэвсгэр дээр хөрөнгө оруулагчийн эрхийг мөрдөх болон өмгөөлөх явцад шүүх болон шүүхийн бүх шатны захиргааны байгууллагад хандахтай холбоотойгоор, ижил төстэй нөхцөлд, өөрийн хөрөнгө оруулагчид, эсхүл энэхүү хэлэлцээрт оролцогч бус талын хөрөнгө оруулагчид олгодгоос дутуугүй тааламжтай нөхцөлийг нөгөө Талын хөрөнгө оруулагчид олгоно.

2. Энэ зүйл нь татварын арга хэмжээнд хамаарна.

10.7 дугаар зүйл
Үйл ажиллагааны шалгуурт тавигдах хориг

1. Аль ч Тал нь өөрийн нутаг дэвсгэр дээр аль нэг Талын эсхүл энэхүү хэлэлцээрт оролцогч бус талын хөрөнгө оруулагчийн хөрөнгө оруулалтын үйл ажиллагаатай холбогдуулан дараахь шаардлагуудыг, эсхүл аливаа үүрэг амлалт буюу даалгаврын алийг нь ч оноох, эсхүл хэрэгжүүлэхгүй:

(a) бараа бүтээгдэхүүн, эсхүл үйлчилгээг өгөгдсөн түвшин, эсхүл хувь хэмжээгээр экспортлох;

(b) дотоод агууламжийг өгөгдсөн түвшин, эсхүл хувь хэмжээнд хүргэх;

(c) өөрийн нутаг дэвсгэрт үйлдвэрлэсэн бараа бүтээгдэхүүн, эсхүл үзүүлсэн үйлчилгээг худалдан авах, ашиглах, эсхүл сонгох давуу эрх олгох, эсхүл өөрийн нутаг дэвсгэр дэх хувь хүнээс бараа, эсхүл үйлчилгээ худалдан авах;

(d) импортын тоо хэмжээ буюу үнийн дүнг экспортын тоо хэмжээ буюу үнийн дүнтэй, эсхүл тухайн хөрөнгө оруулагчийн хөрөнгө оруулалттай холбогдох гадаад валютын орох урсгалтай ямар нэг байдлаар хамааруулах;

(e) экспортынх нь, эсхүл гадаад валютын арилжааны ашгийнх нь тоо хэмжээ буюу үнийн дүнд нь нөлөөлөх хөрөнгө оруулагчийн хөрөнгө оруулалтаар үйлдвэрлэж, эсхүл нийлүүлж байгаа бараа бүтээгдэхүүн буюу үзүүлж буй үйлчилгээний борлуулалтыг өөрийн нутаг дэвсгэрт хязгаарлах;

(f) экспортыг, эсхүл экспортын борлуулалтыг хязгаарлах;

(g) гүйцэтгэх захирал, менежер, эсхүл захирлуудын зөвлөлийн гишүүдийг тодорхой нэг иргэний харьяалалтай хувь хүмүүсээс томилох;

(h) тухайн хөрөнгө оруулагчийн тодорхой бүс нутаг, эсхүл дэлхийн зах зээл рүү чиглэсэн үйл ажиллагааны төв оффисыг өөрийн нутаг дэвсгэр дээр байрлуулах;

(i) өөрийн иргэдийг тодорхой тоо, эсхүл хувиар ажилд авах;

(j) хөрөнгө оруулагчийн үйлдвэрлэдэг бараа бүтээгдэхүүн, эсхүл нийлүүлдэг үйлчилгээний нэг буюу түүнээс дээш хэсгийг тодорхой нэг бүс нутаг, эсхүл дэлхийн зах зээл рүү зөвхөн тухайн Талын нутаг дэвсгэрээс нийлүүлэх;

(k) Холбогдох Талын засгийн газрын эрх бүхий байгууллагаас тавьсан шаардлагыг хэрэгжүүлсэн, эсхүл оноосон үүрэг амлалтыг биелүүлсэн хөрөнгө оруулагч болон тухайн нутаг дэвсгэр дээрх хувь хүн хооронд чөлөөтэйгөөр байгуулсан /хэрэгжиж эхэлсэн, эсхүл эхлээгүй/ лицензийн гэрээний хувьд:

(i) лицензийн гэрээнд төлбөрийн хувь буюу хэмжээ тогтоох;

(ii) лицензийн гэрээнд тодорхой хугацаа заах.

Тайлбар: Энэ заалт дахь "лицензийн гэрээ" гэдэг нь технологи, үйлдвэрлэлийн үйл явц, эсхүл бусад өмчийн эрх шилжүүлэхтэй холбоотой аливаа лицензийн гэрээг хэлнэ.

2. Аль ч Тал өөрийн нутаг дэвсгэр дээрх аль нэг Талын, эсхүл энэхүү хэлэлцээрт оролцогч бус талын хөрөнгө оруулагчийн хөрөнгө оруулалтын үйл ажиллагаатай холбогдуулан дараахь шаардлагыг хэрэгжүүлэхэд нэг удаа, эсхүл тогтмол давуу тал олж авахад нөхцөл тавьж болохгүй:

(a) дотоод агууламжийг өгөгдсөн түвшин, эсхүл хувь хэмжээнд хүргэх;

(b) өөрийн нутаг дэвсгэрт үйлдвэрлэсэн бараа бүтээгдэхүүн, эсхүл үзүүлсэн үйлчилгээг худалдан авах, ашиглах, эсхүл сонгох давуу эрх олгох, эсхүл өөрийн нутаг дэвсгэрийн хувь хүнээс бараа эсхүл үйлчилгээг худалдан авах;

(c) импортын тоо хэмжээ буюу үнийн дүнг экспортын тоо хэмжээ буюу үнийн дүнтэй, эсхүл тухайн хөрөнгө оруулагчийн хөрөнгө оруулалттай холбогдох гадаад валютын орох урсгалтай ямар нэг байдлаар хамааруулах;

(d) экспортынх нь, эсхүл гадаад валютын арилжааны ашгийнх нь тоо хэмжээ буюу үнийн дүнд нь нөлөөлөх хөрөнгө оруулагчийн хөрөнгө оруулалтаар үйлдвэрлэж, эсхүл нийлүүлж байгаа бараа бүтээгдэхүүн буюу үзүүлж буй үйлчилгээний борлуулалтыг өөрийн нутаг дэвсгэрт хязгаарлах.

(e) экспортыг, эсхүл экспортын борлуулалтыг хязгаарлах;

3. (a) 2 дахь хэсэг нь аль нэг Талын, эсхүл энэхүү хэлэлцээрт оролцогч бус хөрөнгө оруулагчийн хөрөнгө оруулалтын үйл ажиллагаатай холбогдуулан, өөрийн нутаг дэвсгэр дээр үйлдвэрлэл байршуулах, үйлчилгээ үзүүлэх, ажилчдыг сургах буюу ажилд авах, тодорхой байгууламжийг барих буюу өргөтгөх, эсхүл судалгаа, шинжилгээний ажил гүйцэтгэхтэй холбоотой шаардлагуудыг хэрэгжүүлэн нэг удаа эсхүл тогтмол давуу тал олж авах нөхцөлийг хязгаарлах байдлаар тайлбарлагдахгүй.

(b) 1(k) дэд хэсэг нь шүүх, эсхүл өрсөлдөөний байгууллагаас өрсөлдөөнийг хязгаарлах үйл ажиллагааг зохицуулах хуулиудыг зөрчсөн хэмээн тогтоосон бөгөөд түүнийг залруулах зорилгоор тавигдсан шаардлага буюу оноосон үүрэг амлалтыг хэрэгжүүлэхэд хамаарахгүй.

(c) 1(a), 1(b), 1(c), 2(a) болон 2(b) дэд хэсэг нь гадаадын тусламжийн хөтөлбөртэй холбоотой бараа, эсхүл үйлчилгээнд тавигдах шаардлагуудад хамаарахгүй.

(d) 2(a) болон 2(b) дэд хэсэг нь тусгай хөнгөлөлттэй тариф буюу тусгай квотын шалгуурт нийцэх учиртай бараа бүтээгдэхүүний агууламжтай холбоотой импортлогч Талын тавьсан шаардлагад хамаарахгүй.

4. 1 болон 2 дахь хэсэг нь эдгээр хэсэгт заасан шаардлагаас бусад аливаа шаардлагад хамаарахгүй.

10.8 дугаар зүйл
Үл нийцэх арга хэмжээ

1. 10.3, 10.4 болон 10.7 дугаар зүйл нь дараахь нөхцөлд хамаарахгүй:

(a) 8 дугаар хавсралт дахь жагсаалтдаа заасан аль нэг Талын төв засгийн газраас үргэлжлүүлэн хэрэгжүүлж буй аливаа үл нийцэх арга хэмжээ;

(b) аль нэг Талын орон нутгийн засаг захиргаанаас үргэлжлүүлэн хэрэгжүүлж буй аливаа үл нийцэх арга хэмжээ;

(c) (a) болон (b) дэд хэсэгт дурдсан аливаа үл нийцэх арга хэмжээг үргэлжлүүлэн хэрэгжүүлэх, эсхүл яаралтай шинэчлэх үед;

(d) (a) болон (b) дэд хэсэгт дурдсан аливаа үл нийцэх арга хэмжээнд нэмэлт, өөрчлөлт буюу засвар оруулахаас өмнөхөн үеийнхтэй адил буюу 10.3, 10.4 болон 10.7 дугаар зүйлтэй нийцэх байдлыг нь бууруулахгүй байхаар нэмэлт, өөрчлөлт буюу засвар оруулсан бол.

2. Хэрэв аль нэг Тал нь нөгөө Талын муж, эсхүл Улаанбаатар хот, эсхүл аймгаас 1(b) дэд хэсэгт заасны дагуу баталсан, эсхүл хэрэгжүүлсэн үл нийцэх арга хэмжээ нь өөрийн Талын хөрөнгө оруулагчийн хөрөнгө оруулалтын үйл ажиллагаанд саад учруулж байна гэж үзвэл харилцан тааламжтай шийдэлд хүрэх зорилгоор тухайн арга хэмжээг хэрэглэх талаар зөвлөлдөх хүсэлт гаргаж болно.

3. 10.3, 10.4 болон 10.7 дугаар зүйл нь хавсралт 9 дэх жагсаалтдаа заасан салбар, дэд салбар, эсхүл үйл ажиллагаатай холбоотой аль нэг Талын баталсан эсхүл үргэлжлүүлэн хэрэгжүүлэх аливаа арга хэмжээнд хамаарахгүй.

4. Аль ч Тал нь энэхүү хэлэлцээр хүчин төгөлдөр болсон өдрөөс хойш батлагдсан болон хавсралт 9 дэх жагсаалтдаа хамаарах аливаа арга хэмжээний хүрээнд нөгөө Талын хөрөнгө оруулагчийн иргэний харьяаллаас шалтгаалан тухайн арга хэмжээ хүчин төгөлдөр болоход байсан хөрөнгө оруулалтыг нь зарах, эсхүл бусад байдлаар салгахыг хөрөнгө оруулагчаас шаардахгүй.

5. Энэхүү хэлэлцээр хүчин төгөлдөр болсон өдрөөс хойш аль нэг Тал нь 8 дугаар хавсралтын жагсаалтдаа заасан одоо мөрдөж буй аливаа үл нийцэх арга хэмжээнд нэмэлт, өөрчлөлт буюу засвар оруулах, эсхүл хавсралт 9 дэх жагсаалтдаа заасан салбар, дэд салбар, эсхүл үйл ажиллагаатай холбоотойгоор шинээр, эсхүл илүү хязгаарласан аливаа арга хэмжээг батлах бол тухайн Тал нь нэмэлт, өөрчлөлт буюу засвар шинээр, эсхүл илүү хязгаарласан арга хэмжээг хэрэгжүүлэхээс өмнө, эсхүл онцгой нөхцөл байдалд дараахь зүйлийг нэн даруй хэрэгжүүлнэ:

(a) нөгөө Талд тухайн нэмэлт, өөрчлөлт, засвар, эсхүл арга хэмжээний тухай дэлгэрэнгүй мэдээллийг мэдэгдэх;

(b) нөгөө Талын хүсэлтээр хоёр тал харилцан сэтгэл ханамжтай байдалд хүрэх чин эрмэлзэлтэйгээр зөвлөлдөөн хийх.

6. Тал бүр өөрийн хавсралт 8 болон хавсралт 9 дэх жагсаалт тус бүрт заасан үл нийцэх арга хэмжээг тохиромжтой тохиолдолд аль болох багасгах, эсхүл арилгахад хүчин чармайлт гаргана.

7. 10.3 болон 10.4 дүгээр зүйл нь Оюуны өмчийн эрхийн худалдаатай холбогдсон асуудлын тухай хэлэлцээрийн 3 болон 4 дүгээр зүйлээр хүлээсэн үүрэг, ялангуяа уг хэлэлцээрийн 3-аас 5 дугаар зүйлд зааснаар дээрх хүлээсэн үүрэгт хамаарахгүй буюу хүлээсэн үүргийг зөрчихтэй холбоотой аливаа арга хэмжээнд хамаарахгүй.

8. 10.3, 10.4 болон 10.7 дугаар зүйл нь аль нэг Талын засгийн газрын худалдан авах ажиллагаатай холбоотой баталсан, эсхүл хэрэгжүүлсэн аливаа арга хэмжээнд хамаарахгүй.

10.9 дүгээр зүйл
Албадан хураах болон нөхөн төлбөр олгох

1. Аль нэг Тал нь өөрийн нутаг дэвсгэр дэх нөгөө Талын хөрөнгө оруулагчдын хөрөнгө оруулалтыг дараахаас бусад тохиолдолд албадан хураах, эсхүл төрийн өмчид авах, эсхүл албадан хураах, төрийн өмчид авахтай ижил төстэй аливаа арга хэмжээ (цаашид “албадан хураах” гэх) авахгүй:

(a) нийтийн ашиг сонирхлын зорилгоор;

(b) үл ялгаварлах зарчмаар;

(c) 2-оос 4 дэх хэсэгт заасны дагуу нөхөн төлбөрийг нэн даруй, хангалттай болон үр дүнтэйгээр хийвэл;

(d) 10.5 дугаар зүйл болон хуулийн зохих журмыг дагуу аливаа арга хэмжээ авахгүй.

2. Нөхөн төлбөрийн хэмжээ нь албадан хураах арга хэмжээ авах тухай нийтэд мэдэгдсэн, эсхүл хураан авах үйл ажиллагаа хэрэгжсэн үеийн аль түрүүлж биелсэн цаг хугацааны албадан хураасан хөрөнгө оруулалтын зах зээлийн бодит үнэ өртөгтэй тэнцүү байна. Зах зээлийн бодит үнэ өртөг нь албадан хураах тухай мэдээлэл нийтэд урьдчилан мэдэгдсэнээс болж үнэ өртөгт орсон өөрчлөлтөд нөлөөлөхгүй.

3. Нөхөн төлбөрийг хойшлуулалгүйгээр хийх бөгөөд төлбөр хийгдэх хүртэлх хугацааны уртыг харгалзан арилжааны тохирох хүүг тооцон төлнө. Энэ нь мөнгөн хэлбэрт оруулах болон чөлөөтэй шилжих боломжтой, мөн холбогдох хөрөнгө оруулагчийн Талын мөнгөн тэмдэгт рүү болон чөлөөтэй ашиглаж болохуйц бусад валют руу албадан хураасан өдрийн мөрдөгдөж байсан зах зээлийн ханшаар чөлөөтэй хөрвөхөөр байна.

4. 10.13 дугаар зүйлийг хөндөхгүйгээр, хөрөнгөө албадан хураалгасан хөрөнгө оруулагчид энэ зүйлд заасан зарчмын дагуу албадан хураасан Талын шүүх, эсхүл захиргааны байгууллагуудад хандан тухайн хөрөнгө оруулагчийн хэргийн талаар болон нөхөн олговрын хэмжээний асуудлаар шуурхай хэлэлцүүлэх эрхтэй байна.

5. Энэ зүйл нь аливаа татварын арга хэмжээ нь албадан хураалт агуулсан тохиолдолд үйлчилнэ.

6. Энэ зүйлийг хавсралт 10-ын дагуу тайлбарлана.

10.10 дугаар зүйл
Мөргөлдөөнөөс хамгаалах

1. Тал бүр зэвсэгт мөргөлдөөн, эсхүл хувьсгал, бослого, иргэний үймээн, эсхүл эдгээртэй ижил төстэй бусад үйл явдал гэх мэт онц байдлаас үүдэн нэг Талын нутаг дэвсгэр дээрх нөгөө Талын хөрөнгө оруулагчийн хөрөнгө оруулалтад учирсан хохирол буюу алдагдлыг барагдуулахдаа, сэргээн босгох, хохирол арилгах, нөхөн төлөх, эсхүл бусад хэлбэрээр төлөх үйл явцад, өөрийн, эсхүл энэхүү хэлэлцээрт оролцогч бус талын хөрөнгө оруулагчдад олгодгоос дутуугүй буюу нөгөө Талын хөрөнгө оруулагчдад аль илүү байгаа тааламжтай нөхцөлийг нөгөө Талын хөрөнгө оруулагчдад олгоно.

2. 1 дэх хэсэгт дурдсан төлбөр барагдуулах арга хэрэгсэл нь мөнгөн хэлбэрт оруулах, чөлөөтэй шилжих боломжтой, мөн холбогдох хөрөнгө оруулагчийн Талын мөнгөн тэмдэгт рүү болон чөлөөтэй ашиглаж болохуйц бусад валют руу чөлөөтэй хөрвөхөөр байна.

3. 1.10 дугаар зүйлийн заалтыг үл харгалзан, аль ч Тал тухайн 1.10 дугаар зүйлд заасны дагуу арга хэмжээ авч хэрэгжүүлсэн шалтгаанаар дээрх 1 дэх хэсэгт хүлээсэн үүрэг хариуцлагаасаа чөлөөлөгдөхгүй.

10.11 дүгээр зүйл
Шилжүүлэг

1. Тал бүр өөрийн нутаг дэвсгэрт нөгөө Талын хөрөнгө оруулагчийн хийсэн хөрөнгө оруулалттай холбоотой тухайн нутаг дэвсгэрт орох, гарах бүхий л шилжүүлгийг ямар нэг саадгүйгээр чөлөөтэй явуулах байдлыг хангана. Эдгээр шилжүүлэгт дараахь зүйл түлхүү хамаарах хэдий ч зөвхөн түүгээр хязгаарлагдахгүй:

(a) хөрөнгө оруулалтаа хэрэгжүүлэх, эсхүл нэмэх зорилготой анхны хөрөнгө болон нэмэлт хэмжээ;

(b) хөрөнгө оруулалтаас хуримтлуулсан ашиг, хүү, хөрөнгийн орлого, ногдол ашиг, роялти, хураамж болон бусад орлого;

(c) гэрээний дагуу хийгдсэн төлбөрүүд, тэр дундаа хөрөнгө оруулалттай холбоотой зээлийн төлбөр;

(d) хөрөнгө оруулалтыг бүхэлд нь, эсхүл хэсэгчлэн борлуулсан эсхүл санхүүжүүлсэн орлого;

(e) нэг Талын нутаг дэвсгэрт хийсэн хөрөнгө оруулалттай холбоотой үйл ажиллагаанд оролцох нөгөө Талын боловсон хүчний цалин хөлс болон урамшуулал;

(f) 10.9 болон 10.10 дугаар зүйлийн дагуу хийгдсэн төлбөр;

(g) 10.13 дугаар зүйлийн дагуу маргаан шийдвэрлэлтээс үүссэн төлбөр.

2. Тал бүр тухайн шилжүүлэг хийх өдөр мөрдөж буй зах зээлийн ханшид чөлөөтэй хэрэглэж болохуйц мөнгөн тэмдэгтээр хугацаа алдалгүй хийж болох тийм шилжүүлгээр цаашид хангана.

3. 1 болон 2 дахь хэсгийг үл харгалзан аль нэг Тал доорх тохиолдолд өөрийн хууль тогтоомжийг эрх тэгш, үл ялгаварласан, үнэн зөв хэрэглэх байдлаар шилжүүлгийг саатуулах буюу саад хийж болно:

(a) дампуурал, төлбөрийн чадваргүй байдал, эсхүл зээлдүүлэгчийн эрхийг хамгаалах;

(b) үнэт цаас гаргах, худалдаалах, эсхүл арилжаалах;

(c) эрүүгийн, эсхүл гэмт хэргийн нөхцөл;

(d) шүүхийн хянан шийдвэрлэх ажиллагааны тогтоол эсхүл шүүхийн шийдвэрийг биелүүлэх.

10.12 дугаар зүйл
Даатгагдсан төлөөлөл

Хэрэв аль нэг Тал, эсхүл түүний эрх олгосон байгууллага нөгөө Талын нутаг дэвсгэр дээрх тухайн нэг Талын хөрөнгө оруулагчийн хөрөнгө оруулалтад хамаарах нөхөн олговор, баталгаа, эсхүл даатгалын гэрээний дагуу тухайн хөрөнгө оруулагчид төлбөр хийх тохиолдолд тухайн нөгөө Тал тухайн төлбөр хийх шалтгаан болсон хөрөнгө оруулагчийн аливаа эрх, эсхүл нэхэмжлэлийг тухайн нэг Тал, эсхүл түүний эрх олгосон байгууллага төлөөлөх эрхтэйг хүлээн зөвшөөрнө. Мөн тухайн нөгөө Тал нь тухайн нэг Тал, эсхүл түүний эрх олгосон байгууллага нь хөрөнгө оруулагчийн үндсэн эрх, эсхүл нэхэмжлэлийг даатгагдсан төлөөллийн үндсэн дээр бүрэн гүйцэтгэх эрхтэйг хүлээн зөвшөөрнө. Харин тухайн нэг Тал, эсхүл түүний эрх олгосон байгууллагад эрх, эсхүл нэхэмжлэл, мөн тухайн төлбөрийн шилжүүлгийг олгосон эрхийн дагуу төлөх төлбөрийн хувьд 10.9, 10.10 болон 10.11 дүгээр зүйл *mutatis mutandis* зарчмаар хэрэглэгдэнэ.

10.13 дугаар зүйл
Нэг Тал болон нөгөө Талын хөрөнгө оруулагч хоорондын хөрөнгө оруулалттай холбоотой маргааныг шийдвэрлэх

1. Энэ зүйлийн зорилгоор:

(a) “Маргалдагч хөрөнгө оруулагч” гэх нэр томьёо нь хөрөнгө оруулалтын маргаанд оролцогч тал болох хөрөнгө оруулагчийг хэлнэ;

(b) "Маргалдагч Тал" гэх нэр томьёо нь хөрөнгө оруулалтын маргаанд оролцогч тал болох нэг Талыг хэлнэ;

(c) "Маргалдагч талууд" гэх нэр томьёо нь Маргалдагч хөрөнгө оруулагч болон Маргалдагч Талыг хэлнэ;

(d) "ХОМШОУТ (ИКСИД)-ийн конвенц" гэх нэр томьёо нь 1965 оны 3 дугаар сарын 18-ны өдөр Вашингтонд байгуулсан Улс болон гадаад улсын иргэд хооронд хөрөнгө оруулалтын маргааныг шийдвэрлэх тухай конвенцийг хэлнэ;

(e) "ХОМШОУТ (ИКСИД)-ийн Нэмэлт хэрэгслийн дүрэм" гэх нэр томьёо нь Хөрөнгө оруулалтын маргааныг шийдвэрлэх олон улсын төвийн Нарийн бичгийн дарга нарын газрын үйл ажиллагааг явуулах нэмэлт хэрэгслийг зохицуулах дүрмийг хэлнэ;

(f) "Хөрөнгө оруулалтын маргаан" гэх нэр томьёо нь аль нэг Тал болон нөгөө Талын хөрөнгө оруулагч хооронд нөгөө Талын хөрөнгө оруулагч, эсхүл нэг Талын нутаг дэвсгэрт хийсэн дээрх хөрөнгө оруулагчийн хөрөнгө оруулалттай холбоотойгоор нэг Талыг энэхүү бүлгийн дагуу хүлээсэн аливаа үүргээ зөрчсөнөөс шалтгаалсан буюу үүнээс үүдэн нөгөө Талын хөрөнгө оруулагчид учирсан гэж үзсэн алдагдал буюу хохирлоос үүдсэн маргааныг хэлнэ;

(g) "Нью-Йоркийн конвенц" гэх нэр томьёо нь 1958 оны 6 дугаар сарын 10-ны өдөр Нью-Йорк хотод байгуулсан Гадаадын арбитрын байгууллагын шийдвэрийг хүлээн зөвшөөрөх болон биелүүлэх тухай конвенцийг хэлнэ.

2. 6 (a)(i) дэд хэсгийн дагуу, энэхүү зүйлээр маргалдагч Талын нутаг дэвсгэрийн хүрээнд захиргааны болон шүүхийн шийдвэр гаргуулахаас маргалдагч хөрөнгө оруулагчийг хамгаална гэж ойлгохгүй.

3. Хөрөнгө оруулалтын маргааныг Маргалдагч талууд аль болох зөвлөлдөөн хийх замаар эв зүйгээр шийдвэрлэнэ.

4. Хэрэв хөрөнгө оруулалтын маргаан нь маргалдагч хөрөнгө оруулагч маргалдагч Талд зөвлөлдөх тухай хүсэлтээ бичгээр мэдэгдсэнээс хойш 120 хоногийн дотор зөвлөлдөөн хийх замаар шийдвэрлэгдээгүй тохиолдолд маргалдагч хөрөнгө оруулагч 6 дахь хэсэгт нийцүүлэн хөрөнгө оруулалтын маргааныг дараахь олон улсын арбитрт шилжүүлж болно:

(a) Талуудын хувьд ХОМШОУТ (ИКСИД)-ийн конвенц хүчин төгөлдөр байгаа тохиолдолд түүний дагуу байгуулагдсан арбитр;

(b) Аль нэг Тал нь ХОМШОУТ (ИКСИД)-ийн конвенцийн тал бол ХОМШОУТ (ИКСИД)-ийн Нэмэлт хэрэгслийн дүрмээр байгуулагдсан арбитр;

(c) Нэгдсэн Үндэстний Байгууллагын Олон улсын худалдааны эрх зүйн комиссын Арбитрын дүрмээр байгуулагдсан арбитр;

(d) Маргалдагч Талтай тохиролцсон тохиолдолд арбитрын бусад дүрмийн дагуу аль ч арбитр.

5. 4 дэх хэсэгт заасан арбитрыг энэ зүйлд зааснаар өөрчилснөөс бусад тохиолдолд тохирох арбитрын дүрмээр зохицуулна.

6. (a) 4 болон 8 дахь хэсгийг үл харгалзан, дараахь тохиолдлоос бусад үед 4 дэх хэсэгт заасан арбитрт хандах боломжгүй:

(i) маргалдагч хөрөнгө оруулагч нь маргалдагч Талын зүгээс хэрэгжүүлсэн арга хэмжээг 1(f) дэд хэсэгт заасан зөрчил гэж үзсэнтэй холбоотойгоор маргалдагч Талд аль нэг Талын хуульд заасан аливаа шүүхэд, эсхүл Хоёр талт хөрөнгө оруулалтын хэлэлцээрийн хөрөнгө оруулалтын маргаан шийдвэрлэх журам зэрэг маргаан шийдвэрлэх бусад журмын дагуу нэхэмжлэл гаргах эрхээсээ татгалзсан тухайгаа бичгээр мэдэгдсэн бол;

(ii) маргалдагч хөрөнгө оруулагч нь Хоёр талт хөрөнгө оруулалтын хэлэлцээрийн хөрөнгө оруулалтын маргаан шийдвэрлэх журмын дагуу маргалдагч Талын зүгээс хэрэгжүүлсэн арга хэмжээг 1(f) дэд хэсэгт заасан зөрчил гэж үзсэнтэй холбоотойгоор ямар нэг үйл ажиллагаа эхлүүлээгүй бол.

(b) дээрх (a) дэд хэсгийг үл харгалзан, Маргалдагч хөрөнгө оруулагч нь маргалдагч Талын эрх бүхий шүүхээс хохирлын мөнгөн төлбөртэй холбоогүй тусламж авах урьдчилсан хориг шийдвэр гаргуулах ажлыг эхэлж, эсхүл үргэлжлүүлж болно.

7. 4 дэх хэсгийн дагуу хөрөнгө оруулалтын маргааныг арбитрт мэдүүлэхээр төлөвлөж байгаа Маргалдагч хөрөнгө оруулагч нь энэ талаараа маргалдагч Талд хүсэлтээ арбитрт хүргүүлэхээс доод тал нь 90 хоногийн өмнө бичгээр мэдэгдэнэ. Энэ мэдэгдэлд дараахь зүйлийг тодорхой заасан байна:

(a) маргалдагч хөрөнгө оруулагчийн нэр болон хаяг;

(b) маргалдагч Талын асуудал үүсгээд буй тодорхой арга хэмжээ болон энэ бүлгээр хүлээсэн үүргээ зөрчсөн гэж үзсэн асуудлын тайлбарыг агуулсан асуудлыг хангалттай, тодорхой танилцуулахуйц хуулийн үндэслэл, баримт бүхий хөрөнгө оруулалтын маргааны товч танилцуулга;

(c) маргалдагч хөрөнгө оруулагчаас хэрэглэхийг санал болгож буй 4 дэх хэсэгт заасан арбитр;

(d) хүссэн тусламж болон нэхэмжилсэн хохирлын ойролцоо хэмжээ.

8. (a) Тал бүр Маргалдагч хөрөнгө оруулагчийн хөрөнгө оруулалтын маргааныг 4 дэх хэсэгт заасан арбитраас Маргалдагч хөрөнгө оруулагчийн сонгосон арбитрт хүргүүлэхийг үгээр зөвшөөрөв.

(b) дээрх (a) дэд хэсэгт дурдсан зөвшөөрөл болон Маргалдагч хөрөнгө оруулагч хөрөнгө оруулалтын маргааныг арбитрт хүргүүлэхэд дараахь шаардлагыг хангасан байна:

(i) Маргалдагч талуудын бичгээр гаргасан зөвшөөрлийг авахад ХОМШОУТ (ИКСИД)-ийн конвенцийн 2 дугаар бүлэг, эсхүл ХОМШОУТ (ИКСИД)-ийн Нэмэлт хэрэгслийн дүрэм;

(ii) бичгээр хэлэлцээр хийхэд Нью-Йоркийн конвенцийн 2 дугаар зүйл.

9. 8 дахь хэсгийг үл харгалзан, хэрэв Маргалдагч хөрөнгө оруулагч нь 1(f) дэд хэсэгт дурдсан Маргалдагч хөрөнгө оруулагчийн алдагдал буюу хохирлын талаарх мэдээллийг олж авсан, эсхүл олж авах ёстой байсан, аль түрүүлсэн өдрөөс хойш 3-аас дээш өнгөрсөн бол 4 дэх хэсэгт заасан арбитрт өгөх боломжгүй.

10. Маргалдагч талууд өөрөөр тохиролцсоноос бусад тохиолдолд 4 дэх хэсгийн дагуу байгуулагдсан арбитрын шүүх нь гурван арбитрчаас бүрдэх бөгөөд Маргалдагч тал тус бүр нэг арбитрчийг томилж, гурав дахь буюу даргалагч арбитрчийг Маргалдагч талууд тохиролцсоны үндсэн дээр сонгоно. Хэрэв Маргалдагч хөрөнгө оруулагч, эсхүл маргалдагч Тал арбитрч буюу арбитрчдыг хөрөнгө оруулалтын маргааныг арбитрт өгсөн өдрөөс хойш 60 хоногийн дотор томилоогүй тохиолдолд Маргалдагч талуудын аль нэг талын хүсэлтийн дагуу 4 (a) эсхүл 4(b) дэд хэсэгт заасан арбитрын хувьд Олон улсын хөрөнгө оруулалтын маргаан шийдвэрлэх төвийн Ерөнхий нарийн бичгийн дарга, 4(c) эсхүл 4(d) дэд хэсэгт заасан арбитрын хувьд Гааг дахь Арбитрын байнгын шүүхийн Ерөнхий нарийн бичгийн дарга хараахан томилогдоогүй арбитрч буюу арбитрчдыг 11 дэх хэсгийн шаардлагын дагуу тус тус томилж болно.

11. Маргалдагч талууд өөрөөр тохиролцсоноос бусад тохиолдолд гурав дахь арбитрч нь аль нэг Талын иргэн, аль нэг Талд байнга оршин суугч, Маргалдагч талуудын аль нэгэнд ажил эрхэлдэг байж болохгүйгээс гадна мөн өмнө нь тухайн хөрөнгө оруулалтын маргаантай ямар нэг хэмжээгээр холбогдсон байж болохгүй.

12. Маргалдагч талууд өөрөөр тохиролцсоноос бусад тохиолдолд арбитрыг Нью-Йоркийн конвенцид оролцогч тал болох аль нэг улсад явуулна.

13. 4 дэх хэсгийн дагуу байгуулагдсан арбитрын шүүх нь маргаантай асуудлыг энэ бүлэг болон энэхүү хэлэлцээрийн тохирох бусад заалт мөн олон улсын эрх зүйн тохирох дүрмийн дагуу шийдвэрлэнэ.

14. Маргалдагч Тал нь нөгөө Талд дараах зүйлийг хүргүүлнэ:

(a) хөрөнгө оруулалтын маргааныг арбитрт хүргүүлсэн тухай бичгээр үйлдсэн мэдэгдлийг тухайн маргааныг хүргүүлсэн өдрөөс хойш 30 хоногоос хэтрүүлэлгүй;

(b) арбитрт гаргасан нэхэмжлэлтэй холбоотой бүх баримт бичгийн хуулбар.

15. Маргалдагч бус Тал нь энэ бүлгийн болон энэхүү хэлэлцээрийн тохирох бусад заалтын ойлголтын тухай асуудлаар маргалдагч талуудад бичгээр мэдэгдсэний үндсэн дээр арбитрын шүүхэд тайлбар өгч болно.

16. Арбитрын шүүх нь Маргалдагч хөрөнгө оруулагчийн эрх ашгийг хамгаалах, эсхүл арбитрын үйл ажиллагааны явцыг хөнгөвчлөх зорилгоор маргалдагч талуудын аль нэгний эзэмшилд буюу хяналтад байгаа нотлох баримтыг өөрт нь байлгах зэрэг түр зуурын хамгаалалтын арга хэмжээ авах шийдвэр гаргаж болно. Арбитрын шүүх нь барьцаалах, эсхүл 1(f) дэд хэсэгт заасан зөрчил гэж үзсэн арга хэмжээг хориглох тухай шийдвэр гаргахгүй.

17. Арбитрын шүүх нь шүүх ажиллагаа явуулахаас өмнө маргалдагч Талаас гаргасан арбитрын шүүхийн харьяалал болон Маргалдагч хөрөнгө оруулагчийн нэхэмжлэлийг хүлээн авахыг эсэргүүцсэн аливаа гомдлыг эхний ээлжинд хэлэлцэн, түүнийг үндэслэлтэй гэж үзвэл шийдвэрлэнэ. Арбитрын шүүх дээрх гомдлыг эхний ээлжинд шийдвэрлэсэн бол гомдлыг хэлэлцүүлэхтэй холбоотой гарсан зохих зардал болон өмгөөлөгчийн хөлсийг шийдвэр нь түүний эсрэг гарсан маргалдагч талаас гаргуулж болно. Ийм шийдвэр гаргах үндэслэлтэй эсэхийг тодорхойлохдоо арбитрын шүүх нь Маргалдагч хөрөнгө оруулагчийн нэхэмжлэл, эсхүл маргалдагч Талын гомдлын аль нэг нь үндэслэлтэй эсэхийг нягтлана. Энэ явцдаа арбитрын шүүх нь маргалдагч талуудад байр сууриа тайлбарлах зохих боломжоо олгоно.

18. Арбитрын шүүх нь зөвхөн дараахь шийдвэрийг гаргаж болно:

(a) маргалдагч Талын зүгээс Маргалдагч хөрөнгө оруулагч болон түүний хөрөнгө оруулалттай холбоотой энэ бүлгээр хүлээсэн аливаа үүргээ зөрчсөн эсэх талаарх шийдвэр;

(b) зөвхөн зөрчсөн тохиолдолд дараахь хамгаалалтын арга хэмжээний аль нэгийг, эсхүл хоёуланг нь авна:

(i) мөнгөн хохирол болон холбогдох хүү;

(ii) эд хөрөнгийг буцаан олгох, энэ тохиолдолд маргалдагч Тал төлбөрийг төлөхдөө буцаан олгохын оронд мөнгөн хохирол болон холбогдох хүүгээр нь барагдуулж болох эсэхийг шийдвэрт заана.

Арбитрын шүүх нь энэ зүйл болон арбитрын тохирох журмын дагуу зардал, өмгөөлөгчийн хөлсийг мөн тогтоож болно.

19. Маргалдагч Тал нь 4 дэх хэсгийн дагуу байгуулагдсан арбитрын шүүхэд хүргүүлсэн, эсхүл уг шүүхээс гаргасан дараахаас бусад бүх материал, шийдвэрийг цаг тухайд нь олон нийтэд нээлттэй болгоно:

(a) бизнесийн нууц мэдээлэл;

(b) Тал бүрийн тохирох хууль тогтоомжийн дагуу давуу эрхтэй, эсхүл задруулахыг хориглосон мэдээлэл;

(c) арбитрын холбогдох журмын дагуу нууцлах ёстой мэдээлэл.

20. Арбитрын шүүхээс гаргасан шийдвэр нь Маргалдагч талуудын хувьд эцсийнх бөгөөд түүнийг заавал биелүүлнэ. Уг шийдвэрийг хэрэгжүүлэхдээ шийдвэрийг хэрэгжүүлэхээр заасан тухайн улсын тохирох хууль тогтоомж болон ХОМШОУТ (ИКСИД)-ийн конвенц, Нью-Йоркийн конвенц зэрэг холбогдох олон улсын хуулийг баримтална.

21. Аль ч Тал нь нөгөө Тал болон өөрийн Талын хөрөнгө оруулагчийн зүгээс 4 дэх хэсэгт заасан арбитрт хөрөнгө оруулалтын маргааныг хүргүүлэхээр тохирсон эсхүл хүргүүлсэнтэй холбогдуулан, хөрөнгө оруулалтын маргааны шийдвэрийг нөгөө Тал дагаж мөрдөөгүй буюу биелүүлээгүйгээс бусад тохиолдолд дипломат хамгаалалт олгох, эсхүл олон улсын нэхэмжлэл гаргахгүй. Энэ хэсгийн хувьд дипломат хамгаалалтад тухайн хөрөнгө оруулалтын маргааныг шийдвэрлэхэд дөхөм үзүүлэх зорилгоор албан бус дипломат яриа хэлэлцээ явуулахыг хамруулахгүй болно.

22. Энэ зүйл нь 10.5, 10.6 дугаар зүйл эсхүл 10.9 дүгээр зүйлд хамаарах татварын арга хэмжээтэй холбоотой үүссэн маргаанд хэрэглэгдэнэ.

10.14 дүгээр зүйл
Түр хамгаалах арга хэмжээ

1. Аль нэг Тал нь дараахь тохиолдолд хөрөнгө оруулалттай холбоотой хил дамнасан хөрөнгийн гүйлгээ болон хөрөнгө оруулалттай холбоотой төлбөр, шилжүүлгийг хязгаарласан арга хэмжээ авч, эсхүл хэрэгжүүлж болно:

(a) төлбөрийн тэнцэлд ноцтой нөхцөл байдал болон гадаад санхүүгийн хүндрэл үүссэн, эсхүл эдгээрээс үүсэх аюул учрах тохиолдолд;

(b) хөрөнгийн хөдөлгөөн нь макро эдийн засгийн удирдлага, тухайлбал мөнгөний болон валютын ханшны бодлогод ноцтой хүндрэл учруулсан, эсхүл учруулж болзошгүй байгаа онцгой тохиолдолд.

2. 1 дэх хэсэгт дурдсан хязгаарлах арга хэмжээ нь:

(a) Үндэсний нөхцөл болон Нэн тааламжтай үндэстний нөхцөлд үндэслэн хэрэглэгдэх;

(b) Олон улсын валютын сангийн хэлэлцээрийн холбогдох зүйлүүдтэй нийцсэн байх;

(c) нөгөө Талын худалдаа, эдийн засаг, санхүүгийн ашиг сонирхолд шаардлагагүй хохирол учруулахаас зайлсхийсэн байх;

(d) 1 дэх хэсэгт тодорхойлсон нөхцөл байдлыг шийдвэрлэхэд шаардагдах арга хэмжээнээс хэтрэхгүй байх;

(e) түр зуурынх байх, мөн 1 дэх хэсэгт дурдсан нөхцөл байдал сайжрахын хэрээр аажмаар арилгахаар байх.

3. 1 дэх хэсгийн дагуу баталсан, эсхүл хэрэгжүүлсэн аливаа хязгаарлалтыг, эсхүл тэдгээрийн өөрчлөлтийг нөгөө Талд нэн даруй мэдэгдэнэ.

4. Энэ зүйлийн аль ч заалтыг аль нэг Талын Олон улсын валютын сангийн хэлэлцээрийн дагуу оролцогчийн хувьд эдлэх эрх болон хүлээх үүргийг өөрчилж байгаагаар тайлбарлахгүй.

10.15 дугаар зүйл
Урьдчилан сэргийлэх арга хэмжээ

1. Энэхүү бүлгийн бусад аль нэг заалтыг үл харгалзан, аль нэг Тал урьдчилан сэргийлэх шалтгаанаар санхүүгийн үйлчилгээтэй холбоотой тухайлбал, хөрөнгө оруулагч, мөнгө хадгалуулагч, даатгуулагч, эсхүл санхүүгийн үйлчилгээг нийлүүлэгч компаниас итгэмжлэгдсэн хувь хүнийг хамгаалах, эсхүл өөрийн санхүүгийн системийн бүрэн бүтэн, тогтвортой байдлыг хангах зорилгоор батлах, авч хэрэгжүүлэх арга хэмжээгээр хязгаарлахгүй.

2. 1 дэх хэсгийн дагуу аль нэг Талын баталсан, эсхүл хэрэгжүүлсэн арга хэмжээ нь энэ бүлэгтэй нийцэхгүй бол тэдгээр нь энэхүү бүлгээр тухайн Талын хүлээсэн үүрэг хариуцлагаас зайлсхийх арга хэрэгсэл болохгүй.

10.16 дугаар зүйл
Ашгаас татгалзах

1. Аль нэг Тал нь нөгөө Талын хөрөнгө оруулагч болох аж ахуйн нэгжийг энэхүү хэлэлцээрт оролцогч бус талын хөрөнгө оруулагч эзэмшдэг, эсхүл хяналтад буй бөгөөд татгалзагч тал нь дор дурдсан нөхцөлийг хангаж буй бол нөгөө Талын тухайн аж ахуйн нэгж болон түүний хөрөнгө оруулалтад энэ бүлгийн ашгийг олгохоос татгалзаж болно:

(a) энэхүү хэлэлцээрт оролцогч бус талтай дипломат харилцаа тогтоогоогүй;

(b) энэхүү хэлэлцээрт оролцогч бус Талын аж ахуйн нэгжтэй хийх гүйлгээг хориглосон, эсхүл нөгөө Талын аж ахуйн нэгж болон түүний хөрөнгө оруулалтад энэ бүлгийн дагуу олгосон давуу талыг зөрчсөн, эсхүл хүчингүй болгох арга хэмжээг баталсан эсхүл хэрэгжүүлсэн.

2. Аль нэг Тал нь нөгөө Талын хөрөнгө оруулагч болох аж ахуйн нэгжийг энэхүү хэлэлцээрт оролцогч бус талын хөрөнгө оруулагч эзэмшдэг, эсхүл хяналтад буй бөгөөд тухайн аж ахуйн нэгж нөгөө Талын нутаг дэвсгэрт дорвитой бизнесийн үйл ажиллагаа явуулдаггүй бол нөгөө Талын тухайн хөрөнгө оруулагч болон түүний хөрөнгө оруулалтад энэ бүлгийн давуу талыг олгохоос татгалзаж болно.

10.17 дугаар зүйл
Эрүүл мэнд, Аюулгүй байдал, Хүрээлэн буй орчны арга хэмжээ болон Хөдөлмөрийн стандарт

Талууд өөрийн эрүүл мэнд, аюулгүй байдал, эсхүл хүрээлэн буй орчны арга хэмжээнүүдийг сулруулах, эсхүл хөдөлмөрийн стандартаа бууруулах замаар Тал тус бүрийн, эсхүл энэхүү хэлэлцээрт оролцогч бус талын хөрөнгө оруулагчдын хөрөнгө оруулалтыг хөхиүлэн дэмжихээс зайлсхийнэ. Энэ хүрээнд Тал бүр өөрийн нутаг дэвсгэр дээр Талуудын, эсхүл энэхүү хэлэлцээрт оролцогч бус талын хөрөнгө оруулагчдын хөрөнгө оруулалтыг байршуулах, худалдан авах, эсхүл өргөтгөхийг дэмжихэд зориулан дээр дурдсан арга хэмжээ, эсхүл стандартыг хэрэгсэхгүй байх, эсхүл бууруулах ёсгүй.

10.18 дугаар зүйл
Хөрөнгө оруулалтын дэд хороо

1. Энэхүү бүлгийн хэрэгжилтийг үр дүнтэй хангах зорилгоор Талууд Хөрөнгө оруулалтын дэд хороо (энэ зүйлд цаашид "Дэд хороо" гэх)-г үүгээр байгуулав.

2. Дэд хороо дараахь чиг үүрэгтэй байна:

(a) энэ бүлгийн хэрэгжилтийг хянан үзэх, хяналт тавих;

(b) энэ бүлэгтэй холбоотой аливаа асуудлаар мэдээлэл солилцох;

(c) энэ бүлэгтэй холбоотой аливаа асуудлыг хэлэлцэх;

(d) Дэд хорооны хэлэлцүүлгийн үр дүн болон дүгнэлтийг Хамтарсан хороонд тайлагнах;

(e) Хамтарсан хорооноос даалгаж болох бусад чиг үүргийг хэрэгжүүлэх.

3. Дэд хороо нь Талуудын Засгийн газрын төлөөлөгчдөөс бүрдэнэ.

4. Дэд хороо нь хэлэлцэх асуудалтай холбоотойгоор Талуудын Засгийн газраас гадна холбогдох аж ахуйн нэгжийн шаардлагатай мэргэжлийн туршлагатай төлөөлөгчдийг урьж болно.

5. Дэд хороо нь хурлаа Талуудын харилцан тохиролцсоны дагуу товлосон хугацаанд болон газарт, эсхүл тохиролцсон бусад хэлбэрээр хийнэ.

6. Энэ зүйл нь 10.5, 10.6, эсхүл 10.9 дүгээр зүйлд хамаарах татварын арга хэмжээтэй холбоотой асуудалд хэрэглэгдэнэ.

10.19 дүгээр зүйл
Хоёр талт хөрөнгө оруулалтын хэлэлцээрт хамаарах байдал

1. Хоёр талт хөрөнгө оруулалтын хэлэлцээрийн 17 дугаар зүйлийн 2 дахь хэсгийг үл харгалзан энэхүү хэлэлцээр хүчин төгөлдөр болсон өдөр Хоёр талт хөрөнгө оруулалтын хэлэлцээр цуцлагдана.

2. Хоёр талт хөрөнгө оруулалтын хэлэлцээр цуцлагдах өдрөөс өмнөх хөрөнгө оруулалт болон олсон ашгийн хувьд Хоёр талт хөрөнгө оруулалтын хэлэлцээрийн 1-ээс 16 дугаар зүйл нь Хоёр талт хөрөнгө оруулалтын хэлэлцээрийн 17 дугаар зүйлийн 3 дугаар хэсэгт заасны дагуу дээрх өдрөөс хойш 15 жилийн турш хүчин төгөлдөр байхыг Талууд нотлов.

3. 2 дахь хэсгийн зорилгоор энэхүү хэлэлцээрийн аль ч заалт Хоёр талт хөрөнгө оруулалтын хэлэлцээрийн холбогдох заалтын дагуу аль нэг Талын хүлээсэн эрх, үүргийг хөндөхгүй.

10.20 дугаар зүйл
Үргэлжлэх хугацаа болон хүчингүй болгох хугацаа

Энэхүү хэлэлцээрийг цуцлахаас өмнө хийсэн хөрөнгө оруулалтын хувьд энэ бүлгийн заалтууд болон энэ бүлэгтэй шууд холбоотой тус хэлэлцээрийн заалтууд нь хэлэлцээрийг цуцалсан өдрөөс хойш 10 жилийн хугацаанд хүчинтэй байна.

11 дүгээр бүлэг
Өрсөлдөөн

11.1 дүгээр зүйл
Өрсөлдөөний эсрэг үйл ажиллагаа

1. Тал бүр өөрийн хууль тогтоомжид нийцүүлэн тэдгээрийн зах зээлийн үр ашигтай байдлыг хангах үүднээс Талууд хоорондын худалдаа, хөрөнгө оруулалтын урсгалыг хөнгөвчлөх зорилгоор өрсөлдөөний эсрэг үйл ажиллагааны эсрэг зохистой гэж үзсэн арга хэмжээг авна.

2. Энэ бүлгийн хувьд "өрсөлдөөнийг хязгаарласан үйл ажиллагаа" гэх нэр томьёо нь Талуудын өрсөлдөөний хууль тогтоомжийн дагуу торгуулах, эсхүл хөнгөлөлт үзүүлэхэд хамаарах аливаа байдал, эсхүл үйл ажиллагааг хэлнэ.

11.2 дугаар зүйл
Өрсөлдөөний эсрэг үйл ажиллагаанд хяналт тавих чиглэлээр хамтран ажиллах

1. Талууд өөрийн хууль тогтоомжийн дагуу өрсөлдөөнийг хязгаарласан үйл ажиллагаанд хяналт тавих чиглэлээр байгаа нөөц боломжийнхоо хүрээнд хамтран ажиллаж, харилцан тусална.

2. Энэ зүйлийн хүрээнд хэрэгжүүлэх хамтын ажиллагаатай холбоотой нарийвчилсан зүйл болон журмыг Хэрэгжүүлэх хэлэлцээрт тодорхой заана.

11.3 дугаар зүйл
Үл ялгаварлах

Тал бүр өрсөлдөөний тухай өөрийн хууль тогтоомжийг ижил нөхцөл байдалд байгаа аливаа этгээдийг тэдгээрийн харьяалалд нь үндэслэн ялгаварлахгүй байхаар хэрэгжүүлнэ.

11.4 дүгээр зүйл
Журмын шударга байдал

Тал бүр өөрийн холбогдох хууль тогтоомжийн дагуу өрсөлдөөний эсрэг үйл ажиллагааг хянах асуудалд захиргааны болон шүүхийн журмыг шударгаар хэрэгжүүлнэ.

11.5 дугаар зүйл
Ил тод байдал

Тал бүр өөрийн өрсөлдөөний хууль тогтоомж болон өрсөлдөөний бодлогын хэрэгжилтийн ил тод байдлыг дэмжинэ.

11.6 дугаар зүйл
1.8 дугаар зүйлийн 2 дахь хэсэг болон
16 дугаар бүлгийг үл хэрэглэх тухай

Энэхүү бүлгийг 1.8 дугаар зүйлийн 2 дахь хэсэг болон 16 дугаар бүлэгт хэрэглэгдэхгүй.

12 дугаар бүлэг
Оюуны өмч

12.1 дүгээр зүйл
Ерөнхий заалт

1. Талууд энэ бүлэг болон хоёр Талын нэгдэн орсон оюуны өмчид хамаарах олон улсын хэлэлцээрийн дагуу оюуны өмчийн зохистой, үр дүнтэй болон үл ялгаварласан хамгаалалт олгож, оюуны өмчийн эрхийг зөрчихийн эсрэг арга хэмжээ авч хэрэгжүүлнэ.

2. Талууд оюуны өмчийн тогтолцооны удирдлагын үр ашигтай болон ил тод байдлыг мөн хөхиүлэн дэмжинэ.

3. Энэхүү бүлгийн аль ч заалт Худалдаанд хамаарах оюуны өмчийн эрхийн тухай хэлэлцээр болон хоёр Талын нэгдэн орсон оюуны өмчид хамаарах олон улсын бусад хэлэлцээрээр хүлээсэн эрх, үүргийг хөндөхгүй.

12.2 дугаар зүйл
Тодорхойлолт

Энэхүү бүлэгт дурдсан "оюуны өмч" гэх нэр томьёонд Худалдаанд хамаарах оюуны өмчийн эрхийн тухай хэлэлцээрт заасан оюуны өмчийн бүх төрлийг ойлгоно.

12.3 дугаар зүйл
Үндэсний нөхцөл

Тал бүр Худалдаанд хамаарах оюуны өмчийн эрхийн тухай хэлэлцээрийн 3 болон 5 дугаар зүйлийн дагуу оюуны өмчийн хамгаалалтын хувьд өөрийн иргэнд олгодогоос дутуугүй тааламжтай нөхцөлийг нөгөө Талын иргэнд олгоно.

Тайлбар: Энэ зүйлийн зорилгоор:

(a) "иргэн" гэх нэр томьёо нь Худалдаанд хамаарах оюуны өмчийн эрхийн тухай хэлэлцээрт дурдсантай адил утгатай байна;

(b) "хамгаалалт" гэх нэр томьёонд оюуны өмчийн эрхийг хүртээмжтэй байлгах, олж авах, хүчинтэй байлгах, хэрэгжилтийг нь хангах, түүний хүрээ болон энэ бүлэгт тусгайлан заасан оюуны өмчийн эрхийг ашиглахад нөлөөлөх асуудлуудыг хамруулна;

(c) "оюуны өмчийн хамгаалалт" гэх нэр томьёог илүү тодорхой болгох зорилгоор түүнд 12.12 дугаар зүйлд заасан шударга бус өрсөлдөөнийг хориглох асуудлыг хамруулна.

12.4 дүгээр зүйл
Журмын асуудал

1. Оюуны өмчийн тогтолцооны үр ашигтай удирдлагыг хангах зорилгоор Тал бүр оюуны өмчийн эрхэд хамаарах захиргааны журмыг боловсронгуй болгох талаар зохих арга хэмжээ авна.

2. Патент, ашигтай загвар, бүтээгдэхүүний загвар, барааны тэмдгийн мэдүүлэг гаргах журам, эсхүл эдгээртэй холбоотой захиргааны бусад үйл ажиллагааны явцад өөрийн Талын эрх бүхий байгууллагад гаргасан баримт бичиг, үүнд өргөдөл, давамгайлах огнооны эрх хүссэн бол өмнөх аливаа мэдүүлгийн тухайн байгууллагад хүлээн зөвшөөрөгдсөн хэлээр үйлдсэн орчуулга, итгэмжлэл ба эрх шилжүүлсэн баталгаа зэрэгт зурсан гарын үсэг, эсхүл өөрийгөө тодорхойлох бусад тэмдэглэгээг жинхэнэ болох тухай нотолгоог шаардахгүй.

3. Аль нэг Тал нь 2 дахь хэсгийг үл харгалзан:

(a) патент, ашигтай загвар, бүтээгдэхүүний загвар, эсхүл барааны тэмдгийн бүртгэлээс татгалзах тохиолдолд нэг Талын хуульд энэ тухай заасан бол гарын үсэг, эсхүл өөрийгөө тодорхойлох бусад тэмдэглэгээг жинхэнэ болох тухай нотолгоог шаардаж болно;

(b) өөрийн Талын эрх бүхий байгууллагад гаргасан баримт бичигт зурсан гарын үсэг, эсхүл өөрийгөө тодорхойлох бусад тэмдэглэгээ жинхэнэ эсэхэд үндэслэл бүхий эргэлзэл байвал нотолгоо шаардаж болно. Эрх бүхий байгууллага тухайн этгээдэд нотолгоо ирүүлэх тухай мэдэгдэх бол мэдэгдэлдээ нотолгоо гаргуулах болсон шалтгааныг заана.

4. Аль ч Тал мэдүүлгийн хамт итгэмжлэл өгөхийг шаардаж, түүний анхдагч огноог тогтоох нөхцөл болгохгүй.

5. Тал бүр патентийн зуучлагч, эсхүл бүртгэгдсэн оюуны өмчийн итгэмжлэгдсэн төлөөлөгчийн тогтолцоог боловсронгуй болгохыг эрмэлзэнэ.

6. Тал бүр оюуны өмчийн эрхийг олгох буюу бүртгэхэд мэдүүлгийг үндэсний журмаар, эсхүл олон улсын тохирох хэлэлцээрийн дагуу гаргасан эсэхээс үл шалтгаалж, оюуны өмчийн эрхийг олж авах үндсэн нөхцөлд нийцүүлэн хамгаалалтын хугацааг шаардлагагүйгээр богиносгохоос сэргийлж эрх олгох, эсхүл бүртгэх ажиллагааг зохистой хугацаанд гүйцэтгэх явдлыг хангана.

7. Тал бүр барааны тэмдэг, бүтээгдэхүүний загвар, патентын бүртгэлийн тогтолцоотой байх бөгөөд үүнд:

(a) мэдүүлэгт татгалзах шийдвэр гаргах тохиолдолд энэ тухай мэдүүлэг гаргагчид үндэслэлийг нь зааж бичгээр (цахим хэлбэрээр байж болно) мэдэгдэх шаардлага тавигдах;

(b) захиргааны журмаар татгалзах шийдвэр гаргасан тохиолдолд мэдүүлэг гаргачид давж заалдах боломж олгох;

(c) захиргааны эцсийн шийдвэрт мэдүүлэг гаргагч шүүхэд гомдол гаргах боломж олгох;

(d) хууль тогтоомжид энэ тухай заасан бол сонирхогч этгээдэд:

(i) мэдүүлэг, эсхүл бүртгэлийн талаар эсэргүүцэл гаргах;

(ii) бүртгэлийг хүчингүй болгох, эсхүл хүчингүйд тооцуулах хүсэлт гаргах боломж олгоно.

12.5 дугаар зүйл
Ил тод байдал

Тал бүр оюуны өмчийн тогтолцооны удирдлагын ил тод байдлыг цаашид хөхиүлэн дэмжих зорилгоор өөрийн хууль тогтоомжоор заасан хэмжээнд дараахь зохих арга хэмжээ авна:

(a) наад зах нь дараахь мэдээллийг нийтэлнэ:

(i) патент олгох тухай шийдвэр, эсхүл гаргасан патентийн мэдүүлэг болон олгосон патент;

(ii) бүртгэгдсэн ашигтай загвар;

(iii) бүтээгдэхүүний загварын эрх олгох тухай шийдвэр, эсхүл бүртгэгдсэн бүтээгдэхүүний загвар;

(iv) бүртгэгдсэн барааны тэмдэг болон/эсхүл барааны тэмдгийн мэдүүлэг;

мөн эдгээрийн хавтаст хэрэгт байгаа мэдээллийг наад зах нь сонирхогч этгээдэд түүний хүсэлт гаргасны дагуу гаргаж өгөх;

(b) оюуны өмчийн эрхийн хэрэгжилтийг үр ашигтай хангах талаар авч буй арга хэмжээ болон оюуны өмчийн тогтолцоонд хамаарах бусад мэдээллийг нийтэд нээлттэй болгоно.

12.6 дугаар зүйл
Оюуны өмчийг хамгаалах талаар олон нийтийн мэдлэгийг дээшлүүлэх

Талууд оюуны өмчийг ашиглах болон оюуны өмчийн эрхийг хэрэгжүүлэх талаар боловсролын болон мэдээлэл түгээх төсөл хэрэгжүүлэх зэргээр оюуны өмчийг хамгаалах тухай олон нийтийн мэдлэгийг дээшлүүлэхэд чиглэсэн шаардлагатай арга хэмжээ авна.

12.7 дугаар зүйл
Патент

1. Патентийн мэдүүлгийн мөн чанар нь компьютерийн програмд хамааралтай гэх дан ганц үндэслэлээр түүнд татгалзах шийдвэр гаргахгүй байхыг Тал бүр хангана. Тийм боловч энэ зүйлийн уг хэсэг нь Тал бүрийн өөрийн хууль тогтоомжийн дагуу компьютерийн програмыг дангаар нь патентлагдах чадваргүй гэж заах эрхийг хөндөхгүй.

2. Мэдүүлэг гаргагч нэгээс илүү шинэ бүтээл агуулсан патентийн мэдүүлгийг тухайн Талын хууль тогтоомжид заасан хугацаанд өөрийн санаачилгаар хэд хэдэн патентийн мэдүүлэг болгон салгаж болохыг Тал бүр хангана.

12.8 дугаар зүйл
Бүтээгдэхүүний загвар

Тал бүр бүтээгдэхүүний загварт бүхэлд нь буюу зохих тохиолдолд хэсэгчлэн зохистой болон үр дүнтэй хамгаалалт олгоно.

12.9 дүгээр зүйл
Барааны тэмдэг

1. Аль ч Талд тухайн эзэмшигчийн бараа, үйлчилгээний хувьд нийтэд түгээмэл болсон барааны тэмдэгтэй ижил, эсхүл төсөөтэй барааны тэмдгийг шударга бус ашиг олох, эсхүл эзэмшигчид хохирол учруулах зэрэг шударга бус санаа агуулж ашиглах гэж байгаа болон/эсхүл ийнхүү ашиглах нь хэрэглэгчдийг төөрөгдөлд оруулж болзошгүй бол Тал бүр уг барааны тэмдгийг бүртгэхээс татгалзах, эсхүл бүртгэлийг хүчингүй болгоно.

Тайлбар: Тал бүр барааны тэмдгийг нийтэд түгээмэл болсныг өөрийн хууль тогтоомжийн дагуу тогтоож болно.

2. Барааны тэмдгийг бүртгүүлэх тухай мэдүүлгийн шүүлтийг зохих үндэслэл болон журмын шаардлагад нийцүүлэн шуурхай журмаар хийлгэх хүсэлтийг эрх бүхий байгууллагад гаргаж болохыг Тал бүр хангана. Ийм хүсэлт гаргасан бол эрх бүхий байгууллага мэдүүлгийн шүүлтийг зохих тохиолдолд шуурхай журмаар хийнэ.

12.10 дугаар зүйл
Зохиогчийн эрх ба түүнд хамаарах эрх

1. Тал бүр зохиогч, уран бүтээлч, фонограмм бүтээгчид тэдний бүтээл, фонограммд буулгасан тоглолт болон фонограммыг олон нийт өөрсдийн сонгосон цаг болон газраас хүртэх боломжтой байдлаар утсан болон утасгүй холбоогоор нийтэд хүртээл болгохыг зөвшөөрөх эрх олгоно.

2. Тал бүр өргөн нэвтрүүлгийн телевизийн байгууллагад түүний зөвшөөрөлгүйгээр дараах үйлдлийг хийхийг хориглох эрх олгоно:

(a) тэдний нэвтрүүлгийг дахин нэвтрүүлэх;

(b) тэдний нэвтрүүлгийг бичлэгт буулгах;

(c) тэдний нэвтрүүлгийн бичлэгийг хуулбарлах.

3. Тал бүр өөрийн хууль тогтоомжийн дагуу зохиогчийн эрх болон түүнд хамаарах эрхийн хамтын удирдлагын байгууллагын үйл ажиллагааг дэмжих талаар зохих арга хэмжээ авна.

12.11 дүгээр зүйл
Газар зүйн заалт

Тал бүр газар зүйн заалтын зохистой болон үр дүнтэй хамгаалалтыг өөрийн хууль тогтоомж болон Худалдаанд хамаарах оюуны өмчийн эрхийн тухай хэлэлцээрийн дагуу хангана.

12.12 дугаар зүйл
Шударга бус өрсөлдөөн

1. Тал бүр Парисийн конвенцийн 10 *bis* зүйлийн дагуу шударга бус өрсөлдөөний үйлдлийн эсрэг үр дүнтэй хамгаалалт олгоно.

2. Тал бүр Парисийн конвенцийн 10 *bis* зүйлийн заалтыг үйлчилгээний хувьд *mutatis mutandis* зарчмаар хэрэглэнэ.

3. Энэ зүйлийн зорилгоор "Парисийн конвенц" гэх нэр томьёо нь 1900 оны 12 дугаар сарын 14-нд Брюссель хотноо, 1911 оны 6 дугаар сарын 2-ны өдөр Вашингтон хотноо, 1925 оны 11 дүгээр сарын 6-ны өдөр Гааг хотноо, 1934 оны 6 дугаар сарын 2-ны өдөр Лондон хотноо, 1958 оны 10 дугаар сарын 31-ний өдөр Лиссабон хотноо, болон 1967 оны 7 дугаар сарын 14-нд Стокгольм хотноо тус тус өөрчлөлт оруулсан бөгөөд 1979 оны 9 дүгээр сарын 28-нд нэмэлт, өөрчлөлт оруулсан, 1883 оны 3 дугаар сарын 20-ны өдрийн Аж үйлдвэрийн өмчийг хамгаалах тухай Парисийн конвенцийг хэлнэ.

12.13 дугаар зүйл
Хаалттай мэдээллийг хамгаалах

Тал бүр өөрийн хууль тогтоомжийн хүрээнд Худалдаанд хамаарах оюуны өмчийн эрхийн тухай хэлэлцээрийн 39 дүгээр зүйлийн 2 дахь хэсгийн дагуу хаалттай мэдээллийг зохистой болон үр дүнтэй хамгаалалтаар хангах бөгөөд хувийн гэрээнд заасан хаалттай мэдээллийн хамгаалалтын хугацааг хязгаарлах, эсхүл хууль ёсны үндэслэлгүйгээр хаалттай мэдээллийг задлахыг шаардах арга хэмжээ авахгүй.

12.14 дүгээр зүйл
Хэрэгжилтийг хангах – Хил дээр авах арга хэмжээ

1. Тал бүр импортын тээвэрлэлтэд хамаарах журмыг тогтоох буюу хэрэгжүүлэх бөгөөд үүний дагуу:

(a) гаалийн байгууллага нь барааны тэмдэг болон/эсхүл зохиогчийн эрх болон түүнд хамаарах эрхийн зөрчилтэй байж болзошгүй барааг (цаашид "сэжигтэй бараа" гэх) өөрийн санаачилгаар саатуулж болох;

(b) эрх эзэмшигч сэжигтэй барааг саатуулах тухай хүсэлтийг Талын эрх бүхий байгууллагад гаргаж болно.

2. 1 дэх хэсэгт заасан журмыг мөрдөж эхэлсний дараа эрх бүхий байгууллага зохих хугацаанд сэжигтэй барааг барааны тэмдэг болон/эсхүл зохиогчийн эрх болон түүнд хамаарах эрхийг зөрчсөн эсэхийг тогтоож болох журмыг Тал бүр тогтоох буюу хэрэгжүүлнэ.

3. Импортын тээвэрлэлтийг 1 дэх хэсгийн дагуу саатуулах тохиолдолд энэ тухай импортлогч болон эрх эзэмшигчид нэн даруй мэдэгдэх бөгөөд сэжигтэй барааны талаарх байгаа бүх мэдээллээр хангана.

12.15 дугаар зүйл
Хэрэгжилтийг хангах – Иргэний арга хэмжээ

Оюуны өмчийн эрхийг зөрчиж байгааг мэдсээр байж эсхүл мэдэх боломжтой байсаар атал эрх зөрчсөн үйл ажиллагаа явуулсны улмаас оюуны өмчийн эрх эзэмшигчид хохирол учирсан бол Тал бүр эрх эзэмшигчийг тухайн хохирлыг барагдуулахад хангалттай нөхөн төлбөрийг зөрчигчөөс гаргуулан авах эрхээр хангана.

12.16 дугаар зүйл
Хэрэгжилтийг хангах – Эрүүгийн арга хэмжээ

1. Арилжааны ашиг олох зорилгоор наад зах нь барааны тэмдгийн зөрчилтэй хуурамч барааг санаатайгаар үйлдвэрлэх, эсхүл зохиогчийн эрхийг зөрчих тохиолдолд Тал бүрийн явуулах эрүүгийн байцаан шийтгэх ажиллагаа болон ногдуулах шийтгэлийг Худалдаанд хамаарах оюуны өмчийн эрхийн тухай хэлэлцээрийн 61 дүгээр зүйлийн дагуу зохицуулна.

2. Тал бүр 1 дэх хэсэгт заасан гэмт хэргийн хувьд өөрийн хууль тогтоомжийн дагуу эрх бүхий байгууллагадаа зөрчилтэй бүх барааг хураах, эсхүл устгах арга хэмжээ авах эрх мэдлийг олгоно.

12.17 дугаар зүйл
Хэрэгжилтийг цахим орчинд хангах

Хэрэгжилтийг хангах Тал бүрийн журамд зохиогчийн эрх буюу түүнд хамаарах эрхийг цахим сүлжээнд зөрчих асуудлыг хамруулах бөгөөд үүнд зөрчил үйлдэх зорилгоор олон нийтэд түгээх хэрэгслийг хууль бусаар ашиглахыг хамруулж болно. Энэ журмыг хууль ёсны үйл ажиллагаанд, үүнд цахим худалдаанд, саад учруулахгүйгээр хэрэгжүүлэх бөгөөд тухайн Талын хууль тогтоомжид нийцүүлэн өөрийгөө илэрхийлэх эрх чөлөө, шударга ёс болон хувийн амьдралыг хамгаалах үндсэн зарчмыг баримтална.

12.18 дугаар зүйл
Оюуны өмчийн дэд хороо

1. Энэхүү бүлгийн хэрэгжилтийг үр дүнтэй хангах зорилгоор Талууд Оюуны өмчийн дэд хороо (цаашид "Дэд хороо" гэх)-г үүгээр байгуулав.

2. Дэд хороо дараахь чиг үүрэгтэй байна:

(a) энэ бүлгийн хэрэгжилтийг хянан үзэх, хяналт тавих;

(b) энэ бүлгийн заалтуудын хүрээнд оюуны өмчийн хамгаалалтыг сайжруулах, оюуны өмчийн эрхийн хэрэгжилтийг хангах болон оюуны өмчийн тогтолцооны удирдлагын ил тод ба үр дүнтэй байдлыг хөхиүлэн дэмжих зорилгоор оюуны өмчид хамаарах асуудлыг хэлэлцэх;

(c) Дэд хорооны хэлэлцүүлгийн үр дүн болон дүгнэлтийг Хамтарсан хороонд тайлагнах;

(d) Хамтарсан хорооноос даалгаж болох бусад чиг үүргийг хэрэгжүүлэх.

3. Дэд хороо нь Талуудын Засгийн газрын төлөөлөгчдөөс бүрдэнэ.

4. Дэд хороо нь хурлаа Талуудын харилцан тохиролцсоны дагуу товлосон хугацаанд болон газарт, эсхүл тохиролцсон бусад хэлбэрээр хийнэ.

12.19 дүгээр зүйл
Аюулгүй байдалтай холбоотой үл хэрэглэх тохиолдол

Энэхүү бүлгийн зорилгоор Худалдаанд хамаарах оюуны өмчийн эрхийн тухай хэлэлцээрийн 73 дугаар зүйлийг энэхүү хэлэлцээрт нийлүүлэх бөгөөд энэ нь *mutatis mutandis* зарчмын дагуу хэлэлцээрийн бүрэлдэхүүн хэсэг болно.

13 дугаар бүлэг
Засгийн газрын худалдан авах ажиллагаа

13.1 дүгээр зүйл
Худалдан авах ажиллагааны зарчим

Үйлдвэрлэл худалдааг өргөжүүлэх болон эдийн засгийн өсөлт, ажил эрхлэлтийг дэмжихэд Засгийн газрын худалдан авах ажиллагаа чухал болохыг хүлээн зөвшөөрч, талуудын хууль тогтоомжийн дагуу Засгийн газрын худалдан авах ажиллагаатай холбоотой арга хэмжээний ил тод байдлыг хангана. Түүнчлэн талуудын хөгжлийн, санхүүгийн болон худалдааны хэрэгцээг харгалзан үзэх шаардлагатайг хүлээн зөвшөөрч байна. Талууд Засгийн газрын худалдан авах ажиллагаатай холбоотой арга хэмжээг шударга, үр дүнтэй хэрэгжүүлэх явдлыг хангана.

13.2 дугаар зүйл
Мэдээлэл солилцох

Талууд Засгийн газрын түвшинд Засгийн газрын худалдан авах ажиллагааны талаарх холбогдох хууль тогтоомж, бодлого, туршлага, мөн түүнчлэн одоо мөрдөж буй Засгийн газрын худалдан авах ажиллагааны тогтолцоонд хийх аливаа шинэчлэлт өөрчлөлтийн тухай мэдээллийг холбогдох хууль тогтоомжид нийцүүлэн аль болох англи хэлээр тухай бүр харилцан солилцоно.

13.3 дугаар зүйл
Нэмэлт хэлэлцээ

Монгол Улс ДХБ-ын хэлэлцээрийн 4 дүгээр хавсралтын Засгийн газрын худалдан авах ажиллагааны хэлэлцээр (цаашид энэ бүлэгт "ЗГХААХ"хэлэлцээр" гэх)-ийн тал болох хүсэлтээ илэрхийлсэн үед Засгийн газрын худалдан авах ажиллагааны тухай иж бүрэн бүлэг бий болгох зорилгоор Талууд энэхүү бүлгийг дахин хэлэлцэх хэлэлцээ хийнэ.

Тайлбар: ЗГХААХ-т нэмэлт, өөрчлөлт оруулсан, эсхүл өөр хэлэлцээрээр түүнийг хүчингүй болгосон тохиолдолд энэ бүлгийн зүйлийн зорилгод нийцүүлэн ЗГХААХ гэдэг нь тухайн нэмэлт, өөрчлөлт оруулсан, эсхүл шинэ хэлэлцээрийг хэлнэ.

13.4 дүгээр зүйл
Үл ялгаварлах талаарх хэлэлцээ

Энэхүү хэлэлцээр хүчин төгөлдөр болсноос хойш аль нэг Тал энэхүү хэлэлцээрт оролцогч бус талд өөрийн Засгийн газрын худалдан авах ажиллагааны зах зээлд нэвтрэх аливаа давуу тал, эсхүл Засгийн газрын худалдан авах ажиллагаатай холбоотой арга хэмжээнд аливаа давуу нөхцөл олгохоор санал болгосон тохиолдолд уг тал нь нөгөө талын хүсэлтээр эдгээр давуу тал, эсхүл давуу нөхцөлийг харилцан адил байх зарчимд тулгуурлан олгох зорилгоор хэлэлцээ хийх зохих боломжийг нөгөө талд олгоно.

13.5 дугаар зүйл
Засгийн газрын худалдан авах ажиллагааны дэд хороо

1. Энэхүү бүлгийн хэрэгжилтийг үр дүнтэй хангах зорилгоор Талууд Засгийн газрын худалдан авах ажиллагааны дэд хороо (цаашид энэ бүлэнт "Дэд хороо" гэх)-г үүгээр байгуулав.

2. Дэд хороо дараахь чиг үүрэгтэй байна:

(a) энэ бүлгийн хэрэгжилтийг хянан үзэх, хяналт тавих;

(b) талуудын Засгийн газрын худалдан авах ажиллагааны зах зээлийн талаарх боломжит бэлэн мэдээлэлд дүн шинжилгээ хийх;

(c) цахим худалдан авах ажиллагаа болон хүний нөөцийн хөгжлийн чиглэлээр хамтран ажиллах;

(d) дэд хорооны үр дүн болон дүгнэлтийг Хамтарсан хороонд тайлагнах;

(e) хамтарсан хорооноос даалгаж болох бусад чиг үүргийг хэрэгжүүлэх.

3. Дэд хороо нь Талуудын Засгийн газрын төлөөлөгчдөөс бүрдэнэ.

4. Дэд хороо нь хурлаа Талуудын харилцан тохиролцсоны дагуу товлосон хугацаанд болон газарт, эсхүл тохиролцсон бусад хэлбэрээр хийнэ.

14 дүгээр бүлэг
Бизнесийн орчныг сайжруулах

14.1 дүгээр зүйл
Үндсэн зарчим

1. Тал бүр өөрийн холбогдох хууль тогтоомжийн дагуу өөрийн Талд бизнесийн үйл ажиллагаа явуулж байгаа нөгөө Талын этгээдэд зориулан бизнесийн орчныг илүү сайжруулах зохих арга хэмжээг авна.

2. Талууд өөрийн холбогдох хууль тогтоомжийн хүрээнд холбогдох Талуудын бизнесийн орчныг сайжруулах чиглэлээр хамтын ажиллагаагаа хөгжүүлнэ.

14.2 дугаар зүйл
Бизнесийн орчныг сайжруулах дэд хороо

1. Энэхүү бүлэгт заасан үйл ажиллагааг үр дүнтэй хэрэгжүүлэх зорилгоор Талууд Бизнесийн орчныг сайжруулах дэд хороо (цаашид энэ бүлэгт "Дэд хороо" гэх)-г үүгээр байгуулав.

2. Дэд хороо нь дараахь чиг үүрэгтэй:

(a) Тал тус бүрээс энэ бүлгийн 14.3 дугаар зүйлийн дагуу томилох Бизнесийн орчныг сайжруулах харилцах газар (цаашид энэ бүлэгт "харилцах газар" гэх)-аас тайлагнасан дүгнэлтийг хянан үзэх;

(b) Харилцах газраас тайлагнасан дүгнэлтийг, эсхүл өөрийн санаачилгаар бизнесийн орчинтой холбоотой асуудлыг яаралтай шийдвэрлэх арга замыг хайх, анхаарлаа хандуулах;

(c) Талуудын авах арга хэмжээний талаар зөвлөмж болон үр дүн, дүгнэлтийг Талуудад тайлагнах;

(d) шаардлагатай тохиолдолд (c) дэд хэсэгт дурдсан зөвлөмжтэй холбогдуулан Талуудын авсан арга хэмжээг хянан үзэх;

(e) (c) дэд хэсэгт дурдсан зөвлөмж болон (d) дэд хэсэгт дурдсан хяналт шалгалтын үр дүнг боломжтой хэлбэрээр олон нийтэд нээлттэй байлгах;

(f) Ажлыг давхардуулахгүй байх үүднээс энэхүү хэлэлцээрийн дагуу байгуулагдсан бусад Дэд хороотой зохих байдлаар хамтран ажиллах. Уг хамтын ажиллагаа нь дараахь хэлбэртэй байж болно:

(i) бусад Дэд хороонд холбогдох ажлын үр дүнг мэдээллэх;

(ii) бусад Дэд хорооны саналыг авах;

(iii) Дэд хороонд бусад Дэд хорооны гишүүдийг урих;

(iv) шаардлагатай тохиолдолд бусад Дэд хороонд тухайн асуудлыг шилжүүлэх;

(g) заалтад дурдсан зөвлөмж болон дүгнэлтийг Хамтарсан хороонд шуурхай тайлагнах;

(h) Хамтарсан хорооноос даалгаж болох бусад ажил үүргийг гүйцэтгэх.

3. Дэд хороо нь тухайн асуудлыг хариуцсан холбогдох яам, эсхүл агентлагын албан тушаалтныг оролцуулсан Талуудын Засгийн газрын төлөөлөгчдөөс бүрдэнэ. Дэд хороо нь Засгийн газрын холбогдох байгууллагаас гадна тухайн асуудалтай холбоотой байгууллага болон мэргэжлийн хүмүүсийг урьж оролцуулж болно.

4. Дэд хороо нь хурлаа Талуудын харилцан тохиролцсоны дагуу товлосон хугацаанд болон газарт эсхүл, тохиролцсон бусад хэлбэрээр хийнэ.

14.3 дугаар зүйл
Харилцах газар

1. Тал бүр энэ бүлгийн зорилгоор Харилцах газрыг томилон ажиллуулна.

2. Энэхүү Харилцах газрын чиг үүрэг болон бусад дэлгэрэнгүй зүйлийг Хэрэгжүүлэх хэлэлцээрт тусгана.

14.4 дүгээр зүйл
16 дугаар бүлгийг үл хэрэглэх тухай

Энэхүү бүлгийг 16 дугаар бүлэгт хэрэглэгдэхгүй.

15 дугаар бүлэг
Хамтын ажиллагаа

15.1 дүгээр зүйл
Үндсэн зарчим

Талууд өөрсдийн холбогдох хууль тогтоомжийн хүрээнд Талуудын хоорондын барааны болон үйлчилгээний худалдаа, хөрөнгө оруулалтыг цаашид чөлөөлөх, хөнгөвчлөх бөгөөд Талуудын ард түмний сайн сайхан, тогтвортой хөгжлийг дэмжих зорилгоор энэхүү хэлэлцээрт тусгасан хамтын ажиллагааг хөхиүлэн дэмжинэ. Энэ зорилтын хүрээнд Талууд тэдгээрийн Засгийн газар хоорондын цаашдын хамтын ажиллагааг идэвхжүүлж, Талуудын холбогдох байгууллага, түүний дотор аль нэг тал, эсхүл хоёулаа Талуудын Засгийн газрын бус байгууллага хоорондын дараахь салбар дахь хоёр талын хамтын ажиллагааг дэмжинэ:

(a) хөдөө аж ахуй, ойн аж ахуй болон загасны аж ахуй, мөн 5 дугаар бүлэгт дурдсан эрүүл ахуй, ургамлын эрүүл ахуйн арга хэмжээнд холбоотой асуудал;

(b) аж үйлдвэрлэл, түүний дотор 6 дугаар бүлэгт дурдсан техникийн зохицуулалт, стандарт болон тохирлын үнэлгээний журамд хамаарах асуудал;

(c) жижиг болон дунд үйлдвэрлэл;

(d) худалдаа болон хөрөнгө оруулалт;

(e) дэд бүтэц, барилга, хот байгуулалт;

(f) шинжлэх ухаан, технологи болон оюуны өмч;

(g) санхүүгийн үйлчилгээ;

(h) боловсрол болон хүний нөөцийн хөгжил;

(i) аялал жуулчлал;

(j) байгаль орчин;

(k) уул уурхай болон эрчим хүч;

(l) эрүүл мэнд;

(m) өрсөлдөөн;

(n) мэдээлэл, харилцаа холбооны технологи;

(o) Талуудын Засгийн газар харилцан тохиролцсон бусад салбар.

15.2 дугаар зүйл
Хамтын ажиллагааны салбар болон хэлбэр

Энэхүү бүлгийн хүрээнд заасан хамтын ажиллагааны салбар болон хэлбэрийг Хэрэгжүүлэх хэлэлцээрт тусгана.

15.3 дугаар зүйл
Хамтын ажиллагааны зардал

1. Талууд энэхүү хэлэлцээр хүчин төгөлдөр болсны дараа 15.1 дүгээр зүйлд дурдсан салбарт хамтын ажиллагаа өрнүүлэх боломжийг эрэлхийлэх болон энэ бүлгийн хүрээнд явуулах хамтын ажиллагааг цаг хугацаанд нь, үр ашигтай бөгөөд үр дүнтэй хэрэгжүүлэх явдлыг хангах яриа хэлэлцээг эхлүүлнэ.

2. Талууд өөрийн холбогдох хууль тогтоомжийн дагуу энэ бүлэгт заасан хамтын ажиллагааг хэрэгжүүлэхэд шаардлагатай хөрөнгө болон бусад нөөцийг бүрдүүлэх талаар хүчин чармайлт гаргана.

3. Хөрөнгө болон нөөцийг үр дүнтэй, үр ашигтай ашиглах замаар энэ бүлгийн хүрээнд хэрэгжүүлэх хамтын ажиллагааны зардлыг Талууд харилцан тохиролцох байдлаар шийдвэрлэнэ.

15.4 дүгээр зүйл
Хамтын ажиллагааны дэд хороо

1. Энэхүү бүлгийн хэрэгжилтийг үр дүнтэй хангах зорилгоор Талууд Хамтын ажиллагааны дэд хороо (цаашид энэ зүйлд "Дэд хороо" гэх)-г үүгээр байгуулав.

2. Дэд хороо дараахь чиг үүрэгтэй байна:

(a) энэхүү бүлгийн үр дүнтэй хэрэгжилт, үйл ажиллагааг хянан үзэх, хяналт тавих;

(b) 15.1 дүгээр зүйлд дурдсан салбар тус бүрийн хамтын ажиллагааны талаар мэдээлэл солилцох;

(c) Талуудын цаашдын хамтын ажиллагааны арга замыг тодорхойлох;

(d) энэхүү бүлэгтэй холбоотой аливаа асуудлыг хэлэлцэх;

(e) энэхүү хэлэлцээрийн дагуу байгуулагдсан бусад Дэд хорооноос гаргасан хамтын ажиллагааны саналыг хэлэлцэх;

(f) энэхүү бүлэгт заасан хамтын ажиллагааны үйл ажиллагааны талаар зохих үед Хамтарсан хороонд зөвлөмж гаргах;

(g) энэхүү бүлгийн хэрэгжилт, тухайлбал Талуудын авч хэрэгжүүлж буй арга хэмжээтэй холбоотойгоор Дэд хорооны хэлэлцүүлгийн үр дүн болон дүгнэлтийг Хамтарсан хороонд тайлагнах;

(h) Хамтарсан хорооноос даалгаж болох бусад чиг үүргийг хэрэгжүүлэх.

3. Дэд хороо нь зохих үед Талуудын одоогийн хэрэгжүүлж буй Хөгжлийн албан ёсны тусламжийн асуудлаарх зөвлөлдөх механизм болон энэхүү хэлэлцээрийн хамтын ажиллагааг цаг хугацаанд нь, үр ашигтай, үр дүнтэй хэрэгжүүлэхэд чиглэсэн хамтын ажиллагааны бусад хэлбэрийг хүлээн зөвшөөрч, тэдэнтэй мэдээлэл солилцно.

4. Дэд хороо нь Талуудын Засгийн газрын төлөөлөгчдөөс бүрдэнэ. Дэд хороо нь хэлэлцэж буй асуудалтай холбогдуулан тухайн асуудлаар мэргэшсэн Талуудын Засгийн газрын бус холбогдох байгууллагын төлөөллийг урьж болно.

5. Дэд хороо нь хурлаа Талуудын харилцан тохиролцсоны дагуу товлосон хугацаанд болон газарт, эсхүл тохиролцсон бусад хэлбэрээр хийнэ. Дэд хороо нь анхны хуралдаанаа энэхүү хэлэлцээр хүчин төгөлдөр болсноос хойш нэг жилийн дотор зохион байгуулах талаар хүчин чармайлт гаргахыг эрмэлзэнэ.

15.5 дугаар зүйл
16 дугаар бүлгийг үл хэрэглэх тухай

Энэхүү бүлгийг 16 дугаар бүлэгт хэрэглэхгүй.

16 дугаар бүлэг
Маргаан шийдвэрлэх

16.1 дүгээр зүйл
Хамрах хүрээ

Энэхүү хэлэлцээрт өөрөөр зохицуулаагүй бол энэ бүлэгт дурдсан маргаан шийдвэрлэх журам нь хэлэлцээрийг тайлбарлах болон/эсхүл хэрэглэх үед гарсан маргааныг шийдвэрлэх, маргаан үүсэхээс зайлсхийх зорилготой байна.

16.2 дугаар зүйл
Ерөнхий зарчим

Талууд энэхүү хэлэлцээрийг тайлбарлах болон хэрэглэх талаар нэгдсэн ойлголтод хүрэх чармайлт гаргана. Энэхүү хэлэлцээрийг тайлбарлах болон/эсхүл хэрэглэх явцад гарсан аливаа асуудлыг хамтран ажиллах, зөвлөлдөх болон бусад бүхий л аргаар түргэн шуурхай, харилцан таатамжтай шийдвэрт хүрэх боломжийг эрэлхийлнэ.

16.3 дугаар зүйл
Шүүхийн сонголт

1. Энэхүү бүлгийн зохицуулалт нь хоёр талын нэгдэн орсон ДХБ-ын хэлэлцээр зэрэг олон улсын аливаа хэлэлцээрийн маргаан шийдвэрлэх журмыг хэрэглэх Талуудын эрхийг хязгаарлахгүй. Гомдол гаргагч Тал нь маргааныг шийдвэрлэх шүүхийг сонгох эрхтэй.

2. Дээрх 1 дэх хэсэгт заасанаас үл хамаарч хэрэв Гомдол гаргагч Тал аливаа маргааныг шийдвэрлүүлэх үүднээс энэ бүлгийн дагуу, эсхүл хоёр талын нэгдэн орсон олон улсын аливаа хэлэлцээр болон ДХБ-ын хэлэлцээрийн 2 дугаар хавсралт дахь Маргаан шийдвэрлэх асуудлыг зохицуулах дүрмийн тухай харилцан ойлголцох баримт бичгийн дагуу маргаан шийдвэрлэх арбитр байгуулах хүсэлт гаргасан тохиолдолд дээрх хэсгийг үл хамаарч, тухайн маргааныг эцэслэн шийдвэрлэхэд зөвхөн сонгосон журам үйлчилж, аливаа бусад журмыг хэрэглэх боломжгүй болно.

16.4 дүгээр зүйл
Зөвлөлдөх

1. Энэхүү хэлэлцээрийг тайлбарлах болон/эсхүл хэрэглэхтэй холбоотой аливаа асуудлаар зөвлөлдөх хүсэлтийг Талууд бичгээр хүргүүлэхийг хүсэж болно.

2. Дээрх 1 дэх хэсгийн дагуу гаргасан зөвлөлдөх хүсэлтэд Гомдол гаргагч Тал хүсэлт гаргаж буй шалтгаан, түүний дотор асуудал үүсгэж буй арга хэмжээ, эрх зүйн болон бодит үндэслэлийг дурдана.

3. Гомдол хариуцагч Тал нь дээр дурдсан хүсэлтэд шуурхай хариу өгч, хүсэлтийг хүлээн авсан өдрөөс хойш 40 хоногийн дотор Гомдол гаргагч Талтай сайн санааны үндсэн дээр зөвлөлдөөн хийнэ. Түргэн гэмтэх бараатай холбоотой зэрэг яаралтай тохиолдолд Гомдол хариуцагч Тал хүсэлт хүлээн авсан өдрөөс хойш 20 хоногийн дотор зөвлөлдөөн хийнэ.

4. Талууд энэхүү зүйлд дурдсаны дагуу зөвлөлдөж, харилцан хүлээн авч болохуйц шийдвэрт хүрэх бүхий л хүчин чармайлтыг гаргана. Зөвлөлдөөний үед Талууд асуудлыг бүрэн судлахад хангалттай мэдээллийг харилцан өгнө.

5. Энэ зүйлд дурдсаны дагуу зөвлөлдөх үед Талууд зөвлөлдөж буй асуудлаар мэргэшсэн ажилтнуудыг холбогдох агентлаг болон байгууллагуудаас татан оролцуулахыг чармайна.

6. Энэ зүйлд дурдсаны дагуу хийж буй зөвлөлдөөн нь нууц байх бөгөөд Талуудын цаашдын бусад эрх үүргийг хөндөхгүй.

7. Энэ зүйлд дурдсаны дагуу хийж буй зөвлөлдөөнийг биечлэн уулзах буюу Талуудын тохиролцсоны дагуу аливаа технологийн шийдлийг ашиглан явуулж болно. Хэрэв Талууд зөвлөлдөөнийг биечлэн уулзах хэлбэрээр явуулах тохиолдолд хоёр талын харилцан тохиролцсон газарт, тохиролцоогүй бол Гомдол хариуцагч Талын нийслэл хотод явуулна.

16.5 дугаар зүйл
Сайн дурын үйлчилгээ үзүүлэх, эвлэрүүлэх буюу зуучлах

1. Сайн дурын үйлчилгээ үзүүлэх, эвлэрүүлэх буюу зуучлуулах хүсэлтийг аль ч Тал ямар ч үед гаргаж болно. Эдгээр үйл ажиллагаа нь Талууд тохиролцсоны дагуу ямар ч үед эхэлж, нөгөө Талын хүсэлтийн дагуу ямар ч үед дуусч болно.

2. Хэрэв Талууд тохиролцвол сайн дурын үйлчилгээ үзүүлэх, эвлэрүүлэх буюу зуучлах үйл ажиллагаа нь энэ бүлэгт дурдсан арбитрын шүүхийн үйл ажиллагаатай давхцан явагдаж болно.

3. Сайн дурын үйлчилгээ үзүүлэх, эвлэрүүлэх буюу зуучлах үйл ажиллагаа болон энэхүү үйл ажиллагааны үед Талуудын илэрхийлсэн байр суурь нь нууц байх бөгөөд Талуудын цаашдын бусад эрх үүргийг хөндөхгүй.

16.6 дугаар зүйл
Арбитрын шүүх байгуулах

1. Гомдол гаргагч Тал дор дурдсан тохиолдолд бичгээр арбитрын шүүх байгуулах тухай хүсэлтийг Гомдол хариуцагч Талд гаргаж болно. Үүнд:

(a) Гомдол хариуцагч Тал 16.4 дүгээр зүйлд заасны дагуу зөвлөлдөх хүсэлт хүлээн авсан өдрөөс хойш 40 хоног буюу түргэн гэмтэх бараатай холбоотой зэрэг яаралтай тохиолдолд 20 хоногийн дотор зөвлөлдөөгүй; эсхүл

(b) Талууд 16.4 дүгээр зүйлд заасны дагуу зөвлөлдсөний үндсэн дээр маргааныг зөвлөлдөх хүсэлт хүлээн авсан өдрөөс хойш 60 хоног буюу түргэн гэмтэх бараатай холбоотой зэрэг яаралтай тохиолдолд 30 хоногийн дотор шийдвэрлэж чадаагүй,

мөн Гомдол гаргагч Тал нь энэхүү хэлэлцээрийн дагуу шууд болон шууд бусаар хүртэж буй ямарваа нэг үр ашиг Гомдол хариуцагч Талын энэхүү хэлэлцээрийн дагуу хүлээсэн үүргээ биелүүлээгүйн улмаас, эсхүл энэхүү хэлэлцээрийн дагуу хүлээсэн үүрэгтэй зөрчилдсөн арга хэмжээ авснаас үүдэн цуцлагдсан буюу багассан гэж үзсэн тохиолдолд.

2. Энэ зүйлийн дагуу арбитрын шүүх байгуулах тухай аливаа хүсэлт нь ийнхүү хүсэлт гаргах болсон доорх шалтгаануудыг дурдсан байх ёстой. Үүнд:

(a) зөрчигдсөн гэж үзэж буй энэхүү хэлэлцээрийн тодорхой заалт болон холбогдох олон улсын эрх зүйн заалтыг дурдсан нэхэмжлэлийн хууль зүйн үндэслэл;

(b) нэхэмжлэлийн бодит үндэслэл.

16.7 дугаар зүйл
Арбитрын шүүхийн бүрэлдэхүүн

1. Арбитрын шүүх нь холбогдох техникийн болон эрх зүйн мэдлэг бүхий гурван арбитрчаас бүрдэнэ.

2. Арбитрын шүүх байгуулах хүсэлт хүлээн авсан өдрөөс хойш 30 хоногийн дотор Тал тус бүр өөрийн улсын иргэн байж болох нэг арбитрчийг томилох бөгөөд арбитрын шүүхийг даргалах гурав дахь арбитрчаар сонгогдох гурав хүртэлх нэр дэвшигчийг санал болгоно. Гурав дахь арбитрч нь аль нэг Талын иргэн биш, аль нэг Талд байнга оршин суудаггүй, мөн Аль нэг талд хөдөлмөр эрхэлдэггүй байхаас гадна уг маргааныг шийдвэрлэхэд ямар нэгэн байдлаар оролцож байгаагүй байх ёстой.

3. Арбитрын шүүх байгуулах хүсэлт хүлээн авсан өдрөөс хойш 45 хоногийн дотор Талууд гурав дахь арбитрчийг 2 дахь хэсгийн дагуу санал болгосон нэр дэвшигчдээс сонгон томилохыг эрмэлзэнэ.

4. Хэрэв аль нэг Тал 2 дахь хэсгийн дагуу нэг арбитрч томилоогүй, эсхүл Талууд 3 дугаар хэсэгт дурдсаны дагуу гурав дахь арбитрч дээр тохиролцож чадаагүй бол арбитрч буюу арбитрчдыг 2 дахь хэсгийн дагуу санал болгосон нэр дэвшигчдээс 10 хоногийн дотор сугалааны зарчмаар сонгоно.

5. Арбитрын шүүхийн байгуулагдсан огноо нь арбитрын шүүхийн даргыг томилсон огноо байна.

6. Энэ зэүйлийн дагуу томилогдсон аль нэгэн арбитрч огцорсон, нас барсан буюу бусад байдлаар үүргээ гүйцэтгэх боломжгүй болсон тохиолдолд тус арбитрчийг томилсонтой ижил байдлаар оронд нь томилогдох арбитрчийг томилно. Оронд нь томилогдсон арбитрч анхдагч арбитрчийн бүхий л эрх үүргийг өвлөнө. Арбитрын шүүхийн үйл ажиллагаа нь өөр арбитрч томилогдтол түр зогсоно.

16.8 дугаар зүйл
Арбитрийн шүүхийн чиг үүрэг

1. Дээрх 16.6 болон 16.7 дугаар зүйлийн дагуу байгуулагдсан арбитрын шүүх дор дурдсан чиг үүргийг гүйцэтгэнэ. Үүнд:

(a) шийдвэрлэх хэргийн хувьд тухайн асуудалд бодит үнэлгээ дүгнэлт хийсэн, энэхүү хэлэлцээрийн үйлчлэл болон хэлэлцээрт нийцсэн байдал зэргийг багтаасан бодит дүгнэлт гаргах;

(b) Талуудтай байнга зөвлөлдөж, тэдэнд ийнхүү зөвлөлдөх тэнцүү боломж олгох бөгөөд харилцан хүлээн авч болохуйц шийдвэр гаргах хангалттай боломжоор хангах;

(c) арбитрын шийдвэрээ энэхүү хэлэлцээр болон олон улсын хуулийн дагуу гаргах;

(d) арбитрын шийдвэрт хууль зүйн болон бодит нөхцөл байдлын дүгнэлтийг дүгнэлтэд хүрсэн учир шалтгааны хамт тусгах;

(e) хэрэв аль нэг Талаас хүсэлт гаргасан тохиолдолд арбитрын шийдвэрт Талууд 16.11 дүгээр зүйлтэй холбогдуулан авч үзэх шийдвэр хэрэгжүүлэхэд шаардагдах хугацааны тухай санал бүхий хэрэгжүүлэх арга замуудыг санал болгон хавсаргах.

2. Арбитрийн шүүх Талуудаас шаардлагатай болон зохимжтой гэж үзсэн холбогдох мэдээллийг авч болно. Талууд арбитрийн шүүхээс ирүүлсэн шаардлагатай болон зохимжтой гэж үзсэн холбогдох мэдээлэл авах тухай аливаа хүсэлтэд түргэн шуурхай, бүрэн хариулт өгөх үүрэгтэй.

3. Арбитрийн шүүх нь мэдээллийг холбогдох ямар ч эх сурвалжаас авч болох бөгөөд асуудалтай холбоотой тодорхой зүйлийн талаар мэргэжлийн хүмүүстэй зөвлөлдөж, тэдний саналыг авч болно. Арбитрийн шүүх нь Талуудаас гаргаж тавьсан шинжлэх ухаан, техникийн холбогдолтой баримт мэдээллийн талаар мэргэжлийн хүмүүсээс бичгээр зөвлөгөө мэдээлэл авч болно.

4. Арбитрын шүүхээс дээрх 3 дахь хэсгийн дагуу авсан аливаа мэдээллийг Талуудад нээлттэй болгоно.

16.9 дүгээр зүйл
Арбитрийн шүүхийн үйл ажиллагаа

1. Арбитрын шүүх нь хаалттай хуралдана. Талууд зөвхөн арбитрын шүүхээс хуралдаанд урилгын дагуу хуралдаанд оролцоно.

2. Арбитрын шүүхийн үйл ажиллагаа явуулах газрыг Талууд харилцан тохиролцсоны үндсэн дээр сонгох бөгөөд ийнхүү тохиролцож чадаагүй тохиолдолд арбитрын шүүхийн эхний хуралдааныг Гомдол хариуцагч Талын нийслэл хотод хийж, цаашид Талуудын нутаг дэвсгэрт ээлжлэн хуралдана.

3. Арбитрын бүрэлдэхүүний шийдвэр гаргах хэлэлцүүлэг болон арбитрын шүүхэд хүргүүлсэн баримт бичгүүд нууц байна.

4. Дээрх 3 дахь хэсэгт зааснаас үл хамаарч аль ч Тал маргааны талаарх өөрийн байр суурийг илэрхийлсэн мэдэгдлийг олон нийтэд хийж болох боловч нөгөө Талын нууц гэж тогтоосон, арбитрын шүүхэд хүргүүлсэн мэдээлэл болон бичгэн мэдүүлгийн нууц байдлыг хадгална. Аль нэг Тал нууц гэж үзэж, арбитрын шүүхэд мэдээлэл болон бичгэн мэдүүлгийг хүргүүлвэл, нөгөө Тал нь олон нийтэд мэдэгдэж болох мэдээллийн нууц бус хураангуйг, эсхүл бичгээр ирүүлсэн мэдүүлгийг хүсэж болно. Ийм хүсэлт хүлээн авсан Тал нь хүсэлтийн дагуу нууц бус хураангуйг ирүүлж болох ч, мөн ямар нэгэн шалтгаан буюу үндэслэл тайлбар хийхгүйгээр хүсэлтийг хүлээн авахаас татгалзаж болно.

5. Талуудад арбитрын үйл ажиллагааны үеэр аливаа танилцуулга, мэдүүлэг болон эсрэг талын мэдүүлгийн үед байлцах боломжийг олгоно. Аль нэг Талын арбитрын шийдвэрийн төслийн тайлбар хэсэгт өгсөн аливаа тайлбар мэдээлэл болон арбитрын шүүхийн асуулгын хариулт зэрэг мэдээлэл болон бичгэн мэдүүлгийг нөгөө Талд мэдэгдэнэ.

6. Арбитрын шүүхийн шийдвэрийг Талуудыг байлцуулахгүйгээр төлөвлөнө.

7. Арбитрын шүүх нь байгуулагдсан өдрөөсөө хойш 120 хоногийн дотор буюу түргэн гэмтэх бараатай холбоотой зэрэг яаралтай тохиолдолд 60 хоногийн дотор Талуудад тайлбар хэсэг, магадлагаа, дүгнэлт бүхий хэсэгтэй шийдвэрийн төслийг хянуулах зорилгоор хүргүүлнэ. Хэрэв арбитрын шүүх дээр дурдсан 120 буюу 60 хоногийн дотор шийдвэрийн төслийг хүргүүлэх боломжгүй гэж үзвэл Талууд зөвшөөрсний үндсэн дээр энэ хугацааг сунгаж болно. Гэхдээ ямар ч тохиолдолд Талуудад шийдвэрийн төсөл хүргүүлэх хугацаа нь арбитрын шүүх байгуулагдсан өдрөөс хойш 150 хоногоос хэтрэхгүй. Тал тус бүр шийдвэрийн төслийг тэдэнд хүргүүлснээс хойш 30 хоногийн дотор шийдвэрийн төсөлд бичгээр тайлбар өгч болно.

8. Арбитрын шүүх Талуудад шийдвэрийн төслийг хүргүүлсэн өдрөөс хойш 45 хоногийн дараа шийдвэрээ танилцуулна.

9. Арбитрын шүүх нь гаргаж буй бүх шийдвэрээ зөвшилцлийн үндсэн дээр гаргахыг эрмэлзэх боловч олонхийн саналаар мөн шийдвэрлэж болно.

10. Арбитрын шүүхийн шийдвэр нь Талуудын хувьд эцсийнх байх бөгөөд түүнийг заавал дагаж мөрдөнө.

16.10 дугаар зүйл
Арбитрын шүүхийн үйл ажиллагааг зогсоох

Талууд арбитрын шүүхийн шийдвэр гарахаас өмнө хэдийд ч харилцан тохиролцож, шүүх бүрэлдэхүүнийг даргалагчид хамтран мэдэгдсэнээр арбитрын шүүхийн үйл ажиллагааг зогсоож болно. Энэ тохиолдолд шүүх бүрэлдэхүүнийг даргалагч арбитрын шүүхийн үйл ажиллагааг даруй зогсооно.

16.11 дүгээр зүйл
Шийдвэр хэрэгжүүлэх

1. Талууд өөрөөр тохиролцоогүй тохиолдолд Гомдол хариуцагч Тал нь 16.8 болон 16.9 дүгээр зүйлийн дагуу гарсан арбитрын шүүхийн шийдвэрийг даруй биелүүлэх үүрэгтэй. Хэрэв энэ нь боломжгүй бол Гомдол хариуцагч Тал арбитрын шийдвэрийг боломжит хугацааны дотор биелүүлнэ.

2. Дээрх 1 дэх хэсэгт дурдсан боломжит хугацааг Талууд арбитрын шүүхийн шийдвэрт хавсаргасан санал болгосон хугацааг харгалзан харилцан тохиролцоно. Хэрэв Талууд арбитрын шүүхийн шийдвэр гарсан өдрөөс хойш 45 хоногийн дотор боломжит хугацааг харилцан тохиролцож чадахгүй тохиолдолд аль ч Тал боломжит хугацааг тогтоолгохоор арбитрын шүүхэд хандаж болно.

3. (a) хэрэв Гомдол хариуцагч Тал боломжит хугацаанд багтаан арбитрын шийдвэрийг биелүүлэх боломжгүй гэж үзвэл тэрхүү хугацааг дуусахаас өмнө Гомдол хариуцагч Тал харилцан хүлээн авч болохуйц нөхөн төлбөр, эсхүл аливаа бусад тохиролцоонд хүрэх талаар Гомдол хариуцагч Талтай зөвлөлдөөнийг эхлүүлнэ.

(b) хэрэв боломжит хугацааг дуусгавар болсноос хойш 30 хоногийн дараа аливаа харилцан хүлээн авч болохуйц нөхөн төлбөр, эсхүл орлох бусад тохиролцоонд хүрч чадаагүй тохиолдолд Гомдол гаргагч Тал Гомдол хариуцагч Талд энэхүү хэлэлцээрийн дагуу олгож буй хөнгөлөлт буюу хэлэлцээрээр хүлээж буй бусад үүргийг энэ тухай 30 хоногийн өмнө мэдэгдэл хүргүүлсний үндсэн дээр түдгэлзүүлж болно.

4. Хэрэв Гомдол гаргагч Тал Гомдол хариуцагч Талыг боломжит хугацаанд багтан арбитрын шийдвэрийг гүйцэтгээгүй болон дээрх 3 (а) дэд хэсэгт заасны дагуу зөвлөлдөөн хийгээгүй гэж үзвэл Гомдол хариуцагч Талд энэхүү хэлэлцээрийн дагуу олгож буй хөнгөлөлт буюу хэлэлцээрээр хүлээж буй бусад үүргийг энэ тухай 30 хоногийн өмнө мэдэгдэл хүргүүлсний үндсэн дээр түдгэлзүүлж болно.

5. Дээрх 3, эсхүл 4 дүгээр зүйлийн дагуу энэхүү хэлэлцээрийн дагуу олгож буй хөнгөлөлт буюу хэлэлцээрээр хүлээж буй бусад үүргийг түдгэлзүүлэх нь:

(a) уг асуудалтай холбоотой маргааны талаар зөвлөлдөөн буюу арбитрын шүүхээр хэлэлцэх үйл ажиллагаа явагдаж байгаа бол хэрэгжихгүй;

(b) түр зуурынх байх бөгөөд Талууд харилцан хүлээн авч болохуйц шийдвэрт хүрсэн буюу арбитрын шийдвэрийг биелүүлсэн бол зогсоно;

(c) арбитрын шийдвэрийг хэрэгжүүлээгүйн улмаас үүссэн цуцлалт буюу хохирлын хэмжээгээр хязгаарлагдана;

(d) цуцлалт буюу хохирол үүссэн салбар, эсхүл холбоотой салбаруудад хөнгөлөлт буюу бусад үүргийг түдгэлзүүлэх нь боломжгүй буюу үр дүнгүй байхаас бусад тохиолдолд зөвхөн тухайн салбар, эсхүл салбаруудаар хязгаарлагдана.

6. Хэрэв Гомдол хариуцагч Тал дээрх 3, 4 болон 5 дахь хэсгийн дагуу энэхүү хэлэлцээрийн дагуу олгож буй хөнгөлөлт буюу хэлэлцээрээр хүлээж буй бусад үүргийг түдгэлзүүлэх шаардлага хангагдаагүй байсан гэж үзвэл Гомдол гаргагч Талтай зөвлөлдөх хүсэлт гаргаж болно. Гомдол гаргагч Тал хүсэлт хүлээн авсан өдрөөс хойш 10 хоногийн дотор зөвлөлдөөн хийнэ. Хэрэв Талууд энэ заалтын дагуу асуудлыг хүсэлт хүлээн авсан өдрөөс хойш 30 хоногийн дотор шийдвэрлэж чадахгүй бол Гомдол хариуцагч Тал дээрх шаардлага хангагдсан байсан эсэхийг тогтоолгохоор арбитрын шүүхэд хандаж болно.

7. Энэ ззүйлд заасны дагуу байгуулагдах арбитрын шүүхийн арбитрчид нь боломжтой бол анхдагч арбитрын шүүхийн арбитрчид байна. Хэрэв энэ нь боломжгүй бол энэ зүйлд заасны дагуу байгуулагдах арбитрын шүүхийн арбитрчид 16.7 дугаар зүйлийн 2, 3 болон 4 дэх хэсгийн дагуу томилогдоно. Талууд хэрэв өөр хугацаан дээр тохиролцоогүй бол энэ зүйлд заасны дагуу байгуулагдах арбитрын шүүх нь асуудлыг хүлээн авсан өдрөөс хойш 60 хоногийн дотор дүгнэлтээ гаргана. Ийнхүү гаргасан дүгнэлт нь Талуудын хувьд эцсийнх байх бөгөөд түүнийг заавал дагаж мөрдөнө.

16.12 дугаар зүйл
Хугацаанд өөрчлөлт оруулах

Энэхүү бүлэгт заасан бүх хугацааг тодорхой маргаантай холбогдуулан Талууд харилцан тохиролцсоноор өөрчилж болно.

16.13 дугаар зүйл
Зардал

Тал бүр арбитрын шүүхийн үйл ажиллагааны турш өөрсдийн томилсон арбитрч болон төлөөлөгчдийн зардлыг хариуцна. Арбитрын шүүхийн бусад зардлыг Талууд өөрөөр тохиролцсоноос бусад тохиолдолд эн тэнцүү хуваан гаргана.

16.14 дүгээр зүйл
Хэл

Арбитрын шүүхийн бүх үйл ажиллагаа болон арбитрын шүүхэд хүргүүлэх бүх баримт бичиг, мэдээлэл англи хэлээр байна.

17 дугаар бүлэг
Төгсгөлийн заалт

17.1 дүгээр зүйл
Агуулга болон гарчиг

Энэхүү хэлэлцээрийн бүлэг, хэсэг болон зүйлүүдийн агуулга, гарчигийг зөвхөн ашиглахад дөхөм болгох зорилгоор оруулсан бөгөөд хэлэлцээрийг тайлбарлахад нөлөөлөхгүй.

17.2 дугаар зүйл
Хавсралт болон тайлбар

Энэхүү хэлэлцээрийн хавсралт болон тайлбарууд нь түүний салшгүй хэсэг байна.

17.3 дугаар зүйл
Нэмэлт, өөрчлөлт оруулах

1. Талууд бичгээр тохиролцсоны дагуу энэхүү хэлэлцээрт нэмэлт, өөрчлөлт оруулж болно.

2. Дээрх нэмэлт, өөрчлөлтийг Талууд өөрийн хууль тогтоомжийн шаардлагын дагуу батлах бөгөөд нэмэлт, өөрчлөлтийг хүчин төгөлдөр болгоход шаардлагатай өөрийн хууль тогтоомжийн шаардлагыг биелүүлсэн тухай Талуудын Засгийн газар хооронд дипломат ноот бичиг солилцох замаар харилцан мэдэгдсэнээр Талуудын тохиролцсон өдрөөс эхлэн хүчин төгөлдөр болно.

3. 2 дахь хэсгийг үл харгалзан зөвхөн дараахь зүйлд хамаарах нэмэлт, өөрчлөлтийг Талуудын Засгийн газрууд дипломат ноот бичиг солилцсоноор оруулж болно:

(a) 1 дүгээр хавсралт буюу нэмэлт, өөрчлөлт нь Уялдуулсан системд оруулах нэмэлт, өөрчлөлтийн дагуу байх бөгөөд нэгөө Талын зохих гарал үүсэлтэй бараанд 1 дүгээр хавсралтын дагуу ногдуулах гаалийн татварын хэмжээнд өөрчлөлт орохгүй;

(b) 2 дугаар хавсралт;

(c) 3 дугаар хавсралт.

17.4 дүгээр зүйл
Хүчин төгөлдөр болох

Энэхүү хэлэлцээр Талуудын Засгийн газрууд хэлэлцээрийг хүчин төгөлдөр болгоход шаардлагатай өөрийн хууль тогтоомжийн шаардлагыг биелүүлсэн тухай дипломат ноот бичиг солилцон мэдэгдсэн өдрөөс хойш 30 дахь өдрөөс эхлэн хүчин төгөлдөр болно. хэлэлцээр нь 17.5 дугаар зүйлд заасны дагуу хэлэлцээрийг цуцлахаас бусад тохиолдолд хүчин төгөлдөр үйлчилнэ.

17.5 дугаар зүйл
Цуцлах

Аль нэг Тал хэлэлцээрийг цуцлах тухай мэдэгдлийг нөгөө Талдаа дипломат шугамаар нэг жилийн өмнө урьдчилан бичгээр хүргүүлж, хэлэлцээрийг цуцалж болно.

17.6 дугаар зүйл
Хүчинтэй эх бичвэр

1. Энэхүү хэлэлцээрийн япон, монгол, англи хэлээрх эх бичвэр нь адил хүчинтэй байна.

2. 1 дэх хэсгийг үл харгалзан:

(a) (i) 1 дүгээр хавсралтын 2 дугаар хэсэг япон, англи хэлээр байх ба эдгээр эх бичвэр адил хүчинтэй;

(ii) 1 дүгээр хавсралтын 3 дугаар хэсэг монгол, англи хэлээр байх ба эдгээр эх бичвэр адил хүчинтэй;

(b) (i) 6 дугаар хавсралтын 1A болон 2 дугаар хэсэг япон, англи хэлээр байх ба эдгээр эх бичвэр адил хүчинтэй;

(ii) 6 дугаар хавсралтын 1B хэсэг монгол, англи хэлээр байх ба эдгээр эх бичвэр адил хүчинтэй;

(c) (i) 7 дугаар хавсралтын 1 дүгээр хэсэг япон, англи хэлээр байх ба эдгээр эх бичвэр адил хүчинтэй;

(ii) 7 дугаар хавсралтын 2 дугаар хэсэг монгол, англи хэлээр байх ба эдгээр эх бичвэр адил хүчинтэй;

(d) (i) 8 дугаар хавсралтын 1, 9 дүгээр хавсралтын 1 дүгээр хэсэг тус тус япон, англи хэлээр байх ба эдгээр эх бичвэр адил хүчинтэй;

(ii) 8 дугаар хавсралтын 2, 9 дүгээр хавсралтын 2 дугаар хэсэг монгол, англи хэлээр байх ба эдгээр эх бичвэр адил хүчинтэй.

3. Эх бичвэрүүд хооронд зөрүү үүсвэл англи хэлээрх эх бичвэрийг баримтална.

ДЭЭРХИЙГ НОТОЛЖ доор дурдсан нэр бүхий төлөөлөгчид тус тусын Засгийн газраас олгогдсон бүрэн эрхийнхээ дагуу энэхүү хэлэлцээрт гарын үсэг зурав.

Энэхүү хэлэлцээрийг Токио хотноо 2015 оны 2 дугаар сарын 10-ны өдөр япон, монгол, англи хэлээр тус бүр хоёр хувь үйлдэв.

ЯПОН УЛСЫГ ТӨЛӨӨЛЖ:

安倍晋三

МОНГОЛ УЛСЫГ ТӨЛӨӨЛЖ:

Chimed Saikhanbileg

ЭДИЙН ЗАСГИЙН ТҮНШЛЭЛИЙН ТУХАЙ ЯПОН УЛС, МОНГОЛ УЛС ХООРОНДЫН ХЭЛЭЛЦЭЭРИЙН 1.12 ДУГААР ЗҮЙЛД ЗААСАН ЯПОН УЛСЫН ЗАСГИЙН ГАЗАР, МОНГОЛ УЛСЫН ЗАСГИЙН ГАЗАР ХООРОНДЫН ХЭРЭГЖҮҮЛЭХ ХЭЛЭЛЦЭЭР

АГУУЛГА

Оршил

Эдийн засгийн түншлэлийн тухай Япон Улс, Монгол Улс хоорондын хэлэлцээр (цаашид "Үндсэн хэлэлцээр" гэх)-ийн 1.12 дугаар зүйлийн дагуу Япон Улсын Засгийн газар, Монгол Улсын Засгийн газар дараахь зүйлийг хэлэлцэн тохиролцов:

1 дүгээр бүлэг
Ерөнхий заалт

1.1 дүгээр зүйл
Тодорхойлолт

Энэхүү хэлэлцээрийн зорилгоор:

(a) "Улсууд" гэх нэр томьёо нь Япон Улс болон Монгол Улсыг, "Улс" гэх нэр томьёо нь Япон Улс, эсхүл Монгол Улсын аль нэгийг хэлнэ;

(b) "Талууд" гэх нэр томьёо нь Япон Улсын Засгийн газар болон Монгол Улсын Засгийн газрыг, "Тал" гэх нэр томьёо нь Япон Улсын Засгийн газар, эсхүл Монгол Улсын Засгийн газрын аль нэгийг хэлнэ.

2 дугаар бүлэг
Гаалийн үйл ажиллагаа болон худалдааг хөнгөвчлөх

2.1 дүгээр зүйл
Хамтын ажиллагаа

1. Талууд гаалийн хууль тогтоомжийг зохистой мөрдөх болон гаалийн хууль тогтоомжийг зөрчих буюу зөрчихийг завдсан үйлдэл гарахаас урьдчилан сэргийлэх, тэдгээрийг мөрдөн шалгах, таслан зогсоох явдлыг хангах үүднээс өөрсдийн гаалийн байгууллагаар дамжуулан харилцан туслалцаа үзүүлэхийг эрмэлзэнэ.

2. Талууд шаардлагатай бөгөөд тохиромжтой гэж үзвэл өөрсдийн гаалийн байгууллагаар дамжуулан гаалийн шинэ горим журам, хууль сахиулах шинэ хэрэгсэл болон арга ажиллагаа судлах, боловсруулах болон турших, гаалийн ажилтан бэлтгэх, мөн тэдгээрийн хооронд боловсон хүчин солилцох замаар хамтран ажиллахыг эрмэлзэнэ.

2.2 дугаар зүйл
Мэдээлэл болон харилцаа холбооны технологи

Талуудын гаалийн эрх бүхий байгууллагууд тэдгээрийн гаалийн үйл ажиллагааг боловсронгуй болгох зорилгоор тэдгээрийн гаалийн үйл ажиллагаанд мэдээлэл, харилцаа холбооны технологи ашиглах, түүний дотор тэргүүн туршлага солилцох явдлыг дэмжих үүднээс хамтын хүчин чармайлт гарган ажиллана.

2.3 дугаар зүйл
Эрсдэлийн удирдлага

1. Улс хооронд худалдаалсан барааны гаалийн бүрдүүлэлтийг хөнгөвчлөх үүднээс Талуудын гаалийн байгууллагууд хяналт шалгалтын үйл ажиллагаагаа өндөр эрсдэлтэй бараанд төвлөрүүлж, бага эрсдэлтэй барааны бүрдүүлэлт болон хөдөлгөөнийг хялбарчлах боломж бүрдүүлэх эрсдэлийн удирдлагын тогтолцоог хэрэгжүүлнэ.

2. Талууд хоёр Талд эрсдэлийн удирдлага ашиглах, эрсдэлийн удирдлагын арга ажиллагаагаа сайжруулах явдлыг семинар болон сургалт зэрэг арга хэмжээ зохион байгуулах замаар дэмжихийг эрмэлзэнэ.

3. Талуудын гаалийн байгууллагууд эрсдэлийн удирдлагын арга ажиллагаа болон хууль сахиулах бусад арга ажиллагааны талаар тэргүүн туршлагаасаа солилцоно.

2.4 дүгээр зүйл
Хууль бус худалдаатай тэмцэх

1. Талуудын гаалийн байгууллагууд барааны хууль бус худалдаатай тэмцэх чиглэлээр хамтран ажиллана.

2. Талууд барааны хууль бус худалдаатай тэмцэхэд чиглэсэн, Гаалийн хамтын ажиллагааны зөвлөлийн хүрээн дэх бүс нутгийн хамтын ажиллагааг дэмжихийг эрмэлзэнэ.

2.5 дугаар зүйл
Оюуны өмчийн эрх

Талуудын гаалийн байгууллагууд оюуны өмчийн эрхийг зөрчсөн байх сэжиг бүхий барааг оруулах болон гаргахтай тэмцэх чиглэлээр хамтран ажиллахыг эрмэлзэнэ.

2.6 дугаар зүйл
Мэдээлэл солилцох

1. Тал бүр Үндсэн хэлэлцээрийн 4.7 дугаар зүйл болон энэ бүлгийн дагуу нөгөө Талаас нууцлалтайгаар өгсөн аливаа мэдээллийг нөгөө Тал задлахыг зөвшөөрснөөс бусад тохиолдолд нууцлалыг хадгална.

2. Хэрэв мэдээлэл хүлээн авсан Тал мэдээлэл өгсөн Талын хүсэлтээр холбогдох мэдээллийг хязгаарлагдмал байдлаар ашиглах талаар баталгаа гаргаж өгч чадахгүй бол Талууд нөгөө Талдаа гаргаж өгөх мэдээллийг хязгаарлаж болно.

3. Хэрэв мэдээлэл хүсч буй аль нэг Тал нөгөө Талаас адил хүсэлт тавихад түүнийг биелүүлж чадахгүй бол энэ талаар өөрийн хүсэлтэд зааж өгнө. Тийм хүсэлтийг хэрхэн шийдвэрлэхээ нөгөө Тал шийднэ.

4. Үндсэн хэлэлцээрийн 4.7 дугаар зүйл болон энэ бүлгийн дагуу аль нэг Талын гаалийн байгууллагаас нөгөө Талын гаалийн байгууллагад гаргаж өгсөн мэдээллийг зөвхөн нөгөө Талын гаалийн байгууллага өөрийн Улсын гаалийн хууль тогтоомжид заасан үүргээ гүйцэтгэх зорилгоор ашиглана.

5. Үндсэн хэлэлцээрийн 4.7 дугаар зүйл болон энэ бүлгийн дагуу гаргаж өгсөн мэдээллийг хүлээн авсан Тал шүүхээс, эсхүл шүүгчээс явуулж буй эрүүгийн хэрэг шүүн таслах ажиллагаанд ашиглахгүй.

6. Үндсэн хэлэлцээрийн 4.7 дугаар зүйл болон энэ бүлгийн дагуу аль нэг Талаас нөгөө Талд гаргаж өгсөн мэдээллийг эрүүгийн хэрэг шүүн таслах ажиллагаанд зориулж шүүхэд, эсхүл шүүгчид гаргаж өгөх шаардлага гарвал мэдээлэл хүссэн Тал тийм мэдээлэл авах хүсэлтээ дипломат шугамаар, эсхүл мэдээлэл гаргаж өгсөн Талын Улсын хууль тогтоомжийн дагуу тогтсон өөр бусад шугамаар дамжуулан мэдээлэл гаргаж өгсөн Талд тавина. Мэдээлэл гаргаж өгсөн Тал нөгөө Талаас заасан аливаа боломжит хугацааг баримтлан нэн даруй, нааштай хариу өгөхийг хичээнэ.

7. Энэхүү бүлгийн аливаа бусад заалтыг үл харгалзан, хэрэв аль нэг Талын Улсын хууль тогтоомжоор тийнхүү мэдээлэл дамжуулахыг хориглосон, эсхүл уг Талын үзэж байгаагаар тийнхүү мэдээлэл дамжуулах нь түүний ашиг сонирхолд нийцэхгүй бол тухайн Талаас нөгөө Талд тийм мэдээлэл дамжуулахыг шаардахгүй.

2.7 дугаар зүйл
Гаалийн үйл ажиллагааны болон худалдааг хөнгөвчлөх дэд хороо

1. Үндсэн хэлэлцээрийн 4.8 дугаар зүйлийн дагуу байгуулагдсан Гаалийн үйл ажиллагааны болон худалдааг хөнгөвчлөх дэд хороо (цаашид энэ зүйлд "Дэд хороо" гэх) дараахь бүрэлдэхүүнтэй байна:

(a) Япон Улсын Сангийн яамны, эсхүл түүнийг залгамжлагч байгууллагын нэг ажилтан болон Монгол Улсын Гаалийн ерөнхий газрын, эсхүл түүнийг залгамжлагч байгууллагын нэг ажилтан, хамтран даргалах эрхтэйгээр;

(b) Япон Улсын хувьд, Сангийн яам болон Гадаад хэргийн яамны, эсхүл тэднийг залгамжлагч байгууллагын ажилтнууд, мөн хэлэлцэх асуудлаар мэргэшсэн, зөвхөн тухайн тохиолдолд оролцох эрхтэй байж болох төрийн бусад байгууллагын ажилтан;

(c) Монгол Улсын хувьд, Монгол Улсын Гаалийн ерөнхий газрын, эсхүл түүнийг залгамжлагч байгууллагын ажилтан, мөн хэлэлцэх асуудлаар мэргэшсэн зөвхөн тухайн тохиолдолд оролцох эрхтэй байж болох төрийн бусад байгууллагын ажилтан.

2. Дэд хороо нь хэлэлцэх асуудлаар мэргэшсэн, тухайн Талуудаас бусад холбогдох байгууллагын төлөөлөгчдийг Талуудын харилцан зөвшилцсөнөөр урьж болно.

3 дугаар бүлэг
Өрсөлдөөн

3.1 дүгээр зүйл
Зорилго

Энэхүү бүлгийн зорилго нь Үндсэн хэлэлцээрийн 11.2 дугаар зүйлд тусгагдсан хамтын ажиллагааг хэрэгжүүлэхтэй холбоотой нарийвчилсан зүйл болон журмыг тодорхойлох юм.

3.2 дугаар зүйл
Тодорхойлолт

Энэхүү бүлгийн зорилгоор:

(a) "Өрсөлдөөний байгууллага" гэх нэр томьёо нь:

(i) Япон Улсын хувьд, Шударга Худалдааны хороо, эсхүл түүнийг залгамжлагч;

(ii) Монгол Улсын хувьд, Шударга өрсөлдөөн, Хэрэглэгчийн төлөө газар (ШӨХТГ), эсхүл түүнийг залгамжлагч.

(b) "Өрсөлдөөний хууль" гэх нэр томьёо нь:

(i) Япон Улсын хувьд, Хувийн Монополийг хориглох болон Шударга худалдааг бий болгох тухай хууль (Хууль №54, 1947 он) (цаашид энэхүү бүлэгт "Монополийн эсрэг хууль" гэх) болон түүнийг хэрэгжүүлэх журам, тэдгээрт хийгдсэн нэмэлт, өөрчлөлт;

(ii) Монгол Улсын хувьд, 2010 оны 6 дугаар сарын 10-ны Монгол Улсын Өрсөлдөөний тухай хууль болон түүнийг хэрэгжүүлэх журам, тэдгээрт хийгдсэн нэмэлт, өөрчлөлт;

(c) "Хууль хэрэгжүүлэх үйл ажиллагаа" гэх нэр томьёо нь тухайн Тал өөрийн Өрсөлдөөний хуулийг хэрэглэхтэй холбоотойгоор ямар нэгэн хяналт шалгалт, эсхүл авч хэрэгжүүлж буй үйл ажиллагааг хэлэх бөгөөд үүнд дараахь зүйлийг оруулахгүй:

(i) бизнесийн үйл ажиллагаа, эсхүл байнгын үйл ажиллагааны талаарх дүгнэлт;

(ii) Эдийн засгийн ерөнхий төлөв байдлыг, эсхүл тодорхой нэг салбарын ерөнхий нөхцөлийг авч үзэх зорилго бүхий судалгаа, шинжилгээ, эсхүл санал асуулга.

3.3 дугаар зүйл
Мэдэгдэл

1. Тал бүрийн Өрсөлдөөний байгууллага нь өөрийн хууль тогтоомжид нийцүүлэн мэдэгдэл гаргагч Өрсөлдөөний байгууллагын зүгээс нөгөө Талын чухал ашиг сонирхолд нөлөөлж болзошгүй гэж үзсэн мэдэгдэл гаргагч Талын хууль хэрэгжүүлэх үйл ажиллагааны талаар нөгөө Талын Өрсөлдөөний байгууллагад мэдэгдэнэ.

2. Нөгөө Талын чухал ашиг сонирхолд нөлөөлж болзошгүй нэг Талын хууль хэрэгжүүлэх үйл ажиллагаанд дараахь зүйл багтана. Үүнд:

(a) нөгөө Талын хууль хэрэгжүүлэх үйл ажиллагаанд хамаатай;

(b) нөгөө Талын Улсын иргэнд хандсан, эсхүл нөгөө Талын Улсын тохирох хууль тогтоомжоор бүртгүүлсэн буюу зохион байгуулагдсан аж ахуйн нэгжид хандсан;

(c) нөгөө Талын Улсын тохирох хууль тогтоомжоор бүртгүүлсэн буюу зохион байгуулагдсан аж ахуйн нэгжийн нэгтгэх, эсхүл нийлүүлэхтэй холбоотой дараахь тохиолдолд хамаарна. Үүнд:

(i) Талуудын нэг, эсхүл түүнээс дээш нь тухайн үйл ажиллагаанд хамаарах;

(ii) уг үйл ажиллагааны нэг, эсхүл түүнээс дээш тооны Талуудыг нэг аж ахуйн нэгж хянах;

(d) нөгөө Талын Улсын нутаг дэвсгэрт үндсэндээ явагдсан нэгтгэх, эсхүл нийлүүлэхээс бусад өрсөлдөөнийг хязгаарласан үйл ажиллагаанд хамаарах;

(e) мэдэгдэл гаргагч Өрсөлдөөний байгууллагын зүгээс нөгөө Талын шаардсан, дэмжсэн, эсхүл гаргасан гэж үзсэн үйл ажиллагаанд хамаарах;

(f) нөгөө талын Улсын нутаг дэвсгэрт явуулахыг шаардсан, эсхүл хориглосон өөрчлөлттэй холбоотой.

3. Мэдэгдэл гаргагч Өрсөлдөөний байгууллагын Улсын хууль тогтоомжтой зөрчилдөхгүй бөгөөд мэдэгдэл гаргагч Өрсөлдөөний байгууллагын хийж буй аливаа хяналт шалгалтад нөлөөлөхгүй бол тухайн Талын Өрсөлдөөний байгууллага өөрийн Талын хууль хэрэгжүүлэх үйл ажиллагаа нь нөгөө Талын чухал ашиг сонирхолд нөлөөлж болзошгүй гэдгийг мэдмэгц 1 дэх хэсгийн дагуу гаргах мэдэгдлийг аль болох шуурхай хүргүүлнэ.

4. Энэ зүйлийн дагуу гаргаж буй мэдэгдэл нь түүнийг хүлээн авч буй Өрсөлдөөний байгууллагад өөрийн Талын чухал ашиг сонирхолд үзүүлэх нөлөөллийн талаар анхны үнэлгээ хийх боломжоо олгохуйц хангалттай мэдээлэл бүхий нарийвчилсан байна.

3.4 дүгээр зүйл
Хууль хэрэгжүүлэх үйл ажиллагааны талаар хамтран ажиллах

Тал бүрийн Өрсөлдөөний байгууллага нөгөө Талын Өрсөлдөөний байгууллагад хууль хэрэгжүүлэх үйл ажиллагаатай холбоотойгоор туслалцаа үзүүлж буй Өрсөлдөөний байгууллагын Улсын хууль тогтоомж болон туслалцаа үзүүлж буй Өрсөлдөөний байгууллагын Талын чухал ашиг сонирхолд нийцүүлэн байгаа нөөц боломжийн хүрээнд туслалцаа үзүүлнэ.

3.5 дугаар зүйл
Мэдээлэл солилцох

3.4 дүгээр зүйлд заасны дагуу хамтран ажиллах зорилгоор, Тал бүрийн Өрсөлдөөний байгууллага нь Өрсөлдөөний байгууллагын Улсын хууль тогтоомж болон Өрсөлдөөний байгууллагын Талын чухал ашиг сонирхолд нийцүүлэн дараах байдлаар мэдээлэл солилцоно:

(a) нөгөө Талын Улсын өрсөлдөөнд сөргөөр нөлөөлж болзошгүй гэж үзсэн өрсөлдөөнийг хязгаарласан үйл ажиллагаатай холбоотой хууль хэрэгжүүлэх үйл ажиллагааны талаар нөгөө Талын Өрсөлдөөний байгууллагад мэдэгдэнэ;

(b) нөгөө Талын Өрсөлдөөний байгууллагад хууль хэрэгжүүлэх үйл ажиллагаанд нь хамааралтай байж болох, эсхүл хууль хэрэгжүүлэх үйл ажиллагаа авч хэрэгжүүлэх үндэслэлтэй гэж үзсэн өрсөлдөөнийг хязгаарласан үйл ажиллагааны талаарх өөрт байгаа болон олж авсан аливаа чухал мэдээллийг өгнө;

(c) нөгөө Талын Өрсөлдөөний байгууллагад гаргасан хүсэлтийнх нь дагуу болон энэ бүлгийн заалтын дагуу тухайн Талын Өрсөлдөөний байгууллагаас явуулж буй хууль хэрэгжүүлэх үйл ажиллагаанд нь хамааралтай, өөрт байгаа мэдээллийг өгнө.

3.6 дугаар зүйл
Хууль хэрэгжүүлэх үйл ажиллагааг уялдуулах

1. Өрсөлдөөний байгууллага хоорондоо харилцан хамааралтай асуудлаар хууль хэрэгжүүлэх үйл ажиллагааг явуулахдаа:

(a) Өрсөлдөөний байгууллагууд хууль хэрэгжүүлэх үйл ажиллагаагаа уялдуулах талаар авч хэлэлцэнэ;

(b) Тал бүрийн Өрсөлдөөний байгууллага нь нөгөө Талын Өрсөлдөөний байгууллагын хүсэлтээр, мөн өөрийн Талын чухал ашиг сонирхолд нийцэж байгаа тохиолдолд хууль хэрэгжүүлэх үйл ажиллагаатай холбоотойгоор нууц мэдээлэл өгсөн этгээд нөгөө Талын Өрсөлдөөний байгууллагад энэхүү мэдээллийг өгөхийг зөвшөөрөх эсэх талаар лавлах асуудлыг авч хэлэлцэнэ.

2. Өрсөлдөөний байгууллага тодорхой хууль хэрэгжүүлэх үйл ажиллагааг уялдуулах эсэх асуудлыг авч үзэхдээ, тухайлбал дараахь зүйлийг харгалзан үзнэ. Үүнд:

(a) ингэж уялдуулснаар тэдгээрийн хууль хэрэгжүүлэх үйл ажиллагааны зорилгод хүрэх чадварт үзүүлж болох нөлөө;

(b) Өрсөлдөөний байгууллагын хууль хэрэгжүүлэх үйл ажиллагааг явуулахад шаардлагатай мэдээллийг олж авах холбогдох чадвар;

(c) аль нэг Талын өрсөлдөөний байгууллага өрсөлдөөнийг хязгаарлах үйл ажиллагааны эсрэг хэрэгжүүлж чадах үр дүнтэй арга хэмжээ авч чадах байдал;

(d) хууль хэрэгжүүлэх үйл ажиллагаанд холбоотой Талууд болон этгээдэд зардлыг нь бууруулах боломжийн талаар;

(e) үйл ажиллагааг уялдуулснаар хууль хэрэгжүүлэх үйл ажиллагаанд холбоотой Талууд болон этгээдэд гарах боломжит давуу талууд.

3. Тал бүрийн Өрсөлдөөний байгууллага нь нөгөө Талын Өрсөлдөөний байгууллагад зохих байдлаар мэдэгдсэнээр хэдийд ч хууль хэрэгжүүлэх үйл ажиллагааг уялдуулахыг хязгаарлах буюу цуцалж болох бөгөөд өөрсдийн хууль хэрэгжүүлэх үйл ажиллагааг бие даан явуулж болно.

3.7 дугаар зүйл
Нөгөө Талын ашиг сонирхолд сөргөөр нөлөөлж буй нэг Талын Улс дахь өрсөлдөөнийг хязгаарлах үйл ажиллагааны талаар хамтран ажиллах

1. Хэрэв аль нэг Талын Өрсөлдөөний байгууллага нөгөө Талын Улсад явагдаж байгаа өрсөлдөөнийг хязгаарласан үйл ажиллагаа нь өөрийн Талын чухал ашиг сонирхолд сөргөөр нөлөөлж байна гэж үзвэл уг Талын Өрсөлдөөний байгууллага энэхүү өрсөлдөөнийг хязгаарласан үйл ажиллагаатай холбоотой хууль хэрэгжүүлэх үйл ажиллагаанаас нь үүдэн гарах зөрчилдөөнөөс зайлсхийхийн ач холбогдлыг анхааралдаа авч, мөн нөгөө Талын Өрсөлдөөний байгууллага энэхүү өрсөлдөөнийг хязгаарласан үйл ажиллагааны талаар илүү үр дүнтэй хууль хэрэгжүүлэх үйл ажиллагаа явуулах боломжтой байж болохыг авч үзэн нөгөө Талын Өрсөлдөөний байгууллагаас зохих хууль хэрэгжүүлэх үйл ажиллагааг эхлүүлэх хүсэлт тавьж болно.

2. 1 дэх хэсгийн дагуу гаргасан хүсэлтэд өрсөлдөөнийг хязгаарласан үйл ажиллагааны мөн чанар болон хүсэлт гаргаж буй Өрсөлдөөний байгууллагын Талын чухал ашиг сонирхолд үзүүлэх нөлөө зэргийг аль болох тодорхой дурдахаас гадна хүсэлт гаргасан Өрсөлдөөний байгууллагын зүгээс өгч чадах нэмэлт мэдээлэл болон хамтран ажиллах бусад саналыг багтаасан байна.

3. Хүсэлтийг хүлээн авсан Өрсөлдөөний байгууллага 1 дэх хэсгийн дагуу гаргасан хүсэлтэд тодорхойлсон өрсөлдөөнийг хязгаарласан үйл ажиллагааны хувьд хууль хэрэгжүүлэх үйл ажиллагааг эхлүүлэх эсэх, эсхүл хэрэгжүүлж буй хууль хэрэгжүүлэх үйл ажиллагааг өргөжүүлэх эсэх талаар сайтар нягтлан үзнэ. Хүсэлтийг хүлээн авсан Өрсөлдөөний байгууллага гаргасан шийдвэрийнхээ талаар хүсэлт гаргасан Өрсөлдөөний байгууллагад аль болох хэрэгжих боломжтой түргэн хугацаанд мэдэгдэнэ. Хэрэв хууль хэрэгжүүлэх үйл ажиллагаа эхэлсэн бол хүсэлтийг хүлээн авсан Өрсөлдөөний байгууллага хүсэлт гаргасан Өрсөлдөөний байгууллагад өөрсдийн үйл ажиллагааны үр дүнг мэдээллэх бөгөөд явцын талаарх ач холбогдол бүхий мэдээллийг бололцооны хэрээр өгнө.

4. Энэ зүйлийн аль ч заалт нь хүсэлтэд тодорхойлсон өрсөлдөөнийг хязгаарласан үйл ажиллагааны талаар хууль хэрэгжүүлэх үйл ажиллагаа явуулах эсэх талаар хүсэлтийг хүлээн авсан Өрсөлдөөний байгууллагын зүгээс өөрийн Улсын өрсөлдөөний тухай хууль болон хууль хэрэгжүүлэх бодлогын дагуу хийх сонголтыг хязгаарлахгүйгээс гадна хүсэлт гаргасан Өрсөлдөөний байгууллага гаргасан хүсэлтээ татан авахад мөн саад учруулахгүй.

3.8 дугаар зүйл
Хууль хэрэгжүүлэх үйл ажиллагаатай холбоотой зөрчилдөөнөөс зайлсхийх

1. Тал бүр хууль хэрэгжүүлэх үйл ажиллагааг эхлүүлэх шийдвэр, хууль хэрэгжүүлэх үйл ажиллагааны цар хүрээ, тухайн тохиолдол бүрт ногдуулах торгууль шийтгэл, эсхүл үзүүлэх хөнгөлөлтийн төрөл зэрэг өөрийн хууль хэрэгжүүлэх үйл ажиллагааны бүхий л үе шатанд нөгөө Талын чухал ашиг сонирхолд сайтар анхаарал тавина.

2. Аль нэг Тал нөгөө Талын тодорхой хууль хэрэгжүүлэх үйл ажиллагаа нь өөрийн Талын чухал ашиг сонирхолд нөлөөлж болзошгүй талаар нөгөө Талдаа мэдэгдсэн үед нөгөө Тал нь өөрийн Улсын хууль тогтоомжид нийцүүлэн уг хууль хэрэгжүүлэх үйл ажиллагаатай холбоотой явц байдлын талаарх ач холбогдол бүхий мэдээллийг цаг алдалгүй мэдэгдэнэ.

3. Аль нэг Тал нь өөрийн явуулж буй хууль хэрэгжүүлэх үйл ажиллагаа нөгөө Талын чухал ашиг сонирхолд сөргөөр нөлөөлж болзошгүй гэж үзвэл, Талууд зөрүүтэй ашиг сонирхлоо зохих байдлаар нийцүүлэх зорилгоор дараахь хүчин зүйлээс гадна хамааралтай байж болох өөр бусад хүчин зүйлийг мөн авч үзнэ:

(a) нөгөө Улсад илэрсэн үйлдэл, эсхүл үйл ажиллагааг хууль хэрэгжүүлэх үйл ажиллагааг явуулж буй Талын нутаг дэвсгэрт илэрсэн үйлдэл, эсхүл үйл ажиллагаатай харьцуулсан өрсөлдөөнийг хязгаарласан байдалд өгч буй харьцангуй ач холбогдол;

(b) тухайн Талуудын чухал ашиг сонирхолд уг өрсөлдөөнийг хязгаарласан үйл ажиллагааны үзүүлэх харьцангуй нөлөө;

(c) өрсөлдөөнийг хязгаарласан үйл ажиллагаанд оролцогсод нь хууль хэрэгжүүлэх үйл ажиллагаа явуулж буй Талын Улс дахь хэрэглэгч, нийлүүлэгч, эсхүл өрсөлдөгчдөд нөлөөлөх санаа агуулж байсан эсэхийг нотлох баримт байгаа эсэх;

(d) Улс бүрийн зах зээл дээрх өрсөлдөөнийг ихээхэн бууруулж байгаа өрсөлдөөнийг хязгаарласан үйл ажиллагааны хэмжээ;

(e) аль нэг Талын хууль хэрэгжүүлэх үйл ажиллагаа болон нөгөө Талын Улсын хууль тогтоомж, эсхүл нөгөө Талын бодлого буюу чухал ашиг сонирхол хоорондын зөрчилдөж буй, эсхүл нийцэж буй байдал;

(f) хувь хүн, хуулийн этгээдийн аль алинд нь Талуудын зөрчилдөөнтэй шаардлага тавигдах эсэх;

(g) холбогдох хөрөнгө болон оролцогч талуудын байршил;

(h) өрсөлдөөнийг хязгаарласан үйл ажиллагааны эсрэг байгаа Талын хууль хэрэгжүүлэх үйл ажиллагаагаар үр дүнтэй шийтгэл ногдуулах буюу бусад хөнгөлөлтийн арга хэмжээ авах боломж байдал;

(i) хувь хүн, хуулийн этгээдийн аль алинтай нь холбоотой нөгөө Талын хууль хэрэгжүүлэх үйл ажиллагаанд нөлөөлөх байдал.

3.9 дүгээр зүйл
Техникийн хамтын ажиллагаа

1. Талууд Өрсөлдөөний бодлогоо бэхжүүлэх, Улс бүрийн өрсөлдөөний хуулийг хэрэгжүүлэх зорилгоор тэдгээрийн Өрсөлдөөний байгууллагууд техникийн хамтын ажиллагааны үйл ажиллагааны чиглэлээр хамтран ажиллах нь Талуудын нийтлэг ашиг сонирхолд нийцнэ гэдгийг тохиролцов.

2. 1 дэх хэсэгт дурдсан техникийн хамтын ажиллагааны үйл ажиллагааны хэлбэр нь:

(a) Өрсөлдөөний байгууллагын боловсон хүчнийг сургалтад хамруулах зорилгоор солилцох;

(b) Өрсөлдөөний байгууллагын боловсон хүчний өрсөлдөөний бодлогыг бэхжүүлэх, Өрсөлдөөний хуулийг хэрэгжүүлэх асуудлаар аль нэг, эсхүл хоёр талын Өрсөлдөөний байгууллагаас зохион байгуулсан эсхүл санхүүжүүлж буй сургалтад багш, эсхүл зөвлөхөөр оролцуулах;

(c) Өрсөлдөөний байгууллагын харилцан тохиролцсон хамтын ажиллагааны бусад хэлбэр.

3.10 дугаар зүйл
Ил тод байдал

Тал бүрийн Өрсөлдөөний байгууллага нь:

(a) Өрсөлдөөний хуулинд орсон аливаа нэмэлт, өөрчлөлт болон өрсөлдөөнийг хязгаарласан үйл ажиллагааг зохицуулдаг хууль тогтоомжийг тухайн Улс нь шинээр баталсан бол нөгөө Талын Өрсөлдөөний байгууллагад шуурхай мэдэгдэнэ;

(b) тухайн Улсын Өрсөлдөөний хуультай холбоотойгоор гаргасан мэдэгдэл, эсхүл олон нийтэд мэдээлсэн зааварчилгааны хуулбарыг боломжтой үедээ нөгөө Талын Өрсөлдөөний байгууллагад өгнө;

(c) жилийн тайлангийн хуулбар болон/эсхүл олон нийтэд ил болгосон аливаа бусад хэвлэмэл материалыг боломжтой үедээ нөгөө Талын Өрсөлдөөний байгууллагад өгнө.

3.11 дүгээр зүйл
Зөвлөлдөөн

Өрсөлдөөний байгууллага энэхүү бүлэгтэй холбогдолтой аливаа асуудлаар аль нэг талын хүсэлтийн дагуу харилцан зөвлөлдөнө.

3.12 дугаар зүйл
Мэдээллийн нууцлал

1. (a) Энэхүү бүлгийн дагуу нэг Талаас нөгөө Талдаа өгсөн олон нийтэд нээлттэй мэдээллээс бусад мэдээллийг хүлээн авч буй Тал нь зөвхөн тухайн Улсын Өрсөлдөөний хуулийг үр дүнтэй хэрэгжүүлэх зорилгоор хэрэглэх бөгөөд мэдээллийг өгсөн Тал зөвшөөрснөөс бусад тохиолдолд гуравдагч этгээдэд дамжуулахыг хориглоно.

(b) Энэхүү бүлгийн дагуу аль нэг Талын Өрсөлдөөний байгууллага нөгөө Талын Өрсөлдөөний байгууллагад өгсөн олон нийтэд нээлттэй мэдээллээс бусад мэдээллийг хүлээн авч буй Өрсөлдөөний байгууллага нь зөвхөн өөрийн Улсын Өрсөлдөөний хуулийг үр дүнтэй хэрэгжүүлэх зорилгоор хэрэглэх бөгөөд мэдээллийг өгсөн Өрсөлдөөний байгууллага зөвшөөрснөөс бусад тохиолдолд гуравдагч этгээд, эсхүл бусад байгууллагад дамжуулахыг хориглоно.

2. 1(b) дэд хэсгийг үл харгалзан, олон нийтэд нээлттэй мэдээллээс бусад мэдээллийг энэ бүлгийн дагуу хүлээн авсан Талын Өрсөлдөөний байгууллага нөгөө Талын Өрсөлдөөний байгууллага өөрөөр мэдэгдээгүй тохиолдолд тухайн мэдээллийг Өрсөлдөөний хуулийг хэрэгжүүлэх зорилгоор, 3.13 дугаар зүйлд заасан нөхцөлийн дагуу тус мэдээллийг ашиглах бол мэдээлэл авч буй Талын холбогдох хуулийг хэрэгжүүлэгч байгууллагад өгч болно.

3. Тал бүр өөрийн Улсын хууль тогтоомжийн хүрээнд нөгөө Талын зүгээс энэ бүлгийн дагуу нууцлалтай өгсөн аливаа мэдээллийн нууцыг тухайн мэдээллийг өгсөн Тал нь ил болгохыг зөвшөөрснөөс бусад тохиолдолд хадгална.

4. Хэрэв мэдээлэл өгч буй аль нэг Талд мэдээлэл хүсэгч Тал мэдээллийн нууцлал, эсхүл мэдээллийг ашиглах зорилгыг хязгаарласан байдалд баталгаа өгч чадахгүй тохиолдолд мэдээлэл өгөгч Тал нь мэдээллээ хязгаарлаж болно.

5. Энэхүү бүлгийн бусад заалтыг үл харгалзан, аль ч Тал өөрийн Улсын хууль тогтоомжоор тухайн мэдээлэл өгөхийг хориглосон, эсхүл тэрхүү мэдээллийг өгөх нь тухайн Улсын чухал ашиг сонирхолд нийцэхгүй гэж үзвэл нөгөө Талдаа мэдээлэл өгөх шаардлагагүй. Тухайлбал:

(a) 3.6 дугаар зүйлийн 1(b) дэд хэсэгт заасны дагуу өгсөн мэдээлэл болон тухайн компанийн зөвшөөрөлтэй авснаас бусад мэдээллийг Монополийн эсрэг хуулийн 39 дүгээр зүйлийн дагуу "Компаний худалдааны нууц"-ыг Япон Улсын Засгийн газар Монгол Улсын Засгийн газарт өгөх шаардлагагүй;

(b) Монгол Улсын Засгийн газар Япон Улсын Засгийн газарт 1995 оны 5 дугаар сарын 16-ны Монгол Улсын Байгууллагын нууцын тухай хуулийн 3 дугаар зүйлд заасан "байгууллагын нууц"-тай холбоотой мэдээллийг гаргаж өгөх шаардлагагүй.

6. Энэ зүйл нь мэдээлэл хүлээн авагч Талын Улсын хууль тогтоомжийн дагуу мэдээллийг ашиглах, эсхүл ил болгох үүрэг хүлээсэн түвшинд нийцүүлэн мэдээллийг ашиглах, эсхүл ил болгоход саад учруулахгүй. Тухайн Тал нь боломжтой үед мэдээлэл өгсөн Талд өгсөн мэдээллийг нь ийнхүү ашиглах, эсхүл ил болгох тухайгаа урьдчилан мэдэгдэнэ.

3.13 дугаар зүйл
Эрүүгийн хэргийн үйл ажиллагаанд мэдээллийг ашиглах

1. Энэхүү бүлгийн дагуу нэг Талаас нөгөө Талдаа өгсөн олон нийтэд нээлттэй мэдээллээс бусад мэдээллийг нөгөө Талын Улсын шүүх буюу шүүгчийн явуулж буй эрүүгийн хэрэг шүүн таслах ажиллагаанд ашиглаж болохгүй.

2. Хэрэв энэхүү бүлгийн дагуу нэг Талаас нөгөө Талдаа өгсөн олон нийтэд нээлттэй мэдээллээс бусад мэдээллийг хүлээн авсан Талын Улсын шүүх буюу шүүгчийн явуулж буй эрүүгийн хэрэг шүүн таслах ажиллагаанд ашиглах хэрэгтэй бол дипломат шугамаар, эсхүл уг Тал мэдээлэл өгөх Талын Улсын хууль тогтоомжийн дагуу байгуулагдсан бусад сувгаар дамжуулан тухайн мэдээллийг авах хүсэлт гаргана.

3.14 дүгээр зүйл
Харилцаа холбоо

Энэхүү бүлэгт өөрөөр заагаагүй бол тус бүлгийн хүрээнд Өрсөлдөөний байгууллагууд хоорондоо шууд харилцаж болно. Харин 3.3 дугаар зүйлд заасан мэдэгдэл болон 3.7 дугаар зүйлийн 1 дэх хэсгийн дагуу гаргах хүсэлтийг дипломат шугамаар бичгээр нотолно. Тус нотолгоог Өрсөлдөөний байгууллага хооронд тухайн асуудлаар харилцсаны дараагаар аль болох шуурхай хийнэ.

3.15 дугаар зүйл
Бусад зүйл

1. Энэхүү бүлгийг хэрэгжүүлэх талаар Өрсөлдөөний байгууллагууд хооронд нарийвчилсан төлөвлөгөө гаргаж болно.

2. Талууд хоёр талт эсхүл олон талт бусад хэлэлцээрийн дагуу харилцан туслалцаа үзүүлэх, эсхүл хүсвэл энэхүү бүлэгт тусгагдсан заалт саад учруулахгүй.

3. Энэхүү бүлэг нь шүүхийн харьяалалтай холбоотой аливаа асуудлаар аль нэг Талын бодлого, эсхүл хууль зүйн байр сууриьд сөргөөр нөлөөлөхгүй.

4. Энэхүү бүлэг нь аль нэг Талын өөрийн Улсын хуулийн хүрээнд, эсхүл олон улсын бусад хэлэлцээрээр хүлээсэн эрх, үүрэгт нөлөөлнө гэж тайлбарлахгүй.

4 дүгээр бүлэг
Бизнесийн орчинг сайжруулах

4.1 дүгээр зүйл
Бизнесийн орчинг сайжруулах дэд хороо

Үндсэн хэлэлцээрийн 14.2 дугаар зүйлийн 2(b) дэд хэсгийн дагуу Бизнесийн орчинг сайжруулах дэд хороо (цаашид энэ зүйлд “Дэд хороо” гэх) дараахь асуудал багтана:

(a) бизнестэй холбоотой дүрэм, журам, захиргааны болон шүүхийн үйл ажиллагаа, мөн захиргааны болон шүүхийн шийдвэрийн ил тод байдлыг сайжруулах;

(b) захиргааны үйл ажиллагааг хялбарчлах болон түргэсгэх арга хэмжээ;

(c) хоёр Улсын бизнесийн үйл ажиллагааг хялбарчлах арга зам;

(d) бизнесийн орчинтой холбоотой бусад асуудал.

4.2 дугаар зүйл
Харилцах төв

1. Үндсэн хэлэлцээрийн 14.3 дугаар зүйлийн 1 дэх хэсгийн дагуу Улс тус бүрт томилогдсон Харилцах төв дараахь чиг үүрэгтэй байна:

(a) нөгөө Улсын аж ахуйн нэгжээс хууль тогтоомж болон нөгөө Улсын аж ахуйн нэгжийн бизнесийн үйл ажиллагаанд сөргөөр нөлөөлж болзошгүй өөрийн Улсын бусад арга хэмжээтэй холбоотой гомдол, лавлагааг хүлээн авна;

(b) өмнөх Улсын холбогдох байгууллагад (a) дэд хэсэгт дурдсан гомдол болон лавлагааг дамжуулах;

(c) (b) дэд хэсэгт дурдсан өөрийн Улсын холбогдох байгууллагаас аль болох боломжтой хугацааны дотор учир шалтгаан болон хууль зүйн үндэслэлийг дурдсан хангалттай тайлбар бүхий хариуг бичгээр боломжтой хугацаан үед авах;

(d) (a) дэд хэсэгт дурдсан аж ахуйн нэгжид (c) дэд хэсэгт дурдсан хариуг дамжуулах;

(e) (a) дэд хэсэгт дурдсан аж ахуйн нэгжид өмнөх өөрийн Улсын холбогдох байгууллагатай хамтран шаардлагатай мэдээлэл, зөвлөгөө өгөх;

(f) Дэд хорооны дүгнэлтийг тайлагнах.

2. Тал бүр өмнөх өөрийн Улсын аж ахуйн нэгж болон нөгөө Улсын Харилцах төв хоорондын харилцаа холбоог хөнгөвчлөх үүднээс нөгөө Улсад байрлах этгээдийг томилно.

3. 1 болон 2 дахь хэсэг нь аль нэг Улсын аж ахуйн нэгж нөгөө Улсын холбогдох байгууллагатай шууд холбоо тогтооход ямар нэгэн байдлаар саад хийх буюу хязгаарлахаар тайлбарлахгүй.

5 дугаар бүлэг
Хамтын ажиллагаа

5.1 дүгээр зүйл
Хөдөө аж ахуй, ойн аж ахуй болон загасны аж ахуй, түүний дотор Үндсэн хэлэлцээрийн 5 дугаар бүлэгт дурдсан эрүүл ахуй, ургамлын эрүүл ахуйн арга хэмжээнд хамаарах асуудал

Үндсэн хэлэлцээрийн 15.2 дугаар зүйлд заасны дагуу Үндсэн хэлэлцээрийн 15.1 дүгээр зүйлийн (а) дэд хэсэгт тусгасан салбарын хүрээнд:

(а) Дараахийг хамтын ажиллагааны чиглэлд хамруулж болно:

(i) хүнс болон хөдөө аж ахуйн бүтээгдэхүүний генетикийн нөөц;

(ii) усжуулалт болон үр тарианы үйлдвэрлэл;

(iii) загвар, үзүүлэнгийн фермерийн аж ахуй, болон байгууламж байгуулах;

(iv) сүү, сүүн бүтээгдэхүүн, үхрийн мах, органик хүнс, үр тариа болон хүнсний ногооны үйлдвэрлэл;

(v) цэцэрлэгийн аж ахуй;

(vi) зөгийн аж ахуй;

(vii) малын болон гэрийн тэжээвэр амьтны тэжээл боловсруулах үйлдвэрлэл;

(viii) мал, амьтны үржлийн биотехнологи;

(ix) мал, амьтны эрүүл мэнд болон мал эмнэлгийн үйлчилгээ;

(x) эрүүл ахуй болон ургамлын эрүүл ахуй (цаашид "ЭАУЭА" гэх)-д хамаарах арга хэмжээ, тухайлбал:

(A) Амьтан, ургамлын өвчин, хортноос ангид бүс байгуулах;

(B) ЭАУЭА-н арга хэмжээний хяналт, шалгалт болон баталгаажуулах журам.

(xi) хүнсний үйлдвэрлэл, тэр дундаа дулаан аргаар мах боловсруулах зэрэг хүнсний үйлдвэрлэл;

(xii) хүнсний маркетинг;

(xiii) хөдөө аж ахуйн хоршоолол;

(xiv) мод боловсруулалт;

(xv) усны амьтан, ургамлын аж ахуй;

(xvi) хүний нөөцийн хөгжил;

(xvii) Талуудын харилцан тохиролцож болох бусад чиглэл.

(b) Хамтын ажиллагааг дараахь хэлбэрээр явуулж болно:

(i) хүнсний бүтээгдэхүүний нэмүү өртөгийн сүлжээний талаар техник, эдийн засгийн судалгаа хийх;

(ii) хөгжлийн судалгаа;

(iii) хамтарсан судалгааны ажил;

(iv) санал, мэдээлэл болон мэргэжилтэн солилцох;

(v) техник мэргэжлийн болон мэргэшлийн сургалт явуулах;

(vi) үзэсгэлэн худалдаа, семинар, сургалт, бизнесийг холбох арга хэмжээ болон үзэсгэлэнд оролцох боломжийг хангаж, дэмжих;

(vii) төр, хувийн хэвшлийн хамтын ажиллагааг дэмжих;

(viii) техникийн зөвлөгөө өгөх үйлчилгээ;

(ix) технологийг түгээн дэлгэрүүлэх;

(x) эрүүл ахуй болон ургамлын эрүүл ахуйн арга хэмжээг уялдуулах болон тэнцүү чанартайг хүлээн зөвшөөрөхөд техникийн туслалцаа үзүүлэх;

(xi) Талуудын харилцан тохиролцож болох бусад хэлбэр.

5.2 дугаар зүйл
Аж үйлдвэр, түүний дотор Үндсэн хэлэлцээрийн 6 дугаар бүлэгт заасан техникийн зохицуулалт, стандарт болон тохирлын үнэлгээний журамд хамаарах асуудал

Үндсэн хэлэлцээрийн 15.2 дугаар зүйлд заасны дагуу Үндсэн хэлэлцээрийн 15.1 дүгээр зүйлийн (b) дэд хэсэгт тусгасан салбарын хүрээнд:

(a) Дараахийг хамтын ажиллагааны чиглэлд хамруулж болно:

(i) аж үйлдвэрийн төрөлжилтийг нэмэгдүүлэх;

(ii) үйлдвэрлэл болон технологийн парк;

(iii) аж үйлдвэрийн салбарын менежмент, өрсөлдөх чадвар болон технологийн чадавхийг бэхжүүлэх;

(iv) байгаль орчинд ээлтэй технологиор дамжуулан байгаль хамгаалалтыг хөхиүлэн дэмжих;

(v) дараахь асуудлаар техникийн туслалцаа үзүүлэх:

(A) Үндсэн хэлэлцээрийн 6 дугаар бүлэг болон Дэлхийн худалдааны байгууллагын 1994 оны 4 дүгээр сарын 15-ны өдөр Марракешт байгуулсан Марракешийн хэлэлцээрийн 1А хавсралтад дурдсан Худалдаан дахь техникийн саад тотгорын тухай хэлэлцээрийн хэрэгжилтийг дэмжих;

(B) стандартчилал, техникийн зохицуулалт, тохирлын үнэлгээний чиглэлээрх байгууллагыг бэхжүүлэх, ялангуяа хүний нөөцийг бүрдүүлэх болон сургалт явуулах;

(C) стандартчилал, тохирлын үнэлгээний чиглэлээрх олон улсын байгууллагын хүрээнд хамтын ажиллагаагаа идэвхжүүлэх.

(vi) хүний нөөцийн хөгжил;

(vii) Талуудын харилцан тохиролцож болох бусад чиглэл;

(b) Хамтын ажиллагааг дараахь хэлбэрээр явуулж болно:

(i) техник эдийн засгийн судалгаа болон хөгжлийн судалгаа хийх;

(ii) бодлого болон тэргүүний туршлагын талаар мэдээлэл солилцох;

(iii) мэргэжилтэн солилцохыг дэмжих;

(iv) сургалтын хөтөлбөрөөр хангах;

(v) сургалт, семинар зохион байгуулах;

(vi) техникийн туслалцаа үзүүлэх;

(vii) олон улсын болон дэвшилтэт стандартыг нэвтрүүлэх замаар технологийг түгээн дэлгэрүүлэх;

(viii) Талуудын харилцан тохиролцож болох бусад хэлбэр.

5.3 дугаар зүйл
Жижиг болон дунд үйлдвэрлэл

Үндсэн хэлэлцээрийн 15.2 дугаар зүйлд заасны дагуу Үндсэн хэлэлцээрийн 15.1 дугаар зүйлийн (c) дэд хэсэгт тусгасан салбарын хүрээнд:

(a) Дараахийг хамтын ажиллагааны чиглэлд хамруулж болно:

(i) Жижиг болон дунд үйлдвэрлэл (цаашид энэхүү зүйлд "ЖДҮ" гэх)-ийн инновацийн үйл ажиллагааг хөхиүлэн дэмжих, тэр дундаа оюуны өмчийг бий болгох, хамгаалах болон ашиглах;

(ii) ЖДҮ-ийн менежмент, өрсөлдөх чадвар болон технологийн чадавхийг бэхжүүлэх;

(iii) хүний нөөц бэлтгэх;

(iv) Талуудын харилцан тохиролцож болох бусад чиглэл;

(b) Хамтын ажиллагааг дараахь хэлбэрээр явуулж болно:

(i) бодлого болон тэргүүний туршлагын талаар мэдээлэл солилцох;

(ii) мэргэжилтэн солилцохыг дэмжих;

(iii) сургалтын хөтөлбөрөөр хангах;

(iv) сургалт, семинар зохион байгуулах;

(v) Талуудын харилцан тохиролцож болох бусад хэлбэр.

Тайлбар: Энэхүү зүйлийн зорилгоор "ЖДҮ" гэдэгт бичил аж ахуйн нэгж багтана.

5.4 дүгээр зүйл
Худалдаа болон хөрөнгө оруулалт

Үндсэн хэлэлцээрийн 15.2 дугаар зүйлд заасны дагуу Үндсэн хэлэлцээрийн 15.1 дүгээр зүйлийн (d) дэд хэсэгт тусгасан салбарын хүрээнд:

(a) Дараахийг хамтын ажиллагааны чиглэлд хамруулж болно:

(i) худалдаа болон хөрөнгө оруулалтыг хөхиүлэн дэмжих;

(ii) үйлчилгээний салбарын хөгжлийг хөхиүлэн дэмжих;

(iii) Японы Гадаад худалдааны байгууллага (JETRO), эсхүл түүнийг залгамжлагч болон Монгол Улсын Хөрөнгө оруулалтын агентлаг, эсхүл түүнийг залгамжлагч хоорондын хамтын ажиллагааг дэмжих;

(iv) хүний нөөцийн хөгжил;

(v) Талуудын харилцан тохиролцож болох бусад чиглэл.

(b) Хамтын ажиллагааг дараахь хэлбэрээр явуулж болно:

(i) хоёр улсын болон холбогдох бизнесийн байгууллага хоорондын худалдаа, хөрөнгө оруулалтыг цаашид хөхиүлэн дэмжих зорилгоор худалдаа, хөрөнгө оруулалт, тэр дундаа бизнесийн орчин болон бизнестэй холбоотой хууль тогтоомжийн талаар мэдээлэл болон санал солилцох;

(ii) худалдаа, хөрөнгө оруулалтын талаарх мэдлэгийг нэмэгдүүлэх болон хөхиүлэн дэмжихийн тулд мэргэжилтэн, дадлагажигч, судлаачдыг солилцохыг дэмжих;

(iii) үзэсгэлэн худалдаа, худалдааны төлөөлөл, семинар, сургалт, бизнесийг холбох арга хэмжээ болон үзэсгэлэнд оролцох боломжийг хангаж, дэмжих;

(iv) төрийн албан хаагчдын чадавхийг бэхжүүлэх;

(v) Талуудын харилцан тохиролцож болох бусад хэлбэр.

5.5 дугаар зүйл
Дэд бүтэц, барилга болон хот байгуулалт

Үндсэн хэлэлцээрийн 15.2 дугаар зүйлд заасны дагуу Үндсэн хэлэлцээрийн 15.1 дүгээр зүйлийн (е) дэд хэсэгт тусгасан салбарын хүрээнд:

(a) Дараахийг хамтын ажиллагааны чиглэлд хамруулж болно:

(i) далайн тээврийг нэвтрүүлэх;

(ii) нисэх буудлын чанарыг дээшлүүлэх;

(iii) ухаалаг авто тээврийн систем нэвтрүүлэх болон хөгжүүлэх;

(iv) авто тээврийн хэрэгсэлтэй холбоотой аюулгүйн стандартыг боловсронгуй болгох;

(v) зам, тээврийн хяналт, мониторингийн чадавхийг дээшлүүлэх;

(vi) зам, тээврийн салбар дахь судалгаа болон хөгжлийн чадавхийг бэхжүүлэх;

(vii) Дараахь технологийг нэвтрүүлнэ:

(A) хэмнэлттэй эрчим хүч;

(B) газар хөдлөлтөд тэсвэртэй байдал;

(C) барилгын хатуу хог хаягдлыг дахин ашиглах, дахин боловсруулах;

(D) ундны ус цэвэршүүлэх мембран;

(viii) барилгын аюулгүй ажиллагааны техникийн зохицуулалт, хяналт шалгалт болон хэрэгжилтийг сайжруулах;

(ix) хүний нөөцийн хөгжил;

(x) Талуудын харилцан тохиролцож болох бусад чиглэл.

(b) Хамтын ажиллагааг дараахь хэлбэрээр явуулж болно:

(i) нисэх онгоцны буудлын эргэн тойронд хот хөгжүүлэх хамтарсан судалгаа хийх;

(ii) санал болон мэдээлэл солилцох;

(iii) мэргэжилтэн солилцох болон харилцан айлчлахыг дэмжих;

(iv) сургалтын хөтөлбөрөөр хангах;

(v) сургалт, семинар зохион байгуулах;

(vi) инженер болон техник ажилтны мэргэжлийн чадавхийг дээшлүүлэх;

(vii) Талуудын харилцан тохиролцож болох бусад хэлбэр.

5.6 дугаар зүйл
Шинжлэх ухаан, технологи болон оюуны өмч

Үндсэн хэлэлцээрийн 15.2 дугаар зүйлд заасны дагуу Үндсэн хэлэлцээрийн 15.1 дүгээр зүйлийн (f) дэд хэсэгт тусгасан салбарын хүрээнд:

(a) Дараахийг хамтын ажиллагааны чиглэлд хамруулж болно:

(i) инновацийг дэмжих;

(ii) дэвшилтэт технологи болон шинжлэх ухаан;

(iii) иноваци болон эдийн засгийн өсөлтийг бий болгоход оюуны өмчийн эрхийг ашиглах;

(iv) хил дээр оюуны өмчийн эрхийн мөрдүүлэх чиглэлээрх чадавхийг бэхжүүлэх;

(v) зохиогчийн эрх болон түүнд хамаарах эрхийн хамтарсан удирдлагын байгууллагын чадавхийг бэхжүүлэх;

(vi) ахисан түвшний нарийн мэдлэг, ур чадвар бүхий боловсон хүчнийг бэлтгэх;

(vii) Талуудын харилцан тохиролцож болох бусад чиглэл.

(b) Хамтын ажиллагааг дараахь хэлбэрээр явуулж болно:

(i) хамтарсан судалгаа, хөгжлийн ажил хийхийг дэмжих;

(ii) бодлого, хууль тогтоомжийн талаар харилцан мэдээлэл солилцох;

(iii) эрдэм шинжилгээний ажилтан, техникийн ажилтан болон бусад шинжээч нарыг харилцан солилцох;

(iv) эрдэм шинжилгээний ажилтны мэдлэг, чадварыг дээшлүүлэх зорилгоор хамтарсан семинар, хэлэлцүүлэг, сургалт семинар зохион байгуулахыг хөхиүлэн дэмжих;

(v) дэвшилтэт шинжлэх ухаан, технологийн байгууллага хоорондын хамтын ажиллагааг дэмжих;

(vi) Талуудын харилцан тохиролцож болох бусад хэлбэр.

5.7 дугаар зүйл
Санхүүгийн үйлчилгээ

Үндсэн хэлэлцээрийн 15.2 дугаар зүйлд заасны дагуу Үндсэн хэлэлцээрийн 15.1 дүгээр зүйлийн (g) дэд хэсэгт тусгасан салбарын хүрээнд:

(a) Дараахийг хамтын ажиллагааны чиглэлд хамруулж болно:

(i) Азийн бүс нутагт санхүү, хөрөнгийн зах зээлийг хөгжүүлэхийг дэмжих;

(ii) санхүүгийн зах зээлийн дэд бүтцийг хөгжүүлэх, ялангуяа санхүүгийн болон бусад холбогдох гүйлгээг хянах чадавхийг нэмэгдүүлэх;

(iii) санхүүгийн үйлчилгээний салбарын зохицуулалтын талаарх хамтын ажиллагааг хөхиүлэн дэмжих;

(iv) банк бус санхүүгийн болон даатгалын үйл ажиллагааг сайжруулах;

(v) хүний нөөцийн хөгжил;

(vi) Талуудын харилцан тохиролцож болох бусад чиглэл.

(b) Хамтын ажиллагааг дараахь хэлбэрээр явуулж болно:

(i) мэдээлэл, туршлага, ур чадварын талаар харилцан мэдээлэл солилцох;

(ii) сургалт явуулахыг дэмжих;

(iii) Талуудын харилцан тохиролцож болох бусад хэлбэр.

5.8 дугаар зүйл
Боловсрол болон хүний нөөцийн хөгжил

Үндсэн хэлэлцээрийн 15.2 дугаар зүйлд заасны дагуу Үндсэн хэлэлцээрийн 15.1 дүгээр зүйлийн (h) дэд хэсэгт тусгасан салбарын хүрээнд:

(a) Дараахийг хамтын ажиллагааны чиглэлд хамруулж болно:

(i) ахисан түвшний нарийн мэдлэг, ур чадвар бүхий боловсон хүчнийг бэлтгэх;

(ii) Талуудын харилцан тохиролцож болох бусад чиглэл зүйл.

(b) Хамтын ажиллагааг дараахь хэлбэрээр явуулж болно:

(i) тэргүүний туршлага зэрэг мэдээлэл солилцох;

(ii) мэргэжилтэн, эрдэмтэн судлаач, багш, сургагч болон төрийн албан хаагчдын харилцан айлчлах, солилцоог дэмжих;

(iii) инженер болон техникийн ажилтанд зориулан техникийн болон техник мэргэжлийн сургалт явуулах;

(iv) их сургуульд эзэмшсэн боловсрол, эсхүл хуримтлуулсан туршлагыг харилцан хүлээн зөвшөөрөхийг дэмжих;

(v) хамтарсан сургалт, семинар, уулзалт зохион байгуулахыг хөхиүлэн дэмжих;

(vi) боловсролын байгууллага хоорондын хамтын ажиллагааг дэмжих;

(vii) Талуудын харилцан тохиролцож болох бусад хэлбэр.

5.9 дүгээр зүйл
Аялал жуулчлал

Үндсэн хэлэлцээрийн 15.2 дугаар зүйлд заасны дагуу Үндсэн хэлэлцээрийн 15.1 дүгээр зүйлийн (i) дэд хэсэгт тусгасан салбарын хүрээнд:

(a) Дараахийг хамтын ажиллагааны чиглэлд хамруулж болно:

(i) аялал, жуулчлалыг дэмжих;

(ii) аялал жуулчлалыг тогтвортой хөгжүүлэх;

(iii) аялал жуулчлалыг хөгжүүлэх менежмент болон чадавхийг бэхжүүлэх;

(iv) хүний нөөцийн хөгжил;

(v) Талуудын харилцан тохиролцож болох бусад чиглэл.

(b) Хамтын ажиллагааг дараахь хэлбэрээр явуулж болно:

(i) аялал жуулчлалыг хөхиүлэн дэмжих, хөгжүүлэх хөтөлбөрийг хэрэгжүүлэхэд зохих туслалцаа үзүүлэх;

(ii) мэдээлэл, туршлага солилцох;

(iii) мэргэжилтэн солилцохыг дэмжих;

(iv) аялал жуулчлалын салбарын хүмүүст зориулан сургалт явуулахыг хөхиүлэн дэмжих;

(v) хувийн хэвшлийн байгууллага хоорондын хамтын ажиллагааг дэмжих, туслалцаа үзүүлэх;

(vi) Талуудын харилцан тохиролцож болох бусад хэлбэр.

5.10 дугаар зүйл
Байгаль орчин

Үндсэн хэлэлцээрийн 15.2 дугаар зүйлд заасны дагуу Үндсэн хэлэлцээрийн 15.1 дүгээр зүйлийн (j) дэд хэсэгт тусгасан салбарын хүрээнд:

(a) Дараахийг хамтын ажиллагааны чиглэлд хамруулж болно:

(i) байгаль орчныг хамгаалах, сайжруулах;

(ii) байгаль орчны шалгалт, хяналтын механизмыг сайжруулах;

(iii) уур амьсгалын өөрчлөлтийг сааруулах, нүүрстөрөгчийн хийг багасгахад чиглэсэн тогтвортой ногоон хөгжлийн стратеги, технологийг бий болгох болон хөхиүлэн дэмжих;

(iv) ус цэвэршүүлэх технологи нэвтрүүлэх;

(v) хог хаягдлын менежмент болон түүнтэй холбоотой технологийг сайжруулах;

(vi) тээврийн хэрэгслийн хорт хийн ялгаруулалтыг бууруулах;

(vii) хүний нөөцийн хөгжил;

(viii) Талуудын харилцан тохиролцож болох бусад чиглэл.

(b) Хамтын ажиллагааг дараахь хэлбэрээр явуулж болно:

(i) Бодлого болон хууль тогтоомжийн талаар мэдээлэл солилцох;

(ii) мэргэжилтэн солилцох, харилцан айлчлалыг дэмжих;

(iii) сургалт явуулах боломжийг нэмэгдүүлэх;

(iv) боловсон хүчний чадавхийг бэхжүүлэхийг дэмжих;

(v) Талуудын харилцан тохиролцож болох бусад хэлбэр.

5.11 дүгээр зүйл
Уул уурхай болон эрчим хүч

Үндсэн хэлэлцээрийн 15.2 дугаар зүйлд заасны дагуу Үндсэн хэлэлцээрийн 15.1 дүгээр зүйлийн (k) дэд хэсэгт тусгасан салбарын хүрээнд:

(a) Дараахийг хамтын ажиллагааны чиглэлд хамруулж болно:

(i) уул уурхай болон эрчим хүчтэй холбоотой технологийг хөгжүүлэх, дэмжих;

(ii) хүний нөөцийн хөгжил;

(iii) Талуудын харилцан тохиролцож болох бусад чиглэл.

(b) Хамтын ажиллагааг дараахь хэлбэрээр явуулж болно:

(i) техник эдийн засгийн үндэслэл боловсруулах болон хөгжлийн судалгаа явуулах;

(ii) бодлого болон хууль тогтоомжийн талаар санал, мэдээлэл солилцох;

(iii) уул уурхай, эрчим хүчний салбарын хөгжлийн тухай мэдлэгийг дээшлүүлэх зорилгоор шинжээч, техникийн мэргэжилтэн солилцохыг дэмжих;

(iv) хамтарсан семинар, хэлэлцүүлэг, сургалт зохион байгуулахыг хөхиүлэн дэмжих;

(v) төр, хувийн хэвшлийн түншлэлийг дэмжих;

(vi) Талуудын харилцан тохиролцож болох бусад хэлбэр.

5.12 дугаар зүйл
Эрүүл мэнд

Үндсэн хэлэлцээрийн 15.2 дугаар зүйлд заасны дагуу Үндсэн хэлэлцээрийн 15.1 дүгээр зүйлийн (l) дэд хэсэгт тусгасан салбарын хүрээнд:

(a) Дараахийг хамтын ажиллагааны чиглэлд хамруулж болно:

(i) эрүүл мэнд, шинжлэх ухааны дэвшилтэт технологийг хөгжүүлэх, хөхиүлэн дэмжих;

(ii) хүний нөөцийн хөгжил;

(iii) Талуудын харилцан тохиролцож болох бусад чиглэл.

(b) Хамтын ажиллагааг дараахь хэлбэрээр явуулж болно:

(i) хамтарсан судалгаа, шинжилгээ болон хөгжүүлэлтийг явуулахыг хийхийг дэмжих эрмэлзэх;

(ii) мэдээлэл солилцох;

(iii) эрүүл мэндийн салбарын ажилтнуудыг сургалтын хөтөлбөрөөр хангах, мэргэжилтэн солилцоо болон тухайн салбартай газар дээр нь танилцах арга хэмжээг дэмжих;

(iv) төрийн болон хувийн хэвшлийн эрүүл мэндийн байгууллагын үйл ажиллагааг хөхиүлэн дэмжих;

(v) Талуудын харилцан тохиролцож болох бусад хэлбэр.

5.13 дугаар зүйл
Өрсөлдөөн

Үндсэн хэлэлцээрийн 15.2 дугаар зүйлд заасны дагуу Үндсэн хэлэлцээрийн 15.1 дүгээр зүйлийн (m) дэд хэсэгт тусгасан салбарын хүрээнд:

(a) Дараахийг хамтын ажиллагааны чиглэлд хамруулж болно:

(i) хүний нөөцийн хөгжил;

(ii) Талуудын харилцан тохиролцож болох бусад чиглэл.

(b) Хамтын ажиллагааг дараахь хэлбэрээр явуулж болно:

(i) санал болон мэдээлэл солилцох;

(ii) мэргэжилтэн солилцох болон харилцан айлчлахыг дэмжих;

(iii) семинар болон сургалт зохион байгуулахыг хөхиүлэн дэмжих;

(iv) Талуудын харилцан тохиролцож болох бусад хэлбэр.

5.14 дүгээр зүйл
Мэдээлэл, харилцаа холбооны технологи

Үндсэн хэлэлцээрийн 15.2 дугаар зүйлд заасны дагуу Үндсэн хэлэлцээрийн 15.1 дүгээр зүйлийн (n) дэд хэсэгт тусгасан салбарын хүрээнд:

(a) Дараахийг хамтын ажиллагааны чиглэлд хамруулж болно:

(i) мэдээлэл, харилцаа холбооны технологийн салбарын өрсөлдөх чадвар, технологийн чадавх болон менежментийг сайжруулах;

(ii) нарийн мэдлэг, ур чадвартай боловсон хүчнийг бэлтгэх;

(iii) Талуудын харилцан тохиролцож болох бусад чиглэл.

(b) Хамтын ажиллагааг дараахь хэлбэрээр явуулж болно:

(i) хамтарсан судалгаа болон хөгжүүлэлт хийхийг дэмжих;

(ii) бодлого болон хууль тогтоомжийн талаар мэдээлэл солилцох;

(iii) эрдэм шинжилгээний ажилтан, техникийн мэргэжилтэн болон бусад шинжээч нарын солилцоог дэмжих;

(iv) хамтарсан семинар, хэлэлцүүлэг, сургалт зохион байгуулахыг хөхиүлэн дэмжих;

(v) дэвшилтэт мэдээлэл, харилцаа холбооны байгууллага хоорондын хамтын ажиллагааг дэмжих;

(vi) бизнесийг холбохыг дэмжих;

(vii) Талуудын харилцан тохиролцож болох бусад хэлбэр.

6 дугаар бүлэг
Төгсгөлийн заалт

6.1 дүгээр зүйл
Хэрэгжилт

Талууд энэхүү хэлэлцээрийг Үндсэн хэлэлцээр болон Улсуудын хүчин төгөлдөр мөрдөгдөж буй холбогдох хууль тогтоомжийн дагуу, тал бүрт байгаа нөөц боломжийнхоо хүрээнд хэрэгжүүлнэ.

6.2 дугаар зүйл
Агуулгын гарчиг

Энэхүү хэлэлцээрийн бүлэг болон зүйлийн агуулгын гарчгийг зөвхөн лавлагаа болгон хэрэглэхэд хялбар байлгах үүднээс оруулсан бөгөөд уг хэлэлцээрийг тайлбарлахад нөлөөлөхгүй.

6.3 дугаар зүйл
Нэмэлт, өөрчлөлт

Талууд харилцан тохиролцсоноор энэхүү хэлэлцээрт нэмэлт, өөрчлөлт оруулж болно. Энэхүү нэмэлт, өөрчлөлт нь өөрчлөлтийн баримт бичигт заасан журмын дагуу хүчин төгөлдөр болно.

6.4 дүгээр зүйл
Хүчин төгөлдөр болох

Энэхүү хэлэлцээр нь Үндсэн хэлэлцээртэй хамт нэгэн зэрэг хүчин төгөлдөр болох бөгөөд Үндсэн хэлэлцээр хүчинтэй үйлчлэх хугацаанд мөн хүчинтэй байна.

6.5 дугаар зүйл
Маргаан шийдвэрлэх

Талуудын хооронд 1 дүгээр бүлэг, 2 дугаар бүлэг болон энэ бүлгийг тайлбарлах болон/эсхүл хэрэгжүүлэхтэй холбоотойгоор гарсан маргааныг шийдвэрлэхэд Үндсэн хэлэлцээрийн 16 дугаар бүлгийг *mutatis mutandis* зарчмаар хэрэглэнэ.

ҮҮНИЙГ НОТОЛЖ, холбогдох Засгийн газраас бүрэн эрх олгосны дагуу энэхүү хэлэлцээрт гарын үсэг зурав.

Энэхүү хэлэлцээрийг Токио хотноо 2015 оны 2 дугаар сарын 10-ны өдөр япон, монгол, англи хэлээр тус бүр хоёр эх хувь үйлдсэн бөгөөд эх бичвэр бүр адил хүчинтэй байна. Бичвэрүүдийн хооронд зөрүү гарсан тохиолдолд англи хэлээрх бичвэрийг баримтална.

ЯПОН УЛСЫН ЗАСГИЙН ГАЗРЫГ ТӨЛӨӨЛЖ	МОНГОЛ УЛСЫН ЗАСГИЙН ГАЗРЫГ ТӨЛӨӨЛЖ
安倍晋三	Chimed Saikhanbileg

[TRANSLATION IN FRENCH – TRADUCTION EN FRANÇAIS]

ACCORD DE PARTENARIAT ÉCONOMIQUE ENTRE LE JAPON ET LA MONGOLIE

TABLE DES MATIÈRES

Préambule

Le Japon et la Mongolie,

Conscients de leurs relations chaleureuses et des solides relations économiques et politiques forgées grâce au développement des échanges et des investissements et à une coopération mutuellement avantageuse entre les Parties,

Réalisant qu'un environnement mondial dynamique et en constante évolution résultant de la mondialisation et d'une intégration accrue des différentes économies nationales crée un grand nombre de nouveaux défis et de nouvelles possibilités économiques pour les Parties,

Reconnaissant que les économies des Parties présentent des conditions leur permettant de se compléter mutuellement et que cette complémentarité devrait contribuer à promouvoir davantage le développement économique au sein des Parties, grâce à l'exploitation de leurs atouts économiques respectifs à travers des activités bilatérales de commerce et d'investissement,

Ayant conscience des différences de développement économique entre les Parties,

Cherchant à créer un cadre clairement défini et sûr pour le commerce et les investissements basé sur des règles mutuellement avantageuses régissant le commerce et les investissements entre les Parties,

Cherchant en outre à renforcer la compétitivité et la capacité d'offre des économies des Parties, à rendre leurs marchés plus efficaces et dynamiques, à garantir un environnement commercial prévisible propice à l'expansion des échanges et des investissements bilatéraux, et à contribuer plus encore à l'efficacité et à la croissance économiques des Parties,

Notant le rôle important des secteurs privés dans le renforcement des relations commerciales et économiques entre les Parties et convaincus que le présent Accord créera de nouvelles perspectives de commerce et d'investissement pour ces secteurs privés,

Convaincus que la mise en œuvre du présent Accord contribuera à créer des possibilités d'emploi nouvelles et meilleures grâce au développement des ressources humaines et améliorera ainsi le niveau de vie – notamment le bien-être des consommateurs – des peuples des Parties,

Réaffirmant l'opinion selon laquelle le présent Accord contribuera non seulement au renforcement des liens politiques et économiques existants entre les Parties, mais deviendra également l'une des étapes importantes dans l'élaboration du « Partenariat stratégique » entre le Japon et la Mongolie,

Rappelant l'article XXIV du GATT de 1994 et l'article V de l'AGCS,

Convaincus que le présent Accord ouvrirait une nouvelle ère dans les relations entre les Parties, et

Déterminés à établir un cadre juridique propice au renforcement du partenariat économique entre les Parties,

Sont convenus de ce qui suit :

CHAPITRE PREMIER. DISPOSITIONS GÉNÉRALES

Article 1.1. Objectif

Le présent Accord a pour objectif de créer un nouveau dynamisme économique entre les Parties par les moyens suivants, en tenant compte du stade de développement et des besoins économiques des Parties :

a) Libéraliser et faciliter le commerce de marchandises et des services entre les Parties ;

b) Faciliter le mouvement de personnes physiques entre les Parties ;

c) Multiplier les possibilités d'investissement et renforcer la protection des investissements et des activités d'investissement au sein des Parties ;

d) Renforcer la protection de la propriété intellectuelle ;

e) Promouvoir la coopération et la coordination en vue de l'application effective des lois en matière de concurrence dans chaque Partie ;

f) Créer un cadre visant à renforcer, à élargir et à intensifier davantage la coopération bilatérale dans tous les domaines liés au commerce, à l'investissement et à l'amélioration du climat des affaires ; et

g) Établir des procédures efficaces pour la mise en œuvre et le fonctionnement du présent Accord et pour la prévention et le règlement des différends.

Article 1.2. Définitions générales

Aux fins du présent Accord, sauf indication contraire :

a) L'expression « Accord sur l'évaluation en douane » désigne l'Accord sur la mise en œuvre de l'article VII de l'Accord général sur les tarifs douaniers et le commerce de 1994, figurant à l'annexe 1A de l'Accord sur l'OMC ;

b) Le terme « zone » désigne :

i) Pour le Japon, le territoire du Japon, ainsi que la zone économique exclusive et le plateau continental sur lesquels le Japon exerce des droits souverains ou juridictionnels conformément au droit international ; et

ii) Pour la Mongolie, le territoire de la Mongolie ;

Note : Aucune disposition du présent alinéa n'affecte les droits et obligations des Parties en vertu du droit international, y compris ceux découlant de la Convention des Nations Unies sur le droit de la mer.

c) L'expression « présence commerciale » désigne tout type d'établissement commercial ou professionnel, notamment par :

i) La constitution, l'acquisition ou le maintien d'une personne morale ; ou

ii) La création ou le maintien d'une succursale ou d'un bureau de représentation,

dans la zone d'une Partie en vue de la fourniture d'un service ;

d) L'expression « autorité douanière » désigne l'autorité qui, conformément à la législation de chaque Partie ou d'une non-Partie, est responsable de l'administration et de la mise en œuvre des lois et règlements douaniers :

i) Pour le Japon, le Ministère des finances, ou son successeur ; et

ii) Pour la Mongolie, l'Administration générale des douanes, ou son successeur ;

e) Le terme « jours » désigne des jours civils, y compris les fins de semaine et les jours fériés ;

f) Le terme « entreprise » désigne toute personne morale ou tout autre entité dûment constituée ou organisée conformément aux lois et règlements applicables, à des fins lucratives ou non, et détenue ou contrôlée par le secteur privé ou le secteur public, y compris toute société, société de fiducie, société de personnes, entreprise individuelle, coentreprise, association, organisation ou entreprise ;

g) L'expression « entreprise d'une Partie » désigne une entreprise constituée ou organisée conformément aux lois et règlements applicables de cette Partie ;

h) Le sigle « AGCS » désigne l'Accord général sur le commerce des services, figurant à l'annexe 1B de l'Accord sur l'OMC ;

i) L'expression « GATT de 1994 » désigne l'Accord général sur les tarifs douaniers et le commerce de 1994, figurant à l'annexe 1A de l'Accord sur l'OMC. Aux fins du présent Accord, les références aux articles du GATT de 1994 comprennent les notes interprétatives ;

j) L'expression « Système harmonisé » ou le sigle « SH » désignent le Système harmonisé de désignation et de codification des produits, décrit dans l'annexe de la Convention internationale sur le Système harmonisé de désignation et de codification des produits, adopté et transposé par les Parties dans leurs législations respectives ;

k) Le terme « investissement » désigne tout type d'avoir détenu ou contrôlé, directement ou indirectement, par un investisseur et comprenant :

i) Une entreprise et une succursale d'une entreprise ;

ii) Les parts, actions ou autres formes de participation au capital d'une entreprise, y compris les droits qui en découlent ;

iii) Les obligations, obligations non garanties, prêts et autres formes de dettes, y compris les droits qui en découlent ;

iv) Les droits découlant de contrats, y compris les contrats clés en main, de construction, de gestion, de production ou de partage des revenus ;

v) Les créances monétaires et les créances sur les réalisations sous contrat ayant une valeur financière ;

vi) La propriété intellectuelle ;

Note : L'expression « propriété intellectuelle » renvoie à ce qui est énoncé à l'article 12.2.

vii) Les droits conférés en vertu des lois et règlements ou de contrats tels que les concessions, les licences, les autorisations et les permis, notamment, sans s'y limiter, ceux relatifs à la fourniture de services financiers, à la fourniture de services de télécommunications, à la production d'énergie nucléaire et à la prospection et l'exploitation de ressources naturelles ; et

viii) Tout autre élément matériel et immatériel, bien meuble et immeuble, ainsi que tous les droits de propriété afférents tels que les contrats de location, les hypothèques, les nantissements et les gages ;

Note : Un investissement comprend les montants provenant d'un investissement et notamment les bénéfices, les intérêts, les plus-values, les dividendes, les redevances et les commissions. Une modification de la forme dans laquelle les actifs sont investis n'altère pas leur nature en tant qu'investissement.

l) L'expression « investisseur d'une Partie » désigne :

i) Une personne physique qui est un ressortissant d'une Partie en vertu de la législation de la Partie ; ou

ii) Une entreprise de cette Partie,

qui cherche à faire, fait ou a fait des investissements dans la zone de l'autre Partie ;

m) L'expression « personne morale » désigne toute entité juridique dûment constituée ou autrement organisée en vertu de la législation applicable, à des fins lucratives ou non, et détenue par le secteur privé ou le secteur public, y compris toute société, fiducie, société de personnes, coentreprise, entreprise individuelle ou association ;

n) Une personne morale :

i) Est « détenue » par des personnes si plus de 50 % de son capital social appartient en pleine propriété à ces personnes ; et

ii) Est « contrôlée » par des personnes si ces personnes ont la capacité de nommer une majorité des administrateurs ou sont autrement habilitées en droit à diriger ses opérations ;

o) L'expression « produit originaire » désigne un produit qui remplit les conditions requises pour être considéré comme un produit originaire conformément aux dispositions du chapitre 3 ;

p) Le terme « Parties » désigne le Japon et la Mongolie, et le terme « Partie » désigne soit le Japon, soit la Mongolie ;

q) Le terme « personne » désigne une personne physique ou une entreprise/personne morale, le cas échéant ;

r) L'expression « fournisseur de services » désigne toute personne qui fournit ou cherche à fournir un service ;

Note : Lorsque le service n'est pas fourni ou lorsqu'on ne cherche pas à le fournir directement par une personne morale, mais grâce à d'autres formes de présence commerciale telles qu'une succursale ou un bureau de représentation, le fournisseur de services (c'est-à-dire la personne morale) n'en bénéficie pas moins, grâce à une telle présence commerciale, du traitement prévu pour les fournisseurs de services en vertu du chapitre 7. Ce traitement est accordé à la présence commerciale grâce à laquelle le service est fourni ou à laquelle on cherche à le fournir et ne doit pas nécessairement être étendu à d'autres parties du fournisseur situées hors de la zone d'une Partie dans laquelle le service est fourni ou dans laquelle on cherche à le fournir.

s) L'expression « Accord sur l'application des mesures sanitaires et phytosanitaires » désigne l'Accord sur l'application des mesures sanitaires et phytosanitaires figurant à l'annexe 1A de l'Accord sur l'OMC ;

t) L'expression « entreprise d'État » désigne une personne morale détenue ou contrôlée par une Partie ;

u) L'expression « Accord sur les ADPIC » désigne l'Accord sur les aspects des droits de propriété intellectuelle qui touchent au commerce figurant à l'annexe 1C de l'Accord sur l'OMC ;

v) Le sigle « CNUDM » désigne la Convention des Nations Unies sur le droit de la mer, faite à Montego Bay le 10 décembre 1982 ; et

w) L'expression « Accord sur l'OMC » désigne l'Accord de Marrakech instituant l'Organisation mondiale du commerce, fait à Marrakech le 15 avril 1994.

Article 1.3. Transparence

1. Chaque Partie publie sans délai, ou met de toute autre manière à la disposition du public, ses lois, règlements et décisions judiciaires d'application générale, ainsi que les accords internationaux auxquels elle est partie, en ce qui concerne toute question visée par le présent Accord.

2. Chaque Partie met facilement à la disposition du public les noms et les adresses des autorités compétentes responsables des lois et règlements visés au paragraphe 1.

3. Chaque Partie, à la demande de l'autre Partie et dans un délai raisonnable, répond aux questions spécifiques de l'autre Partie et lui fournit des informations relatives aux questions visées au paragraphe 1, dans la mesure du possible en langue anglaise.

4. Au moment d'introduire ou de modifier ses lois ou règlements qui affectent de manière significative la mise en œuvre et le fonctionnement du présent Accord, chaque Partie s'emploie à prévoir, sauf dans les situations d'urgence et dans la mesure où cela est couvert par son droit interne, un intervalle de temps raisonnable entre le moment où les lois ou règlements sont publiés ou rendus publics et le moment de leur entrée en vigueur.

Article 1.4. Procédures de consultation du public

Chaque Partie, conformément à ses lois et règlements et dans la mesure du possible, s'efforce de maintenir des procédures de consultation du public en ce qui concerne toute question abordée par le présent Accord.

Article 1.5. Procédures administratives

1. À la réception d'une demande présentée par une personne qui souhaite obtenir une décision administrative concernant ou affectant la mise en œuvre et le fonctionnement du présent Accord, les autorités compétentes d'une Partie, conformément aux lois et règlements de la Partie :

   a) Informent le demandeur de la décision prise dans un délai raisonnable après la présentation de la demande considérée comme complète conformément aux lois et règlements de la Partie, en tenant compte du délai standard établi visé au paragraphe 3 ; et

   b) Fournissent, à la demande du demandeur et dans un délai raisonnable, des informations concernant le statut de la demande.

2. Les autorités compétentes d'une Partie, conformément aux lois et règlements de la Partie, établissent des critères d'examen de la demande visée au paragraphe 1. Les autorités compétentes :

   a) Fixent des critères aussi précis que possible ; et

   b) Rendent ces critères publiquement disponibles, sauf si cela devait poser à la Partie concernée des difficultés inhabituelles sur le plan administratif.

3. Aux fins de l'examen des demandes visées au paragraphe 1, les autorités compétentes d'une Partie, conformément aux lois et règlements de la Partie :

a) S'efforcent d'établir des délais standard entre la réception des demandes et les décisions administratives prises en réponse aux demandes ; et

b) Rendent publics ces délais, s'ils sont établis.

4. Les autorités compétentes d'une Partie s'efforcent, conformément aux lois et règlements de la Partie, avant toute décision définitive qui impose des obligations ou restreint les droits juridiques d'une personne, de fournir à cette personne :

a) Un préavis raisonnable, notamment une description de la nature de la mesure, les dispositions spécifiques sur lesquelles cette mesure s'appuie et les faits susceptibles de la motiver ; et

b) Une possibilité raisonnable de présenter des faits et des arguments à l'appui de sa position,

si le moment, la nature de la mesure et l'intérêt général le permettent.

Article 1.6. Révision et appel

1. Chaque Partie assure le fonctionnement de tribunaux ou procédures judiciaires ou administratifs aux fins de l'examen rapide et, le cas échéant, de la correction des mesures administratives relatives aux questions couvertes par le présent Accord. Ces tribunaux ou procédures sont impartiaux et indépendants des autorités chargées de la mise en œuvre administrative des mesures concernées.

2. Chaque Partie fait en sorte que les parties concernées par ces instances ou procédures bénéficient :

a) D'une possibilité raisonnable de soutenir ou de défendre leurs positions respectives ; et

b) D'une décision fondée sur les éléments de preuve et les observations versées au dossier.

3. Chaque Partie, sous réserve d'appel ou de réexamen conformément à ses lois et règlements, s'assure que la décision est appliquée par les autorités compétentes eu égard à la mesure administrative en cause.

Article 1.7. Mesures de lutte contre la corruption

Chaque Partie prend, conformément à ses lois et règlements, les mesures appropriées pour prévenir et combattre la corruption de ses agents publics lorsqu'ils traitent des questions couvertes par le présent Accord.

Article 1.8. Informations confidentielles

1. Chaque Partie, conformément à ses lois et règlements, respecte la confidentialité des renseignements fournis à titre confidentiel par l'autre Partie en vertu du présent Accord.

2. Sauf disposition contraire du présent Accord, rien dans le présent Accord n'exige d'une Partie qu'elle fournisse des informations confidentielles dont la divulgation empêcherait l'exécution de ses lois et règlements, ou qui serait d'une autre manière contraire à l'intérêt public, ou qui

porterait préjudice aux intérêts commerciaux légitimes d'entreprises particulières, qu'elles soient publiques ou privées.

Article 1.9. Imposition

1. Sauf disposition contraire du présent Accord, les dispositions du présent Accord ne s'appliquent pas aux mesures fiscales.

2. Aucune disposition du présent Accord n'affecte les droits et obligations d'une Partie en vertu d'une convention fiscale. En cas d'incompatibilité entre le présent Accord et une telle convention, cette dernière prévaut dans la mesure de l'incompatibilité.

3. Les articles 1.3 et 1.8 s'appliquent aux mesures fiscales dans la mesure où les dispositions du présent Accord sont applicables à ces mesures fiscales.

Article 1.10. Exceptions

1. Aux fins du présent Accord, à l'exception des chapitres 7, 8 et 12, les articles XX et XXI du GATT de 1994 sont intégrés au présent Accord et en font partie intégrante, mutatis mutandis.

2. Aux fins des chapitres 7, 8, 9 et 10, les articles XIV et XIV bis de l'AGCS sont intégrés au présent Accord et en font partie intégrante, mutatis mutandis.

3. Les Parties peuvent se consulter sur des questions liées à une situation dans laquelle :

a) Les recettes d'exportation d'une Partie dont l'économie dépend des exportations d'un petit nombre de produits primaires peuvent être grandement réduites par la baisse des ventes ou des cours mondiaux de ces produits ; ou

b) La promotion de la création d'une industrie particulière d'une Partie peut être nécessaire en vue d'augmenter le niveau de vie général de sa population.

Note : Aux fins du présent article, il est entendu que l'alinéa b) de l'article XX du GATT de 1994 et l'alinéa b) de l'article XIV de l'AGCS incluent les mesures environnementales nécessaires à la protection de la santé ou de la vie humaine et animale ainsi qu'à la préservation des végétaux, et que l'alinéa g) de l'article XX du GATT de 1994 s'applique aux mesures de conservation des ressources naturelles épuisables, vivantes et non vivantes.

Article 1.11. Relation avec d'autres Accords

1. Les Parties réaffirment leurs droits et obligations au titre de l'Accord sur l'OMC ou d'autres accords auxquels les deux Parties sont parties.

2. En cas d'incompatibilité entre le présent Accord et l'Accord sur l'OMC, ce dernier prévaut dans la mesure de l'incompatibilité.

3. En cas d'incompatibilité entre le présent Accord et tout accord autre que l'Accord sur l'OMC auquel les deux Parties sont parties, les Parties se consultent immédiatement en vue de trouver une solution mutuellement satisfaisante, en tenant compte des principes généraux du droit international.

Article 1.12. Accord d'exécution

Les Gouvernements des Parties concluent un accord séparé qui prévoit les détails et les procédures de mise en œuvre des dispositions du présent Accord et qui est complémentaire au présent Accord (ci-après dénommé « Accord d'exécution »).

Article 1.13. Comité mixte

1. Les Parties créent par la présente un Comité mixte dans le cadre du présent Accord.
2. Les fonctions du Comité mixte sont les suivantes :
   a) Examiner et surveiller la mise en œuvre et le fonctionnement du présent Accord et, si nécessaire, formuler des recommandations appropriées aux Parties ;
   b) Examiner et recommander aux Parties tout amendement au présent Accord ;
   c) Superviser et coordonner le travail de l'ensemble des Sous-comités créés dans le cadre du présent Accord ;
   d) Adopter :
      i) Les procédures opérationnelles relatives au commerce de marchandises et les procédures opérationnelles relatives aux règles d'origine visées respectivement à l'article 2.20 et à l'article 3.26 ; et
      ii) Toute décision nécessaire ; et
   e) S'acquitter d'autres fonctions dont peuvent convenir les Parties.
3. Le Comité mixte :
   a) Est composé de représentants des Gouvernements des Parties ;
   b) Peut créer des Sous-comités autres que ceux mentionnés à l'article 1.14 ; et
   c) Peut déléguer ses responsabilités aux Sous-comités.
4. Le Comité mixte établit ses règles et ses procédures.
5. Le Comité mixte tient sa première réunion à la date d'entrée en vigueur du présent Accord et, par la suite, aux dates, dans les lieux ou par les moyens convenus par les Parties.

Article 1.14. Sous-comités

1. Les Sous-comités suivants sont créés à la date d'entrée en vigueur du présent Accord :
   a) Le Sous-comité du commerce de marchandises, comme prévu à l'article 2.19 ;
   b) Le Sous-comité des règles d'origine, comme prévu à l'article 3.25 ;
   c) Le Sous-comité des procédures douanières et de la facilitation du commerce, comme prévu à l'article 4.8 ;
   d) Le Sous-comité des mesures sanitaires et phytosanitaires, comme prévu à l'article 5.6 ;
   e) Le Sous-comité des règlements techniques, des normes et des procédures d'évaluation de la conformité, comme prévu à l'article 6.9 ;
   f) Le Sous-comité du commerce des services, comme prévu à l'article 7.16 ;
   g) Le Sous-comité de la circulation des personnes physiques, comme prévu à l'article 8.6 ;

h) Le Sous-comité du commerce électronique, comme prévu à l'article 9.13 ;

i) Le Sous-comité des investissements, comme prévu à l'article 10.18 ;

j) Le Sous-comité de la propriété intellectuelle, comme prévu à l'article 12.18 ;

k) Le Sous-comité des marchés publics, comme prévu à l'article 13.5 ;

l) Le Sous-comité de l'amélioration du climat des affaires, comme prévu à l'article 14.2 ; et

m) Le Sous-comité de la coopération, comme prévu à l'article 15.4.

2. Les Sous-comités s'acquittent des fonctions spécifiées dans les articles correspondants visés au paragraphe 1.

Article 1.15. Communications

Chaque Partie nomme un point de contact pour faciliter les communications entre les Parties sur toute question relative au présent Accord.

CHAPITRE 2. COMMERCE DE MARCHANDISES

SECTION 1. RÈGLES GÉNÉRALES

Article 2.1. Définitions

Aux fins du présent chapitre :

a) L'expression « Accord sur l'agriculture » désigne l'Accord sur l'agriculture figurant à l'annexe 1A de l'Accord sur l'OMC ;

b) L'expression « Accord sur les pratiques antidumping » désigne l'Accord sur la mise en œuvre de l'article VI de l'Accord général sur les tarifs douaniers et le commerce de 1994 figurant à l'annexe 1A de l'Accord sur l'OMC ;

c) L'expression « Accord sur les sauvegardes » désigne l'Accord sur les sauvegardes figurant à l'annexe 1A de l'Accord sur l'OMC ;

d) L'expression « Accord sur les subventions et les mesures compensatoires » désigne l'Accord sur les subventions et les mesures compensatoires figurant à l'annexe 1A de l'Accord sur l'OMC ;

e) L'expression « mesure de sauvegarde bilatérale » désigne une mesure de sauvegarde bilatérale prévue au paragraphe 2 de l'article 2.8 ;

f) L'expression « droit de douane » désigne tout droit de douane ou droit d'importation imposé à l'occasion de l'importation d'un produit, mais ne comprend pas :

i) Une imposition équivalant à une taxe intérieure appliquée, conformément aux dispositions du paragraphe 2 de l'article II et du paragraphe 2 de l'article III du GATT de 1994 ;

ii) Les droits antidumping ou compensateurs appliqués en application de la législation d'une Partie et conformément aux dispositions de l'article VI du GATT de 1994, de l'Accord sur les pratiques antidumping et de l'Accord sur les subventions et les mesures compensatoires ; ou

iii) Les redevances ou autres impositions correspondant au coût des services rendus ;

g) L'expression « valeur en douane des produits » désigne la valeur des produits aux fins de l'application des droits de douane ad valorem sur les importations ;

h) L'expression « branche de production nationale » désigne l'ensemble des fabricants des produits similaires ou directement concurrents en activité sur le territoire d'une Partie, ou ceux dont les productions additionnées de produits similaires ou directement concurrents constituent une proportion majeure de la production nationale totale de ces produits ;

i) L'expression « mesure de sauvegarde bilatérale provisoire » désigne une mesure de sauvegarde bilatérale provisoire prévue au paragraphe 1 de l'article 2.13 ;

j) L'expression « dommage grave » désigne une dégradation générale notable de la situation d'une branche de production nationale ; et

k) L'expression « menace de dommage grave » désigne un dommage grave qui, à la lumière des faits et pas seulement sur la base d'allégations, de conjectures ou de lointaines possibilités, est clairement imminent.

Article 2.2. Classification des produits

La classification des produits faisant l'objet du commerce entre les Parties est conforme au Système harmonisé.

Article 2.3. Traitement national

Chaque Partie accorde le traitement national aux produits de l'autre Partie, en conformité avec l'article III du GATT de 1994 et, à cette fin, l'article III du GATT de 1994 est incorporé au présent Accord dont il fait partie intégrante, mutatis mutandis.

Article 2.4. Élimination ou réduction des droits de douane

1. Sauf disposition contraire du présent Accord, chaque Partie élimine ou réduit ses droits de douane sur les produits originaires de l'autre Partie, conformément à sa liste figurant à l'annexe 1.

2. À la demande de l'une ou l'autre Partie, les Parties examinent les questions telles que l'amélioration des conditions d'accès au marché des produits originaires désignés comme devant faire l'objet de négociations dans les listes figurant à l'annexe 1, conformément aux modalités et conditions qui y sont énoncées.

3. Conformément à l'alinéa b) du paragraphe 1 de l'article II du GATT de 1994, les produits échangés entre les Parties sont exonérés de droits ou redevances de toute nature appliqués à l'importation ou associés à l'importation.

4. Aucune disposition du présent article n'empêche une Partie d'appliquer, à tout moment, une imposition équivalant à une taxe intérieure, un droit antidumping ou compensateur, ou des frais ou autres redevances visées aux alinéas i) à iii) du paragraphe f) de l'article 2.1, respectivement, sur l'importation de tout produit provenant de l'autre Partie.

5. Si, du fait de l'élimination ou de la réduction de son droit de douane sur un produit particulier sur la base de la nation la plus favorisée, le taux de la nation la plus favorisée appliqué à ce produit devient égal ou inférieur au taux de droits de douane à appliquer conformément au

paragraphe 1 au produit originaire classé sous la même ligne tarifaire que ledit produit particulier, chacune des Parties notifie à l'autre partie ladite élimination ou réduction sans délai.

6. Dans les cas où son taux de droit de douane de la nation la plus favorisée appliqué à un produit particulier devient inférieur au taux de droits de douane à appliquer conformément au paragraphe 1 au produit originaire classé sous la même ligne tarifaire que ledit produit particulier, chaque Partie applique à ce produit originaire le taux le plus bas.

Article 2.5. Évaluation en douane

Aux fins de la détermination de la valeur en douane des produits faisant l'objet du commerce entre les Parties, les dispositions de la Partie I de l'Accord sur l'évaluation en douane s'appliquent mutatis mutandis.

Article 2.6. Subventions à l'exportation

Aucune Partie n'introduit ni ne maintient des subventions à l'exportation, qui sont incompatibles avec ses obligations en vertu de l'Accord sur l'OMC, pour un produit agricole mentionné dans la liste figurant à l'annexe 1 de l'Accord sur l'agriculture.

Article 2.7. Restrictions à l'importation et à l'exportation

1. Aucune Partie n'adopte ni ne maintient une interdiction ou une restriction autre que des droits de douane à l'importation d'un produit provenant de l'autre Partie ou l'exportation ou la vente à l'exportation d'un produit destiné à l'autre Partie, si cette mesure est incompatible avec ses obligations découlant des dispositions pertinentes de l'Accord sur l'OMC.

2. Si une Partie introduit une interdiction ou une restriction autre que des droits de douane qui est conforme aux dispositions de l'Accord sur l'OMC en ce qui concerne l'importation depuis l'autre Partie, ou l'exportation vers celle-ci, d'un produit sur lequel les Parties se sont entendues, la première Partie met à la disposition de l'autre Partie des informations pertinentes, et s'efforce de les lui notifier, avant l'introduction de cette interdiction ou restriction, ou le plus tôt possible après celle-ci, conformément aux lois et règlements de la première Partie. Le présent paragraphe s'applique sauf si la première Partie estime que le partage de ces informations est préjudiciable à l'intérêt public.

Note : Une Partie peut se conformer au paragraphe en fournissant les informations pertinentes à l'autre Partie au moyen des procédures applicables conformément à l'Accord sur l'OMC.

SECTION 2. MESURES DE SAUVEGARDE

Article 2.8. Application de mesures de sauvegarde bilatérales

1. Sous réserve des dispositions de la présente section, une Partie peut appliquer une mesure de sauvegarde bilatérale dans la mesure minimale nécessaire pour prévenir un dommage grave à sa production nationale ou pour y remédier et pour faciliter son ajustement, si un produit originaire de l'autre Partie, en conséquence de l'élimination ou de la réduction des droits de douane sur les importations visées à l'article 2.4, est importé dans le territoire de la première Partie en quantités

tellement accrues, dans l'absolu ou par rapport à la production nationale, et à des conditions telles que les importations dudit produit originaire constituent une cause substantielle de dommage grave ou de menace de dommage grave pour une branche de production nationale de la première Partie.

2. Une Partie peut, en guise de mesure de sauvegarde bilatérale :

a) Suspendre toute nouvelle réduction du taux de droit de douane appliqué au produit originaire, comme prévu dans le présent chapitre ; ou

b) Augmenter le taux de droit de douane applicable au produit originaire à un niveau n'excédant pas le plus bas :

i) Du taux de droit de douane appliqué à la nation la plus favorisée qui est en vigueur à la date de mise en application de la mesure de sauvegarde bilatérale ; et

ii) Du taux de droit de douane appliqué à la nation la plus favorisée en vigueur le jour précédant immédiatement la date d'entrée en vigueur du présent Accord.

Article 2.9. Conditions et limitations

1. Aucune mesure de sauvegarde bilatérale n'est maintenue, sauf dans la mesure et pour la période nécessaires pour prévenir ou réparer un dommage grave et pour faciliter l'ajustement, pour autant que ladite période n'excède pas trois ans. Toutefois, dans des circonstances tout à fait exceptionnelles, il est possible de proroger une mesure de sauvegarde bilatérale, à condition que la durée totale de cette mesure, prorogations comprises, n'excède pas six ans. Afin de faciliter l'ajustement lorsque la durée probable d'une mesure de sauvegarde bilatérale est supérieure à une année, la Partie qui maintient la mesure de sauvegarde bilatérale la libéralise progressivement à intervalles réguliers pendant la période d'application.

2. Aucune mesure de sauvegarde bilatérale ne s'applique de nouveau à l'importation d'un produit originaire particulier ayant fait l'objet d'une telle mesure de sauvegarde bilatérale, pendant une période égale à la durée de la précédente mesure de sauvegarde bilatérale ou d'un an, la période la plus longue étant retenue.

3. À l'expiration d'une mesure de sauvegarde bilatérale, le taux de droit de douane applicable au produit originaire ayant fait l'objet de la mesure correspond au taux qui aurait été en vigueur si la mesure de sauvegarde bilatérale n'avait jamais été appliquée.

4. Une mesure de sauvegarde bilatérale n'est pas appliquée à un produit originaire de la Partie exportatrice tant que sa part dans les importations du produit considéré dans la Partie importatrice ne dépasse pas 3 %.

5. Chaque Partie adopte ou maintient des procédures équitables, rapides, transparentes et efficaces concernant les mesures de sauvegarde bilatérales.

Article 2.10. Enquête

1. Une Partie ne peut appliquer une mesure de sauvegarde bilatérale qu'à la suite d'une enquête menée par les autorités compétentes de cette Partie conformément aux procédures prévues à l'article 3 et au paragraphe 2 de l'article 4 de l'Accord sur les sauvegardes.

2. L'enquête prévue au paragraphe 1, sauf circonstances spéciales, est close dans un délai d'un an et, en tout état de cause, dans un délai n'excédant pas 18 mois à compter de la date de son ouverture.

Article 2.11. Notification et consultations

1. Une Partie notifie immédiatement l'autre Partie par écrit lorsqu'elle :

a) Ouvre une enquête visée au paragraphe 1 de l'article 2.10 au sujet de l'existence d'un dommage grave ou d'une menace de dommage grave et lui en donne les raisons ; et

b) Décide d'appliquer ou de proroger une mesure de sauvegarde bilatérale.

2. La Partie à l'origine de la notification écrite visée au paragraphe 1 fournit à l'autre Partie toutes les informations pertinentes, notamment :

a) Dans la notification écrite visée à l'alinéa a) du paragraphe 1, la raison pour laquelle l'enquête a été ouverte, une description précise du produit originaire faisant l'objet de l'enquête, sa sous-catégorie dans le Système harmonisé, la période couverte par l'enquête et la date de son ouverture ; et

b) Dans la notification écrite visée à l'alinéa b) du paragraphe 1, les éléments de preuve de l'existence d'un dommage grave ou d'une menace de dommage grave causé par l'accroissement des importations d'un produit originaire, une description précise du produit originaire assujetti à la mesure de sauvegarde bilatérale proposée et sa sous-catégorie dans le Système harmonisé, une description précise de la mesure de sauvegarde bilatérale, la date projetée pour son introduction et sa durée probable.

3. Une Partie qui projette d'appliquer ou de proroger une mesure de sauvegarde bilatérale ménage une possibilité adéquate de consultations préalables à l'autre Partie, afin d'examiner les renseignements obtenus durant l'enquête visée au paragraphe 1 de l'article 2.10, de procéder à un échange de vues au sujet de la mesure de sauvegarde bilatérale et de parvenir à un accord sur la compensation prévue à l'article 2.12.

Article 2.12. Indemnisation

1. Une Partie qui projette d'appliquer ou de proroger une mesure de sauvegarde bilatérale peut convenir de fournir à l'autre Partie des moyens de compensation commerciale adéquats, consentis d'un commun accord, sous forme de concessions de droits de douane dont la valeur est substantiellement équivalente à celle des droits de douane additionnels devant résulter de la mesure de sauvegarde bilatérale.

2. Si les Parties ne parviennent pas à un accord au sujet de l'indemnisation dans les 30 jours à compter du début des consultations menées conformément au paragraphe 3 de l'article 2.11, la Partie dont les produits originaires sont visés par une mesure de sauvegarde bilatérale est libre de suspendre l'application des concessions de droits de douane découlant du présent Accord, lesquels sont substantiellement équivalents à la mesure de sauvegarde bilatérale. La Partie qui exerce son droit de suspension ne peut suspendre l'application des concessions de droits de douane que pendant la période minimale nécessaire pour obtenir les effets substantiellement équivalents et seulement aussi longtemps que la mesure de sauvegarde bilatérale est maintenue.

Article 2.13. Mesures de sauvegarde bilatérales provisoires

1. Dans des circonstances critiques où tout retard causerait un tort qu'il serait difficile de réparer, une Partie peut prendre une mesure de sauvegarde bilatérale provisoire, qui prend la forme de la mesure visée aux alinéas a) ou b) du paragraphe 2 de l'article 2.8, après avoir déterminé à titre

préliminaire qu'il existe des éléments de preuve manifestes selon lesquels un accroissement des importations d'un produit originaire de l'autre Partie a causé un dommage grave ou menace de causer un dommage grave à une branche de la production nationale de la première Partie.

2. Une Partie notifie par écrit l'autre Partie avant d'appliquer une mesure de sauvegarde bilatérale provisoire. Les consultations entre les Parties quant à l'application de la mesure de sauvegarde bilatérale provisoire commencent immédiatement après l'application de la mesure de sauvegarde bilatérale provisoire.

3. La durée d'une mesure de sauvegarde bilatérale provisoire ne dépasse pas 200 jours. Durant cette période, les exigences pertinentes de l'article 2.10 doivent être respectées. La durée de la mesure de sauvegarde bilatérale provisoire est incluse dans la période visée au paragraphe 1 de l'article 2.9.

4. Les paragraphes 3 à 5 de l'article 2.9 s'appliquent, mutatis mutandis, à une mesure de sauvegarde bilatérale provisoire. Le droit de douane institué du fait de la mesure de sauvegarde bilatérale provisoire est remboursé s'il n'est pas déterminé dans l'enquête ultérieure visée au paragraphe 1 de l'article 2.10 que l'augmentation des importations du produit originaire de l'autre Partie a causé ou menacé de causer un dommage grave à une branche de production nationale.

Article 2.14. Relation aux mesures de sauvegarde au titre de l'Accord sur l'OMC

1. Aucune disposition de la présente section n'empêche une Partie d'appliquer une mesure de sauvegarde à un produit originaire de l'autre Partie, conformément :

a) À l'article XIX du GATT de 1994 et à l'Accord sur les sauvegardes ; ou

b) À l'article 5 de l'Accord sur l'agriculture.

2. Une Partie qui applique une mesure de sauvegarde à l'importation d'un produit originaire de l'autre Partie conformément à l'article XIX du GATT de 1994 et à l'Accord sur les sauvegardes, ou à l'article 5 de l'Accord sur l'agriculture, ne peut pas appliquer en même temps à cette importation une mesure de sauvegarde bilatérale en vertu de la présente section.

3. Si une Partie a appliqué, en vertu de la présente section, une mesure de sauvegarde bilatérale à l'importation d'un produit originaire de l'autre Partie avant l'application d'une mesure de sauvegarde conformément à l'article XIX du GATT de 1994 et à l'Accord sur les sauvegardes, ou à l'article 5 de l'Accord sur l'agriculture, la durée de cette dernière mesure de sauvegarde est comptée comme faisant partie de la durée totale de la mesure de sauvegarde bilatérale. La Partie peut reprendre l'application de la mesure de sauvegarde bilatérale à cette importation après l'expiration de cette dernière, pour la durée restante de la mesure de sauvegarde bilatérale.

Article 2.15. Communications

La notification écrite visée au paragraphe 1 de l'article 2.11 et au paragraphe 2 de l'article 2.13, ainsi que toute autre communication entre les Parties conformément à la présente section, est rédigée en langue anglaise.

Article 2.16. Examen

Les Parties réexaminent les dispositions du présent article, si nécessaire, 10 ans après la date d'entrée en vigueur du présent Accord.

SECTION 3. AUTRES DISPOSITIONS

Article 2.17. Mesures antidumping et mesures compensatoires

Aucune disposition du présent chapitre n'est interprétée comme empêchant une Partie de prendre une mesure conformément aux dispositions de l'article VI du GATT de 1994, de l'Accord sur les pratiques antidumping et de l'Accord sur les subventions et les mesures compensatoires.

Article 2.18. Mesures de sauvegarde de la balance des paiements

1. Aucune disposition du présent chapitre n'est interprétée comme empêchant une Partie de prendre toute mesure destinée à sauvegarder l'équilibre de sa balance des paiements. La Partie qui prend une telle mesure se conforme aux conditions établies à l'article XII du GATT de 1994 ainsi qu'au Mémorandum d'accord sur les dispositions de l'Accord général sur les tarifs douaniers et le commerce de 1994 relatives à la balance des paiements figurant à l'annexe 1A de l'Accord sur l'OMC.

2. Aucune disposition du présent chapitre n'a pour effet d'interdire à une Partie de recourir à des contrôles des changes ou à des restrictions en matière de change qui sont conformes aux Statuts du Fonds monétaire international.

Article 2.19. Sous-comité du commerce de marchandises

1. Aux fins de la mise en œuvre et du fonctionnement efficaces du présent chapitre, les Parties créent par la présente un Sous-comité du commerce de marchandises (ci-après dénommé le « Sous-comité » dans le présent article).

2. Les fonctions du Sous-comité sont les suivantes :

   a) Examiner et surveiller la mise en œuvre et le fonctionnement du présent chapitre ;

   b) Examiner toute autre question liée au présent chapitre dont les Parties peuvent convenir ;

   c) Examiner et formuler des recommandations appropriées, le cas échéant, au Comité mixte relatives aux Procédures opérationnelles pour le commerce de marchandises visées à l'article 2.20 ;

   d) Rendre compte des conclusions du Sous-comité au Comité mixte ; et

   e) S'acquitter d'autres fonctions que le Comité mixte peut lui déléguer.

3. Le Sous-comité se compose de représentants des Gouvernements des Parties.

4. Le Sous-comité se réunit aux dates, dans les lieux ou par les moyens convenus par les Parties.

Article 2.20. Procédures opérationnelles relatives au commerce de marchandises

Dès la date d'entrée en vigueur du présent Accord, le Comité mixte adopte des procédures opérationnelles applicables au commerce de marchandises, qui fixent de manière détaillée les règles que doivent observer les autorités compétentes des Parties lorsqu'elles s'acquittent de leurs fonctions au titre du présent chapitre.

Article 2.21. Coopération en matière d'exportation

Les Parties, conformément aux dispositions du chapitre 15, coopèrent dans le domaine des véhicules à moteur à quatre roues d'occasion exportés par la Partie exportatrice.

CHAPITRE 3. RÈGLES D'ORIGINE

Article 3.1. Définitions

Aux fins du présent chapitre :

a) L'expression « autorité gouvernementale compétente » désigne l'autorité qui, conformément à la législation de chaque Partie, est responsable de la délivrance d'un certificat d'origine ou de la désignation des entités ou organes de certification ;

b) Le terme « exportateur » désigne une personne située sur le territoire d'une Partie exportatrice qui exporte un produit depuis la Partie exportatrice ;

c) L'expression « navires-usines de la Partie » ou « navires de la Partie » désigne respectivement les navires-usines ou les navires :

- i) Enregistrés dans la Partie ;
- ii) Qui battent pavillon de la Partie ; et
- iii) Qui remplissent l'une des conditions suivantes :
  - A) Ils sont détenus au moins à 50 % par des ressortissants des Parties ; ou
  - B) Ils appartiennent à une personne morale dont le siège social et son établissement principal sont situés dans l'une ou l'autre Partie et qui ne possède aucun navire ou bateau immatriculé dans une non-Partie ;

d) Les expressions « produits originaires fongibles d'une Partie » ou « matières originaires fongibles d'une Partie » désignent respectivement des produits ou matières originaires d'une Partie qui sont interchangeables à des fins commerciales et dont les propriétés sont essentiellement identiques ;

e) L'expression « principes comptables généralement acceptés » désigne les normes qui, à l'intérieur du territoire d'une Partie et à un moment donné, font l'objet d'un consensus reconnu ou d'une large adhésion quant à la question de savoir quelles ressources et obligations économiques doivent être enregistrées en tant qu'actif et passif, quelles modifications en matière d'actif et de passif doivent être enregistrées, comment les actifs et les passifs ainsi que leurs modifications doivent être mesurés, quels renseignements doivent être divulgués et comment ils doivent l'être, et quels États financiers doivent être établis. Ces normes peuvent consister aussi bien en grands principes directeurs d'application générale qu'en pratiques et procédures détaillées ;

f) Le terme « importateur » désigne une personne qui importe un produit dans le territoire de la Partie importatrice ;

g) L'expression « matières indirectes » désigne des produits utilisés dans la production, l'essai ou l'inspection d'un autre produit, mais qui ne sont pas physiquement incorporés dans celui-ci, ou des produits utilisés dans l'entretien d'édifices ou le fonctionnement d'équipement afférent à la production d'un autre produit, notamment :

- i) Le combustible et l'énergie ;
- ii) Les outils, les matrices et les moules ;

iii) Les pièces de rechange et les produits utilisés dans l'entretien d'équipements et édifices ;

iv) Les lubrifiants, graisses, matières de composition et autres produits utilisés dans la construction ou l'exploitation d'équipements et d'édifices ;

v) Les gants, les lunettes, les chaussures, les vêtements, l'équipement de sécurité et les fournitures ;

vi) Les équipements, appareils et fournitures utilisés pour l'essai ou l'inspection du produit ;

vii) Les catalyseurs et les solvants ; et

viii) Tout autre produit qui n'est pas incorporé dans un autre produit, mais dont l'utilisation dans la production de ce produit peut raisonnablement être démontrée ;

h) Le terme « matière » désigne un produit servant à la fabrication d'un autre produit ;

i) L'expression « matière non originaire » désigne une matière qui ne remplit pas les conditions requises pour être considérée comme originaire au titre du présent chapitre ;

j) L'expression « matière originaire » désigne une matière qui remplit les conditions requises pour être considérée comme originaire au titre du présent chapitre ;

k) L'expression « matières d'emballage et contenants pour le transport et l'expédition » désigne les produits servant à protéger un produit pendant le transport, autres que les matières d'emballage et contenants pour la vente au détail au sens de l'article 3.13 ;

l) L'expression « traitement tarifaire préférentiel » désigne le taux de droit de douane applicable à un produit originaire de la Partie exportatrice, en application du paragraphe 1 de l'article 2.4 ;

m) Le terme « fabricant » désigne une personne qui se livre à la production de produits ou de matières ; et

n) Le terme « production » désigne les méthodes d'obtention des produits, y compris la fabrication, l'assemblage, la transformation, l'élevage, la culture, la reproduction, l'extraction minière, l'arrachage, la récolte, la pêche, le piégeage, la cueillette, la récupération, la chasse et la capture.

Article 3.2. Produits originaires

Sauf disposition contraire du présent chapitre, un produit répond aux critères de produit originaire d'une Partie lorsque :

a) Le produit est entièrement obtenu ou fabriqué sur le territoire de la Partie, tel que défini à l'article 3.3 ;

b) Le produit est entièrement fabriqué sur le territoire de la Partie exclusivement à partir de matières originaires de la Partie ; ou

c) Le produit respecte les règles d'origine par produit (modification de la classification tarifaire, teneur en valeur qualifiante ou opération particulière de fabrication ou de transformation) énoncées dans l'annexe 2, ainsi que toutes les autres exigences applicables du présent chapitre, lorsque le produit est entièrement fabriqué sur le territoire de la Partie à partir de matières non originaires.

Article 3.3. Produits entièrement obtenus

Aux fins de l'alinéa a) de l'article 3.2, les produits ci-après sont considérés comme étant entièrement obtenus ou fabriqués sur le territoire d'une Partie :

a) Les animaux vivants nés et élevés sur le territoire de la Partie ;

b) Les animaux obtenus par la chasse, le piégeage, la pêche, le ramassage ou la capture sur le territoire de la Partie ;

c) Les produits obtenus à partir d'animaux vivants sur le territoire de la Partie ;

d) Les végétaux et produits végétaux récoltés, cueillis ou ramassés sur le territoire de la Partie ;

e) Les minéraux et autres substances présentes de manière naturelle, qui ne sont pas couverts par les alinéas a) à d), extraits ou prélevés sur le territoire de la Partie ;

f) Les produits de la pêche en mer et autres produits extraits de la mer par des navires de la Partie hors de la mer territoriale des Parties ;

g) Les produits fabriqués à bord des navires-usines de la Partie hors de la mer territoriale de l'autre Partie à partir des produits visés à l'alinéa f) ;

h) Les produits prélevés des fonds marins ou de leurs sous-sols hors de la mer territoriale de la Partie, pour autant que la Partie ait le droit d'exploiter ces fonds marins ou sous-sols conformément aux dispositions de la Conférence des Nations Unies sur le droit de la mer ;

i) Les articles récupérés sur le territoire de la Partie qui ne peuvent plus remplir leur fonction initiale sur le territoire de la Partie et ne peuvent pas être restaurés ou réparés et qui ne peuvent qu'être éliminés ou dont on ne peut que récupérer des parties ou des matières premières ;

j) Les débris et déchets résultant des opérations de fabrication ou de transformation, ou de la consommation sur le territoire de la Partie, et qui ne peuvent qu'être éliminés ou dont on ne peut que récupérer des matières premières ;

k) Les parties ou matières premières récupérées sur le territoire de la Partie à partir d'articles qui ne peuvent plus servir à leur fin originelle ni être restaurées ou réparées ; et

l) Les produits obtenus ou fabriqués sur le territoire de la Partie exclusivement à partir des produits visés aux alinéas a) à k).

Article 3.4. Teneur en valeur qualifiante

1. Aux fins de l'alinéa c) de l'article 3.2, la teneur en valeur qualifiante d'un produit est calculée sur la base de l'une ou l'autre des méthodes suivantes :

a) La méthode basée sur la valeur des matières non originaires (« méthode régressive ») :

$$\text{TVQ} = \frac{\text{FAB - VMN}}{\text{FAB}} \times 100$$

b) La méthode basée sur la valeur des matières originaires (« méthode progressive ») :

$$\text{TVQ} = \frac{\text{VMO + main-d'œuvre directe + coûts indirects + profit}}{\text{FAB}} \times 100$$

Où :

TVQ correspond à la teneur en valeur qualifiante d'un produit, exprimée en pourcentage ;

FAB correspond, sauf dans les cas prévus au paragraphe 2, à la valeur franco à bord du produit payable par l'acheteur du produit au vendeur du produit, indépendamment du mode de transport, non compris tous droits d'accise faisant l'objet d'une réduction, d'une exemption ou d'un remboursement lorsqu'il est exporté ;

VMN correspond à la valeur des matières non originaires utilisées dans la production du produit ; et

VMO correspond à la valeur des matières originaires utilisées dans la production du produit.

Note : Aux fins du calcul de la teneur en valeur qualifiante d'un produit, les principes comptables généralement admis dans la Partie exportatrice s'appliquent.

2. La valeur FAB mentionnée au paragraphe 1 correspond à la valeur :

a) Ajustée au premier prix vérifiable payé pour un produit par l'acheteur au fabricant du produit, s'il existe une valeur franco à bord du produit, mais qu'elle est inconnue et ne peut être vérifiée ; ou

b) Déterminée conformément aux articles premier à 8 de l'accord sur l'évaluation en douane, si le produit n'a pas de valeur franco à bord.

3. Aux fins du calcul de la teneur en valeur qualifiante d'un produit conformément au paragraphe 1, la valeur des matières entrant dans la fabrication d'un produit sur le territoire d'une Partie :

a) Est déterminée conformément à l'Accord sur l'évaluation en douane, et inclut les frais de fret, d'assurance le cas échéant, d'emballage et tous les autres frais engagés dans le transport de la matière jusqu'au port d'importation dans la Partie où sont situées les installations du fabricant du produit ; ou

b) Si celle-ci n'est pas connue et ne peut être vérifiée, est le premier prix vérifiable payé pour la matière sur le territoire de la Partie, mais peut exclure tous les frais engagés par la Partie pour le transport de la matière depuis l'entrepôt du fournisseur jusqu'au lieu où sont situées les installations du fabricant, tels que les frais de fret, d'assurance et d'emballage, ainsi que tous les autres frais connus et vérifiables engagés sur le territoire de la Partie.

4. Aux fins du calcul de la teneur en valeur qualifiante d'un produit pour déterminer si le produit répond aux critères de produit originaire d'une Partie :

a) La VMN du produit, au titre de l'alinéa a) du paragraphe 1, ne comprend pas la valeur des matières non originaires utilisées dans la production des matières originaires de la Partie qui sont utilisées dans la production du produit ; et

b) La VMO du produit, au titre de l'alinéa b) du paragraphe 1 comprend la valeur des matières non originaires utilisées dans la production des matières originaires de la Partie qui sont utilisées dans la production du produit.

5. Aux fins de l'alinéa b) du paragraphe 2 ou de l'alinéa a) du paragraphe 3, au moment d'appliquer l'Accord sur l'évaluation en douane pour déterminer la valeur d'un produit ou d'une matière non originaire, l'Accord sur l'évaluation en douane s'applique mutatis mutandis aux transactions nationales ou lorsque le produit ou la matière non originaire ne fait pas l'objet d'une transaction.

Article 3.5. Cumul

Afin de déterminer si un produit remplit les conditions requises pour être considéré comme un produit originaire d'une Partie :

a) Un produit originaire de l'autre Partie qui est utilisé comme matière dans la production du produit dans la première Partie peut être considéré comme une matière originaire de la première Partie ;

b) La production dans l'autre Partie peut être considérée comme étant celle de la première Partie ; et

c) La production effectuée à différentes étapes par un ou plusieurs fabricants sur le territoire de la Partie ou sur le territoire de l'autre Partie peut être prise en considération, lorsque le produit est produit en utilisant des matières non originaires,

à condition que la dernière étape de la production de ce produit ait été réalisée sur le territoire de la Partie exportatrice et que cette production aille au-delà des opérations prévues à l'article 3.7.

Article 3.6. De minimis

1. Aux fins de l'application des règles spécifiques aux produits énoncées à l'annexe 2, il n'est pas tenu compte des matières non originaires entrant dans la fabrication d'un produit et qui ne satisfont pas aux règles applicables audit produit, à condition que la totalité de ces matières n'excède pas des pourcentages spécifiques de la valeur, du poids ou du volume du produit, et que ces pourcentages soient fixés dans la règle d'origine applicable au produit.

2. Le paragraphe 1 ne s'applique pas aux matières non originaires utilisées dans la production d'un produit prévu aux chapitres 1 à 24 du Système harmonisé, sauf si ces matières non originaires sont prévues dans une sous-catégorie différente de celle du produit dont l'origine est déterminée au titre du présent article.

Article 3.7. Opérations non admissibles

1. Un produit n'est pas considéré comme un produit originaire d'une Partie du seul fait :
   a) D'opérations visant à assurer la conservation des produits en bon état pendant le transport et le stockage (comme le séchage, la congélation, la conservation en saumure) et d'autres opérations similaires ;
   b) De changements d'emballage, de divisions et de réunions des colis ;
   c) De démontages ;
   d) De la mise en bouteille, en caisse, en boîte, et d'autres opérations d'emballage simples ;
   e) De la collecte de pièces et d'éléments classés comme produits conformément à l'alinéa a) de la règle 2 des Règles générales pour l'interprétation du Système harmonisé ;
   f) De la simple composition de jeux d'articles ; ou
   g) De toute combinaison des opérations visées aux alinéas a) à f).
2. Le paragraphe 1 prévaut sur les règles spécifiques aux produits énoncées à l'annexe 2.

Article 3.8. Critères d'expédition

1. Un produit originaire de l'autre Partie est réputé répondre aux critères d'envoi lorsqu'il est transporté :

a) Directement à partir du territoire de l'autre Partie ; ou

b) À travers le ou les territoires d'une ou plusieurs non-Parties aux fins de transit ou de stockage temporaire en entrepôts dans ces non-Parties, pour autant qu'il ne subisse pas d'opération autre que le déchargement, le rechargement et toute autre opération visant à le conserver en bon état.

2. Si un produit originaire de l'autre Partie ne répond pas aux critères d'envoi visés au paragraphe 1, le produit n'est pas réputé être un produit originaire de l'autre Partie.

Article 3.9. Produits non assemblés ou désassemblés

1. Lorsqu'un produit satisfait aux exigences des dispositions pertinentes des articles 3.2 à 3.7 et est importé dans le territoire d'une Partie en provenance de l'autre Partie sous forme non assemblée ou désassemblée, mais est classé en tant que produit assemblé conformément aux dispositions de l'alinéa a) du paragraphe 2 des Règles générales d'interprétation du Système harmonisé, ce produit est réputé être un produit originaire de l'autre Partie.

2. Un produit assemblé sur le territoire d'une Partie à partir des matières non assemblées ou désassemblées, qui est importé dans le territoire de la Partie et classé comme produit assemblé conformément aux dispositions de l'alinéa a) du paragraphe 2 des Règles générales d'interprétation du Système harmonisé, est réputé être un produit originaire de la Partie, à condition que le produit aurait répondu aux exigences des dispositions applicables des articles 3.2 à 3.7 si chacune des matières non originaires parmi les matières non assemblées ou désassemblées avaient été importées séparément dans le territoire de la Partie et non sous forme non assemblée ou désassemblée.

Article 3.10. Biens et matières fongibles

1. Pour déterminer si un produit répond aux critères de produit originaire d'une Partie lorsque des matières fongibles originaires et non originaires d'une Partie, mélangées dans un stock, entrent dans sa fabrication, l'origine desdites matières peut être déterminée suivant une méthode de gestion des stocks conforme aux principes comptables généralement acceptés sur le territoire de la Partie.

2. Lorsque des produits fongibles originaires d'une Partie et des produits fongibles non originaires sont mélangés dans un stock et que, avant leur exportation, ils ne subissent sur le territoire de la Partie où ils ont été mélangés aucun processus de production ni aucune autre opération hormis un déchargement, un rechargement ou toute autre opération visant à les conserver en bon état, l'origine du produit peut être déterminée suivant une méthode de gestion des stocks conforme aux principes comptables généralement acceptés sur le territoire de la Partie.

Article 3.11. Matières indirectes

Les matières indirectes sont, quel que soit le lieu où elles sont produites, considérées comme des matières originaires d'une Partie où le produit est fabriqué.

Article 3.12. Accessoires, pièces de rechange et outils

1. Pour déterminer si toutes les matières non originaires entrant dans la fabrication d'un produit subissent le changement de classification tarifaire applicable ou une opération particulière de fabrication ou de transformation visés à l'annexe 2, les accessoires, pièces de rechange ou outils livrés en standard avec un produit ne sont pas pris en considération, à condition que :

a) Les accessoires, pièces de rechange ou outils ne soient pas facturés séparément du produit, qu'ils soient ou non décrits séparément sur la facture ; et

b) Le nombre et la valeur des accessoires, pièces de rechange ou outils correspondent aux usages courants pour le produit.

2. Si un produit est assujetti à des exigences en matière de teneur en valeur qualifiante, la valeur des accessoires, pièces de rechange ou outils est prise en considération en tant que valeur des matières originaires d'une Partie sur le territoire de laquelle le produit est fabriqué, ou des matières non originaires, selon le cas, aux fins de la teneur en valeur qualifiante du produit.

Article 3.13. Matières de conditionnement et contenants utilisés pour la vente au détail

1. Les matières de conditionnement et les contenants utilisés pour la vente au détail, qui sont classés avec le produit conformément à la règle 5 des Règles générales pour l'interprétation du Système harmonisé, ne sont pas pris en considération dans la détermination de l'origine du produit, à condition que :

a) Le produit soit entièrement obtenu ou fabriqué conformément à l'alinéa a) de l'article 3.2 ;

b) Le produit soit exclusivement fabriqué à partir de matières originaires conformément à l'alinéa b) de l'article 3.2 ; ou

c) Le produit ait subi un changement de classement tarifaire applicable ou une opération de fabrication ou de transformation spécifique figurant à l'annexe 2.

2. Si un produit est assujetti à des exigences en matière de teneur en valeur qualifiante, la valeur des matières de conditionnement et contenants pour la vente au détail est prise en considération en tant que valeur des matières originaires d'une Partie sur le territoire de laquelle le produit est fabriqué, ou des matières non originaires, selon le cas, aux fins du calcul de la teneur en valeur qualifiante.

Article 3.14. Matériaux d'emballage et contenants pour le transport et l'expédition

Les matériaux d'emballage et les contenants pour le transport et l'expédition ne sont pas pris en considération pour déterminer l'origine du produit.

Article 3.15. Demande de traitement tarifaire préférentiel

1. La Partie importatrice accorde, conformément au présent Accord, un traitement tarifaire préférentiel à un produit originaire de la Partie exportatrice sur la base d'un certificat d'origine.

2. Nonobstant le paragraphe 1 :

   a) La Partie importatrice n'exige pas de certificat d'origine de la part de l'importateur pour l'importation d'un produit originaire de la Partie exportatrice dont la valeur en douane totale n'excède pas 1 500 dollars des États-Unis ou son équivalent dans la monnaie de la Partie importatrice, ou tout montant plus élevé qui peut être établi par la Partie importatrice, à condition que l'importation ne fasse pas partie d'importations qui peuvent raisonnablement être considérées comme ayant été effectuées séparément dans le but de contourner l'exigence d'un certificat d'origine ; et

   b) La Partie importatrice peut renoncer à l'exigence d'un certificat d'origine conformément à ses lois et règlements.

3. La Partie importatrice peut, le cas échéant, exiger de l'importateur qu'il présente d'autres éléments de preuve démontrant que le produit remplit les conditions requises pour être considéré comme un produit originaire de la Partie exportatrice.

4. Lorsqu'un produit originaire de la Partie exportatrice est importé en transitant par une ou plusieurs non-Parties, la Partie importatrice peut exiger de l'importateur demandant l'obtention du traitement tarifaire préférentiel pour ledit produit qu'il fournisse :

   a) Une copie du connaissement direct ; ou

   b) Un certificat ou tout autre renseignement fourni par l'administration douanière de ces non-Parties ou d'autres entités pertinentes, qui prouve que le produit n'a subi aucune opération autre que le déchargement, le rechargement ou toute autre opération visant à le conserver en bon état sur le territoire de ces non-Parties.

Article 3.16. Certificat d'origine

1. Le certificat d'origine visé au paragraphe 1 de l'article 3.15 est délivré par l'autorité gouvernementale compétente de la Partie exportatrice sur demande de l'exportateur ou de son agent autorisé. Ce certificat d'origine doit comporter au minimum les données spécifiées à l'annexe 3.

2. Aux fins du présent article, l'autorité gouvernementale compétente de la Partie exportatrice peut désigner d'autres entités ou organismes qui seront chargés de la délivrance du certificat d'origine, sous réserve de l'autorisation donnée conformément aux lois et règlements applicables de la Partie exportatrice.

3. Lorsque l'autorité gouvernementale compétente de la Partie exportatrice désigne d'autres entités ou organismes pour procéder à la délivrance du certificat d'origine, la Partie exportatrice informe par écrit l'autre Partie de ses mandataires.

4. Aux fins du présent chapitre, dès l'entrée en vigueur du présent Accord, les Parties déterminent le format du certificat d'origine de chaque Partie en langue anglaise dans les procédures opérationnelles relatives aux règles d'origine visées à l'article 3.26.

5. Le certificat d'origine est rempli en langue anglaise.

6. Le certificat d'origine se présente sous forme imprimée ou sur tout autre support convenu par les Parties.

7. Un certificat d'origine délivré s'applique à une seule importation de produits originaires de la Partie exportatrice dans le territoire de la Partie importatrice, et est valable pendant une période de 12 mois à compter de la date de délivrance.

8. Lorsque l'exportateur d'un produit n'est pas le fabricant du produit dans la Partie exportatrice, l'exportateur peut demander un certificat d'origine sur la base :

a) D'une déclaration fournie par l'exportateur à l'autorité gouvernementale compétente ou à ses mandataires sur la base des informations fournies par le fabricant du produit à cet exportateur ; ou

b) D'une déclaration volontairement fournie par le fabricant du produit directement à l'autorité gouvernementale compétente ou à ses mandataires à la demande de l'exportateur.

9. Un certificat d'origine n'est délivré qu'une fois que l'exportateur qui en fait la demande, ou que le fabricant d'un produit de la Partie exportatrice visé à l'alinéa b) du paragraphe 8, prouve à l'autorité gouvernementale compétente de la Partie exportatrice ou à ses mandataires que le produit destiné à l'exportation remplit les conditions requises pour être considéré comme un produit originaire de la Partie exportatrice.

10. L'autorité gouvernementale compétente de la Partie exportatrice fournit à la Partie importatrice des spécimens de signatures et des impressions de cachets utilisés dans les bureaux de l'autorité gouvernementale compétente ou de ses mandataires.

11. Chaque Partie, conformément à ses lois et règlements, veille à ce que l'autorité gouvernementale compétente ou ses mandataires conservent un registre des certificats d'origine délivrés pendant une période de cinq ans après la date de délivrance du certificat. Ce registre comprend toutes les pièces justificatives présentées pour prouver qu'un produit est bien un produit originaire de la Partie exportatrice.

12. L'autorité gouvernementale compétente de la Partie exportatrice, lorsqu'elle annule la décision de délivrer un certificat d'origine, en informe immédiatement l'exportateur auquel le certificat d'origine a été délivré et l'autorité douanière de la Partie importatrice, sauf si le certificat d'origine a été renvoyé à l'autorité gouvernementale compétente.

Article 3.17. Obligations relatives aux exportations

Chaque Partie, conformément à ses lois et règlements, veille à ce que l'exportateur auquel un certificat d'origine a été délivré, ou le fabricant d'un produit dans la Partie exportatrice visé à l'alinéa b) du paragraphe 8 de l'article 3.16 :

a) Informe par écrit et sans délai l'autorité gouvernementale compétente de la Partie exportatrice ou ses mandataires, lorsque cet exportateur ou ce fabricant sait que le produit pour lequel le certificat d'origine a été délivré ne remplit pas les conditions requises pour être considéré comme un produit originaire de la Partie exportatrice ; et

b) Conserve les registres relatifs à l'origine du produit pendant cinq ans après la date de délivrance du certificat d'origine.

Article 3.18. Demande de vérification du certificat d'origine

1. Afin d'assurer la bonne application du présent chapitre, les Parties se prêtent mutuellement assistance pour vérifier les informations relatives à un certificat d'origine, conformément au présent Accord et à leurs lois et règlements respectifs.

2. Afin de déterminer si un produit importé de la Partie exportatrice au titre d'un traitement tarifaire préférentiel remplit les conditions requises pour être considéré comme un produit originaire

de la Partie exportatrice, l'autorité douanière de la Partie importatrice peut demander des informations sur l'origine du produit à l'autorité gouvernementale compétente de la Partie exportatrice sur la base d'un certificat d'origine.

3. Aux fins du paragraphe 2, l'autorité gouvernementale compétente de la Partie exportatrice fournit, conformément aux lois et règlements de la Partie exportatrice, les informations demandées dans un délai ne dépassant pas quatre mois à compter de la date de réception de la demande. Si l'autorité douanière de la Partie importatrice le juge nécessaire, elle peut demander des informations supplémentaires sur l'origine du produit. Si l'autorité douanière de la Partie importatrice demande des informations supplémentaires, l'autorité gouvernementale compétente de la Partie exportatrice fournit, conformément aux lois et règlements de la Partie exportatrice, les informations demandées dans un délai ne dépassant pas deux mois à compter de la date de réception de la demande.

4. Aux fins du paragraphe 3, l'autorité gouvernementale compétente de la Partie exportatrice peut demander à l'exportateur auquel le certificat d'origine a été délivré, ou au fabricant du produit dans la Partie exportatrice visé à l'alinéa b) du paragraphe 8 de l'article 3.16, de lui fournir les informations demandées.

Article 3.19. Visite de vérification

1. Si l'autorité douanière de la Partie importatrice n'est pas satisfaite du résultat de la demande de contrôle conformément à l'article 3.18, elle peut demander à la Partie exportatrice :

a) De collecter et de fournir des informations relatives à l'origine d'un produit et de vérifier, à cette fin, les installations utilisées pour la production du produit, au moyen d'une visite effectuée par l'autorité gouvernementale compétente de la Partie exportatrice et par l'autorité douanière de la Partie importatrice dans les locaux de l'exportateur auquel le certificat d'origine a été délivré, ou du fabricant du produit dans la Partie exportatrice visé à l'alinéa b) du paragraphe 8 de l'article 3.16 ; et

b) De fournir les informations relatives à l'origine du produit qui sont détenues par l'autorité gouvernementale compétente de la Partie exportatrice ou son mandataire, pendant ou après la visite visée à l'alinéa a).

2. Lorsqu'elle demande à la Partie exportatrice d'effectuer une visite conformément au paragraphe 1, l'autorité douanière de la Partie importatrice en fait la demande en adressant une communication écrite à la Partie exportatrice au moins 40 jours avant la date proposée de la visite, et la Partie exportatrice accuse réception de cette communication. L'autorité gouvernementale compétente de la Partie exportatrice demande le consentement écrit de l'exportateur, ou du fabricant du produit dans la Partie exportatrice, dont les locaux doivent être visités.

3. La communication visée au paragraphe 2 contient les éléments suivants :

a) L'identité de l'autorité douanière à l'origine de la communication ;

b) Le nom de l'exportateur, ou du fabricant du produit dans la Partie exportatrice, pour lequel une demande de visite des locaux a été formulée ;

c) La date et le lieu proposés pour la visite ;

d) L'objectif et la portée de la visite proposée, y compris une référence spécifique au produit faisant l'objet de la vérification mentionnée sur le certificat d'origine ; et

e) Les noms et les titres des fonctionnaires de l'autorité douanière de la Partie importatrice qui seront présents lors de la visite.

4. La Partie exportatrice répond par écrit à la Partie importatrice, dans les 30 jours suivant la réception de la communication visée au paragraphe 2, qu'elle accepte ou refuse la conduite de la visite demandée conformément au paragraphe 1.

5. L'autorité gouvernementale compétente de la Partie exportatrice, conformément aux lois et règlements de la Partie exportatrice, fournit à l'autorité douanière de la Partie importatrice les informations obtenues conformément au paragraphe 1 au plus tard 45 jours ou sous tout autre délai convenu mutuellement après le dernier jour de la visite.

Article 3.20. Détermination de l'origine et traitement tarifaire préférentiel

1. L'autorité douanière de la Partie importatrice peut refuser le traitement tarifaire préférentiel à un produit pour lequel un importateur demande le traitement tarifaire préférentiel si le produit ne remplit pas les conditions requises pour être considéré comme un produit originaire de la Partie exportatrice ou si l'importateur ne respecte pas l'une des exigences appropriées du présent chapitre.

2. L'autorité douanière de la Partie importatrice peut déterminer qu'un produit ne remplit pas les conditions requises pour être considéré comme un produit originaire de la Partie exportatrice et peut refuser le traitement tarifaire préférentiel lorsqu'elle reçoit de l'autorité gouvernementale compétente de la Partie exportatrice une notification d'annulation de la décision visant à délivrer le certificat d'origine du produit conformément au paragraphe 12 de l'article 3.16.

3. L'autorité douanière de la Partie importatrice peut déterminer qu'un produit ne remplit pas les conditions requises pour être considéré comme un produit originaire de la Partie exportatrice et peut refuser le traitement tarifaire préférentiel ; une décision écrite à cet égard est envoyée à l'autorité gouvernementale compétente de la Partie exportatrice stipulant :

a) Que l'autorité gouvernementale compétente de la Partie exportatrice omet de fournir les informations dans le délai mentionné au paragraphe 3 de l'article 3.18 ou au paragraphe 5 de l'article 3.19 ;

b) Que la Partie exportatrice refuse d'effectuer une visite, ou que cette Partie omet de répondre à la communication mentionnée au paragraphe 2 de l'article 3.19 dans le délai communiqué au paragraphe 4 de l'article 3.19 ; ou

c) Que les informations fournies à l'autorité douanière de la Partie importatrice conformément à l'article 3.18 ou 3.19 sont insuffisantes pour prouver que le produit remplit les conditions requises pour être considéré comme un produit originaire de la Partie exportatrice.

4. Après avoir réalisé les procédures décrites à l'article 3.18 ou 3.19, le cas échéant, l'autorité douanière de la Partie importatrice transmet à l'autorité gouvernementale compétente de la Partie exportatrice une décision écrite indiquant si le produit remplit ou non les conditions requises pour être considéré comme un produit originaire de la Partie exportatrice, ainsi que les conclusions de fait tirées et la base juridique sous-tendant cette décision. L'autorité gouvernementale compétente de la Partie exportatrice informe de cette décision l'exportateur, ou le fabricant du produit dans la Partie exportatrice dont les locaux ont fait l'objet de la visite mentionnée à l'article 3.19, par l'intermédiaire de l'autorité douanière de la Partie importatrice.

Article 3.21. Confidentialité

1. Chaque Partie préserve, conformément à ses lois et règlements, le caractère confidentiel des informations qui lui sont fournies à titre confidentiel conformément au présent chapitre, et protège ces informations contre toute divulgation qui pourrait nuire à la position concurrentielle des personnes qui les fournissent.

2. Les informations obtenues par l'autorité douanière de la Partie importatrice conformément au présent chapitre :

a) Ne peuvent être utilisées par cette autorité qu'aux fins du présent chapitre ; et

b) Ne sont pas être utilisées par la Partie importatrice dans le cadre d'une procédure pénale menée par un tribunal ou un juge, sauf si ces informations sont demandées à la Partie exportatrice et fournies à la Partie importatrice par la voie diplomatique ou par d'autres voies établies conformément aux lois et règlements en vigueur de la Partie exportatrice.

Article 3.22. Erreurs mineures

L'autorité douanière de la Partie importatrice ne prend pas en considération les erreurs mineures, telles que les légères différences ou omissions, les fautes de frappe ou le dépassement du champ désigné, à condition que ces erreurs mineures ne soient pas de nature à mettre en doute l'exactitude des informations figurant dans le certificat d'origine.

Article 3.23. Sanctions et mesures contre les fausses déclarations

1. Chaque Partie établit ou maintient, conformément à ses lois et règlements, des sanctions ou autres pénalités appropriées à l'encontre de ses exportateurs auxquels un certificat d'origine a été délivré et des fabricants d'un produit de la Partie exportatrice visé à l'alinéa b) du paragraphe 8 de l'article 3.16, pour avoir fourni une fausse déclaration ou de faux documents à l'autorité gouvernementale compétente de la Partie exportatrice ou à ses mandataires avant la délivrance du certificat d'origine.

2. Chaque Partie prend, conformément à ses lois et règlements, les mesures qu'elle juge appropriées à l'encontre de ses exportateurs auxquels un certificat d'origine a été délivré et des fabricants d'un produit de la Partie exportatrice visés à l'alinéa b) du paragraphe 8 de l'article 3.16, pour ne pas avoir notifié par écrit et sans délai à l'autorité gouvernementale compétente de la Partie exportatrice ou à ses mandataires, après avoir appris, après la délivrance du certificat d'origine, que le produit pour lequel le certificat d'origine a été délivré ne répond pas aux critères de produit originaire de la Partie exportatrice.

Note : Il est entendu que les exportateurs auxquels un certificat d'origine a été délivré et les fabricants d'un produit de la Partie exportatrice visé à l'alinéa b) du paragraphe 8 de l'article 3.16 ne sont pas assujettis aux mesures mentionnées dans le présent paragraphe, conformément aux lois et règlements de chaque Partie, à condition qu'ils notifient par écrit l'autorité gouvernementale compétente de la Partie exportatrice ou ses mandataires sans délai après avoir appris, après la délivrance du certificat d'origine, que le produit pour lequel le certificat d'origine a été délivré ne répond pas aux critères de produit originaire de la Partie exportatrice.

Article 3.24. Divers

Les communications entre la Partie importatrice et la Partie exportatrice se font en langue anglaise.

Article 3.25. Sous-comité des règles d'origine

1. Aux fins de la mise en œuvre et du fonctionnement efficaces du présent chapitre, les Parties créent par la présente un Sous-comité des règles d'origine (ci-après dénommé le « Sous-comité » dans le présent article).

2. Les fonctions du Sous-comité sont les suivantes :

a) Examiner et proposer des recommandations appropriées, le cas échéant, au Comité mixte sur :

i) La mise en œuvre et le fonctionnement du présent chapitre ;

ii) Les amendements à l'annexe 2 ou 3, proposés par l'une ou l'autre Partie ; et

iii) Les procédures opérationnelles relatives aux règles d'origine visées à l'article 3.26 ;

b) Examiner toute autre question relative au présent chapitre dont les Parties peuvent convenir ;

c) Rendre compte des conclusions du Sous-comité au Comité mixte ; et

d) S'acquitter d'autres fonctions que le Comité mixte peut lui déléguer.

3. Le Sous-comité se compose de représentants des Gouvernements des Parties.

4. Le Sous-comité se réunit aux dates, dans les lieux ou par les moyens convenus par les Parties.

Article 3.26. Procédures opérationnelles relatives aux règles d'origine

À la date d'entrée en vigueur du présent Accord, le Comité mixte adopte les procédures opérationnelles relatives aux règles d'origine qui fournissent des règles détaillées en vertu desquelles les autorités douanières, les autorités gouvernementales compétentes et les autres autorités concernées des Parties s'acquittent de leurs fonctions au titre du présent chapitre.

CHAPITRE 4. RÉGIMES DOUANIERS ET FACILITATION DU COMMERCE

Article 4.1. Champ d'application et objectifs

1. Le présent chapitre s'applique aux régimes douaniers requis pour le dédouanement des marchandises échangées entre les Parties.

2. Le présent chapitre est mis en œuvre par les Parties conformément aux lois et règlements de chaque Partie et dans la limite des ressources disponibles de leurs autorités douanières respectives.

3. Les objectifs du présent chapitre sont d'établir un cadre pour garantir la transparence, l'application correcte de la législation douanière et le dédouanement rapide des produits et de

promouvoir la coopération dans le domaine des régimes douaniers, en vue de faciliter le commerce de marchandises entre les Parties.

Article 4.2. Définition

Aux fins du présent chapitre, l'expression « législation douanière » désigne les lois et règlements administrés et appliqués par l'autorité douanière de chaque Partie en ce qui concerne l'importation, l'exportation et le transit de produits, dans la mesure où ils se rapportent aux droits de douane, aux redevances et autres taxes, ou aux interdictions, restrictions et autres contrôles similaires concernant le mouvement d'articles soumis à contrôle franchissant la frontière du territoire douanier de chaque Partie.

Article 4.3. Transparence

1. Chaque Partie veille à ce que toute personne intéressée puisse avoir accès à toutes les informations pertinentes d'application générale relatives à sa législation douanière.

2. Lorsque des informations qui ont été mises à disposition doivent être révisées en raison de modifications apportées à la législation douanière, chaque Partie met à disposition les informations révisées, si possible avant l'entrée en vigueur des modifications, afin que les personnes intéressées puissent en tenir compte.

3. À la demande d'une personne intéressée des Parties, chaque Partie fournit, le plus rapidement et le plus précisément possible, des informations relatives aux questions douanières particulières soulevées par cette personne qui concernent sa législation douanière. Chaque Partie fournit les informations demandées, mais également toutes les autres informations pertinentes qu'elle juge utile de porter à la connaissance de la personne intéressée.

4. Chaque Partie désigne un ou plusieurs points d'information pour répondre aux demandes raisonnables de toute personne intéressée des Parties concernant les questions douanières, et rend publics, notamment sur son site Web, les noms et adresses de ces points d'information.

Article 4.4. Dédouanement

1. Les Parties appliquent leurs régimes douaniers respectifs de manière prévisible, cohérente et transparente.

2. Afin de garantir un dédouanement rapide des produits échangés entre les Parties, chaque Partie :

a) Utilise les technologies de l'information et des communications ;

b) Simplifie ses régimes douaniers ;

c) Harmonise ses régimes douaniers, dans la mesure du possible, avec les normes internationales et les pratiques recommandées pertinentes, telles que celles établies sous les auspices de l'Organisation mondiale des douanes ; et

d) Promeut la coopération, le cas échéant, entre son autorité douanière et :

   i) D'autres autorités nationales de la Partie ;

   ii) Les communautés commerciales de la Partie ; et

   iii) Les autorités douanières des non-Parties.

3. Chaque Partie met à disposition des parties concernées des procédures d'examen judiciaire ou administratif facilement accessibles, relatives aux mesures prises par la Partie sur les questions douanières. Cet examen est indépendant des autorités chargées de l'application administrative de ces mesures et est effectué en toute impartialité et équité.

Article 4.5. Admission temporaire et marchandises en transit

1. Chaque Partie continue de faciliter les procédures d'admission temporaire des marchandises faisant l'objet du commerce entre les Parties, conformément à ses lois, ses règlements et ses obligations internationales.

2. Chaque Partie continue de faciliter le dédouanement des marchandises en transit en provenance ou à destination de l'autre Partie, conformément au paragraphe 3 de l'article V du GATT de 1994.

3. Les Parties s'efforcent de promouvoir, au moyen d'arrangements tels que des séminaires et des cours, l'utilisation des carnets ATA conformément aux obligations internationales, et la facilitation du dédouanement des marchandises en transit dans les Parties ou les non-Parties.

4. Aux fins du présent article :

a) L'expression « carnet ATA » a le même sens que celui qui lui est attribué :

i) Au Japon, dans la Convention douanière sur le carnet ATA pour l'admission temporaire de marchandises, faite à Bruxelles le 6 décembre 1961 ; et

ii) En Mongolie, dans la Convention relative à l'admission temporaire, faite à Istanbul le 26 juin 1990 ; et

b) L'expression « admission temporaire » désigne les régimes douaniers en vertu desquels certains produits peuvent être reçus dans un territoire douanier sous condition, en étant exemptés totalement ou partiellement des droits de douane. Ces produits sont importés dans un but précis et sont destinés à être réexportés dans un délai déterminé, sans avoir subi de modification, exception faite de leur dépréciation normale due à l'usage qui en est fait.

Article 4.6. Décisions anticipées

Lorsqu'une demande écrite est présentée conformément aux lois, aux règlements ou aux procédures pertinents adoptés ou maintenus par la Partie importatrice et que la Partie importatrice n'a pas de raisons valables de refuser la délivrance, la Partie importatrice s'efforce, avant l'importation du produit, de rendre une décision anticipée écrite concernant :

a) Le classement tarifaire ;

b) La valeur en douane ; et

c) La qualification du produit comme produit originaire de la Partie exportatrice au titre des dispositions du chapitre 3.

Article 4.7. Coopération et échange d'informations

1. Les Parties coopèrent et échangent des informations entre elles dans le domaine des régimes douaniers, notamment la lutte contre le trafic de marchandises interdites et contre les

importations et exportations de marchandises soupçonnées de porter atteinte à des droits de propriété intellectuelle.

2. Cette coopération et cet échange d'informations sont mis en œuvre conformément aux dispositions de l'Accord d'exécution.

3. Le paragraphe 2 de l'article 1.8 ne s'applique pas à l'échange d'informations prévu par le présent article.

Article 4.8. Sous-comité des régimes douaniers et de la facilitation du commerce

1. Aux fins de la mise en œuvre et du fonctionnement efficaces du présent chapitre, les Parties créent par la présente un Sous-comité des régimes douaniers et de la facilitation du commerce (ci-après dénommé le « Sous-comité » dans le présent article).

2. Les fonctions du Sous-comité sont les suivantes :

a) Examiner et surveiller la mise en œuvre et le fonctionnement du présent chapitre ;

b) Identifier les points à améliorer relatifs au présent chapitre pour faciliter le commerce de marchandises entre les Parties ;

c) Rendre compte des conclusions du Sous-comité au Comité mixte ; et

d) S'acquitter d'autres fonctions que le Comité mixte peut lui déléguer.

3. La composition du Sous-comité est précisée dans l'Accord d'exécution.

4. Le Sous-comité se réunit aux dates, dans les lieux ou par les moyens convenus par les Parties.

CHAPITRE 5. MESURES SANITAIRES ET PHYTOSANITAIRES

Article 5.1. Champ d'application

Le présent chapitre s'applique à toutes les mesures sanitaires et phytosanitaires (ci-après dénommées « SPS ») des Parties au titre de l'Accord sur l'application des mesures sanitaires et phytosanitaires, qui sont susceptibles d'affecter, directement ou indirectement, le commerce de marchandises entre les Parties.

Article 5.2. Réaffirmation des droits et obligations

Les Parties réaffirment leurs droits et obligations relatifs aux mesures sanitaires et phytosanitaires au titre de l'Accord sur l'application des mesures sanitaires et phytosanitaires.

Article 5.3. Harmonisation

Les Parties s'efforcent de coopérer sur les questions liées à l'harmonisation des mesures sanitaires et phytosanitaires, le plus largement possible, comme prévu à l'article 3 de l'Accord sur l'application des mesures sanitaires et phytosanitaires. Cette coopération est menée sans nécessiter de l'une ou l'autre Partie qu'elle modifie le niveau approprié de protection de la vie ou de la santé humaine, animale ou végétale qu'elle a déterminé conformément à l'article 5 de l'Accord sur l'application des mesures sanitaires et phytosanitaires.

Article 5.4. Équivalence

1. La Partie importatrice accepte comme équivalentes les mesures sanitaires et phytosanitaires de la Partie exportatrice, si la Partie exportatrice démontre objectivement à la Partie importatrice que ses mesures permettent d'atteindre le niveau de protection sanitaire et phytosanitaire approprié de la Partie importatrice.

2. Chaque Partie procède, à la demande de l'autre Partie, à des consultations en vue de parvenir à des arrangements bilatéraux relatifs à la reconnaissance de l'équivalence de mesures sanitaires et phytosanitaires données.

Article 5.5. Point d'information

Chaque Partie désigne un point d'information chargé de répondre à toutes les demandes raisonnables de l'autre Partie concernant les mesures sanitaires et phytosanitaires et, le cas échéant, de fournir à l'autre Partie des informations pertinentes.

Article 5.6. Sous-comité des mesures sanitaires et phytosanitaires

1. Aux fins de la mise en œuvre et du fonctionnement efficaces du présent chapitre, les Parties créent par la présente un Sous-comité des mesures sanitaires et phytosanitaires (ci-après dénommé le « Sous-comité » dans le présent article).

2. Les fonctions du Sous-comité sont les suivantes :

a) Examiner et surveiller la mise en œuvre et le fonctionnement du présent chapitre ;

b) Échanger des informations sur des questions telles que la modification ou l'introduction de règlements et de normes SPS des Parties et la survenue d'incidents SPS dans les zones des Parties, qui peuvent, directement ou indirectement, affecter le commerce de marchandises entre les Parties ;

c) Entreprendre des consultations techniques à caractère scientifique pour traiter les questions liées à l'harmonisation, l'équivalence, l'adaptation aux conditions régionales et aux procédures de contrôle, d'inspection et d'approbation visées dans l'Accord sur l'application des mesures sanitaires et phytosanitaires, en vue de trouver des solutions mutuellement acceptables ;

d) Discuter de la coopération technique entre les Parties pour ce qui est des mesures sanitaires et phytosanitaires, notamment le renforcement des capacités, l'assistance technique et l'échange d'experts ;

e) Discuter de toute autre question liée au présent chapitre ;

f) Rendre compte des conclusions du Sous-comité aux organismes concernés ; et

g) S'acquitter d'autres fonctions que le Comité mixte peut lui déléguer.

3. Le Sous-comité est composé de représentants des Gouvernements des Parties, avec une participation appropriée d'experts compétents.

4. Le Sous-comité se réunit aux dates, dans les lieux ou par les moyens convenus par les Parties.

Article 5.7. Non-application du chapitre 16

Le chapitre 16 ne s'applique pas au présent chapitre.

CHAPITRE 6. RÈGLEMENTS TECHNIQUES, NORMES ET PROCÉDURES D'ÉVALUATION DE LA CONFORMITÉ

Article 6.1. Champ d'application

1. Le présent chapitre s'applique aux règlements techniques, normes et procédures d'évaluation de la conformité, tels que définis dans l'Accord OTC, qui sont susceptibles d'affecter le commerce de marchandises entre les Parties.

2. Le présent chapitre ne s'applique pas :

   a) Aux spécifications en matière d'achat élaborées par les organismes gouvernementaux pour les besoins de production ou de consommation de ces organismes ; ou

   b) Aux mesures sanitaires et phytosanitaires définies à l'annexe A de l'Accord sur l'application des mesures sanitaires et phytosanitaires.

Article 6.2. Objectifs

Les objectifs du présent chapitre sont les suivants :

a) Augmenter et faciliter le commerce entre les Parties, en améliorant la mise en œuvre de l'Accord OTC ;

b) Veiller à ce que les règlements techniques, les normes et les procédures d'évaluation de la conformité ne créent pas d'obstacles inutiles au commerce ; et

c) Renforcer la coopération entre les Parties.

Article 6.3. Définitions

Aux fins du présent chapitre :

a) L'expression « Accord OTC » désigne l'Accord sur les obstacles techniques au commerce figurant à l'annexe 1A de l'Accord sur l'OMC ; et

b) Les termes et définitions figurant à l'annexe 1 de l'Accord OTC s'appliquent.

Article 6.4. Réaffirmation des droits et obligations

Les Parties réaffirment leurs droits et obligations en matière de règlements techniques, de normes et de procédures d'évaluation de la conformité au titre de l'Accord OTC.

Article 6.5. Normes internationales

1. Chaque Partie utilise les normes, guides ou recommandations internationaux pertinents, dans la mesure prévue aux paragraphes 4 des articles 2 et 5 de l'Accord OTC, comme base de ses règlements techniques et procédures d'évaluation de la conformité.

2. Chaque Partie encourage ses organismes nationaux de normalisation à coopérer avec les organismes nationaux de normalisation compétents de l'autre Partie dans le cadre des activités internationales de normalisation. Cette coopération peut avoir lieu dans les organismes de normalisation régionaux et internationaux dont elles sont toutes les deux membres.

Article 6.6. Règlements techniques

1. À la demande d'une Partie qui a un intérêt dans l'élaboration d'un règlement technique similaire à un règlement technique de l'autre Partie, cette Partie fournit, dans la mesure du possible, des informations pertinentes, notamment des études ou des documents, à l'exception des informations confidentielles, sur laquelle elle s'est basée pour son élaboration.

2. Chaque Partie envisage de manière positive d'accepter comme équivalents les règlements techniques de l'autre Partie, même si ces règlements diffèrent des siens, à condition qu'elle soit convaincue que ces règlements répondent de manière adéquate aux objectifs de ses propres règlements.

3. Lorsqu'une Partie n'accepte pas un règlement technique de l'autre Partie comme équivalent au sien, elle en explique les raisons à la demande de l'autre Partie.

Article 6.7. Acceptation des résultats de la procédure d'évaluation de la conformité

1. Les Parties reconnaissent l'existence d'un large éventail de mécanismes visant à faciliter l'acceptation, dans une Partie, des résultats des procédures d'évaluation de la conformité effectuées dans l'autre Partie. Chaque Partie fournit, à la demande de l'autre Partie, des informations sur l'éventail de ces mécanismes utilisés dans sa zone.

2. Chaque Partie veille, chaque fois que cela est possible, à ce que les résultats des procédures d'évaluation de la conformité de l'autre Partie soient acceptés, même lorsque ces procédures diffèrent des siennes, à condition d'avoir la certitude que les procédures offrent une assurance de la conformité aux règlements ou aux normes techniques applicables équivalents à ses propres procédures.

3. Lorsqu'une Partie n'accepte pas les résultats d'une procédure d'évaluation de la conformité effectuée dans l'autre Partie, elle en explique les raisons, à la demande de l'autre Partie et sous réserve des lois et règlements de cette Partie, pour que des mesures correctives puissent être prises, le cas échéant, par l'autre Partie.

4. Chaque Partie, dans la mesure du possible, accrédite, désigne ou reconnaît les organismes d'évaluation de la conformité de l'autre Partie selon des conditions non moins favorables que celles qu'elle accorde aux organismes d'évaluation de la conformité de sa zone. Si une Partie accrédite, désigne ou reconnaît un organisme qui évalue la conformité d'une norme ou d'un règlement technique particulier dans sa zone et qu'elle refuse d'accréditer, de désigner ou de reconnaître un organisme de l'autre Partie qui évalue la conformité de cette norme ou de ce règlement technique, elle en explique les raisons sur demande.

Article 6.8. Point d'information

Chaque Partie désigne un point d'information chargé de répondre à toutes les demandes raisonnables de l'autre Partie concernant les règlements techniques, les normes et les procédures d'évaluation de la conformité et, le cas échéant, de fournir à l'autre Partie d'autres informations pertinentes qu'elle juge utile de porter à la connaissance de l'autre Partie.

Article 6.9. Sous-comité des règlements techniques, des normes et des procédures d'évaluation de la conformité

1. Aux fins de la mise en œuvre et du fonctionnement efficaces du présent chapitre, les Parties créent par la présente un Sous-comité des règlements techniques, des normes et des procédures d'évaluation de la conformité (ci-après dénommé le « Sous-comité » dans le présent article).

2. Les fonctions du Sous-comité sont les suivantes :

a) Examiner et surveiller la mise en œuvre et le fonctionnement du présent chapitre ;

b) Renforcer la coopération conjointe en matière d'élaboration et d'amélioration des règlements techniques, des normes et des procédures d'évaluation de la conformité ;

c) Échanger des informations relatives aux règlements techniques, normes et procédures d'évaluation de la conformité ;

d) Entreprendre des consultations sur des questions relatives aux règlements techniques, normes et procédures d'évaluation de la conformité ;

e) Échanger des informations sur le travail dans des instances régionales et multilatérales engagées dans des activités liées aux règlements techniques, aux normes et aux procédures d'évaluation de la conformité ;

f) Discuter de la coopération technique entre les Parties sur les questions liées au présent chapitre ;

g) Aborder toutes les questions, notamment celles qui peuvent provoquer des différends liés au présent chapitre entre les Parties, dans le but de trouver des solutions mutuellement acceptables ;

h) Rendre compte des conclusions du Sous-comité aux organismes concernés ; et

i) S'acquitter d'autres fonctions que le Comité mixte peut lui déléguer.

3. Le Sous-comité se compose de représentants des Gouvernements des Parties.

4. Le Sous-comité se réunit aux dates, dans les lieux ou par les moyens convenus par les Parties.

5. Aux fins du présent article, le Sous-comité est coordonné :

a) Au Japon, par le Ministère des affaires étrangères, ou son successeur ; et

b) En Mongolie, par le Ministère de l'industrie, ou son successeur.

Article 6.10. Non-application du chapitre 16

Le chapitre 16 ne s'applique pas au présent chapitre.

CHAPITRE 7. COMMERCE DES SERVICES

Article 7.1. Champ d'application

1. Le présent chapitre s'applique aux mesures adoptées ou maintenues par une Partie touchant au commerce des services.

2. Le présent chapitre ne s'applique pas :

a) Au cabotage dans les services de transport maritime ;

b) En ce qui concerne les services de transport aérien, aux mesures touchant aux droits de trafic, quelle que soit la manière dont ils ont été accordés, ou aux mesures touchant aux services directement liés à l'exercice des droits de trafic ;

c) Aux marchés publics ;

d) Aux subventions accordées par une Partie ou une entreprise d'État, notamment les dons, les prêts, les garanties et les assurances bénéficiant d'un soutien public ;

e) Aux mesures conformes aux lois et règlements en matière d'immigration ;

f) Aux mesures touchant aux personnes physiques d'une Partie qui cherchent à accéder au marché de l'emploi de l'autre Partie, ou aux mesures concernant la nationalité ou la citoyenneté, ou la résidence ou l'emploi à titre permanent ; et

g) Aux services fournis dans l'exercice du pouvoir gouvernemental.

3. Nonobstant l'alinéa b) du paragraphe 2, le présent chapitre s'applique aux mesures touchant :

a) Aux services de réparation et de maintenance des aéronefs ;

b) À la vente et à la commercialisation de services de transport aérien ; et

c) Aux services de systèmes informatisés de réservation.

4. L'annexe 4 fournit des dispositions complémentaires au présent chapitre sur les services financiers, notamment le champ d'application et les définitions.

5. L'annexe 5 fournit des dispositions complémentaires au présent chapitre sur les services des télécommunications, notamment le champ d'application et les définitions.

Article 7.2. Définitions

Aux fins du présent chapitre :

a) L'expression « services de réparation et de maintenance d'aéronefs » désigne ces activités lorsqu'elles sont effectuées sur un aéronef ou une partie d'un aéronef retiré du service et ne comprennent pas la maintenance dite en ligne ;

b) L'expression « services de systèmes informatisés de réservation » désigne les services fournis par des systèmes informatisés contenant des informations au sujet des horaires des transporteurs aériens, des places disponibles, des tarifs et des règles de tarification, par l'intermédiaire desquels des réservations peuvent être effectuées ou des billets délivrés ;

c) Le terme « existant » signifie en vigueur à la date d'entrée en vigueur du présent Accord ;

d) L'expression « personne morale de l'autre Partie » désigne une personne morale qui est soit :

i) Constituée ou autrement organisée conformément à la législation de l'autre Partie ; soit

ii) Dans le cas de la fourniture d'un service grâce à une présence commerciale, détenue ou contrôlée par :

A) Des personnes physiques de l'autre Partie ; ou

B) Des personnes morales de l'autre Partie identifiées à l'alinéa i) ;

e) Le terme « mesure » désigne toute mesure prise, que ce soit sous forme de loi, de réglementation, de règle, de procédure, de décision, de décision administrative ou sous toute autre forme ;

Note : Le terme « mesure » comprend les mesures fiscales dans la mesure où elles sont couvertes par l'AGCS.

f) L'expression « mesure adoptée ou maintenue par une Partie » désigne toute mesure adoptée ou maintenue par :

i) Tout échelon gouvernemental ou toute autorité d'une Partie ; et

ii) Des organismes non gouvernementaux lorsqu'ils exercent des pouvoirs délégués par tout échelon gouvernemental ou toute autorité d'une Partie ;

g) L'expression « mesures prises par une Partie qui touchent au commerce des services » comprend les mesures concernant :

i) L'achat, le paiement ou l'utilisation d'un service ;

ii) L'accès et le recours, à l'occasion de la fourniture d'un service, à des services dont la Partie exige qu'ils soient offerts au public en général ; et

iii) La présence, notamment commerciale, de personnes de l'autre Partie pour la fourniture d'un service dans la zone de la première Partie ;

h) L'expression « fournisseur d'un service en position de monopole » désigne toute personne, publique ou privée, qui, sur le marché en cause de la Partie, est agréée ou établie formellement ou dans les faits par cette Partie comme étant le fournisseur exclusif de ce service ;

i) L'expression « personne physique d'une Partie » désigne un ressortissant d'une Partie en vertu de la législation de cette Partie ;

j) L'expression « vente et commercialisation de services de transport aérien » désigne la possibilité pour le transporteur aérien concerné de vendre et de commercialiser librement ses services de transport aérien, y compris tous les aspects de la commercialisation tels que l'étude des marchés, la publicité et la distribution. Ces activités ne comprennent pas la tarification des services de transport aérien ni les conditions applicables ;

k) L'expression « services fournis dans l'exercice du pouvoir gouvernemental » désigne des services qui ne sont fournis ni sur une base commerciale ni en concurrence avec un ou plusieurs fournisseurs de services ;

l) L'expression « fourniture d'un service » comprend la production, la distribution, la commercialisation, la vente et la livraison d'un service ;

m) L'expression « commerce des services » désigne la fourniture d'un service :

i) Depuis la zone d'une Partie vers la zone de l'autre Partie (« mode de fourniture transfrontalière ») ;

ii) Dans la zone d'une Partie au consommateur d'un service de l'autre Partie (« mode de consommation à l'étranger ») ;

iii) Par un fournisseur de services d'une Partie, au moyen d'une présence commerciale dans la zone de l'autre Partie (« mode de présence commerciale ») ; ou

iv) Par un fournisseur de services d'une Partie, par l'intermédiaire de personnes physiques de cette Partie présentes dans la zone de l'autre Partie (« mode de présence de personnes physiques ») ; et

n) L'expression « droits de trafic » désigne les droits pour les services réguliers ou non réguliers d'être exploités et/ou de transporter des passagers, du fret et du courrier moyennant rémunération ou en vertu d'un contrat de location en provenance, à destination, à l'intérieur ou au-dessus du territoire d'une Partie, y compris les points à desservir, les itinéraires à exploiter, les types de trafic à assurer, la capacité à fournir, les tarifs à appliquer et leurs conditions, et les critères de désignation des compagnies aériennes, dont des critères tels que le nombre, la propriété et le contrôle.

Article 7.3. Traitement national

1. Dans les secteurs inscrits sur sa liste d'engagements spécifiques figurant à l'annexe 6, et compte tenu des conditions et restrictions qui y sont indiquées, chaque Partie accorde aux services et aux fournisseurs de services de l'autre Partie, en ce qui concerne toutes les mesures touchant à la fourniture de services, un traitement non moins favorable que celui qu'elle accorde à ses propres services et fournisseurs de services similaires.

Note : Les engagements spécifiques contractés en vertu du présent article ne sauraient être interprétés comme obligeant l'une ou l'autre Partie à compenser tout désavantage concurrentiel intrinsèque qui résulte du caractère étranger des services ou fournisseurs de services pertinents.

2. Une Partie peut satisfaire à l'exigence du paragraphe 1 en accordant aux services et aux fournisseurs de services de l'autre Partie soit un traitement formellement identique à celui qu'il accorde à ses propres services et fournisseurs de services similaires, soit un traitement formellement différent.

3. Un traitement formellement identique ou formellement différent est considéré comme étant moins favorable s'il modifie les conditions de concurrence en faveur des services ou des fournisseurs de services d'une Partie par rapport aux services ou fournisseurs de services similaires de l'autre Partie.

Article 7.4. Traitement de la nation la plus favorisée

1. Chaque Partie accorde aux services et aux fournisseurs de services de l'autre Partie un traitement non moins favorable que celui qu'elle accorde aux services et fournisseurs de services similaires de toute non-Partie.

2. Chaque Partie peut maintenir des mesures incompatibles avec le paragraphe 1 à condition que ces mesures figurent sur la liste des exemptions accordées au traitement de la nation la plus favorisée à l'annexe 6 et satisfassent aux conditions indiquées sur ladite liste.

Article 7.5. Accès aux marchés

1. En ce qui concerne l'accès aux marchés suivant les modes de fourniture visés à l'alinéa m) de l'article 7.2, une Partie accorde aux services et fournisseurs de services de l'autre Partie un traitement qui n'est pas moins favorable que celui qui est prévu en application des modalités, limitations et conditions convenues et spécifiées dans sa liste d'engagements spécifiques figurant à l'annexe 6.

Note : Si une Partie contracte un engagement en matière d'accès aux marchés en lien avec la fourniture d'un service suivant le mode de fourniture visé au point i) de l'alinéa m) de l'article 7.2, et si le mouvement transfrontière des capitaux constitue une partie essentielle du service lui-même, cette Partie s'engage par ainsi à permettre ce mouvement de capitaux. Si une Partie contracte un engagement en matière d'accès aux marchés en lien avec la fourniture d'un service suivant le mode de fourniture visé au point iii) de l'alinéa m) de l'article 7.2, elle s'engage par la présente à autoriser les transferts de capitaux connexes sur sa zone.

2. Dans les secteurs où des engagements en matière d'accès aux marchés sont contractés, les mesures qu'une Partie ne maintient ni n'adopte, que ce soit à l'échelle d'une subdivision régionale ou de l'ensemble de sa zone, à moins qu'il n'en soit spécifié autrement dans sa liste d'engagements spécifiques figurant à l'annexe 6, se définissent comme suit :

a) Des limitations concernant le nombre de fournisseurs de services, que ce soit sous la forme de contingents numériques, de monopoles, de fournisseurs exclusifs de services ou de l'exigence d'un examen des besoins économiques ;

b) Des limitations concernant la valeur totale des transactions ou actifs en rapport avec les services, sous la forme de contingents numériques ou de l'exigence d'un examen des besoins économiques ;

c) Des limitations concernant le nombre total d'opérations de services ou la quantité totale de services produits, exprimées en unités numériques déterminées, sous la forme de contingents ou de l'exigence d'un examen des besoins économiques ;

Note : Le présent alinéa ne couvre pas les mesures d'une Partie qui limitent les intrants servant à la fourniture de services.

d) Des limitations concernant le nombre total de personnes physiques qui peuvent être employées dans un secteur de services particulier, ou qu'un fournisseur de services peut employer et qui sont nécessaires pour, et sont directement liés à, la fourniture d'un service spécifique, sous la forme de contingents numériques ou de l'exigence d'un examen des besoins économiques ;

e) Des mesures qui restreignent ou prescrivent des types spécifiques d'entités juridiques ou de coentreprises par l'intermédiaire desquels un fournisseur de services peut fournir un service ; et

f) Des limitations concernant la participation de capital étranger exprimées sous forme d'une limite maximale en pourcentage de la détention d'actions par des étrangers, ou concernant la valeur totale des investissements étrangers particuliers ou globaux.

Article 7.6. Engagements additionnels

Les Parties peuvent négocier des engagements en ce qui concerne les mesures touchant au commerce des services qui ne sont pas à inscrire sur les listes en vertu des articles 7.3 et 7.5, y compris celles qui ont trait aux restrictions, aux normes ou aux questions relatives aux licences. Ces engagements sont inscrits sur la liste d'engagements spécifiques d'une Partie figurant à l'annexe 6.

Article 7.7. Liste d'engagements spécifiques

1. Chaque Partie indique dans une liste les engagements spécifiques qu'elle contracte au titre des articles 7.3, 7.5 et 7.6. En ce qui concerne les secteurs ou sous-secteurs pour lesquels ces engagements sont contractés, chaque liste d'engagements spécifiques figurant à l'annexe 6 précise :

a) Les modalités, limitations et conditions concernant l'accès aux marchés ;

b) Les conditions et restrictions concernant le traitement national ;

c) Les entreprises liées aux engagements additionnels ; et

d) Le cas échéant, le délai pour la mise en œuvre de ces engagements.

2. En ce qui concerne les secteurs ou sous-secteurs dans lesquels des engagements spécifiques sont contractés et qui sont signalés par la mention « SS », les modalités, limitations, conditions et restrictions visées aux alinéas a) et b) du paragraphe 1, autres que celles fondées sur des mesures prises en vertu des lois et règlements en matière d'immigration, sont limitées à celles fondées sur des mesures non conformes existantes.

3. Les mesures incompatibles à la fois avec les articles 7.3 et 7.5 sont inscrites dans la colonne relative à l'article 7.5. Dans ce cas, l'inscription sera considérée comme introduisant une condition ou une restriction concernant également l'article 7.3.

Article 7.8. Réglementation nationale

1. Chaque Partie veille à ce que toutes les mesures d'application générale touchant au commerce des services soient administrées d'une manière raisonnable, objective et impartiale.

2. Lorsqu'une autorisation est exigée par une Partie pour la fourniture d'un service, les autorités compétentes de cette Partie informent le demandeur, dans un délai raisonnable après la présentation d'une demande jugée complète au regard des lois et règlements de cette Partie, de la décision concernant la demande. À la demande du demandeur, les autorités compétentes de cette Partie fournissent, dans les meilleurs délais, des informations relatives au statut de la demande.

3. En vue de s'assurer que les mesures adoptées ou maintenues par une Partie dans le secteur des services concernant les autorisations, les procédures et les exigences en matière de qualifications, les normes techniques et les prescriptions en matière de licences des fournisseurs de services de l'autre Partie ne constituent pas des obstacles inutiles au commerce des services, chaque Partie veille à ce que ces mesures :

a) Soient fondées sur des critères objectifs et transparents, tels que la compétence et l'aptitude à fournir le service ;

b) Ne soient pas plus rigoureuses que nécessaire pour garantir la qualité du service ; et

c) Ne constituent pas une entrave déguisée à la fourniture du service.

Article 7.9. Reconnaissance

1. Une Partie peut reconnaître l'éducation ou l'expérience acquise, les exigences satisfaites ou les licences ou certifications accordées dans l'autre Partie aux fins du respect, en tout ou en partie, de ses normes ou critères d'autorisation, de licence ou de certification des fournisseurs de services de l'autre Partie.

2. La reconnaissance visée au paragraphe 1, qui peut se faire au moyen d'une harmonisation ou autrement, peut se fonder sur un accord ou un arrangement entre les Parties ou être accordée unilatéralement.

3. Lorsqu'une Partie reconnaît, par un accord ou un arrangement entre la Partie et une non-Partie ou unilatéralement, l'éducation ou l'expérience acquise, les exigences satisfaites ou les licences ou certifications accordées dans la non-Partie :

a) Aucune disposition de l'article 7.4 n'est interprétée comme obligeant la Partie à accorder une telle reconnaissance à l'éducation ou à l'expérience acquise, aux exigences satisfaites ou aux licences ou certifications accordées dans l'autre Partie ;

b) La Partie offre à l'autre Partie une possibilité adéquate de négocier l'adhésion de cette autre Partie à un tel accord ou arrangement ou d'en négocier un comparable entre les Parties ; et

c) Lorsqu'une Partie accorde cette reconnaissance unilatéralement, la Partie offre à l'autre Partie une possibilité adéquate de démontrer que l'éducation ou l'expérience acquise, les exigences satisfaites ou les licences ou les certifications accordées sur le territoire de l'autre Partie doivent également être reconnues.

Article 7.10. Monopoles et fournisseurs exclusifs de services

1. Une Partie veille à ce que tout fournisseur d'un service en position de monopole dans sa zone n'agisse pas, lorsqu'il fournit un service monopolistique sur le marché considéré, d'une manière incompatible avec les obligations de cette Partie au titre des articles 7.3, 7.4 et 7.5.

2. Lorsqu'un fournisseur en position de monopole d'une Partie entre en concurrence, soit directement, soit par l'intermédiaire d'une société affiliée, pour la fourniture d'un service se situant hors du champ de ses droits monopolistiques, dans une zone soumise aux engagements spécifiques de la Partie, cette Partie veille à ce que le fournisseur n'abuse pas de sa position de monopole pour agir dans la zone de cette Partie d'une manière incompatible avec ces engagements au titre des articles 7.3 et 7.5.

3. Si une Partie a des raisons de croire qu'un fournisseur d'un service en position de monopole de l'autre Partie agit d'une manière incompatible avec le paragraphe 1 ou 2, la première Partie peut demander à l'autre Partie de lui fournir des informations spécifiques concernant les opérations concernées.

4. Le présent article s'applique également, s'agissant des fournisseurs exclusifs de services, aux situations dans lesquelles, en droit ou en fait, une Partie :

a) Autorise ou établit un petit nombre de fournisseurs de services ; et

b) Empêche substantiellement la concurrence entre ces fournisseurs dans sa zone.

Article 7.11. Pratiques commerciales

1. Les Parties reconnaissent que certaines pratiques commerciales des fournisseurs de services, autres que celles qui relèvent de l'article 7.10, peuvent limiter la concurrence et donc restreindre le commerce des services.

2. Une Partie, à la demande de l'autre Partie, engage des consultations en vue d'éliminer les pratiques visées au paragraphe 1. La Partie requise examine cette demande de manière approfondie et avec compréhension et coopère en fournissant les informations non confidentielles accessibles au public qui présentent un intérêt en l'espèce. La Partie requise fournit également à la Partie requérante d'autres informations disponibles, sous réserve de ses lois et règlements et de la conclusion d'un accord satisfaisant concernant le respect du caractère confidentiel de ces informations par la Partie requérante.

Article 7.12. Paiements et transferts

1. Sauf dans les cas envisagés à l'article 7.13, une Partie n'applique pas de restrictions aux transferts et paiements internationaux concernant les transactions courantes en lien avec le commerce des services.

2. Aucune disposition du présent chapitre n'influe sur les droits et obligations des Parties en tant que membres du Fonds monétaire international au titre des Statuts du Fonds monétaire international, y compris l'utilisation de mesures de change qui sont conformes aux Statuts du Fonds monétaire international. Toutefois, une Partie s'abstient d'imposer des restrictions sur les transactions en capital qui sont incompatibles avec ses engagements spécifiques concernant ces transactions, sauf en vertu de l'article 7.13 ou à la demande du Fonds monétaire international.

Article 7.13. Restrictions destinées à protéger l'équilibre de la balance des paiements

1. En cas de graves difficultés liées à la balance des paiements et à la situation financière ou de menace de telles difficultés, une Partie peut adopter ou maintenir des restrictions au commerce des services, notamment sur les paiements ou les transferts pour les transactions.

2. Les restrictions visées au paragraphe 1 :

a) Sont appliquées sur la base du traitement national et du traitement de la nation la plus favorisée ;

b) Sont compatibles avec les Statuts du Fonds monétaire international ;

c) Ne lèsent pas inutilement les intérêts commerciaux, économiques et financiers de l'autre Partie ;

d) Ne vont pas au-delà de ce qui est nécessaire pour faire face aux circonstances décrites au paragraphe 1 ; et

e) Sont temporaires et sont supprimées progressivement, au fur et à mesure que la situation envisagée au paragraphe 1 s'améliore.

3. Lorsqu'elle détermine l'incidence de ces restrictions, une Partie peut donner la priorité à la fourniture de services qui sont plus essentiels à ses programmes économiques ou de développement. Toutefois, ces restrictions ne sont pas adoptées ou maintenues dans le but de protéger un secteur de services particulier.

4. Toute restriction adoptée ou maintenue au titre du paragraphe 1, ou toute modification qui y est apportée, est notifiée sans délai à l'autre Partie.

Article 7.14. Transparence

Chaque Partie prépare une liste non juridiquement contraignante indiquant toutes les mesures pertinentes touchant aux obligations prévues aux articles 7.3, 7.4 et 7.5 dans tous les secteurs. Cette liste est échangée avec l'autre Partie et rendue publique dans un délai de cinq ans à compter de la date d'entrée en vigueur du présent Accord et fait également l'objet d'un réexamen et d'une révision ultérieurs si nécessaire ou comme convenu entre les Parties. La liste comporte les éléments suivants :

a) Le secteur et le sous-secteur ou le domaine ;

b) Le type d'incompatibilité (à savoir le traitement national, le traitement de la nation la plus favorisée et/ou l'accès aux marchés) ;

c) La source ou l'autorité juridique responsable de la mesure ; et

d) Une courte description de la mesure.

Note : La liste visée par le présent article est établie uniquement à des fins de transparence, et n'est pas interprétée comme influant sur les droits et obligations d'une Partie en vertu du présent chapitre. Tout examen ou toute révision au titre du présent article a pour seul but de mettre à jour cette liste.

Article 7.15. Refus d'accorder les avantages

1. Une Partie peut refuser d'accorder les avantages du présent chapitre à un fournisseur de services de l'autre Partie qui est une personne morale de l'autre Partie si la Partie qui refuse d'accorder les avantages établit que la personne morale est détenue ou contrôlée par des ressortissants d'une non-Partie, et si la Partie qui refuse d'accorder les avantages :

a) N'entretient pas de relations diplomatiques avec la non-Partie ; ou

b) Adopte ou maintient des mesures concernant la non-Partie qui :

i) Interdisent les transactions avec la personne morale ; ou

ii) Seraient enfreintes ou contournées si les avantages du présent chapitre étaient accordés à la personne morale.

2. Sous réserve de notification et de consultation préalables, une Partie peut refuser d'accorder les avantages du présent chapitre à un fournisseur de services de l'autre Partie qui est une personne morale de l'autre Partie, si la Partie qui refuse d'accorder les avantages établit que la personne morale est détenue ou contrôlée par des personnes d'une non-Partie et qu'elle n'exerce aucune activité commerciale importante dans la zone de l'autre Partie.

Article 7.16. Sous-comité du commerce des services

1. Aux fins de la mise en œuvre et du fonctionnement efficaces du présent chapitre, les Parties créent par la présente un Sous-comité du commerce des services (ci-après dénommé le « Sous-comité » dans le présent article).

2. Les fonctions du Sous-comité sont les suivantes :

a) Examiner et surveiller la mise en œuvre et le fonctionnement du présent chapitre ;

b) Discuter de toute question liée au présent chapitre ;

c) Rendre compte des conclusions du Sous-comité au Comité mixte ; et

d) S'acquitter d'autres fonctions que le Comité mixte peut lui déléguer.

3. Le Sous-comité se compose de représentants des Gouvernements des Parties.

4. Le Sous-comité se réunit aux dates, dans les lieux ou par les moyens convenus par les Parties.

Article 7.17. Examen des engagements

1. Dans le but de poursuivre la libéralisation du commerce des services entre les Parties, notamment la possibilité de renégocier le format des listes, les Parties envisagent, en temps voulu, d'entreprendre une révision du présent chapitre et des annexes qui y sont mentionnées, de manière occasionnelle, comme convenu par les Parties.

2. Si, après l'entrée en vigueur du présent Accord, une Partie entreprend de manière autonome une libéralisation plus poussée dans l'un des secteurs, l'un des sous-secteurs ou l'une des activités de services, elle examine en temps voulu les demandes de l'autre Partie visant à intégrer cette libéralisation dans le présent Accord.

CHAPITRE 8. MOUVEMENT DE PERSONNES PHYSIQUES

Article 8.1. Principes généraux

1. Le présent chapitre reflète les relations commerciales préférentielles entre les Parties, le désir des Parties de faciliter l'entrée et le séjour temporaire des personnes physiques sur une base mutuellement avantageuse et d'établir des procédures et des critères transparents pour l'entrée et le séjour temporaire, ainsi que la nécessité d'assurer la sécurité des frontières et de protéger la main-d'œuvre nationale et les emplois permanents dans chaque Partie.

2. Chaque Partie applique ses mesures liées aux dispositions du présent chapitre conformément aux principes généraux visés au paragraphe 1 et, en particulier, applique ces mesures rapidement pour éviter d'entraver ou de retarder indûment le commerce de marchandises ou des services ou les activités d'investissement conformément au présent Accord.

Article 8.2. Champ d'application

1. Le présent chapitre s'applique aux mesures affectant l'entrée et le séjour temporaire des personnes physiques d'une Partie qui entrent sur le territoire de l'autre Partie et relèvent de l'une des catégories visées au paragraphe 1 de l'article 8.4.

2. Le présent chapitre ne s'applique pas aux mesures touchant aux personnes physiques d'une Partie qui cherchent à accéder au marché du travail de l'autre Partie ni aux mesures concernant la citoyenneté, la nationalité, la résidence ou l'emploi à titre permanent.

3. Le présent chapitre n'empêche pas une Partie d'appliquer des mesures pour réglementer l'entrée et le séjour temporaire de personnes physiques de l'autre Partie, notamment les mesures nécessaires pour protéger l'intégrité de ses frontières et assurer le passage ordonné de ses frontières par les personnes physiques, à condition que ces mesures ne soient pas appliquées de manière à

annuler ou à compromettre les avantages accordés à l'autre Partie au titre des engagements spécifiques énoncés à l'annexe 7.

Note : Le seul fait d'exiger un visa pour les personnes physiques de l'autre Partie et non pour celles de certaines non-Parties n'est pas considéré comme annulant ou compromettant des avantages au titre des engagements spécifiques énoncés à l'annexe 7.

Article 8.3. Définition

Aux fins du présent chapitre, l'expression « personne physique d'une Partie » désigne une personne physique qui réside dans une Partie ou ailleurs et qui, en vertu de la législation de la Partie, est un ressortissant de la Partie.

Article 8.4. Engagements spécifiques

1. Chaque Partie présente à l'annexe 7 les engagements spécifiques qu'elle prend pour :

a) Les visiteurs en déplacement d'affaires de courte durée de l'autre Partie ;

b) Les personnes faisant l'objet d'un transfert intragroupe de l'autre Partie ;

c) Les investisseurs de l'autre Partie ;

d) Les personnes physiques de l'autre Partie qui fournissent des services professionnels ;

e) Les personnes physiques de l'autre Partie qui fournissent des services nécessitant une technologie ou des connaissances de haut niveau sur la base d'un contrat avec des organisations publiques ou privées de la première Partie ; et

f) Le conjoint et les enfants accompagnant les personnes physiques visées aux alinéas b) à e).

2. Les personnes physiques relevant des catégories visées au paragraphe 1 ont le droit d'entrer et de séjourner temporairement conformément aux conditions énoncées à l'annexe 7, à condition que ces personnes physiques respectent les lois et règlements en matière d'immigration applicables à l'entrée et au séjour temporaire qui ne sont pas incompatibles avec les dispositions du présent chapitre.

3. Aucune Partie n'impose ni ne maintient de limitation du nombre de personnes physiques qui peuvent entrer et séjourner temporairement conformément au paragraphe 1.

Article 8.5. Exigences et procédures

1. Chaque Partie publie ou met autrement à la disposition de l'autre Partie, à la date d'entrée en vigueur du présent Accord, en ce qui concerne les personnes physiques couvertes par les engagements spécifiques de cette Partie énoncés à l'annexe 7, des informations sur les exigences et les procédures nécessaires à une demande effective par les personnes physiques de l'autre Partie :

a) D'entrée sur le territoire de la première Partie ;

b) De séjour temporaire initial sur le territoire de la première Partie ;

c) De renouvellement du séjour temporaire sur le territoire de la première Partie ;

d) Le cas échéant, d'autorisation de travailler dans la première Partie ; et

e) De changement du statut du séjour temporaire sur le territoire de la première Partie.

2. Chaque Partie s'efforce de fournir, à la demande d'une personne physique de l'autre Partie, des informations sur les exigences et les procédures visées au paragraphe 1.

3. Chaque Partie s'efforce d'informer rapidement l'autre Partie de l'introduction de nouvelles exigences et procédures, ou des modifications apportées aux exigences et procédures existantes visées au paragraphe 1, qui influent sur la demande effective d'entrée, de séjour temporaire ou d'autorisation visés aux alinéas a) à e) du paragraphe 1 adressée par les personnes physiques de l'autre Partie.

4. Chaque Partie veille à ce que les taxes perçues par ses autorités compétentes sur la demande visée au paragraphe 1 ne constituent pas en elles-mêmes une entrave injustifiable à l'entrée et au séjour temporaire des personnes physiques de l'autre Partie au titre du présent chapitre.

5. Chaque Partie s'efforce, dans toute la mesure du possible, de prendre des mesures pour simplifier les exigences et pour faciliter et accélérer les procédures liées à l'entrée et au séjour temporaire des personnes physiques de l'autre Partie qui sont soumises à ses lois et règlements.

Article 8.6. Sous-comité du mouvement des personnes physiques

1. Aux fins de la mise en œuvre et du fonctionnement efficaces du présent chapitre, les Parties créent par la présente un Sous-comité du mouvement des personnes physiques (ci-après dénommé le « Sous-comité » dans le présent article).

2. Les fonctions du Sous-comité sont les suivantes :

a) Examiner et surveiller la mise en œuvre et le fonctionnement du présent chapitre ;

b) Envisager l'élaboration de mesures visant à faciliter davantage l'entrée et le séjour temporaire des personnes physiques sur une base de réciprocité ;

c) Échanger des informations sur les mesures touchant à l'entrée et au séjour temporaire des personnes physiques visées à l'annexe 7 ;

d) Discuter de toute question liée au présent chapitre dont il peut être convenu ;

e) Rendre compte des conclusions du Sous-comité au Comité mixte ; et

f) S'acquitter d'autres fonctions que le Comité mixte peut lui déléguer.

3. Le Sous-comité se compose de représentants des Gouvernements des Parties.

4. Le Sous-comité se réunit aux dates, dans les lieux ou par les moyens convenus par les Parties.

Article 8.7. Règlement des différends

1. Les procédures de règlement des différends prévues au chapitre 16 ne s'appliquent au présent chapitre que si :

a) L'objet du différend concerne une pratique récurrente ; et

b) Les personnes physiques d'une Partie touchées par l'objet du différend ont épuisé les recours administratifs internes disponibles de l'autre Partie.

2. Les recours visés à l'alinéa b) du paragraphe 1 sont considérés comme épuisés si une décision définitive n'a pas été rendue sur l'objet du différend par l'autorité compétente dans un délai d'un an à compter de l'engagement du recours administratif et que ce manquement n'est pas attribuable à un retard imputable aux personnes physiques.

CHAPITRE 9. COMMERCE ÉLECTRONIQUE

Article 9.1. Dispositions générales

1. Les Parties reconnaissent la croissance économique et les possibilités offertes par le commerce électronique, ainsi que l'importance d'éviter les obstacles inutiles à son utilisation et à son développement.

2. Le présent chapitre a pour objectif de contribuer à créer un environnement de confiance dans l'utilisation du commerce électronique et de promouvoir le commerce électronique entre les Parties et la plus large utilisation du commerce électronique au niveau mondial.

3. Les Parties reconnaissent le principe de la neutralité technologique dans le commerce électronique.

4. En cas d'incompatibilité entre le présent chapitre et le chapitre 2, 7, 10 ou 12, le chapitre autre que le présent chapitre prévaut dans la mesure de l'incompatibilité.

Article 9.2. Définitions

Aux fins du présent chapitre :

a) L'expression « produits numériques » désigne les programmes informatiques, les textes, les vidéos, les images, les enregistrements sonores et les autres produits codés numériquement, qu'ils soient fixés sur un support ou transmis par voie électronique ;

b) L'expression « certificat électronique » désigne un enregistrement électromagnétique préparé pour certifier que les éléments utilisés pour confirmer que l'utilisateur a effectué la signature électronique appartiennent à cet utilisateur ;

c) L'expression « signature électronique » désigne une mesure prise à l'égard d'une information qui peut être enregistrée sur un support électromagnétique et qui remplit les deux conditions suivantes :

- i) La mesure indique que cette information a été approuvée par une personne qui a pris cette mesure ; et
- ii) La mesure confirme que ces informations n'ont pas été modifiées ; et

d) L'expression « documents administratifs relatifs au commerce » désigne les formulaires qu'une Partie délivre ou contrôle et qui doivent être remplis par ou pour un importateur ou un exportateur dans le cadre de l'importation ou de l'exportation de produits.

Article 9.3. Droits de douane

Chaque Partie maintient sa pratique consistant à ne pas imposer de droits de douane sur les transmissions électroniques entre les Parties.

Article 9.4. Traitement non discriminatoire des produits numériques

1. Aucune Partie n'adopte ni ne maintient :

a) Des mesures qui accordent aux produits numériques de l'autre Partie un traitement moins favorable que celui qu'elle accorde à ses propres produits numériques similaires ; et

b) Des mesures qui accordent aux produits numériques de l'autre Partie un traitement moins favorable que celui qu'elle accorde aux propres produits numériques similaires d'une non-Partie.

2. Le paragraphe 1 ne s'applique pas :

a) Aux marchés publics ;

b) Aux subventions accordées par une Partie ou une entreprise d'État, notamment les dons, ainsi que les prêts, les garanties et les assurances bénéficiant d'un soutien public ;

c) Aux mesures maintenues par une Partie conformément au paragraphe 2 de l'article 7.4 ;

d) Aux mesures adoptées ou maintenues par une Partie relevant du champ d'application de l'article 7.3 ou 7.5 qui :

i) Sont liées aux secteurs non inclus dans sa liste d'engagements spécifiques figurant à l'annexe 6 ; ou

ii) Ne sont pas incompatibles avec les modalités, les limitations, les conditions et les restrictions convenues et spécifiées dans sa liste d'engagements spécifiques figurant à l'annexe 6 ; et

e) Les mesures non conformes adoptées ou maintenues par une Partie conformément à l'article 10.8.

3. Dans le cadre de la mise en œuvre de ses obligations en vertu du paragraphe 1, chaque Partie, si nécessaire, détermine de bonne foi si un produit numérique est un produit numérique d'une Partie, de l'autre Partie ou d'une non-Partie. Cette détermination est faite de manière transparente, objective, raisonnable et équitable.

4. Chaque Partie, à la demande de l'autre Partie, explique comment elle détermine l'origine d'un produit numérique lorsqu'il détermine cette origine dans le cadre de la mise en œuvre de ses obligations en vertu du paragraphe 1.

5. Les Parties coopèrent au sein d'organisations et d'instances internationales pour favoriser l'élaboration de critères de détermination de l'origine d'un produit numérique, en vue d'envisager l'intégration de ces critères dans le présent Accord.

Article 9.5. Signature électronique

1. Aucune Partie n'adopte ni ne maintient des mesures réglementant la signature électronique qui :

a) Interdiraient aux parties à une transaction électronique de déterminer mutuellement les méthodes de signature électronique appropriées pour leur transaction ; ou

b) Empêcheraient les parties à une transaction électronique d'avoir la possibilité de prouver devant un tribunal que leurs transactions électroniques sont conformes à toute exigence légale.

2. Nonobstant le paragraphe 1, chaque Partie peut exiger que, pour une catégorie particulière de transactions électroniques, les signatures électroniques répondent à certaines normes de performance ou soient fondées sur un certificat électronique spécifique délivré par un fournisseur de services de certification agréé ou reconnu conformément aux lois et règlements de la Partie, à condition que cette exigence :

a) Serve un objectif politique légitime ; et

b) Soit étroitement liée à la réalisation de cet objectif.

Article 9.6. Protection des consommateurs

1. Les Parties reconnaissent l'importance d'adopter et de maintenir des mesures transparentes et efficaces de protection des consommateurs pour le commerce électronique, ainsi que des mesures favorisant le développement de la confiance des consommateurs.

2. Les Parties reconnaissent l'importance de la coopération entre leurs autorités compétentes respectives chargées de la protection des consommateurs en ce qui concerne les activités liées au commerce électronique, afin de renforcer la protection des consommateurs.

3. Les Parties adoptent ou maintiennent des mesures, conformément à leurs lois et règlements respectifs, afin de protéger les données à caractère personnel des personnes ayant recours au commerce électronique.

Article 9.7. Courriels commerciaux non sollicités

Chaque Partie s'efforce de prendre les mesures appropriées et nécessaires afin de réglementer les courriels commerciaux non sollicités à des fins publicitaires.

Article 9.8. Administration du commerce sans papier

1. Chaque Partie s'efforce de mettre à la disposition du public tous les documents administratifs relatifs au commerce au format électronique.

2. Chaque Partie s'efforce d'accepter les documents administratifs relatifs au commerce transmis par la voie électronique comme l'équivalent juridique de la version papier de ces documents.

3. Les Parties coopèrent bilatéralement et dans les instances internationales afin d'améliorer l'acceptation des versions électroniques des documents administratifs relatifs au commerce.

Article 9.9. Réglementation nationale

Chaque Partie veille à ce que toutes ses mesures touchant au commerce électronique soient administrées de manière transparente, objective, raisonnable et impartiale, et ne soient pas plus contraignantes que nécessaire pour atteindre des objectifs politiques légitimes.

Article 9.10. Interdiction des exigences concernant l'emplacement des installations informatiques

1. Aucune Partie n'exige :

a) D'un fournisseur de services de l'autre Partie ;

b) D'un investisseur de l'autre Partie ;

c) D'un investissement d'un investisseur de l'autre Partie dans la zone de la première Partie,

à titre de condition pour mener ses affaires dans la zone de la première Partie, qu'il utilise ou localise les installations informatiques dans cette zone.

2. Nonobstant le paragraphe 1, aucune disposition du présent article n'est interprétée comme empêchant une Partie d'adopter ou de maintenir des mesures touchant à l'utilisation ou à la localisation d'installations informatiques nécessaires pour atteindre un objectif de politique publique légitime, à condition que ces mesures ne soient pas appliquées d'une manière qui constituerait soit un moyen de discrimination arbitraire ou injustifiable, soit une restriction déguisée au commerce.

Article 9.11. Code source

1. Aucune Partie n'exige le transfert du code source d'un logiciel appartenant à une personne de l'autre Partie, ou l'accès à ce code source, comme condition à l'importation, la distribution, la vente ou l'utilisation de ce logiciel, ou des produits contenant ce logiciel, dans sa zone.

2. Aux fins du présent article, les logiciels soumis au paragraphe 1 sont limités aux logiciels grand public ou aux produits contenant ces logiciels, et ne comprennent pas les logiciels utilisés pour des infrastructures critiques.

Article 9.12. Coopération

1. Les Parties, le cas échéant, coopèrent bilatéralement et participent activement au sein des instances régionales et multilatérales afin de promouvoir le développement du commerce électronique.

2. Les Parties échangent, le cas échéant, des informations et des expériences, notamment sur les lois, les règlements et les meilleures pratiques en matière de commerce électronique, en ce qui concerne, entre autres, la confiance des consommateurs, la cybersécurité, la lutte contre les courriels commerciaux non sollicités, la propriété intellectuelle, l'administration en ligne et la protection des données à caractère personnel.

3. Les Parties coopèrent pour surmonter les obstacles rencontrés par les petites et moyennes entreprises dans le cadre de l'utilisation du commerce électronique.

4. Chaque Partie encourage, grâce aux moyens existants dont elle dispose, les activités des organisations à but non lucratif de cette Partie visant à promouvoir le commerce électronique, notamment l'échange d'informations et de vues.

5. Les Parties reconnaissent l'importance d'œuvrer au maintien des flux transfrontaliers d'informations en tant qu'élément essentiel d'un environnement de commerce électronique dynamique.

6. Les Parties reconnaissent l'importance de développer davantage le commerce de produits numériques.

Article 9.13. Sous-comité du commerce électronique

1. Aux fins de la mise en œuvre et du fonctionnement efficaces du présent chapitre, les Parties créent par la présente un Sous-comité du commerce électronique (ci-après dénommé le « Sous-comité » dans le présent article).

2. Les fonctions du Sous-comité sont les suivantes :

a) Examiner et surveiller la mise en œuvre et le fonctionnement du présent chapitre ;

b) Discuter de toute question liée au présent chapitre, y compris, le cas échéant, la révision éventuelle de l'article 9.4 ;

c) Rechercher de nouvelles possibilités afin de développer davantage le commerce de produits numériques ;

d) Rendre compte des conclusions du Sous-comité au Comité mixte ; et

e) S'acquitter d'autres fonctions que le Comité mixte peut lui déléguer.

3. Le Sous-comité se compose de représentants des Gouvernements des Parties.

4. Le Sous-comité se réunit aux dates, dans les lieux ou par les moyens convenus par les Parties.

CHAPITRE 10. INVESTISSEMENTS

Article 10.1. Champ d'application

1. Le présent chapitre s'applique aux mesures adoptées ou maintenues par une Partie concernant :

a) Les investisseurs de l'autre Partie ;

b) Les investissements des investisseurs de l'autre Partie dans la zone de la première Partie ; et

c) En ce qui concerne les articles 10.7 et 10.17, l'ensemble des investissements dans la zone de la première Partie.

Note 1 : Il est entendu que le présent chapitre s'applique également aux mesures adoptées ou maintenues par une Partie concernant les investissements effectués par des investisseurs de l'autre Partie dans la zone de la première Partie avant l'entrée en vigueur du présent Accord.

Note 2 : Il est entendu que le présent chapitre ne s'applique pas aux demandes résultant d'événements survenus avant l'entrée en vigueur du présent Accord.

2. En cas d'incompatibilité entre le présent chapitre et le chapitre 7 :

a) En ce qui concerne les questions couvertes par les articles 10.3, 10.4 et 10.7, le chapitre 7 prévaut dans la mesure de l'incompatibilité ; et

b) En ce qui concerne les questions ne relevant pas de l'alinéa a), le présent chapitre prévaut dans la mesure de l'incompatibilité.

3. Aucune disposition du présent chapitre n'impose d'obligation à l'une ou l'autre Partie en ce qui concerne les mesures prises en vertu des lois et règlements relatifs à l'immigration.

Article 10.2. Définitions

Aux fins du présent chapitre :

a) L'expression « Accord bilatéral d'investissement » désigne l'Accord entre le Japon et la Mongolie concernant la promotion et la protection des investissements, signé à Tokyo le 15 février 2001 ;

b) Une entreprise :

i) Est « détenue » par un investisseur si celui-ci détient plus de 50 % de sa participation au capital ; et

ii) Est « contrôlée » par un investisseur si celui-ci a le pouvoir de nommer une majorité de ses administrateurs ou s'il est autrement habilité en droit à diriger ses opérations ;

c) Le terme « existant » signifie en vigueur à la date d'entrée en vigueur du présent Accord ;

d) L'expression « monnaie librement utilisable » désigne une monnaie librement utilisable telle que définie dans les Statuts du Fonds monétaire international ;

e) L'expression « activités d'investissement » désigne l'établissement, l'acquisition, l'expansion, l'exploitation, la gestion, l'entretien, l'utilisation, la jouissance et la vente ou toute autre forme de cession d'un investissement ; et

f) Le terme « mesure » désigne toute mesure prise, que ce soit sous forme de loi, de réglementation, de règle, de procédure, de décision, de décision administrative, ou sous toute autre forme.

Article 10.3. Traitement national

1. Chaque Partie accorde, dans sa zone, aux investisseurs de l'autre Partie et à leurs investissements un traitement non moins favorable que celui qu'elle accorde dans des circonstances similaires à ses propres investisseurs et à leurs investissements en ce qui concerne les activités d'investissement.

2. Le paragraphe 1 n'est pas interprété comme empêchant une Partie d'adopter ou de maintenir une mesure qui prescrit des formalités spéciales en rapport avec les activités d'investissement des investisseurs de l'autre Partie dans sa zone, à condition que ces formalités spéciales ne portent pas atteinte à la substance des droits de ces investisseurs en vertu du présent chapitre.

Article 10.4. Traitement de la nation la plus favorisée

Chaque Partie accorde, dans sa zone, aux investisseurs de l'autre Partie et à leurs investissements un traitement non moins favorable à celui qu'elle accorde dans des circonstances similaires aux investisseurs d'une non-Partie et à leurs investissements en ce qui concerne les activités d'investissement.

Article 10.5. Traitement général

1. Chaque Partie accorde, dans sa zone, aux investissements des investisseurs de l'autre Partie un traitement conforme au droit international, notamment un traitement juste et équitable ainsi qu'une protection et une sécurité intégrales.

Note 1 : Le présent paragraphe prescrit la norme minimale de traitement des étrangers prévue par le droit international coutumier comme norme minimale de traitement à accorder aux investissements des investisseurs de l'autre Partie. Les concepts de « traitement juste et équitable » et de « protection et sécurité intégrales » n'exigent pas un traitement supplémentaire ou supérieur à celui requis par la norme minimale de traitement des étrangers prévue par le droit international coutumier. La constatation d'une violation d'une autre disposition du présent Accord ou d'un accord international distinct n'établit pas qu'il y ait eu violation du présent paragraphe.

Note 2 : L'expression « traitement juste et équitable » comprend l'obligation de la Partie de s'abstenir de tout déni de justice dans les procédures judiciaires pénales, civiles ou administratives conformément au principe de garantie d'une procédure régulière.

2. Chaque Partie respecte toute obligation écrite qu'elle a pu contracter à l'égard d'un investissement spécifique d'un investisseur de l'autre Partie, et sur laquelle l'investisseur aurait pu compter au moment de l'établissement, de l'acquisition ou de l'accroissement de cet investissement.

3. Le présent article s'applique aux mesures fiscales.

Article 10.6. Accès aux tribunaux

1. Chaque Partie accorde, dans sa zone, aux investisseurs de l'autre Partie un traitement non moins favorable que celui qu'elle accorde dans des circonstances similaires à ses propres investisseurs ou aux investisseurs d'une non-Partie en ce qui concerne l'accès aux tribunaux et aux organismes administratifs, à tous les degrés de juridiction, tant pour la poursuite que pour la défense des droits de ces investisseurs.

2. Le présent article s'applique aux mesures fiscales.

Article 10.7. Interdiction des prescriptions en matière de performance

1. Aucune Partie n'impose ni n'applique l'une des prescriptions suivantes, ni ne fait respecter un quelconque engagement ou une quelconque promesse dans le cadre des activités d'investissement d'un investisseur d'une Partie ou d'une non-Partie dans sa zone :

a) Exporter un niveau ou un pourcentage donné de produits ou de services ;

b) Atteindre un niveau ou un pourcentage donné de contenu national ;

c) Acheter, utiliser ou privilégier des produits fabriqués ou des services fournis dans sa zone, ou acheter des produits ou des services auprès de personnes dans sa zone ;

d) Lier de quelque façon que ce soit le volume ou la valeur des importations au volume ou à la valeur des exportations ou au montant des entrées de devises associées à l'investissement de l'investisseur ;

e) Restreindre, dans sa zone, les ventes de produits ou de services qu'un investissement de l'investisseur produit en rapportant ces ventes de quelque manière que ce soit au volume ou à la valeur de ses exportations ou de ses recettes en devises ;

f) Restreindre l'exportation ou la vente à l'exportation ;

g) Nommer des personnes d'une nationalité spécifique à des postes de cadre, de direction ou de membres de conseils d'administration ;

h) Établir, dans sa zone, le siège de cet investisseur pour une région donnée ou pour le marché mondial ;

i) Employer un nombre ou un pourcentage donné de ses ressortissants ;

j) Fournir un ou plusieurs produits fabriqués ou un ou plusieurs services fournis par l'investisseur, à une région déterminée ou au marché mondial, exclusivement à partir de la zone de la première Partie ; ou

k) Adopter :

   i) Un taux ou un montant donné de redevances au titre d'un contrat de licence ; ou

   ii) Une durée déterminée pour un contrat de licence,

   en ce qui concerne tout contrat de licence librement conclu entre l'investisseur et une personne dans sa zone, qu'il ait été conclu ou non, à condition que la prescription soit imposée ou que l'engagement ou la promesse soit exécuté par une autorité publique de la Partie.

Note : L'expression « contrat de licence » mentionnée dans le présent alinéa désigne tout contrat de licence relatif au transfert de techniques, à un procédé de production ou à tout autre savoir-faire exclusif.

2. Aucune Partie ne subordonne l'octroi ou le maintien d'un avantage, dans le cadre des activités d'investissement d'un investisseur d'une Partie ou d'une non-Partie dans sa zone, au respect de l'une des prescriptions suivantes :

a) Atteindre un niveau ou un pourcentage donné de contenu national ;

b) Acheter, utiliser ou privilégier des produits fabriqués ou des services fournis dans sa zone, ou acheter des produits ou des services auprès de personnes dans sa zone ;

c) Associer de quelque façon que ce soit le volume ou la valeur des importations au volume ou à la valeur des exportations ou au montant des entrées de devises associées à l'investissement de l'investisseur ;

d) Restreindre, dans sa zone, les ventes de produits fabriqués ou de services fournis par un investissement de l'investisseur en rapportant ces ventes de quelque manière que ce soit au volume ou à la valeur de ses exportations ou de ses recettes en devises ; ou

e) Restreindre l'exportation ou la vente à l'exportation.

3. a) Aucune disposition du paragraphe 2 ne saurait être interprétée comme empêchant une Partie de subordonner l'octroi ou le maintien d'un avantage, dans le cadre des activités d'investissement d'un investisseur d'une Partie ou d'une non-Partie dans sa zone, au respect de la prescription d'établir la production, de fournir un service, de former ou d'employer des travailleurs, de construire ou d'agrandir des installations particulières, ou d'effectuer des travaux de recherche et de développement dans sa zone.

b) L'alinéa k) du paragraphe 1 ne s'applique pas lorsque l'exigence est imposée ou que l'engagement est mis en œuvre par un tribunal ou une autorité de la concurrence afin de remédier à une violation présumée de la législation régissant les activités anticoncurrentielles.

c) Les alinéas a), b) et c) du paragraphe 1 ainsi que les alinéas a) et b) du paragraphe 2 ne s'appliquent pas aux prescriptions en matière de qualification pour les produits ou les services en ce qui concerne les programmes d'aide à l'étranger.

d) Les alinéas a) et b) du paragraphe 2 ne s'appliquent pas aux prescriptions imposées par une Partie importatrice en ce qui concerne le contenu que doivent avoir les produits pour être admissibles à des tarifs préférentiels ou à des contingents préférentiels.

4. Les paragraphes 1 et 2 ne s'appliquent pas aux prescriptions autres que celles énoncées dans ces paragraphes.

Article 10.8. Mesures non conformes

1. Les articles 10.3, 10.4 et 10.7 ne s'appliquent pas :

a) À toute mesure non conforme existante qui est maintenue par l'administration centrale d'une Partie, selon ce qui est prévu dans sa liste figurant à l'annexe 8 ;

b) À toute mesure non conforme existante qui est maintenue par une administration locale d'une Partie ;

c) Au maintien ou au prompt renouvellement de toute mesure non conforme visée aux alinéas a) et b) ; ou

d) À un amendement ou à une modification d'une mesure non conforme visée aux alinéas a) et b), à condition que cet amendement ou cette modification ne diminue pas la conformité de la mesure, telle qu'elle existait immédiatement avant l'amendement ou la modification, avec les articles 10.3, 10.4 et 10.7.

2. Si une Partie considère que la mesure non conforme visée à l'alinéa b) du paragraphe 1 et adoptée ou maintenue par une préfecture, la ville d'Oulan-Bator ou une province de l'autre Partie, constitue un obstacle aux activités d'investissement d'un investisseur de la première Partie, cette première Partie peut demander des consultations concernant l'application de cette mesure en vue de parvenir à une solution mutuellement satisfaisante.

3. Les articles 10.3, 10.4 et 10.7 ne s'appliquent pas à une mesure qu'une Partie adopte ou maintient en ce qui concerne les secteurs, les sous-secteurs ou les activités énumérés dans sa liste figurant à l'annexe 9.

4. Aucune Partie, en vertu d'une quelconque mesure adoptée après l'entrée en vigueur du présent Accord et énumérée dans sa liste figurant à l'annexe 9, n'exige d'un investisseur de l'autre Partie, en raison de sa nationalité, qu'il vende ou aliène d'une autre façon un investissement existant au moment où la mesure entre en vigueur.

5. Lorsqu'une Partie amende ou modifie une mesure non conforme existante énumérée dans sa liste figurant à l'annexe 8 ou lorsqu'une Partie adopte une mesure nouvelle ou plus restrictive en ce qui concerne les secteurs, les sous-secteurs ou les activités énumérés dans sa liste figurant à l'annexe 9 après la date d'entrée en vigueur du présent Accord, la Partie, avant la mise en œuvre de l'amendement ou de la modification ou de la mesure nouvelle ou plus restrictive, ou dans des circonstances exceptionnelles, dès que possible après celle-ci :

a) Communique à l'autre Partie des informations détaillées sur cet amendement, cette modification ou cette mesure ; et

b) Mène, à la demande de l'autre Partie, des consultations de bonne foi avec l'autre Partie en vue de parvenir à une solution mutuellement satisfaisante.

6. Chaque Partie s'efforce, le cas échéant, de réduire ou d'éliminer les mesures non conformes visées dans ses listes figurant respectivement aux annexes 8 et 9.

7. Les articles 10.3 et 10.4 ne s'appliquent à aucune mesure couverte par les exceptions ou les dérogations aux obligations prévues aux articles 3 et 4 de l'Accord sur les ADPIC, conformément aux dispositions spécifiquement prévues aux articles 3 à 5 de l'Accord sur les ADPIC.

8. Les articles 10.3, 10.4 et 10.7 ne s'appliquent à aucune mesure qu'une Partie adopte ou maintient en ce qui concerne les marchés publics.

Article 10.9. Expropriation et indemnisation

1. Aucune Partie n'exproprie ou ne nationalise un investissement dans sa zone par des investisseurs de l'autre Partie ni ne prend des mesures équivalentes à une expropriation ou à une nationalisation (ci-après dénommées « expropriation »), sauf :

a) Dans l'intérêt du public ;

b) De manière non discriminatoire ;

c) Sur paiement d'une indemnisation prompte, adéquate et effective conformément aux paragraphes 2 à 4 ; et

d) Conformément aux garanties d'une procédure régulière et à l'article 10.5.

2. L'indemnisation est équivalente à la juste valeur marchande des investissements expropriés au moment où l'expropriation a été annoncée publiquement ou au moment où l'expropriation a eu lieu, selon la première éventualité. La juste valeur marchande ne tient pas compte du moindre changement de valeur survenu parce que l'expropriation a été rendue publique plus tôt.

3. L'indemnisation est versée sans délai et comprend des intérêts à un taux commercialement raisonnable, compte tenu du délai écoulé avant le paiement. Elle est effectivement réalisable, librement transférable et convertible dans la monnaie de la Partie des investisseurs concernés, ainsi que dans des monnaies librement utilisables au taux de change du marché en vigueur à la date de l'expropriation.

4. Sans préjudice des dispositions de l'article 10.13, les investisseurs touchés par l'expropriation ont un droit d'accès aux tribunaux ou aux organismes administratifs de la Partie qui procède à l'expropriation pour demander un examen rapide de leur dossier et du montant de l'indemnisation conformément aux principes énoncés dans le présent article.

5. Le présent article s'applique aux mesures fiscales, dans la mesure où celles-ci constituent une expropriation.

6. Le présent article est interprété conformément à l'annexe 10.

Article 10.10. Protection contre les conflits

1. Chaque Partie accorde aux investisseurs de l'autre Partie qui ont subi des pertes ou des dommages relatifs à leurs investissements dans la zone de la première Partie en raison d'un conflit armé ou d'un état d'urgence tel qu'une révolution, une insurrection, des troubles civils ou tout autre événement similaire dans la zone de cette première Partie, en ce qui concerne la restitution, la compensation, l'indemnisation ou tout autre règlement, un traitement qui n'est pas moins favorable

que celui qu'elle accorde à ses propres investisseurs ou aux investisseurs d'une non-Partie, selon ce qui est le plus favorable aux investisseurs de l'autre Partie.

2. Tout paiement en tant que moyen de règlement visé au paragraphe 1 est effectivement réalisable, librement transférable et librement convertible au taux de change du marché dans la monnaie de la Partie des investisseurs concernés, et dans des monnaies librement utilisables.

3. Nonobstant les dispositions de l'article 1.10, aucune Partie n'est dispensée de son obligation au titre du paragraphe 1 en raison des mesures prises conformément à cet article.

Article 10.11. Transferts

1. Chaque Partie veille à ce que tous les transferts associés aux investissements dans sa zone d'un investisseur de l'autre Partie puissent être effectués librement et sans délai à l'entrée et à la sortie de sa zone. Ces transferts comprennent notamment, mais pas exclusivement :

a) Le capital initial et les sommes additionnelles nécessaires au maintien ou à l'augmentation des investissements ;

b) Les bénéfices, intérêts, gains en capital, dividendes, redevances, commissions et autres revenus provenant des investissements ;

c) Les paiements versés dans le cadre d'un contrat, y compris les paiements de prêts associés aux investissements ;

d) Les produits de la cession ou de la liquidation totale ou partielle des investissements ;

e) Les gains et la rémunération du personnel de l'autre Partie exerçant des activités en rapport avec les investissements dans la zone de la première Partie ;

f) Les paiements effectués conformément aux articles 10.9 et 10.10 ; et

g) Les paiements résultant du règlement d'un différend conformément à l'article 10.13.

2. Chaque Partie veille également à ce que ces transferts puissent être effectués sans délai dans des monnaies librement utilisables, au taux de change du marché en vigueur à la date du transfert.

3. Nonobstant les paragraphes 1 et 2, une Partie peut retarder ou empêcher un transfert par l'application équitable, non discriminatoire et de bonne foi de ses lois et règlements relatifs à :

a) La faillite, l'insolvabilité ou la protection des droits des créanciers ;

b) L'émission, la négociation ou le commerce de valeurs mobilières ;

c) Les infractions criminelles ou pénales ; ou

d) La garantie du respect des ordonnances ou des jugements dans les procédures juridictionnelles.

Article 10.12. Subrogation exécutoire

Si une Partie ou son organisme désigné effectue un paiement à un investisseur de cette Partie en vertu d'un contrat d'indemnité, de garantie ou d'assurance concernant un investissement de cet investisseur dans la zone de l'autre Partie, cette dernière reconnaît la cession à la première Partie ou à son organisme désigné de tout droit ou de toute créance de cet investisseur au titre duquel ou de laquelle ce paiement est effectué, et reconnaît le droit de la première Partie ou de son organisme désigné d'exercer par subrogation tout droit ou toute créance de ce type dans la même mesure que le droit ou la créance initiaux de l'investisseur. En ce qui concerne le paiement à effectuer à cette première Partie ou à son organisme désigné en vertu de cette cession de droit ou de créance et le transfert de ce paiement, les dispositions des articles 10.9, 10.10 et 10.11 s'appliquent, mutatis mutandis.

Article 10.13. Règlement des différends en matière d'investissement entre une Partie et un investisseur de l'autre Partie

1. Aux fins du présent article :

a) L'expression « investisseur contestant » désigne un investisseur qui est partie à un différend en matière d'investissement ;

b) L'expression « Partie contestante » désigne une Partie qui est partie à un différend en matière d'investissement ;

c) L'expression « parties contestantes » désigne l'investisseur contestant et la Partie contestante ;

d) L'expression « Convention CIRDI » désigne la Convention pour le règlement des différends relatifs aux investissements entre États et ressortissants d'autres États, faite à Washington le 18 mars 1965 ;

e) L'expression « Règlement du Mécanisme supplémentaire du CIRDI » désigne le Règlement régissant le mécanisme supplémentaire pour l'administration de procédures par le Secrétariat du Centre international pour le règlement des différends relatifs aux investissements ;

f) L'expression « différend en matière d'investissement » désigne un différend entre une Partie et un investisseur de l'autre Partie qui a subi des pertes ou des dommages en raison, ou découlant, d'une violation présumée d'une obligation de la première Partie au titre du présent chapitre en ce qui concerne l'investisseur de cette autre Partie ou ses investissements dans la zone de la première Partie ; et

g) L'expression « Convention de New York » désigne la Convention pour la reconnaissance et l'exécution des sentences arbitrales étrangères, faite à New York le 10 juin 1958.

2. Sous réserve du point i) de l'alinéa a) du paragraphe 6, aucune disposition du présent article n'est interprétée comme empêchant un investisseur contestant de chercher à obtenir un règlement administratif ou judiciaire dans la zone de la Partie contestante.

3. Un différend en matière d'investissement est, dans la mesure du possible, réglé à l'amiable par la voie de consultations entre les parties contestantes.

4. Si le différend en matière d'investissement ne peut être réglé par la voie de consultations dans un délai de 120 jours à compter de la date à laquelle l'investisseur contestant a demandé par écrit l'ouverture des consultations à la Partie contestante, l'investisseur contestant peut, sous réserve du paragraphe 6, soumettre le différend en matière d'investissement à l'un des arbitrages internationaux suivants :

a) L'arbitrage conformément à la Convention CIRDI, à condition que la Convention CIRDI soit en vigueur entre les Parties ;

b) L'arbitrage en vertu du Règlement du Mécanisme supplémentaire du CIRDI, à condition que l'une ou l'autre Partie, mais pas les deux, soit partie à la Convention CIRDI ;

c) L'arbitrage en vertu du Règlement d'arbitrage de la Commission des Nations Unies pour le droit commercial international ; et

d) Si cela a été convenu avec la Partie contestante, tout arbitrage conformément à d'autres règlements d'arbitrage.

5. Les règlements d'arbitrage applicables régissent l'arbitrage prévu au paragraphe 4, sauf dans la mesure où ils sont modifiés dans le présent article.

6. a) Nonobstant les paragraphes 4 et 8, aucune demande ne peut être soumise à l'arbitrage prévu au paragraphe 4, sauf si :

i) L'investisseur contestant adresse à la Partie contestante une renonciation écrite à tout droit d'engager devant tout tribunal en vertu de la législation de l'une ou l'autre Partie ou d'autres procédures de règlement des différends, y compris les procédures de règlement des différends en matière d'investissement prévues par l'Accord bilatéral d'investissement, toute procédure relative à toute mesure de la Partie contestante censée constituer une violation visée à l'alinéa f) du paragraphe 1 ; et

ii) L'investisseur contestant n'a pas engagé, avant les procédures de règlement des différends en matière d'investissement prévues par l'Accord bilatéral d'investissement, toute procédure relative à toute mesure de la Partie contestante censée constituer une violation visée à l'alinéa f) du paragraphe 1 ;

b) Nonobstant l'alinéa a), l'investisseur contestant peut engager ou poursuivre auprès d'un tribunal compétent de la Partie contestante une action en vue d'obtenir un redressement provisoire par injonction qui ne font pas intervenir le paiement de dommages-intérêts.

7. L'investisseur contestant qui a l'intention de soumettre le différend en matière d'investissement à l'arbitrage conformément au paragraphe 4 adresse à la Partie contestante une notification écrite de son intention au moins 90 jours avant la soumission du différend en matière d'investissement. La notification d'intention précise :

a) Le nom et l'adresse de l'investisseur contestant ;

b) Les mesures spécifiques de la Partie contestante qui sont en cause et un bref résumé du fondement factuel et juridique du différend en matière d'investissement qui suffit pour énoncer clairement le problème, ainsi que les obligations découlant du présent chapitre qui auraient été violées ;

c) L'arbitrage prévu au paragraphe 4 que l'investisseur contestant choisit d'invoquer ; et

d) La réparation demandée et le montant approximatif des dommages-intérêts réclamés.

8. a) Chaque Partie consent par la présente à ce qu'un investisseur contestant soumette un différend en matière d'investissement à l'arbitrage prévu au paragraphe 4 choisi par l'investisseur contestant ;

b) Le consentement donné en vertu de l'alinéa a) et la soumission par un investisseur contestant d'un différend en matière d'investissement à l'arbitrage satisfont aux exigences :

i) Du chapitre II de la Convention CIRDI ou du Règlement du Mécanisme supplémentaire du CIRDI en ce qui concerne le consentement écrit des parties au différend ; et

ii) De l'article II de la Convention de New York en ce qui concerne un accord par écrit.

9. Nonobstant le paragraphe 8, aucun différend en matière d'investissement ne peut être soumis à l'arbitrage prévu au paragraphe 4 si plus de trois ans se sont écoulés depuis la date à laquelle l'investisseur contestant a appris ou aurait dû apprendre pour la première fois, selon la première éventualité, qu'il avait subi des pertes ou des dommages visés à l'alinéa f) du paragraphe 1.

10. Sauf accord contraire des parties contestantes, le tribunal d'arbitrage établi au titre du paragraphe 4 se compose de trois arbitres, un arbitre nommé par chacune des parties contestantes et le troisième, qui est l'arbitre-président, nommé d'un commun accord par les parties contestantes. Si l'investisseur contestant ou la Partie contestante ne parvient pas à nommer un arbitre ou des arbitres dans les 60 jours suivant la date à laquelle le différend en matière d'investissement a été soumis à l'arbitrage, le Secrétaire général du Centre international pour le règlement des différends relatifs aux investissements, dans le cas d'un arbitrage visé aux alinéas a) ou b) du paragraphe 4, ou le Secrétaire général de la Cour permanente d'arbitrage de La Haye, dans le cas d'un arbitrage visé aux alinéas c) ou d) du paragraphe 4, peut être invité par l'une ou l'autre des parties contestantes à nommer l'arbitre ou les arbitres qui n'ont pas encore été nommés, sous réserve des exigences du paragraphe 11.

11. Sauf accord contraire des parties contestantes, le troisième arbitre n'est pas un ressortissant de l'une ou l'autre Partie, n'a pas sa résidence habituelle sur le territoire de l'une ou l'autre Partie, n'est pas employé par l'une ou l'autre Partie, et n'a jamais traité le différend en matière d'investissement en quelque qualité que ce soit.

12. Sauf accord contraire des parties contestantes, l'arbitrage a lieu dans un pays partie à la Convention de New York.

13. Un tribunal d'arbitrage constitué selon les dispositions du paragraphe 4 statue sur les questions faisant l'objet du différend conformément au présent chapitre et à d'autres dispositions du présent Accord, le cas échéant, et conformément aux règles applicables du droit international.

14. La Partie contestante remet à l'autre Partie :

a) Une notification écrite du différend en matière d'investissement soumis à l'arbitrage au plus tard 30 jours après la date à laquelle le différend en matière d'investissement a été soumis ; et

b) Des copies de tous les actes de procédure déposés dans le cadre de l'arbitrage.

15. La Partie qui n'est pas la Partie contestante peut, après notification écrite aux parties contestantes, présenter des observations au tribunal d'arbitrage sur une question d'interprétation du présent chapitre et d'autres dispositions du présent Accord, le cas échéant.

16. Le tribunal d'arbitrage peut ordonner une mesure de protection provisoire afin de préserver les droits de l'investisseur contestant ou de faciliter le déroulement de la procédure d'arbitrage, y compris une ordonnance visant à préserver les éléments de preuve en possession ou sous le contrôle de l'une ou l'autre des parties contestantes. Le tribunal d'arbitrage s'abstient de prendre d'ordonnance de saisie ou de demander l'application de la mesure censée constituer une violation visée à l'alinéa f) du paragraphe 1.

17. Avant de statuer sur le fond, le tribunal d'arbitrage examine et, si nécessaire, détermine à titre de question préliminaire toute objection de la Partie contestante à la compétence du tribunal d'arbitrage et à la recevabilité de la demande de l'investisseur contestant. Lorsque le tribunal d'arbitrage détermine qu'une telle objection constitue une question préliminaire, il peut, si nécessaire, accorder à la partie contestante gagnante des frais et honoraires d'avocat raisonnables engagés pour présenter l'objection ou s'y opposer. Pour déterminer si une telle sentence est justifiée, le tribunal d'arbitrage détermine si la demande de l'investisseur contestant ou l'objection de la Partie contestante était sans fondement. Ce faisant, le tribunal d'arbitrage offre aux parties contestantes une possibilité raisonnable de présenter leurs observations.

18. Le tribunal d'arbitrage ne peut se prononcer que sur les éléments suivants :

a) Un jugement sur la question de savoir s'il y a eu ou non violation par la Partie contestante de toute obligation découlant du présent chapitre en ce qui concerne l'investisseur contestant et ses investissements ; et

b) L'un ou les deux recours suivants, uniquement s'il y a eu une telle violation :

i) Les dommages-intérêts et des intérêts applicables ; et

ii) La restitution des biens, auquel cas la sentence prévoit que la Partie contestante peut verser des dommages-intérêts et tout intérêt applicable, à la place de la restitution.

Le tribunal d'arbitrage peut également statuer sur des frais et des honoraires d'avocat conformément au présent article et au règlement d'arbitrage applicable.

19. La Partie contestante peut mettre à la disposition du public, en temps opportun, tous les documents, y compris une sentence, soumis à un tribunal d'arbitrage établi en vertu du paragraphe 4, ou émis par ce tribunal, sous réserve de la suppression :

a) D'informations commerciales confidentielles ;

b) D'informations privilégiées ou autrement protégées contre la divulgation en vertu des lois et règlements applicables de l'une ou l'autre Partie ; et

c) D'informations qui ne doivent pas être divulguées conformément au règlement d'arbitrage concerné.

20. La sentence rendue par le tribunal d'arbitrage est définitive et contraignante pour les parties contestantes. Cette sentence est exécutée conformément aux lois et aux règlements applicables, ainsi qu'au droit international pertinent, notamment la Convention CIRDI et la Convention de New York, en ce qui concerne l'exécution de la sentence en vigueur dans le pays où cette exécution est demandée.

21. Aucune Partie n'accorde la protection diplomatique, ni ne présente une réclamation internationale, en ce qui concerne un différend en matière d'investissement que l'autre Partie et un investisseur de la première Partie ont consenti à soumettre ou ont soumis à l'arbitrage prévu au paragraphe 4, sauf si l'autre Partie a omis de respecter et de se conformer à la sentence rendue concernant ce différend en matière d'investissement. La protection diplomatique, aux fins du présent paragraphe, ne comprend pas les échanges diplomatiques informels ayant pour seul but de faciliter le règlement du différend en matière d'investissement.

22. Le présent article s'applique aux différends relatifs aux mesures fiscales, dans la mesure prévue par les articles 10.5, 10.6 ou 10.9.

Article 10.14. Mesures de sauvegarde temporaires

1. Une Partie peut adopter ou maintenir des mesures restrictives en ce qui concerne les transactions transfrontalières de capitaux ainsi que les paiements et les transferts liés aux investissements :

a) En cas de graves difficultés ou d'une menace de graves difficultés liées à sa balance des paiements ou à sa situation financière extérieure ; ou

b) Dans des circonstances exceptionnelles, lorsque les mouvements de capitaux causent ou menacent de causer de graves difficultés pour la gestion macroéconomique, en particulier en ce qui concerne les politiques monétaires et de taux de change.

2. Les mesures restrictives visées au paragraphe 1 :

a) Sont appliquées sur la base du traitement national et du traitement de la nation la plus favorisée ;

b) Sont compatibles avec les Statuts du Fonds monétaire international ;

c) Ne lèsent pas inutilement les intérêts commerciaux, économiques et financiers de l'autre Partie ;

d) N'excèdent pas ce qui est nécessaire pour remédier aux situations décrites au paragraphe 1 ; et

e) Sont temporaires et sont supprimées progressivement à mesure que la situation décrite au paragraphe 1 s'améliore.

3. Toute restriction adoptée ou maintenue conformément au paragraphe 1, ou toute modification qui y est apportée, est notifiée sans délai à l'autre Partie.

4. Aucune disposition du présent Accord n'est interprétée comme altérant les droits dont jouit une Partie et les obligations qu'elle assume en tant que partie aux Statuts du Fonds monétaire international.

Article 10.15. Mesures prudentielles

1. Nonobstant toute autre disposition du présent chapitre, une Partie n'est pas empêchée d'adopter ou de maintenir des mesures associées aux services financiers pour des raisons prudentielles, notamment des mesures pour la protection des investisseurs, des déposants, des titulaires de polices ou des personnes à qui un droit de garde est dû par un fournisseur de services financiers, ou pour assurer l'intégrité et la stabilité de son système financier.

2. Lorsque les mesures adoptées ou maintenues par une Partie conformément au paragraphe 1 ne sont pas conformes au présent chapitre, elles ne sont pas utilisées comme un moyen d'échapper aux obligations de la Partie en vertu du présent chapitre.

Article 10.16. Refus d'accorder des avantages

1. Une Partie peut refuser d'accorder les avantages du présent chapitre à un investisseur de l'autre Partie qui est une entreprise de l'autre Partie et à ses investissements si l'entreprise est détenue ou contrôlée par un investisseur d'une non-Partie et que la Partie qui refuse d'accorder les avantages :

a) N'entretient pas de relations diplomatiques avec la non-Partie ; ou

b) Adopte ou maintient des mesures envers la non-Partie qui interdisent les transactions avec cette entreprise, ou qui seraient enfreintes ou contournées si les avantages du présent chapitre étaient accordés à l'entreprise ou à son investissement.

2. Une Partie peut refuser d'accorder les avantages prévus par le présent chapitre à un investisseur de l'autre Partie qui est une entreprise de l'autre Partie et à ses investissements si l'entreprise est détenue ou contrôlée par un investisseur d'une non-Partie et que l'entreprise ne mène aucune activité commerciale importante dans la zone de l'autre Partie.

Article 10.17. Mesures de protection de la santé, de la sécurité et de l'environnement et normes de travail

Les Parties s'abstiennent d'encourager les investissements d'investisseurs de chaque Partie ou d'une non-Partie en assouplissant leurs mesures respectives en matière de protection de l'environnement, de la santé et de la sécurité, ou en abaissant leurs normes de travail. À cet effet, chaque Partie ne renonce ni ne déroge autrement à ces mesures ou normes afin d'encourager l'établissement, l'acquisition ou le développement dans leurs zones respectives d'investissements des investisseurs de chaque Partie ou d'une non-Partie.

Article 10.18. Sous-comité des investissements

1. Aux fins de la mise en œuvre et du fonctionnement efficaces du présent chapitre, les Parties créent par la présente un Sous-comité des investissements (ci-après dénommé le « Sous-comité » dans le présent article).

2. Les fonctions du Sous-comité sont les suivantes :

a) Examiner et surveiller la mise en œuvre et le fonctionnement du présent chapitre ;

b) Échanger des informations sur toute question liée au présent chapitre ;

c) Discuter de toute question liée au présent chapitre ;

d) Rendre compte des conclusions et du résultat des discussions du Sous-comité au Comité mixte ; et

e) S'acquitter d'autres fonctions que le Comité mixte peut lui déléguer.

3. Le Sous-comité se compose de représentants des Gouvernements des Parties.

4. Le Sous-comité peut inviter des représentants des entités pertinentes autres que les Gouvernements des Parties ayant l'expertise nécessaire en rapport avec les questions à discuter.

5. Le Sous-comité se réunit aux dates, dans les lieux ou par les moyens convenus par les Parties.

6. Le présent article s'applique aux questions relatives aux mesures fiscales dans la mesure prévue par les articles 10.5, 10.6 ou 10.9.

Article 10.19. Relation avec l'Accord bilatéral d'investissement

1. Nonobstant le paragraphe 2 de l'article 17 de l'Accord bilatéral d'investissement, l'Accord bilatéral d'investissement prend fin à la date d'entrée en vigueur du présent Accord.

2. Les Parties confirment que, en ce qui concerne les investissements et les rendements obtenus avant la date à laquelle prend fin l'Accord bilatéral d'investissement, les dispositions des

articles premier à 16 de l'Accord bilatéral d'investissement continuent de s'appliquer pour une période supplémentaire de 15 ans à compter de cette date, conformément au paragraphe 3 de l'article 17 de l'Accord bilatéral d'investissement.

3. Aux fins du paragraphe 2, aucune disposition du présent Accord n'influe sur les droits et obligations d'une Partie en vertu des dispositions pertinentes de l'Accord bilatéral d'investissement.

Article 10.20. Durée et dénonciation

En ce qui concerne les investissements effectués avant la date à laquelle prend fin le présent Accord, les dispositions du présent chapitre, ainsi que celles du présent Accord directement liées au présent chapitre, continuent de s'appliquer pour une durée de 10 ans à compter de la date à laquelle prend fin le présent Accord.

CHAPITRE 11. CONCURRENCE

Article 11.1. Activités anticoncurrentielles

1. Chaque Partie prend, conformément à ses lois et règlements, les mesures qu'elle juge appropriées contre les activités anticoncurrentielles, afin de faciliter les échanges commerciaux et les flux d'investissement entre les Parties grâce au fonctionnement efficace de ses marchés.

2. Aux fins du présent chapitre, l'expression « activités anticoncurrentielles » désigne tout comportement ou toute transaction pouvant faire l'objet de sanctions ou de mesures correctives en vertu des lois et règlements en matière de concurrence des différentes Parties.

Article 11.2. Coopération en matière de contrôle des activités anticoncurrentielles

1. Les Parties, conformément à leurs lois et règlements respectifs, coopèrent et s'entraident pour contrôler les activités anticoncurrentielles dans la limite de leurs ressources respectives disponibles.

2. Les détails et les procédures concernant la mise en œuvre de la coopération au titre du présent article sont précisés dans l'Accord d'exécution.

Article 11.3. Non-discrimination

Chaque Partie applique ses lois et règlements en matière de concurrence de manière non discriminatoire à l'égard des personnes se trouvant dans une situation similaire sur la base de leur nationalité.

Article 11.4. Équité procédurale

Chaque Partie met en œuvre des procédures administratives et judiciaires de manière équitable pour contrôler les activités anticoncurrentielles, conformément à ses lois et règlements en la matière.

Article 11.5. Transparence

Chaque Partie favorise la transparence de la mise en œuvre de ses lois et règlements en matière de concurrence, ainsi que de sa politique de concurrence.

Article 11.6. Non-application du paragraphe 2 de l'article 1.8 et du chapitre 16

Le paragraphe 2 de l'article 1.8 et le chapitre 16 ne s'appliquent pas au présent chapitre.

CHAPITRE 12. PROPRIÉTÉ INTELLECTUELLE

Article 12.1. Dispositions générales

1. Les Parties accordent et assurent une protection adéquate, efficace et non discriminatoire de la propriété intellectuelle et prévoient des mesures pour faire respecter les droits de propriété intellectuelle contre toute atteinte à ceux-ci, conformément aux dispositions du présent chapitre et aux accords internationaux relatifs à la propriété intellectuelle auxquels les deux Parties sont parties.

2. Les Parties promeuvent également l'efficacité et la transparence de l'administration du système de propriété intellectuelle.

3. Aucune disposition du présent chapitre ne déroge aux droits et obligations existants des Parties en vertu de l'Accord sur les ADPIC ou de tout autre accord international relatif à la propriété intellectuelle auquel les deux Parties sont parties.

Article 12.2. Définition

L'expression « propriété intellectuelle » visée au présent chapitre désigne toutes les catégories de propriété intellectuelle qui relèvent de l'Accord sur les ADPIC.

Article 12.3. Traitement national

Chaque Partie accorde aux ressortissants de l'autre Partie un traitement non moins favorable que celui qu'elle accorde à ses propres ressortissants en ce qui concerne la protection de la propriété intellectuelle, conformément aux articles 3 et 5 de l'Accord sur les ADPIC.

Note : Aux fins du présent article :

a) Le terme « ressortissants » a le même sens que dans l'Accord sur les ADPIC ;

b) Le terme « protection » englobe les questions concernant l'existence, l'acquisition, la portée, le maintien des droits de propriété intellectuelle et les moyens de les faire respecter ainsi que les questions concernant l'exercice des droits de propriété intellectuelle dont le présent chapitre traite expressément ; et

c) Il est entendu que l'expression « protection de la propriété intellectuelle » comprend la répression de la concurrence déloyale comme prévu à l'article 12.12.

Article 12.4. Questions de procédure

1. Afin de permettre une administration efficiente du système de propriété intellectuelle, chaque Partie prend les mesures appropriées pour améliorer ses procédures administratives concernant les droits de propriété intellectuelle.

2. Aucune Partie n'exige l'authentification des signatures ou autres moyens d'auto-identification de documents à soumettre à l'autorité compétente de cette Partie, y compris les demandes, les traductions dans une langue acceptée par cette autorité de toute demande antérieure dont la priorité est revendiquée, les procurations et les certifications de mandat, au cours d'une procédure de demande ou d'autres procédures administratives concernant les brevets, les modèles d'utilité, les dessins industriels ou les marques de fabrique et de commerce.

3. Nonobstant le paragraphe 2, une Partie peut exiger :

a) L'authentification des signatures ou autres moyens d'auto-identification de documents, si la législation de la Partie le prévoit, lorsque les signatures ou autres moyens d'auto-identification portent sur la renonciation à un brevet ou à l'enregistrement de modèles d'utilité, de dessins industriels ou de marques de fabrique et de commerce ; et

b) La présentation d'éléments de preuve en cas de doute fondé quant à l'authentification des signatures ou autres moyens d'auto-identification de documents soumis à l'autorité compétente de la Partie concernée. Lorsque l'autorité compétente informe la personne que la présentation d'éléments de preuve est demandée, la notification précise les motifs d'une telle demande.

4. Aucune Partie n'exige que la présentation d'une procuration soit effectuée avec le dépôt de la demande et que cela constitue une condition requise pour l'octroi d'une date de dépôt de la demande.

5. Chaque Partie veille à améliorer le conseil en brevets ou le système de consultants en matière de droits de propriété intellectuelle enregistrés.

6. Lorsque l'acquisition d'un droit de propriété intellectuelle est subordonnée à la condition que ce droit soit octroyé ou enregistré, chaque Partie veille à ce que, indépendamment du fait qu'une demande d'octroi ou d'enregistrement d'un droit de propriété intellectuelle soit déposée en tant que demande nationale ou internationale conformément à l'accord international applicable, les procédures d'octroi ou d'enregistrement du droit, sous réserve du respect des conditions de fond pour l'acquisition du droit, prévoient l'octroi ou l'enregistrement dans un délai raisonnable de manière à éviter un raccourcissement injustifié de la période de protection.

7. Chaque Partie met en place un système d'enregistrement des marques, des dessins et modèles industriels et des brevets, qui comprend :

a) L'obligation de fournir au demandeur une communication écrite, pouvant être au format électronique, de la décision motivée de rejet de la demande ;

b) La possibilité pour le demandeur de faire appel du refus administratif ;

c) La possibilité pour le demandeur de demander un contrôle judiciaire du refus administratif définitif ; et

d) Une possibilité pour les parties intéressées, si cela est prévu dans leurs lois et règlements :

i) De déposer une demande pour s'opposer à une demande ou à un enregistrement ; et

ii) De demander l'annulation ou l'invalidation de l'enregistrement.

Article 12.5. Transparence

Aux fins de promouvoir davantage la transparence dans l'administration de son système de propriété intellectuelle, chaque Partie prend, autant que possible, les mesures appropriées existantes conformément à ses lois et règlements pour :

a) Publier des informations sur, au moins :

i) L'intention de délivrer des brevets, ou les demandes de brevets et la délivrance de ces derniers ;

ii) Les enregistrements de modèles d'utilité ;

iii) L'intention d'accorder des droits sur des dessins et modèles industriels, ou des enregistrements de dessins et modèles industriels ; et

iv) Les enregistrements de marques et/ou les demandes d'enregistrement de ces dernières,

et pour fournir les informations pertinentes contenues dans les dossiers de ceux-ci au moins aux personnes intéressées qui en font la demande ; et

b) Mettre à la disposition du public des informations sur les efforts qu'elle entreprend pour faire effectivement respecter les droits de propriété intellectuelle et d'autres informations relatives à son système de propriété intellectuelle.

Article 12.6. Sensibilisation du public concernant la protection de la propriété intellectuelle

Chaque Partie prend les mesures nécessaires pour sensibiliser davantage l'opinion publique à la protection de la propriété intellectuelle, notamment au moyen de projets d'éducation et d'information concernant l'utilisation de la propriété intellectuelle ainsi que le respect des droits de propriété intellectuelle.

Article 12.7. Brevets

1. Chaque Partie veille à ce qu'aucune demande de brevet ne soit rejetée au seul motif que l'objet de la demande de brevet est lié à un programme informatique. Les dispositions du présent article ne portent néanmoins pas atteinte à l'autonomie de chaque Partie d'exclure de la brevetabilité les programmes informatiques en tant que tels, conformément aux lois et règlements de chaque Partie.

2. Chaque Partie veille à ce qu'un demandeur puisse, de sa propre initiative, diviser une demande de brevet contenant plus d'une invention en un certain nombre de demandes divisionnaires de brevet dans le délai prévu par les lois et règlements de la Partie.

Article 12.8. Dessins et modèles industriels

Chaque Partie assure une protection adéquate et efficace des dessins et modèles industriels d'un article dans son ensemble et, le cas échéant, d'une partie de celui-ci.

Article 12.9. Marques de fabrique ou de commerce

1. Chaque Partie refuse ou annule l'enregistrement d'une marque de fabrique ou de commerce, identique ou similaire à une marque de fabrique ou de commerce notoirement connue dans l'une ou l'autre des Parties comme indiquant les produits ou services du propriétaire de la marque de fabrique ou de commerce notoirement connue, si cette marque de fabrique ou de commerce est utilisée à des fins déloyales, notamment pour réaliser un profit déloyal ou causer un préjudice au propriétaire de la marque de fabrique ou de commerce notoirement connue, et/ou si l'utilisation de cette marque de fabrique ou de commerce entraîne un risque de confusion.

Note : Chaque Partie peut déterminer, conformément à ses lois et règlements, si une marque de fabrique ou de commerce est une marque de fabrique ou de commerce notoirement connue.

2. Chaque Partie veille à ce qu'un demandeur puisse déposer auprès de l'autorité compétente une requête pour que l'examen de sa demande d'enregistrement d'une marque de fabrique ou de commerce soit accéléré, sous réserve de motifs raisonnables et d'exigences procédurales. Lorsqu'une telle requête a été déposée, l'autorité compétente accélère, le cas échéant, l'examen de la demande.

Article 12.10. Droits d'auteur et droits connexes

1. Chaque Partie accorde aux auteurs, aux interprètes et aux producteurs de phonogrammes le droit d'autoriser la mise à la disposition du public de leurs œuvres, prestations fixées sur phonogrammes et phonogrammes respectivement, par fil ou sans fil, de sorte que le public puisse y avoir accès depuis l'endroit et au moment qu'il choisit individuellement.

2. Chaque Partie accorde aux organismes de radiodiffusion le droit d'interdire les actes énumérés ci-après lorsqu'ils sont entrepris sans leur consentement :

a) La rediffusion de leurs émissions ;

b) La fixation de leurs émissions ; ou

c) La reproduction des fixations de leurs émissions.

3. Chaque Partie prend, conformément à ses lois et règlements, les mesures appropriées pour faciliter les activités menées par les organismes de gestion collective des droits d'auteur et des droits connexes dans cette Partie.

Article 12.11. Indications géographiques

Chaque Partie assure une protection adéquate et efficace des indications géographiques conformément à ses lois et règlements et à l'Accord sur les ADPIC.

Article 12.12. Concurrence déloyale

1. Chaque Partie assure une protection efficace contre la concurrence déloyale, conformément à l'article 10 bis de la Convention de Paris.

2. Chaque Partie veille à ce que les dispositions de l'article 10 bis de la Convention de Paris s'appliquent mutatis mutandis en ce qui concerne les services.

3. Aux fins du présent article, l'expression « Convention de Paris » désigne la Convention de Paris pour la protection de la propriété industrielle du 20 mars 1883, révisée à Bruxelles le 14 décembre 1900, à Washington le 2 juin 1911, à La Haye le 6 novembre 1925, à Londres le 2 juin 1934, à Lisbonne le 31 octobre 1958 et à Stockholm le 14 juillet 1967, et amendée le 28 septembre 1979.

Article 12.13. Protection des informations non divulguées

Chaque Partie assure, par ses lois et règlements, une protection adéquate et effective d'informations non divulguées, conformément au paragraphe 2 de l'article 39 de l'Accord sur les ADPIC, notamment en ne prenant pas de mesures qui limitent la durée de protection d'informations non divulguées stipulée dans les contrats privés, ou de mesures qui obligent la divulgation d'informations non divulguées sans motifs légitimes.

Article 12.14. Application des droits – Mesures à la frontière

1. Chaque Partie adopte ou maintient des procédures en ce qui concerne les expéditions d'importation en vertu desquelles :

a) Ses autorités douanières peuvent, de leur propre initiative, suspendre la mise en libre circulation de marchandises soupçonnées de porter atteinte aux droits sur les marques de fabrique ou de commerce et/ou aux droits d'auteur et aux droits connexes (ci-après dénommées « marchandises suspectes » dans le présent article) ; et

b) Un titulaire de droits peut demander aux autorités compétentes de cette Partie de suspendre la mise en libre circulation de marchandises suspectes.

2. Chaque Partie adopte ou maintient des procédures grâce auxquelles ses autorités compétentes peuvent déterminer, dans un délai raisonnable après l'ouverture des procédures décrites au paragraphe 1, si les marchandises suspectes portent atteinte aux droits de marque de fabrique ou de commerce et/ou aux droits d'auteur et aux droits connexes.

3. En cas de suspension d'expéditions d'importation conformément au paragraphe 1, l'importateur et le titulaire de droits sont rapidement informés de la suspension et reçoivent toutes les informations existantes sur les marchandises suspectes.

Article 12.15. Application des droits – Actions civiles

Chaque Partie veille à ce que le titulaire d'un droit de propriété intellectuelle ait le droit de demander au contrevenant le versement de dommages-intérêts adéquats en réparation du dommage qu'il a subi du fait de la violation de son droit de propriété intellectuelle par le contrevenant qui s'est livré, en toute connaissance de cause, ou avec des motifs raisonnables de le savoir, à des activités illicites.

Article 12.16. Application des droits – Actions pénales

1. Chaque Partie prévoit des procédures et des sanctions pénales applicables au moins pour les actes délibérés de contrefaçon de marque de fabrique ou de commerce ou de piratage portant atteinte à un droit d'auteur commis à une échelle commerciale conformément à l'article 61 de l'Accord sur les ADPIC.

2. En ce qui concerne les infractions visées au paragraphe 1, chaque Partie prévoit que ses autorités compétentes sont habilitées, conformément à ses lois et règlements, à ordonner la confiscation ou la destruction de toutes les marchandises en cause.

Article 12.17. Application des droits – Dans l'environnement numérique

Les procédures de respect des droits de chaque Partie s'appliquent à la violation des droits d'auteur ou des droits connexes sur les réseaux numériques, qui peut inclure l'utilisation illicite de moyens de distribution à grande échelle à des fins de violation. Ces procédures sont mises en œuvre de manière à éviter la création d'obstacles à l'activité légitime, y compris le commerce électronique, et, conformément aux lois et règlements de cette Partie, à préserver les principes fondamentaux tels que la liberté d'expression, l'équité des procédures et le respect de la vie privée.

Article 12.18. Sous-comité de la propriété intellectuelle

1. Aux fins de la mise en œuvre et du fonctionnement efficaces du présent chapitre, les Parties créent par la présente un Sous-comité de la propriété intellectuelle (ci-après dénommé le « Sous-comité » dans le présent article).

2. Les fonctions du Sous-comité sont les suivantes :

a) Examiner et surveiller la mise en œuvre et le fonctionnement du présent chapitre ;

b) Discuter de toute question liée à la propriété intellectuelle en vue de renforcer la protection de la propriété intellectuelle et le respect des droits de propriété intellectuelle conformément aux dispositions du présent chapitre et de promouvoir une administration efficace et transparente du système de propriété intellectuelle ;

c) Rendre compte des conclusions et du résultat des discussions du Sous-comité au Comité mixte ; et

d) S'acquitter d'autres fonctions que le Comité mixte peut lui déléguer.

3. Le Sous-comité se compose de représentants des Gouvernements des Parties.

4. Le Sous-comité se réunit aux dates, dans les lieux ou par les moyens convenus par les Parties.

Article 12.19. Exceptions concernant la sécurité

Aux fins du présent chapitre, l'article 73 de l'Accord sur les ADPIC est incorporé dans le présent Accord et en fait partie intégrante, mutatis mutandis.

CHAPITRE 13. MARCHÉS PUBLICS

Article 13.1. Principe de passation des marchés

Reconnaissant l'importance des marchés publics pour favoriser le développement de la production et du commerce de manière à stimuler la croissance et l'emploi, chaque Partie garantit la transparence des mesures concernant les marchés publics conformément à ses lois et règlements.

Les Parties reconnaissent également la nécessité de prendre en considération les besoins des Parties en matière de développement, de finances et de commerce. Chaque Partie assure une mise en œuvre équitable et efficace des mesures relatives aux marchés publics.

Article 13.2. Échange d'informations

Les Parties, au niveau de l'administration centrale et sous réserve de leurs lois et règlements respectifs, échangent des informations, dans la mesure du possible en langue anglaise et en temps opportun, sur leurs lois, règlements, politiques et pratiques respectifs en matière de marchés publics, ainsi que sur toute réforme de leurs régimes de marchés publics existants.

Article 13.3. Poursuite des négociations

Les Parties entament des négociations en vue de réviser le présent chapitre afin de parvenir à un chapitre complet sur les marchés publics, lorsque la Mongolie exprime son intention de devenir partie à l'Accord sur les marchés publics figurant à l'annexe 4 de l'Accord sur l'OMC (ci-après dénommé « AMP » dans le présent article).

Note : Si l'AMP est modifié ou remplacé par un autre accord, l'« AMP », aux fins du présent article, se réfère à l'AMP tel qu'amendé ou à l'autre accord en question.

Article 13.4. Négociation en matière de non-discrimination

Si, après l'entrée en vigueur du présent Accord, une Partie accorde à une non-Partie des avantages d'accès à ses marchés publics ou un traitement avantageux concernant les mesures relatives aux marchés publics, la première Partie donne, à la demande de l'autre Partie, une possibilité adéquate d'engager des négociations avec l'autre Partie en vue d'étendre ces avantages ou ce traitement avantageux à l'autre Partie sur une base de réciprocité.

Article 13.5. Sous-comité des marchés publics

1. Aux fins de la mise en œuvre et du fonctionnement efficaces du présent chapitre, les Parties créent par la présente un Sous-comité des marchés publics (ci-après dénommé le « Sous-comité » dans le présent article).

2. Les fonctions du Sous-comité sont les suivantes :

a) Examiner et surveiller la mise en œuvre et le fonctionnement du présent chapitre ;

b) Analyser les informations existantes sur les marchés publics de chaque Partie ;

c) Coopérer en matière de développement de l'approvisionnement en ligne et des ressources humaines ;

d) Rendre compte des conclusions du Sous-comité au Comité mixte ; et

e) S'acquitter d'autres fonctions que le Comité mixte peut lui déléguer.

3. Le Sous-comité se compose de représentants des Gouvernements des Parties.

4. Le Sous-comité se réunit aux dates, dans les lieux ou par les moyens convenus par les Parties.

CHAPITRE 14. AMÉLIORATION DU CLIMAT DES AFFAIRES

Article 14.1. Principes de base

1. Chaque Partie, conformément à ses lois et règlements, prend les mesures appropriées pour améliorer davantage le climat des affaires pour les personnes de l'autre Partie qui exercent leurs activités commerciales dans la première Partie.

2. Les Parties, conformément à leurs lois et règlements respectifs, encouragent la coopération afin d'améliorer davantage le climat des affaires dans les Parties respectives.

Article 14.2. Sous-comité de l'amélioration du climat des affaires

1. Aux fins de la mise en œuvre et du fonctionnement efficaces du présent chapitre, les Parties créent par la présente un Sous-comité de l'amélioration du climat des affaires (ci-après dénommé le « Sous-comité » dans le présent chapitre).

2. Les fonctions du Sous-comité sont les suivantes :

a) Examiner les conclusions rapportées par un bureau de liaison pour l'amélioration du climat des affaires (ci-après dénommé le « bureau de liaison » dans le présent chapitre) qui sera désigné par chaque Partie conformément à l'article 14.3 ;

b) Régler, et rechercher des moyens de résoudre rapidement, les problèmes liés au climat des affaires, de sa propre initiative ou sur la base des conclusions rapportées par le bureau de liaison ;

c) Rendre compte de ses conclusions et formuler des recommandations, notamment sur les mesures que les Parties devraient prendre, à adresser aux Parties ;

d) Examiner, le cas échéant, les mesures prises par les Parties en rapport avec les recommandations visées à l'alinéa c) ;

e) Mettre à la disposition du public, d'une manière appropriée, les recommandations visées à l'alinéa c) et les résultats de l'examen visé à l'alinéa d) ;

f) Coopérer, de manière appropriée, avec d'autres Sous-comités créés en vertu du présent Accord, en vue d'éviter les doubles emplois. Cette coopération peut prendre les formes suivantes :

   i) Informer ces autres Sous-comités des résultats de son examen ;

   ii) Demander l'avis des autres Sous-comités ;

   iii) Inviter au Sous-comité les membres de ces autres Sous-comités ; et

   iv) Le cas échéant, transférer les questions pertinentes à ces autres Sous-comités ;

g) Rendre rapidement compte des conclusions et recommandations visées à l'alinéa c) au Comité mixte ; et

h) S'acquitter d'autres fonctions que le Comité mixte peut lui déléguer.

3. Le Sous-comité est composé de représentants des Gouvernements des Parties, y compris de fonctionnaires des ministères ou organismes compétents responsables des questions à aborder. Le Sous-comité peut inviter des représentants des entités pertinentes autres que les Gouvernements des Parties ayant l'expertise nécessaire en rapport avec les questions à traiter.

4. Le Sous-comité se réunit aux dates, dans les lieux ou par les moyens convenus par les Parties.

Article 14.3. Bureau de liaison

1. Chaque Partie désigne et maintient un bureau de liaison aux fins du présent chapitre.
2. Les fonctions et autres détails du bureau de liaison sont énoncés dans l'Accord d'exécution.

Article 14.4. Non-application du chapitre 16

Le chapitre 16 ne s'applique pas au présent chapitre.

CHAPITRE 15. COOPÉRATION

Article 15.1. Principes de base

Les Parties encouragent, conformément à leurs lois et règlements respectifs, la coopération en vertu du présent Accord dans leur intérêt mutuel, afin de libéraliser et de faciliter davantage le commerce de marchandises et des services ainsi que les investissements entre les Parties, et de promouvoir le bien-être des populations et le développement durable des Parties. À cette fin, les Parties renforcent la coopération entre leurs Gouvernements et encouragent et facilitent la coopération mutuelle entre les entités pertinentes des Parties, dont l'une ou les deux sont des entités autres que les Gouvernements des Parties, dans les domaines suivants :

a) L'agriculture, la sylviculture et la pêche, y compris les questions liées aux mesures sanitaires et phytosanitaires visées au chapitre 5 ;

b) L'industrie manufacturière, y compris les questions liées aux règlements techniques, aux normes et aux procédures d'évaluation de la conformité visées au chapitre 6 ;

c) Les petites et moyennes entreprises ;

d) Le commerce et les investissements ;

e) Les infrastructures, la construction et l'urbanisation ;

f) Les sciences et technologies et la propriété intellectuelle ;

g) Les services financiers ;

h) L'éducation et la mise en valeur des ressources humaines ;

i) Le tourisme ;

j) L'environnement ;

k) L'exploitation minière et l'énergie ;

l) La santé ;

m) La concurrence ;

n) Les technologies de l'information et des communications ; et

o) D'autres domaines dont conviendront mutuellement les Gouvernements des Parties.

Article 15.2. Domaines et formes de coopération

Les domaines et les formes de coopération prévus au présent chapitre sont définis dans l'Accord d'exécution.

Article 15.3. Coûts de la coopération

1. Les Parties entament des discussions, après l'entrée en vigueur du présent Accord, afin d'examiner les éventuelles activités de coopération dans les domaines visés à l'article 15.1 et d'assurer une mise en œuvre rapide, efficace et efficiente des activités de coopération prévues au présent chapitre.

2. Les Parties s'efforcent de mettre à disposition les fonds et autres ressources nécessaires à la mise en œuvre de la coopération prévue au présent chapitre, conformément à leurs lois et règlements respectifs.

3. Les coûts de la coopération prévue au présent chapitre sont pris en charge de la manière convenue par les Parties de commun accord au moyen d'une utilisation efficiente et efficace des fonds et des ressources.

Article 15.4. Sous-comité de la coopération

1. Aux fins de la mise en œuvre et du fonctionnement efficaces du présent chapitre, les Parties créent par la présente un Sous-comité de la coopération (ci-après dénommé le « Sous-comité » dans le présent article).

2. Les fonctions du Sous-comité sont les suivantes :

a) Examiner et surveiller la mise en œuvre et le fonctionnement efficaces du présent chapitre ;

b) Échanger des informations sur la coopération dans chacun des domaines visés à l'article 15.1 ;

c) Trouver des façons d'accroître la coopération entre les Parties ;

d) Discuter de toute question liée au présent chapitre ;

e) Discuter des propositions en matière de coopération présentées par d'autres Sous-comités créés en vertu du présent Accord ;

f) Formuler des recommandations au Comité mixte, le cas échéant, sur les activités de coopération prévues au présent chapitre ;

g) Rendre compte au Comité mixte des conclusions et des résultats des discussions du Sous-comité en ce qui concerne la mise en œuvre du présent chapitre, et notamment les mesures devant être prises par les Parties ; et

h) S'acquitter d'autres fonctions que le Comité mixte peut lui déléguer.

3. Le Sous-comité reconnaît et partage, le cas échéant, des informations avec les mécanismes de consultation existants des Parties pour l'aide publique au développement et d'autres programmes de coopération afin d'assurer une mise en œuvre rapide, efficace et efficiente des activités de coopération au titre au présent Accord.

4. Le Sous-comité se compose de représentants des Gouvernements des Parties. Le Sous-comité peut inviter des représentants des entités pertinentes autres que les Gouvernements des Parties ayant l'expertise nécessaire en rapport avec les questions à discuter.

5. Le Sous-comité se réunit aux dates, dans les lieux ou par les moyens convenus par les Parties. Le Sous-comité s'efforce de tenir sa première réunion dans un délai d'un an après l'entrée en vigueur du présent Accord.

Article 15.5. Non-application du chapitre 16

Le chapitre 16 ne s'applique pas au présent chapitre.

CHAPITRE 16. RÈGLEMENT DES DIFFÉRENDS

Article 16.1. Champ d'application

Sauf disposition contraire du présent Accord, la procédure de règlement des différends du présent chapitre s'applique à la prévention et au règlement des différends entre les Parties découlant de l'interprétation et/ou de l'application du présent Accord.

Article 16.2. Principe général

Les Parties s'efforcent à tout moment de s'entendre concernant l'interprétation et l'application du présent Accord. Elles font tout leur possible, par la voie de la coopération, de consultations ou d'autres moyens, pour parvenir à une résolution mutuellement satisfaisante de toute question relative à l'interprétation et/ou à l'application du présent Accord.

Article 16.3. Choix de l'instance

1. Aucune disposition du présent chapitre ne porte atteinte aux droits des Parties de recourir aux procédures de règlement des différends prévues par tout autre accord international auquel les deux Parties sont parties, y compris l'Accord sur l'OMC. La Partie plaignante peut choisir l'instance de règlement du différend.

2. Nonobstant le paragraphe 1, dès lors que la Partie plaignante a demandé la constitution d'un tribunal d'arbitrage en vertu du présent chapitre ou de tout autre accord international auquel les deux Parties sont parties, y compris un groupe de discussion en vertu du Mémorandum d'accord sur les règles et procédures régissant le règlement des différends figurant à l'annexe 2 de l'Accord sur l'OMC en ce qui concerne un différend particulier, il est fait recours au tribunal d'arbitrage ou au groupe de discussion à l'exclusion de toute autre procédure pour le différend en question.

Article 16.4. Consultations

1. Chaque Partie peut demander par écrit la tenue de consultations avec l'autre Partie en ce qui concerne toute question liée à l'interprétation et/ou à l'application du présent Accord.

2. Dans la demande de consultations visée au paragraphe 1, la Partie plaignante expose les raisons de la demande, en précisant la mesure en cause et le fondement juridique et factuel de la plainte.

3. La Partie visée par la plainte répond rapidement par écrit à cette demande et engage des consultations de bonne foi avec la Partie plaignante dans les 40 jours suivant la date de réception de la demande. En cas d'urgence, y compris dans les cas où il s'agit de denrées périssables, la Partie visée par la plainte engage les consultations dans les 20 jours suivant la date de réception de la demande.

4. Les Parties s'efforcent de parvenir à une solution mutuellement satisfaisante de la question au moyen des consultations prévues par le présent article. Au cours des consultations, les Parties se fournissent mutuellement des informations suffisantes pour permettre un examen complet de la question.

5. Au cours des consultations prévues par le présent article, les Parties s'efforcent de mettre à disposition le personnel de leurs organisations et organismes compétents ayant une expertise dans le domaine faisant l'objet des consultations.

6. Les consultations prévues par le présent article sont confidentielles et sans préjudice des droits que l'une ou l'autre Partie peut exercer dans la suite de la procédure.

7. Les consultations prévues par le présent article peuvent se tenir en personne ou par tout moyen technologique à la disposition des Parties, comme convenu par les Parties. Si les Parties conviennent de tenir des consultations en personne, celles-ci sont tenues dans un lieu convenu par les Parties ; en l'absence d'accord sur le lieu, les consultations sont tenues dans la capitale de la Partie visée par la plainte.

Article 16.5. Bons offices, conciliation ou médiation

1. Les bons offices, la conciliation ou la médiation peuvent être demandés à tout moment par l'une ou l'autre Partie. Ils peuvent commencer à tout moment, comme convenu par les Parties, et prendre fin à tout moment à la demande de l'une ou l'autre Partie.

2. Si les Parties en conviennent, les bons offices, la conciliation ou la médiation peuvent se poursuivre pendant que les procédures du tribunal d'arbitrage prévues au présent chapitre sont en cours.

3. Les procédures de bons offices, de conciliation ou de médiation et les positions adoptées par les Parties au cours de ces procédures sont confidentielles et sans préjudice des droits de l'une ou l'autre Partie dans la suite de la procédure.

Article 16.6. Constitution de tribunaux d'arbitrage

1. La Partie plaignante peut demander par écrit la constitution d'un tribunal d'arbitrage à la Partie visée par la plainte si :

a) La Partie visée par la plainte n'engage pas de consultations en vertu de l'article 16.4 dans les 40 jours, ou dans les 20 jours en cas d'urgence, notamment pour les denrées périssables, suivant la date de réception de la demande de consultations ; ou

b) Les Parties ne parviennent pas à résoudre le différend au moyen des consultations prévues à l'article 16.4 dans les 60 jours ou dans les 30 jours en cas d'urgence, notamment pour les denrées périssables, suivant la date de réception de la demande de consultations,

à condition que la Partie plaignante considère que tout avantage qu'elle tire directement ou indirectement du présent Accord se trouve annulé ou compromis du fait que la Partie visée par la plainte a manqué à ses obligations au titre du présent Accord, ou du fait de l'application par la Partie visée par la plainte de mesures contraires à ses obligations au titre du présent Accord.

2. Toute demande de constitution d'un tribunal d'arbitrage conformément au présent article précise les raisons de la demande, notamment :

a) Le fondement juridique de la plainte, y compris les dispositions du présent Accord qui auraient été violées et toute autre disposition pertinente du droit international applicable ; et

b) Le fondement factuel de la plainte.

Article 16.7. Composition des tribunaux d'arbitrage

1. Un tribunal d'arbitrage se compose de trois arbitres, qui doivent avoir une expertise technique ou juridique pertinente.

2. Chaque Partie, dans les 30 jours suivant la date de réception de la demande de constitution d'un tribunal d'arbitrage, nomme un arbitre qui peut être son ressortissant et propose jusqu'à trois candidats pour nommer le troisième arbitre qui sera le président du tribunal d'arbitrage. Le troisième arbitre n'est pas un ressortissant de l'une ou l'autre Partie, n'a pas sa résidence habituelle sur le territoire de l'une ou l'autre Partie, n'est pas employé par l'une ou l'autre Partie, et n'a jamais traité le différend en quelque qualité que ce soit.

3. Les Parties s'efforcent de nommer d'un commun accord le troisième arbitre dans les 45 jours suivant la date de réception de la demande de constitution d'un tribunal d'arbitrage, en prenant en considération la liste des candidats proposés conformément au paragraphe 2.

4. Si une Partie n'a pas nommé le premier arbitre conformément au paragraphe 2, ou si les Parties ne parviennent pas à s'entendre sur le troisième arbitre conformément au paragraphe 3, l'arbitre ou les arbitres qui n'ont pas encore été nommés sont choisis dans les 10 jours par tirage au sort parmi les candidats proposés conformément au paragraphe 2.

5. La date de constitution d'un tribunal d'arbitrage est celle à laquelle le président est nommé.

6. Si un arbitre nommé en vertu du présent article démissionne, décède ou est autrement dans l'incapacité de remplir sa mission, un arbitre remplaçant est nommé selon la même procédure que celle prévue pour la nomination de l'arbitre initial. L'arbitre remplaçant a tous les pouvoirs et devoirs de l'arbitre initial. Les travaux du tribunal d'arbitrage sont suspendus jusqu'à la nomination de l'arbitre remplaçant.

Article 16.8. Fonctions des tribunaux d'arbitrage

1. Les fonctions du tribunal d'arbitrage constitué conformément aux articles 16.6 et 16.7 sont les suivantes :

a) Procéder à une évaluation objective de la question pour laquelle il est saisi, y compris une évaluation objective des faits du dossier, de l'applicabilité du présent Accord et de la conformité des faits avec celui-ci ;

b) Consulter régulièrement les Parties en leur offrant des possibilités égales pour de telles consultations et fournir des possibilités adéquates pour parvenir à une solution mutuellement satisfaisante ;

c) Rendre sa sentence conformément au présent Accord et aux règles applicables du droit international ;

d) Inclure dans sa sentence ses conclusions de droit et de fait, ainsi que les raisons de ces conclusions ; et

e) Joindre à sa sentence les options de mise en œuvre suggérées, notamment le délai suggéré pour la mise en œuvre de la sentence, afin que les Parties les examinent en relation avec l'article 16.11, si l'une ou l'autre Partie le demande.

2. Le tribunal d'arbitrage peut demander aux Parties les informations pertinentes qu'il juge nécessaires et appropriées. Les Parties répondent sans délai et entièrement à toute demande d'informations présentée par un tribunal d'arbitrage qui juge ces informations nécessaires et appropriées.

3. Le tribunal d'arbitrage peut demander des informations à toute source pertinente et peut consulter des experts pour obtenir leur avis sur certains aspects de la question. Pour ce qui est des faits concernant une question scientifique ou technique soulevée par une Partie, le tribunal d'arbitrage peut demander à des experts des rapports consultatifs écrits.

4. Toute information obtenue par le tribunal d'arbitrage conformément au paragraphe 3 est mise à la disposition des Parties.

Article 16.9. Procédures des tribunaux d'arbitrage

1. Le tribunal d'arbitrage se réunit en séance privée. Les Parties n'assistent aux réunions que lorsque le tribunal d'arbitrage les invite à comparaître devant lui.

2. Le lieu où se tiendra la procédure d'arbitrage est décidé par consentement mutuel des Parties. À défaut d'un commun accord, la procédure se tient à tour de rôle sur le territoire de chaque Partie, la première réunion de la procédure d'arbitrage devant se tenir dans la capitale de la Partie visée par la plainte.

3. Les délibérations du tribunal d'arbitrage et les documents qui lui sont soumis restent confidentiels.

4. Nonobstant le paragraphe 3, l'une ou l'autre Partie peut faire des déclarations publiques quant à son avis sur le différend, mais traite comme confidentielles les informations fournies et les communications écrites soumises au tribunal d'arbitrage par l'autre Partie et désignées par celle-ci comme confidentielles. Si une Partie a fourni des informations ou soumis des communications écrites en les désignant comme confidentielles, l'autre Partie peut demander un résumé non confidentiel de ces informations ou communications écrites susceptible d'être transmis au public. La Partie à laquelle la demande est adressée peut accepter la demande et soumettre un tel résumé, ou refuser la demande sans avoir à en donner les raisons ou à se justifier.

5. Les Parties ont la possibilité d'assister à toute présentation, déclaration ou réfutation au cours de la procédure. Toute information ou communication écrite soumise par une Partie au tribunal d'arbitrage, y compris toute observation sur la partie descriptive du projet de sentence et les réponses aux questions posées par le tribunal d'arbitrage, est mise à la disposition de l'autre Partie.

6. La sentence du tribunal d'arbitrage est rédigée hors de la présence des Parties.

7. Le tribunal d'arbitrage, dans les 120 jours, ou dans les 60 jours en cas d'urgence concernant des denrées périssables, suivant la date de sa constitution, soumet aux Parties son projet de sentence, qui comprend à la fois la partie descriptive et ses conclusions, afin de permettre aux Parties de

l'examiner. Si le tribunal d'arbitrage considère qu'il lui est impossible de soumettre son projet de sentence dans le délai de 120 jours ou de 60 jours susmentionné, il peut étendre ce délai avec le consentement des Parties. Toutefois, le délai entre la constitution du tribunal d'arbitrage et la soumission du projet de sentence aux Parties ne devrait en aucun cas dépasser 150 jours. L'une ou l'autre Partie peut soumettre ses observations par écrit au tribunal d'arbitrage concernant le projet de sentence dans les 30 jours suivant la date de soumission du projet de sentence.

8. Le tribunal d'arbitrage présente sa sentence aux Parties dans les 45 jours suivant la date de soumission de son projet de sentence.

9. Le tribunal d'arbitrage s'efforce de rendre ses conclusions, y compris sa sentence, par voie de consensus, mais peut également rendre ses conclusions, y compris sa sentence, à la majorité des voix.

10. La sentence rendue par le tribunal d'arbitrage est définitive et contraignante pour les Parties.

Article 16.10. Clôture de la procédure

Les Parties peuvent convenir de clôturer la procédure du tribunal d'arbitrage en en notifiant conjointement le président du tribunal d'arbitrage à tout moment avant la communication de la sentence aux Parties, auquel cas le président clôture sans délai la procédure du tribunal d'arbitrage.

Article 16.11. Mise en œuvre de la sentence

1. Sauf accord contraire des Parties, la Partie visée par la plainte se conforme sans délai à la sentence rendue par le tribunal d'arbitrage conformément aux articles 16.8 et 16.9. Si cela n'est pas possible, la Partie visée par la plainte se conforme à la sentence dans un délai raisonnable.

2. Le délai raisonnable visé au paragraphe 1 est déterminé d'un commun accord par les Parties, en prenant en considération, le cas échéant, le délai proposé par le tribunal d'arbitrage en ce qui concerne la sentence. Si les Parties ne parviennent pas à convenir d'un délai raisonnable dans les 45 jours suivant la date de communication de la sentence du tribunal d'arbitrage, chaque Partie peut soumettre la question à un tribunal d'arbitrage, qui détermine le délai raisonnable.

3. a) Si la Partie visée par la plainte estime qu'il est impossible de se conformer à la sentence dans le délai raisonnable, elle engage, au plus tard à l'expiration de ce délai, des consultations avec la Partie plaignante en vue de trouver une indemnisation mutuellement satisfaisante ou tout autre arrangement ;

b) À défaut d'accord sur une indemnisation satisfaisante ou de tout autre arrangement dans les 30 jours suivant la date d'expiration du délai raisonnable, la Partie plaignante peut suspendre l'application à la Partie visée par la plainte de concessions ou d'autres obligations prévues par le présent Accord, après l'avoir notifié de cette suspension 30 jours à l'avance.

4. Si la Partie plaignante estime que la Partie visée par la plainte ne s'est pas conformée à la sentence dans le délai raisonnable et si la Partie visée par la plainte n'a pas engagé de consultations conformément à l'alinéa a) du paragraphe 3, la Partie plaignante peut suspendre l'application à la Partie visée par la plainte des concessions ou autres obligations prévues par le présent Accord, après l'avoir notifié de cette suspension 30 jours à l'avance.

5. La suspension de l'application des concessions ou autres obligations en vertu du paragraphe 3 ou 4 :

a) N'est pas effectuée si, en ce qui concerne le différend sur lequel porte la suspension, des consultations ou une procédure engagée devant le tribunal d'arbitrage sont en cours ;

b) Est temporaire, et est interrompue lorsque les Parties parviennent à une solution mutuellement satisfaisante ou lorsque la sentence est mise en application ;

c) Est limitée au même niveau d'annulation ou de réduction des avantages que celui qui est attribuable au non-respect de la sentence ; et

d) Est limitée au même secteur ou aux mêmes secteurs auxquels l'annulation ou la réduction des avantages se rapporte, sauf s'il n'est pas possible ou efficace de suspendre l'application des concessions ou autres obligations dans ce secteur ou ces secteurs.

6. Si la Partie visée par la plainte considère que les exigences pour la suspension par la Partie plaignante de l'application des concessions ou autres obligations de la Partie plaignante en vertu du présent Accord prévues aux paragraphes 3, 4 ou 5 ne sont pas remplies, elle peut demander des consultations avec la Partie plaignante. La Partie plaignante engage des consultations dans les 10 jours suivant la date de réception de la demande. Si les Parties ne parviennent pas à résoudre la question dans les 30 jours suivant la date de réception de la demande de consultations conformément au présent paragraphe, la Partie visée par la plainte peut soumettre la question à un tribunal d'arbitrage, qui détermine alors si lesdites exigences ont été remplies.

7. Le tribunal d'arbitrage constitué aux fins du présent article a pour arbitres, dans la mesure du possible, les arbitres du tribunal d'arbitrage initial. Si cela est impossible, les arbitres du tribunal d'arbitrage constitué aux fins du présent article sont nommés conformément aux paragraphes 2, 3 et 4 de l'article 16.7. Sauf si les Parties conviennent d'un délai différent, le tribunal d'arbitrage constitué au titre du présent article rend ses décisions dans les 60 jours suivant la date à laquelle il est saisi de la question. Ces décisions sont définitives et contraignantes pour les Parties.

Article 16.12. Modification des délais

Tout délai prévu dans le présent chapitre peut être modifié pour un différend particulier par consentement mutuel des Parties.

Article 16.13. Frais

Chaque Partie prend en charge les frais de l'arbitre qu'elle a désigné et ceux liés à sa représentation dans la procédure du tribunal d'arbitrage. Les autres frais du tribunal d'arbitrage sont pris en charge à parts égales par les Parties, sauf accord contraire des Parties.

Article 16.14. Langue

Toutes les procédures du tribunal d'arbitrage et l'ensemble des documents et des informations soumis au tribunal d'arbitrage sont en langue anglaise.

CHAPITRE 17. DISPOSITIONS FINALES

Article 17.1. Table des matières et intitulés

La table des matières et les intitulés des chapitres, sections et articles du présent Accord ne sont insérés qu'à des fins de commodité de la consultation et n'influent pas sur l'interprétation du présent Accord.

Article 17.2. Annexes et notes

Les annexes et les notes au présent Accord forment partie intégrante du présent Accord.

Article 17.3. Amendement

1. Le présent Accord peut être amendé par accord écrit entre les Parties.

2. Les amendements sont approuvés par les Parties conformément à leurs procédures juridiques respectives et entrent en vigueur à la date convenue par les Parties et au moyen des notes diplomatiques échangées entre les Gouvernements des Parties s'informant mutuellement de l'accomplissement de leurs procédures juridiques respectives nécessaires à son entrée en vigueur.

3. Nonobstant le paragraphe 2, les amendements portant uniquement sur les points suivants peuvent être apportés au moyen de notes diplomatiques échangées entre les Gouvernements des Parties :

a) L'annexe 1, à condition que les amendements soient apportés conformément à la modification du Système harmonisé et qu'elles n'entraînent aucun changement concernant les taux de droit de douane appliqués par une Partie aux produits originaires de l'autre Partie conformément à l'annexe 1 ;

b) L'annexe 2 ; et

c) L'annexe 3.

Article 17.4. Entrée en vigueur

Le présent Accord entre en vigueur le trentième jour après la date à laquelle les Gouvernements des Parties ont échangé des notes diplomatiques dans lesquelles ils s'informent mutuellement de l'accomplissement de leurs procédures juridiques respectives nécessaires à l'entrée en vigueur du présent Accord. Il reste en vigueur jusqu'à ce qu'il soit dénoncé selon les conditions prévues à l'article 17.5.

Article 17.5. Dénonciation

Chaque Partie peut dénoncer le présent Accord en adressant à l'autre Partie, par écrit et par la voie diplomatique, une notification à cet effet un an à l'avance.

Article 17.6. Textes faisant foi

1. Les textes du présent Accord en langues japonaise, mongole et anglaise font également foi.

2. Nonobstant le paragraphe 1 :

a) i) La partie 2 de l'annexe 1 est en langues japonaise et anglaise, ces textes faisant également foi ; et

ii) La partie 3 de l'annexe 1 est en langues mongole et anglaise, ces textes faisant également foi ;

b) i) La partie 1A et la partie 2 de l'annexe 6 sont en langues japonaise et anglaise, ces textes faisant également foi ; et

ii) La partie 1B de l'annexe 6 est en langues mongole et anglaise, ces textes faisant également foi ;

c) i) La partie 1 de l'annexe 7 est en langues japonaise et anglaise, ces textes faisant également foi ; et

ii) La partie 2 de l'annexe 7 est en langues mongole et anglaise, ces textes faisant également foi ; et

d) i) La partie 1 de l'annexe 8 et la partie 1 de l'annexe 9 sont en langues japonaise et anglaise, ces textes faisant également foi ; et

ii) La partie 2 de l'annexe 8 et la partie 2 de l'annexe 9 sont en langues mongole et anglaise, ces textes faisant également foi.

3. En cas de divergence d'interprétation, le texte anglais prévaut.

EN FOI DE QUOI, les soussignés, dûment autorisés par leurs Gouvernements respectifs, ont signé le présent Accord.

FAIT à Tokyo, le 10 février 2015, en double exemplaire, en langues japonaise, mongole et anglaise.

Pour le Japon :
SHINZO ABE

Pour la Mongolie :
CHIMED SAIKHANBILEG

ACCORD D'EXÉCUTION ENTRE LE GOUVERNEMENT DU JAPON ET LE GOUVERNEMENT DE LA MONGOLIE EN APPLICATION DE L'ARTICLE 1.12 DE L'ACCORD DE PARTENARIAT ÉCONOMIQUE ENTRE LE JAPON ET LA MONGOLIE

TABLE DES MATIÈRES

Préambule

Le Gouvernement du Japon et le Gouvernement de la Mongolie,

Conformément à l'article 1.12 de l'Accord de partenariat économique entre le Japon et la Mongolie (ci-après dénommé l'« Accord de base »),

Sont convenus de ce qui suit :

CHAPITRE PREMIER. DISPOSITIONS GÉNÉRALES

Article 1.1. Définitions

Aux fins du présent Accord :

a) Le terme « pays » au pluriel désigne le Japon et la Mongolie et le terme « pays » au singulier désigne soit le Japon, soit la Mongolie ; et

b) Le terme « Parties » désigne le Gouvernement du Japon et le Gouvernement de la Mongolie et le terme « Partie » désigne soit le Gouvernement du Japon, soit le Gouvernement de la Mongolie.

CHAPITRE 2. RÉGIMES DOUANIERS ET FACILITATION DU COMMERCE

Article 2.1. Coopération

1. Les Parties s'efforcent de se prêter mutuellement assistance par l'intermédiaire de leurs autorités douanières, pour assurer la bonne application de la législation douanière et pour prévenir, détecter et réprimer toute violation ou tentative de violation de la législation douanière.

2. Les Parties s'efforcent de coopérer par l'intermédiaire de leurs autorités douanières, lorsque cela est nécessaire et approprié, dans les domaines de la recherche, de l'établissement et de l'essai de nouveaux régimes douaniers et de nouvelles aides et techniques d'application de la législation, de la formation des agents des douanes et de l'échange de personnel entre elles.

Article 2.2. Technologies de l'information et des communications

Les autorités douanières des Parties s'efforcent de coopérer pour promouvoir l'utilisation des technologies de l'information et des communications dans le cadre de leurs régimes douaniers, notamment par le partage des meilleures pratiques afin d'améliorer leurs régimes douaniers.

Article 2.3. Gestion des risques

1. Afin de faciliter le dédouanement des produits échangés entre les pays, les autorités douanières des Parties maintiennent des systèmes de gestion des risques qui leur permettent de concentrer les activités d'inspection sur les produits à haut risque et qui simplifient le dédouanement et le mouvement des produits à faible risque.

2. Les Parties s'efforcent de promouvoir, par des arrangements tels que des séminaires et des cours, le recours aux techniques de gestion des risques et leur amélioration dans les territoires des Parties.

3. Les autorités douanières des Parties partagent les meilleures pratiques concernant les techniques de gestion des risques et les autres techniques d'application de la législation.

Article 2.4. Lutte contre le trafic illicite

1. Les autorités douanières des Parties coopèrent dans le domaine de la lutte contre le trafic illicite de marchandises.

2. Les Parties s'efforcent de promouvoir la coopération régionale sous l'égide du Conseil de coopération douanière dans le domaine de la lutte contre le trafic illicite de marchandises.

Article 2.5. Droits de propriété intellectuelle

Les autorités douanières des Parties s'efforcent de coopérer dans le domaine de la lutte contre l'importation et l'exportation de marchandises soupçonnées de porter atteinte à des droits de propriété intellectuelle.

Article 2.6. Échange d'informations

1. Chaque Partie préserve la confidentialité de toute information qui lui est communiquée à titre confidentiel par l'autre Partie conformément à l'article 4.7 de l'Accord de base et au présent chapitre, sauf si cette dernière Partie consent à la divulgation de cette information.

2. Chaque Partie peut limiter les informations qu'elle communique à l'autre Partie lorsque cette dernière est incapable de fournir l'assurance demandée par la première Partie en ce qui concerne la limitation des fins auxquelles les informations seront utilisées.

3. Si la Partie qui demande les informations ne serait pas capable de satisfaire à une demande similaire qui lui est adressée par l'autre Partie, elle attire l'attention sur cet état de fait dans sa demande. L'exécution d'une telle demande est laissée à la discrétion de cette dernière Partie.

4. Les informations fournies par l'autorité douanière d'une Partie à l'autorité douanière de l'autre Partie conformément à l'article 4.7 de l'Accord de base et au présent chapitre ne sont utilisées que pour l'accomplissement des fonctions de cette autorité douanière en vertu de la législation douanière de son pays.

5. Les informations fournies conformément à l'article 4.7 de l'Accord de base et au présent chapitre ne sont pas utilisées par la Partie destinataire dans le cadre d'une procédure pénale menée par un tribunal ou un juge.

6. Si des informations communiquées par une Partie à l'autre Partie conformément à l'article 4.7 de l'Accord de base et au présent chapitre doivent être présentées à un tribunal ou à un juge dans le cadre d'une procédure pénale, la dernière Partie en fait la demande à la première Partie par la voie diplomatique ou par d'autres voies établies conformément aux lois et règlements du pays de la première Partie. La première Partie s'efforcera de répondre à la demande rapidement et favorablement afin de respecter tout délai raisonnable indiqué par l'autre Partie.

7. Nonobstant toute autre disposition du présent chapitre, une Partie n'est pas tenue de communiquer des informations à l'autre Partie si cette communication est interdite par les lois et règlements du pays de la première Partie ou si la première Partie considère cette communication comme incompatible avec ses intérêts importants.

Article 2.7. Sous-comité des régimes douaniers et de la facilitation du commerce

1. Le Sous-comité des régimes douaniers et de la facilitation du commerce, établi conformément à l'article 4.8 de l'Accord de base (ci-après dénommé le « Sous-comité » dans le présent article), est composé des personnes suivantes :

a) Un fonctionnaire du Ministère des finances du Japon, ou son successeur, et un fonctionnaire de l'Administration générale des douanes de la Mongolie, ou son successeur, en qualité de coprésidents ;

b) Pour le Japon, des fonctionnaires du Ministère des finances et du Ministère des affaires étrangères, ou leurs successeurs, et d'autres responsables gouvernementaux ayant l'expertise nécessaire en rapport avec les questions à discuter, qui peuvent être inclus de façon ponctuelle ; et

c) Pour la Mongolie, des fonctionnaires du Ministère des finances et du Ministère des affaires étrangères, ou leurs successeurs, et d'autres responsables gouvernementaux ayant l'expertise nécessaire en rapport avec les questions à discuter, qui peuvent être inclus de façon ponctuelle.

2. Le Sous-comité peut, par consentement mutuel des Parties, inviter des représentants d'entités pertinentes autres que les Parties ayant l'expertise nécessaire en rapport avec les questions à discuter.

CHAPITRE 3. CONCURRENCE

Article 3.1. Objectif

Le présent chapitre vise à donner des détails et à décrire les procédures concernant la mise en œuvre de la coopération énoncée à l'article 11.2 de l'Accord de base.

Article 3.2. Définitions

Aux fins du présent chapitre :

a) L'expression « autorité de la concurrence » désigne :

i) Pour le Japon, la Commission des pratiques commerciales équitables, ou son successeur ; et

ii) Pour la Mongolie, l'Autorité pour la concurrence loyale et la protection des consommateurs, ou son successeur ;

b) L'expression « droit de la concurrence » désigne :

i) Pour le Japon, la loi concernant l'interdiction des monopoles privés et le maintien de pratiques commerciales équitables (Loi no 54 de 1947) (ci-après dénommée « loi antimonopole » dans le présent chapitre) et ses règlements d'application, ainsi que tout amendement y afférent ; et

ii) Pour la Mongolie, la loi de la Mongolie sur la concurrence du 10 juin 2010 et ses règlements d'application, ainsi que tout amendement y afférent ; et

c) L'expression « activités d'application de la législation » désigne toute enquête ou procédure menée par une Partie en relation avec l'application du droit de la concurrence de son pays, mais ne comprend pas :

i) L'examen de la conduite des affaires ou des documents de routine ; et

ii) Les recherches, les études ou les enquêtes ayant pour objectif d'examiner la situation économique globale ou les conditions générales dans des secteurs spécifiques.

Article 3.3. Notification

1. L'autorité de la concurrence de chaque Partie notifie, dans la mesure où cela est compatible avec les lois et règlements de son pays, à l'autorité de la concurrence de l'autre Partie les mesures d'application de la Partie notifiante qui, selon l'autorité de la concurrence notifiante, peuvent affecter les intérêts importants de l'autre Partie.

2. Les activités d'application de la législation d'une Partie susceptibles d'affecter les intérêts importants de l'autre Partie comprennent celles qui :

a) Touchent aux activités d'application de la législation de l'autre Partie ;

b) Vont à l'encontre d'un ressortissant du pays de l'autre Partie, ou d'une entreprise constituée ou organisée conformément aux lois et règlements applicables du pays de l'autre Partie ;

c) Impliquent des fusions ou des acquisitions dans lesquelles :

i) Une ou plusieurs des Parties à la transaction ; ou

ii) Une entreprise contrôlant une ou plusieurs des Parties à la transaction,

sont une entreprise constituée ou organisée conformément aux lois et règlements applicables du pays de l'autre Partie ;

d) Impliquent des activités anticoncurrentielles, autres que des fusions ou des acquisitions, effectuées en grande partie dans le pays de l'autre Partie ;

e) Impliquent un comportement considéré par l'autorité de la concurrence notifiante comme ayant été requis, encouragé ou approuvé par l'autre Partie ; ou

f) Impliquent des mesures correctrices qui exigent ou interdisent un comportement dans le pays de l'autre Partie.

3. Pour autant qu'elle ne soit pas contraire aux lois et règlements du pays de l'autorité de la concurrence notifiante et qu'elle n'influe pas sur une enquête en cours de réalisation par l'autorité de la concurrence notifiante, la notification prévue au paragraphe 1 est donnée dans les plus brefs délais une fois que l'autorité de la concurrence d'une Partie se rend compte que les activités d'application de la législation de sa Partie sont susceptibles d'influer sur les intérêts importants de l'autre Partie.

4. Les notifications données conformément au présent article sont suffisamment détaillées pour permettre à l'autorité de la concurrence notifiée de procéder à une première évaluation des conséquences sur les intérêts importants de sa Partie.

Article 3.4. Coopération en matière d'activités d'application de la législation

L'autorité de la concurrence de chaque Partie prête assistance à l'autorité de la concurrence de l'autre Partie dans ses activités d'application de la législation, dans la mesure compatible avec les lois et règlements du pays de l'autorité de la concurrence qui prête assistance et les intérêts importants de la Partie de l'autorité de la concurrence qui prête assistance, et dans la limite des ressources dont elle dispose raisonnablement.

Article 3.5. Échange d'informations

Aux fins de la coopération prévue à l'article 3.4, l'autorité de la concurrence de chaque Partie, dans la mesure compatible avec les lois et règlements du pays de l'autorité de la concurrence et les intérêts importants de la Partie de l'autorité de la concurrence :

a) Informe l'autorité de la concurrence de l'autre Partie de ses activités d'application de la législation faisant intervenir des activités anticoncurrentielles qu'elle juge susceptibles d'avoir des conséquences négatives sur la concurrence dans le pays de l'autre Partie ;

b) Fournit à l'autorité de la concurrence de l'autre Partie toute information importante, en sa possession et portée à sa connaissance, concernant des activités anticoncurrentielles qu'elle juge susceptibles de faire l'objet d'activités d'application de la législation effectuées par l'autorité de la concurrence de l'autre Partie, ou susceptibles de justifier de telles activités ; et

c) Fournit à l'autorité de la concurrence de l'autre Partie, sur demande et conformément aux dispositions du présent chapitre, les informations en sa possession qui sont pertinentes pour les activités d'application de la législation de l'autorité de la concurrence de l'autre Partie.

Article 3.6. Coordination en matière d'activités d'application de la législation

1. Lorsque les autorités de concurrence mènent des activités d'application de la législation sur des questions qui sont liées les unes aux autres :

   a) Les autorités de concurrence envisagent la coordination de leurs activités d'application de la législation ; et

   b) L'autorité de la concurrence de chaque Partie envisage, à la demande de l'autorité de la concurrence de l'autre Partie et lorsque cela est compatible avec les intérêts importants de la première Partie, de demander si les personnes qui ont fourni des informations confidentielles en rapport avec les activités d'application de la législation consentiront à partager ces informations avec l'autorité de la concurrence de l'autre Partie.

2. Afin de déterminer si certaines activités d'application de la législation devraient faire l'objet d'une coordination, les autorités de concurrence doivent tenir compte, entre autres, des facteurs suivants :

   a) L'effet de cette coordination sur leur capacité à atteindre les objectifs de leurs activités d'application de la législation ;

   b) Les capacités relatives des autorités en matière de concurrence à obtenir les informations nécessaires pour mener les activités d'application de la législation ;

   c) La mesure dans laquelle l'autorité de la concurrence de l'une ou l'autre Partie peut prendre des mesures correctrices contre les activités anticoncurrentielles en question ;

   d) La réduction éventuelle des coûts pour les Parties et les personnes visées par les activités d'application de la législation ; et

e) Les avantages éventuels des mesures correctrices coordonnées pour les Parties et les personnes visées par les activités d'application de la législation.

3. L'autorité de la concurrence de chaque Partie peut, à tout moment, sous réserve d'une notification appropriée à l'autorité de la concurrence de l'autre Partie, limiter ou mettre fin à la coordination des activités d'application de la législation et mener ses activités d'application de la législation de manière indépendante.

Article 3.7. Coopération concernant les activités anticoncurrentielles dans le pays d'une Partie qui ont une incidence sur les intérêts de l'autre Partie

1. Si l'autorité de la concurrence d'une Partie estime que des activités anticoncurrentielles menées dans le pays de l'autre Partie portent préjudice aux intérêts importants de la première Partie, l'autorité de la concurrence de la première Partie peut, en prenant en considération l'importance d'éviter les conflits résultant de ses activités d'application de la législation en ce qui concerne ces activités anticoncurrentielles et compte tenu du fait que l'autorité de la concurrence de l'autre Partie peut être en mesure de mener des activités d'application de la législation plus efficaces en ce qui concerne ces activités anticoncurrentielles, demander à l'autorité de la concurrence de l'autre Partie d'entreprendre des activités d'application de la législation appropriées.

2. La demande formulée conformément au paragraphe 1 est aussi précise que possible quant à la nature des activités anticoncurrentielles et à leur effet sur les intérêts importants de la Partie de l'autorité de la concurrence requérante, et propose en même temps toute autre information et toute autre forme de coopération que l'autorité de la concurrence requérante est en mesure de fournir.

3. L'autorité de la concurrence requise examine avec soin s'il y a lieu d'entreprendre des activités d'application de la législation, ou d'étendre les activités d'application de la législation actuelles, en ce qui concerne les activités anticoncurrentielles identifiées dans la demande formulée conformément au paragraphe 1. L'autorité de la concurrence requise informe l'autorité de la concurrence requérante de sa décision dans les meilleurs délais. Si des activités d'application de la législation sont entreprises, l'autorité de la concurrence requise informe l'autorité de la concurrence requérante de leurs résultats et, dans la mesure du possible, de toute évolution intermédiaire significative.

4. Aucune disposition du présent article ne limite le pouvoir discrétionnaire de l'autorité en matière de concurrence requise en vertu du droit de la concurrence et des politiques d'application de la législation de son pays quant au fait d'entreprendre ou non des activités d'application de la législation en ce qui concerne des activités anticoncurrentielles identifiées dans la demande ni n'empêche l'autorité en matière de concurrence requérante de retirer sa demande.

Article 3.8. Prévention des conflits concernant les activités d'application de la législation

1. Chaque Partie prend soigneusement en considération les intérêts importants de l'autre Partie tout au long de ses activités d'application de la législation, y compris les décisions concernant le lancement des activités d'application de la législation, la portée de ces activités et la nature des sanctions ou des mesures correctrices demandées dans chaque cas.

2. Lorsqu'une Partie informe l'autre Partie que des activités d'application de la législation spécifiques de la seconde Partie peuvent avoir une incidence sur les intérêts importants de la

première Partie, la seconde Partie s'efforce, dans la mesure compatible avec les lois et règlements de son pays, de notifier en temps opportun les développements importants de ces activités d'application de la législation.

3. Si une Partie considère que ses activités d'application de la législation peuvent compromettre les intérêts importants de l'autre Partie, les Parties prennent en considération les facteurs suivants, en plus de tout autre facteur qui pourrait être pertinent, dans la recherche d'un compromis approprié entre les intérêts concurrents :

a) L'importance relative, pour les activités anticoncurrentielles, des comportements ou des transactions survenant dans le pays de la Partie qui mène les activités d'application de la législation, par rapport aux comportements ou aux transactions survenant dans l'autre pays ;

b) L'incidence relative des activités anticoncurrentielles sur les intérêts importants des Parties respectives ;

c) La présence ou l'absence d'éléments de preuve d'une intention, de la part des personnes engagées dans les activités anticoncurrentielles, d'influer sur les consommateurs, les fournisseurs ou les concurrents dans le pays de la Partie qui mène les activités d'application de la législation ;

d) La mesure dans laquelle les activités anticoncurrentielles diminuent substantiellement la concurrence sur le marché de chaque pays ;

e) Le degré de compatibilité ou d'incompatibilité entre les activités d'application de la législation de la Partie et les lois et règlements du pays de l'autre Partie, ou les politiques ou intérêts importants de cette autre Partie ;

f) Si les personnes privées, physiques ou morales, seront soumises à des exigences contradictoires par les Parties ;

g) Le lieu où se trouvent les actifs visés et les parties à la transaction ;

h) La mesure dans laquelle les sanctions ou d'autres mesures correctives effectives peuvent être assurées par les activités d'application de la législation prises par la Partie contre les activités anticoncurrentielles ; et

i) La mesure dans laquelle les activités d'application de la législation de l'autre Partie à l'égard des mêmes personnes privées, physiques ou morales, seraient affectées.

Article 3.9. Coopération technique

1. Les Parties conviennent qu'il est dans leur intérêt commun que leurs autorités de la concurrence travaillent ensemble sur les activités de coopération technique visant à renforcer la politique de la concurrence et à mettre en œuvre le droit de la concurrence de chaque pays.

2. Les formes d'activités de coopération technique visées au paragraphe 1 sont :

a) L'échange de personnel des autorités de la concurrence à des fins de formation ;

b) La participation du personnel des autorités de la concurrence en tant que conférenciers ou consultants à des cours de formation sur le renforcement de la politique de concurrence et la mise en œuvre du droit de la concurrence organisés ou parrainés par l'une ou l'autre ou les deux autorités de la concurrence ; et

c) D'autres formes dont conviennent les autorités de concurrence.

Article 3.10. Transparence

L'autorité de la concurrence de chaque Partie :

a) Informe rapidement l'autorité de la concurrence de l'autre Partie de toute modification du droit de la concurrence et de toute adoption, par son pays, de nouveaux lois et règlements qui contrôlent les activités anticoncurrentielles ;

b) Fournit, le cas échéant, à l'autorité de la concurrence de l'autre Partie une copie de ses lignes directrices ou déclarations de politique générale rendues publiques et relatives au droit de la concurrence de son pays ; et

c) Fournit, le cas échéant, à l'autorité de la concurrence de l'autre Partie une copie de ses rapports annuels et/ou de toute autre publication qui sont généralement mis à la disposition du public.

Article 3.11. Consultations

Les autorités de la concurrence se consultent, à la demande de l'une ou l'autre des autorités de la concurrence, sur toute question relative au présent chapitre.

Article 3.12. Confidentialité des informations

1. a) Les informations, autres que les informations accessibles au public, fournies par une Partie à l'autre Partie conformément au présent chapitre ne sont utilisées par l'autre Partie qu'aux fins de l'application effective du droit de la concurrence de son pays et ne sont pas communiquées à un tiers, sauf accord contraire de la Partie fournissant les informations ;

   b) Les informations, autres que celles qui sont accessibles au public, fournies par l'autorité de la concurrence d'une Partie à l'autorité de la concurrence de l'autre Partie conformément au présent chapitre ne sont utilisées par l'autorité de la concurrence qui les reçoit qu'aux fins de l'application effective du droit de la concurrence de son pays et ne sont pas communiquées à un tiers ou à d'autres autorités, sauf accord contraire de l'autorité de la concurrence fournissant les informations.

2. Nonobstant l'alinéa b) du paragraphe 1, l'autorité de la concurrence d'une Partie qui reçoit des informations, autres que celles qui sont accessibles au public, conformément au présent chapitre peut, sauf notification contraire de l'autorité de la concurrence de l'autre Partie, communiquer ces informations, aux fins de l'application du droit de la concurrence, aux autorités pertinentes d'application de la législation de la première Partie, qui peuvent utiliser ces informations dans les conditions visées à l'article 3.13.

3. Chaque Partie, conformément aux lois et règlements de son pays, préserve la confidentialité de toute information qui lui est fournie à titre confidentiel par l'autre Partie conformément au présent chapitre, sauf si cette dernière consent à la divulgation de cette information.

4. Chaque Partie peut limiter les informations qu'elle fournit à l'autre Partie lorsque cette dernière est incapable de fournir l'assurance demandée par la première Partie en ce qui concerne la confidentialité ou la limitation des fins pour lesquelles les informations seront utilisées.

5. Nonobstant toute autre disposition du présent chapitre, aucune Partie n'est tenue de fournir des informations à l'autre Partie si les lois et règlements de son pays lui interdisent de le faire ou si elle estime que la fourniture de ces informations est incompatible avec ses intérêts importants. Plus particulièrement :

a) Le Gouvernement du Japon n'est pas tenu de fournir au Gouvernement de la Mongolie les « secrets d'affaires des entrepreneurs » couverts par les dispositions de l'article 39 de la loi antimonopole, à l'exception de ceux fournis conformément à l'alinéa b) du paragraphe 1 de l'article 3.6 et avec le consentement des entrepreneurs concernés ; et

b) Le Gouvernement de la Mongolie n'est pas tenu de fournir au Gouvernement du Japon les « secrets des organisations » couverts par les dispositions de l'article 3 de la loi sur le secret des organisations du 16 mai 1995.

6. Le présent article ne fait pas obstacle à l'utilisation ou à la divulgation d'informations dans la mesure où les lois et règlements du pays de la Partie recevant les informations l'y obligent. Cette Partie, dans la mesure du possible, donne un préavis de cette utilisation ou de cette divulgation à la Partie qui a fourni les informations.

Article 3.13. Utilisation d'informations dans le cadre de procédures pénales

1. Les informations fournies par une Partie à l'autre Partie conformément au présent chapitre, à l'exception des informations accessibles au public, ne sont pas utilisées dans le cadre de procédures pénales menées par un tribunal ou un juge du pays de cette autre Partie.

2. Si des informations fournies par une Partie à l'autre Partie conformément au présent chapitre, à l'exception des informations accessibles au public, doivent être présentées dans le cadre d'une procédure pénale menée par un tribunal ou un juge du pays de cette autre Partie, cette autre Partie en fait la demande à la première Partie par la voie diplomatique ou par d'autres voies établies conformément aux lois et règlements du pays de la première Partie.

Article 3.14. Communications

Sauf disposition contraire du présent chapitre, les communications visées au présent chapitre peuvent être effectuées directement entre les autorités de la concurrence. Les notifications conformément à l'article 3.3 et les demandes conformément au paragraphe 1 de l'article 3.7 sont toutefois confirmées par écrit et par la voie diplomatique. Ces confirmations sont effectuées aussi rapidement que possible après la communication visée entre les autorités de la concurrence.

Article 3.15. Divers

1. Les modalités détaillées de mise en œuvre du présent chapitre peuvent être déterminées par les autorités de la concurrence.

2. Aucune disposition du présent chapitre n'empêche les Parties de rechercher ou de fournir une assistance mutuelle conformément à d'autres accords ou arrangements bilatéraux ou multilatéraux.

3. Aucune disposition du présent chapitre n'est interprétée comme portant préjudice à la politique ou à la position juridique de l'une ou l'autre Partie pour toute question relative à leur compétence.

4. Aucune disposition du présent chapitre n'est interprétée comme influant sur les droits et obligations de l'une ou l'autre Partie en vertu d'autres accords ou d'arrangements internationaux, ou de la législation de son pays.

CHAPITRE 4. AMÉLIORATION DU CLIMAT DES AFFAIRES

Article 4.1. Sous-comité de l'amélioration du climat des affaires

Les questions devant être examinées par le Sous-comité de l'amélioration du climat des affaires (ci-après dénommé « Sous-comité » dans le présent chapitre) visé à l'alinéa b) du paragraphe 2 de l'article 14.2 de l'Accord de base peuvent inclure :

a) L'amélioration de la transparence des règles, des réglementations, des procédures administratives et judiciaires et des décisions administratives et judiciaires liées aux affaires ;

b) Les mesures visant à simplifier et à accélérer les procédures administratives ;

c) Les moyens de faciliter les activités commerciales dans les deux pays ; et

d) D'autres questions liées au climat des affaires.

Article 4.2. Bureau de liaison

1. Les fonctions du bureau de liaison désigné dans chaque pays conformément au paragraphe 1 de l'article 14.3 de l'Accord de base sont les suivantes :

   a) Recevoir les plaintes et les demandes d'informations des entreprises de l'autre pays en ce qui concerne les lois, les règlements et les autres mesures du premier pays qui peuvent influer négativement sur les activités commerciales des entreprises de l'autre pays ;

   b) Transmettre les plaintes et les demandes d'informations visées à l'alinéa a) aux autorités compétentes du premier pays ;

   c) Solliciter, si nécessaire, dans un délai raisonnable et par écrit, des réponses des autorités compétentes du premier pays visé à l'alinéa b) accompagnées d'explications, de motifs et d'une base juridique suffisants, le cas échéant ;

   d) Transmettre les réponses visées à l'alinéa c) aux entreprises visées à l'alinéa a) ;

   e) Fournir aux entreprises visées à l'alinéa a) les informations et les conseils nécessaires en collaboration avec les autorités compétentes du premier pays ; et

   f) Rendre compte des conclusions au Sous-comité.

2. Chaque Partie peut désigner une entité située dans l'autre pays qui facilitera les communications entre le bureau de liaison de l'autre pays et les entreprises du premier pays.

3. Les paragraphes 1 et 2 ne sont pas interprétés comme empêchant les entreprises d'un pays de prendre directement contact avec les autorités compétentes de l'autre pays ou de limiter ces contacts.

CHAPITRE 5. COOPÉRATION

Article 5.1. Agriculture, sylviculture et pêche, y compris les questions liées aux mesures sanitaires et phytosanitaires visées au chapitre 5 de l'Accord de base

En application de l'article 15.2 de l'Accord de base, dans le domaine visé à l'alinéa a) de l'article 15.1 de l'Accord de base :

a) La coopération peut porter sur les domaines suivants :

i) Les ressources génétiques pour l'alimentation et l'agriculture ;

ii) L'irrigation et la production de semences ;

iii) La création de fermes et d'installations modèles et de démonstration ;

iv) La production de produits laitiers, de viande bovine, d'aliments biologiques, de céréales et de légumes ;

v) L'horticulture ;

vi) L'apiculture ;

vii) La production fourragère et la transformation d'aliments pour animaux de compagnie ;

viii) La biotechnologie de reproduction animale ;

ix) La santé animale et les services vétérinaires ;

x) Toute question relative aux mesures sanitaires et phytosanitaires (ci-après dénommées « SPS »), notamment les questions suivantes :

A) L'établissement de zones exemptes de parasites ou de maladies ; et

B) Les procédures de contrôle, d'inspection et d'approbation des mesures sanitaires et phytosanitaires ;

xi) La transformation d'aliments, y compris la production de viande par traitement thermique ;

xii) Le marketing alimentaire ;

xiii) Les coopératives agricoles ;

xiv) La transformation du bois ;

xv) L'aquaculture ;

xvi) La mise en valeur des ressources humaines ; et

xvii) D'autres domaines dont conviennent les Parties ; et

b) La coopération peut prendre les formes suivantes :

i) La réalisation d'études de faisabilité de la chaîne de valeur alimentaire ;

ii) Des études de développement ;

iii) Des travaux de recherche conjoints ;

iv) L'échange de points de vue, d'informations et d'experts ;

v) La formation professionnelle et pratique ;

vi) L'organisation des foires commerciales, séminaires, ateliers, événements de rapprochement des entreprises et expositions et la promotion de la participation à ceux-ci ;

vii) La promotion de partenariats public-privé ;

viii) Les services de conseil technique ;

ix) La diffusion de la technologie ;

x) L'assistance technique sur l'harmonisation et la reconnaissance de l'équivalence des mesures sanitaires et phytosanitaires ; et

xi) D'autres formes dont conviennent les Parties.

Article 5.2. Industrie manufacturière, y compris les questions relatives aux règlements techniques, aux normes et aux procédures d'évaluation de la conformité visées au chapitre 6 de l'Accord de base

En application de l'article 15.2 de l'Accord de base, dans le domaine visé à l'alinéa b) de l'article 15.1 de l'Accord de base :

a) La coopération peut porter sur les domaines suivants :

   i) Le renforcement de la diversification de l'industrie manufacturière ;

   ii) Les parcs industriels et technologiques ;

   iii) Le renforcement des capacités en matière de gestion, de compétitivité et de technologie de l'industrie manufacturière ;

   iv) La promotion de la protection de l'environnement au moyen de technologies écologiquement rationnelles ;

   v) Une assistance technique pour les questions suivantes :

      A) Encourager l'application du chapitre 6 de l'Accord de base et de l'Accord sur les obstacles techniques au commerce figurant à l'annexe 1A de l'Accord de Marrakech instituant l'Organisation mondiale du commerce, fait à Marrakech le 15 avril 1994 ;

      B) Renforcer les organes correspondants de normalisation, de réglementation technique et d'évaluation de la conformité, notamment la formation et le perfectionnement des ressources humaines ; et

      C) Accroître la collaboration au sein des organisations internationales dans les domaines de la normalisation et de l'évaluation de la conformité ;

   vi) La mise en valeur des ressources humaines ; et

   vii) D'autres domaines dont conviennent les Parties ; et

b) La coopération peut prendre les formes suivantes :

   i) La réalisation d'études de faisabilité et de développement ;

   ii) L'échange d'informations sur les politiques et les meilleures pratiques ;

   iii) La promotion des échanges d'experts ;

   iv) L'offre de programmes de formation ;

   v) L'organisation de séminaires et d'ateliers ;

vi) L'assistance technique ;

vii) La diffusion de la technologie par l'introduction de normes internationales et avancées ; et

viii) D'autres formes dont conviennent les Parties.

Article 5.3. Petites et moyennes entreprises

Conformément à l'article 15.2 de l'Accord de base, dans le domaine visé à l'alinéa c) de l'article 15.1 de l'Accord de base :

a) La coopération peut porter sur les domaines suivants :

i) La promotion des activités innovantes des petites et moyennes entreprises (ci-après dénommées « PME » dans le présent article), notamment le soutien à la création, à la protection et à l'exploitation de la propriété intellectuelle ;

ii) Le renforcement des capacités en matière de gestion, de compétitivité et de technologie des PME ;

iii) La mise en valeur des ressources humaines ; et

iv) D'autres domaines dont conviennent les Parties ; et

b) La coopération peut prendre les formes suivantes :

i) L'échange d'informations sur les politiques et les meilleures pratiques ;

ii) La promotion des échanges d'experts ;

iii) L'offre de programmes de formation ;

iv) L'organisation de séminaires et d'ateliers ; et

v) D'autres formes dont peuvent convenir les Parties.

Note : Aux fins du présent article, l'expression « petites et moyennes entreprises » ou « PME » inclut les microentreprises.

Article 5.4. Commerce et investissement

En application de l'article 15.2 de l'Accord de base, dans le domaine visé à l'alinéa d) de l'article 15.1 de l'Accord de base :

a) La coopération peut porter sur les domaines suivants :

i) La promotion du commerce et des investissements ;

ii) La promotion du développement du secteur des services ;

iii) La promotion de la coopération bilatérale entre l'Organisation japonaise du commerce extérieur, ou son successeur, et l'Agence mongole pour l'investissement, ou son successeur ;

iv) La mise en valeur des ressources humaines ; et

v) D'autres domaines dont conviennent les Parties ; et

b) La coopération peut prendre les formes suivantes :

i) L'échange de points de vue et d'informations sur le commerce et les investissements, notamment sur l'environnement des investissements et sur les lois et règlements relatifs aux affaires, afin de promouvoir davantage le commerce et les investissements entre les pays et les activités commerciales pertinentes ;

ii) La promotion des échanges d'experts, de stagiaires et de chercheurs afin d'encourager et d'améliorer les connaissances sur le commerce et les investissements ;

iii) L'organisation et la promotion de la participation à des missions et à des foires commerciales, à des séminaires, à des événements de rapprochement des entreprises et à des expositions ;

iv) Le renforcement des capacités des fonctionnaires ; et

v) D'autres formes dont peuvent convenir les Parties.

Article 5.5. Infrastructures, construction et urbanisation

En application de l'article 15.2 de l'Accord de base, dans le domaine visé à l'alinéa e) de l'article 15.1 de l'Accord de base :

a) La coopération peut porter sur les domaines suivants :

i) L'introduction du transport maritime ;

ii) L'amélioration de la qualité des aéroports ;

iii) L'introduction et l'élaboration d'un système de transport intelligent ;

iv) L'élaboration de normes de sécurité relatives aux véhicules ;

v) L'amélioration des capacités de surveillance et de contrôle des routes et des transports ;

vi) Le renforcement des capacités de recherche et de développement dans le domaine des routes et des transports ;

vii) L'introduction de technologies pour :

A) Le rendement énergétique ;

B) La résistance aux tremblements de terre ;

C) La réutilisation et le recyclage des déchets solides de construction ; et

D) La membrane de traitement et de purification de l'eau potable ;

viii) L'amélioration des réglementations, des contrôles et des mécanismes d'application de la législation en matière de sécurité des ouvrages de construction ;

ix) La mise en valeur des ressources humaines ; et

x) D'autres domaines dont peuvent convenir les Parties ; et

b) La coopération peut prendre les formes suivantes :

i) L'étude conjointe sur le développement des villes autour des aéroports ;

ii) L'échange de points de vue et d'informations ;

iii) La promotion et la facilitation des visites et des échanges d'experts ;

iv) L'offre de programmes de formation ;

v) La promotion de séminaires et d'ateliers ;

vi) Le renforcement des capacités des ingénieurs et des techniciens ; et

vii) D'autres formes dont peuvent convenir les Parties.

Article 5.6. Sciences, technologie et propriété intellectuelle

En application de l'article 15.2 de l'Accord de base, dans le domaine visé à l'alinéa f) de l'article 15.1 de l'Accord de base :

a) La coopération peut porter sur les domaines suivants :

i) La promotion de l'innovation ;

ii) Les sciences et les technologies de pointe ;

iii) L'utilisation des droits de propriété intellectuelle pour l'innovation et la croissance économique ;

iv) Le renforcement des capacités dans le domaine de l'application des droits de propriété intellectuelle à la frontière ;

v) Le renforcement des capacités des organisations de gestion collective des droits d'auteur et des droits connexes ;

vi) La mise en valeur des ressources humaines ayant des connaissances et un savoir-faire de haut niveau ; et

vii) D'autres domaines dont peuvent convenir les Parties ; et

b) La coopération peut prendre les formes suivantes :

i) La promotion d'efforts de recherche et de développement conjoints ;

ii) L'échange d'informations sur les politiques, les lois et les règlements ;

iii) La promotion des échanges de scientifiques, de personnel technique ou d'autres experts ;

iv) La promotion de l'organisation de séminaires, de dialogues, d'ateliers et de formations conjoints en vue d'améliorer la sensibilisation et les connaissances des scientifiques ;

v) La promotion de la coopération entre les instituts en matière de sciences et de technologies de pointe ; et

vi) D'autres formes dont peuvent convenir les Parties.

Article 5.7. Services financiers

En application de l'article 15.2 de l'Accord de base, dans le domaine visé à l'alinéa g) de l'article 15.1 de l'Accord de base :

a) La coopération peut porter sur les domaines suivants :

i) La facilitation du développement des marchés financiers et des capitaux en Asie ;

ii) L'amélioration des infrastructures des marchés financiers, notamment le renforcement des capacités de surveillance des transactions financières et des autres transactions pertinentes ;

iii) La promotion de la coopération en matière de réglementation dans le domaine des services financiers ;

iv) Le renforcement des fonctions du secteur non bancaire et de l'assurance ;

v) La mise en valeur des ressources humaines ; et

vi) D'autres domaines dont peuvent convenir les Parties ; et

b) La coopération peut prendre les formes suivantes :

   i) L'échange d'informations, d'expériences et de compétences ;

   ii) La promotion des formations ; et

   iii) D'autres formes dont peuvent convenir les Parties.

Article 5.8. Éducation et développement des ressources humaines

En application de l'article 15.2 de l'Accord de base, dans le domaine visé à l'alinéa h) de l'article 15.1 de l'Accord de base :

a) La coopération peut porter sur les domaines suivants :

   i) La mise en valeur des ressources humaines ayant des connaissances et un savoir-faire de haut niveau ; et

   ii) D'autres domaines dont peuvent convenir les Parties ; et

b) La coopération peut prendre les formes suivantes :

   i) L'échange d'informations, notamment sur les meilleures pratiques ;

   ii) La promotion des visites et des échanges d'experts, d'universitaires, d'enseignants, de formateurs et de fonctionnaires ;

   iii) L'offre de formations techniques et professionnelles pour les ingénieurs et le personnel technique ;

   iv) La promotion de la reconnaissance de l'enseignement ou de l'expérience obtenus dans les universités ;

   v) La promotion de séminaires, de réunions et d'ateliers conjoints ;

   vi) La promotion de la coopération entre les établissements d'enseignement ; et

   vii) D'autres formes dont peuvent convenir les Parties.

Article 5.9. Tourisme

En application de l'article 15.2 de l'Accord de base, dans le domaine visé à l'alinéa i) de l'article 15.1 de l'Accord de base :

a) La coopération peut porter sur les domaines suivants :

   i) La promotion du secteur du tourisme ;

   ii) Le développement durable du tourisme ;

   iii) Le renforcement de la gestion et des compétences dans le domaine du tourisme ;

   iv) La mise en valeur des ressources humaines ; et

   v) D'autres domaines dont peuvent convenir les Parties ; et

b) La coopération peut prendre les formes suivantes :

   i) La fourniture d'une assistance appropriée aux programmes de promotion et de développement du tourisme ;

   ii) L'échange d'informations et le partage d'expériences ;

   iii) La promotion des échanges d'experts ;

iv) La promotion des formations pour les personnes travaillant dans le secteur du tourisme ;

v) La promotion et la facilitation de la coopération entre les entités privées ; et

vi) D'autres formes dont peuvent convenir les Parties.

Article 5.10. Environnement

En application de l'article 15.2 de l'Accord de base, dans le domaine visé à l'alinéa j) de l'article 15.1 de l'Accord de base :

a) La coopération peut porter sur les domaines suivants :

i) La préservation et l'amélioration de l'environnement ;

ii) Le renforcement des mécanismes d'inspection environnementale ;

iii) L'établissement et la promotion de stratégies et de technologies pour un développement vert durable, notamment en ce qui concerne la lutte contre les changements climatiques et le développement à faible émission de carbone ;

iv) L'introduction d'une technologie de purification de l'eau ;

v) L'amélioration de la gestion des déchets et des technologies en la matière ;

vi) La réduction des émissions des véhicules ;

vii) La mise en valeur des ressources humaines ; et

viii) D'autres domaines dont peuvent convenir les Parties ; et

b) La coopération peut prendre les formes suivantes :

i) L'échange d'informations, notamment sur les politiques, les lois et les règlements ;

ii) La promotion et la facilitation des visites et des échanges d'experts ;

iii) La multiplication des possibilités de formation ;

iv) La promotion du renforcement des capacités ; et

v) D'autres formes dont peuvent convenir les Parties.

Article 5.11. Exploitation minière et énergie

En application de l'article 15.2 de l'Accord de base, dans le domaine visé à l'alinéa k) de l'article 15.1 de l'Accord de base :

a) La coopération peut porter sur les domaines suivants :

i) Le développement et la promotion des technologies liées à l'exploitation minière et à l'énergie ;

ii) La mise en valeur des ressources humaines ; et

iii) D'autres domaines dont peuvent convenir les Parties ; et

b) La coopération peut prendre les formes suivantes :

i) La réalisation d'études de faisabilité et de développement ;

ii) L'échange de points de vue et d'informations sur les politiques, les lois et les règlements ;

iii) La promotion des échanges d'experts et de personnel technique pour encourager et améliorer les connaissances sur le développement des secteurs minier et énergétique ;

iv) La promotion de l'organisation de séminaires, de dialogues et d'ateliers conjoints ;

v) La promotion de partenariats public-privé ; et

vi) D'autres formes dont peuvent convenir les Parties.

Article 5.12. Santé

En application de l'article 15.2 de l'Accord de base, dans le domaine visé à l'alinéa l) de l'article 15.1 de l'Accord de base :

a) La coopération peut porter sur les domaines suivants :

i) Le développement et la promotion de technologies de pointe dans le domaine de la santé et des sciences ;

ii) La mise en valeur des ressources humaines ; et

iii) D'autres domaines dont peuvent convenir les Parties ; et

b) La coopération peut prendre les formes suivantes :

i) La promotion d'efforts de recherche et de développement conjoints ;

ii) L'échange d'informations ;

iii) L'offre de formations aux professionnels de la santé et la promotion des visites sur le terrain et des échanges d'experts ;

iv) La promotion des activités par les organismes de santé publics et privés ; et

v) D'autres formes dont peuvent convenir les Parties.

Article 5.13. Concurrence

En application de l'article 15.2 de l'Accord de base, dans le domaine visé à l'alinéa m) de l'article 15.1 de l'Accord de base :

a) La coopération peut porter sur les domaines suivants :

i) La mise en valeur des ressources humaines ; et

ii) D'autres domaines dont peuvent convenir les Parties ; et

b) La coopération peut prendre les formes suivantes :

i) L'échange de points de vue et d'informations ;

ii) La promotion et la facilitation des visites et des échanges d'experts ;

iii) La promotion de séminaires et d'ateliers ; et

iv) D'autres formes dont peuvent convenir les Parties.

Article 5.14. Technologies de l'information et des communications

En application de l'article 15.2 de l'Accord de base, dans le domaine visé à l'alinéa n) de l'article 15.1 de l'Accord de base :

a) La coopération peut porter sur les domaines suivants :

i) Le renforcement de la gestion, de la compétitivité et des capacités technologiques dans le domaine des technologies de l'information et des communications ;

ii) La mise en valeur des ressources humaines ayant des connaissances et un savoir-faire de haut niveau ; et

iii) D'autres domaines dont peuvent convenir les Parties ; et

b) La coopération peut prendre les formes suivantes :

i) La promotion d'efforts de recherche et de développement conjoints ;

ii) L'échange d'informations sur les politiques, les lois et les règlements ;

iii) La promotion des échanges de scientifiques, de personnel technique ou d'autres experts ;

iv) La promotion de l'organisation de séminaires, de dialogues, de formations et d'ateliers conjoints ;

v) La promotion de la coopération entre les instituts en matière de technologies de l'information et des communications de pointe ;

vi) La promotion du rapprochement des entreprises ; et

vii) D'autres formes dont peuvent convenir les Parties.

CHAPITRE 6. DISPOSITIONS FINALES

Article 6.1. Mise en œuvre

Le présent Accord est mis en œuvre par les Parties conformément à l'Accord de base et aux lois et règlements en vigueur dans leurs pays respectifs, et dans la limite des ressources disponibles de chaque Partie.

Article 6.2. Table des matières et intitulés

La table des matières et les intitulés des chapitres et articles du présent Accord ne sont insérés qu'à des fins de commodité de la consultation et n'influent pas sur l'interprétation du présent Accord.

Article 6.3. Amendement

Le présent Accord peut être amendé par accord entre les Parties. Tout amendement entre en vigueur selon les procédures énoncées dans l'instrument d'amendement.

Article 6.4. Entrée en vigueur

Le présent Accord entre en vigueur en même temps que l'Accord de base et reste en vigueur aussi longtemps que l'Accord de base.

Article 6.5. Règlement des différends

Le chapitre 16 de l'Accord de base s'applique mutatis mutandis au règlement des différends entre les Parties relatifs à l'interprétation et/ou à l'application du chapitre premier, du chapitre 2 et du présent chapitre.

EN FOI DE QUOI, les soussignés, dûment autorisés par leurs Gouvernements respectifs, ont signé le présent Accord.

FAIT à Tokyo, le 10 février 2015, en double exemplaire, en langues japonaise, mongole et anglaise, tous les textes faisant également foi. En cas de divergence d'interprétation, le texte anglais prévaut.

Pour le Gouvernement du Japon :

SHINZO ABE

Pour le Gouvernement de la Mongolie :

CHIMED SAIKHANBILEG

No. 54546

Belgium
and
Guinea

General Cooperation Agreement between the Republic of Guinea and the Kingdom of Belgium. Conakry, 5 January 2016

Entry into force: *1 April 2017, in accordance with article 13*

Authentic text: *French*

Registration with the Secretariat of the United Nations: *Belgium, 1 June 2017*

Belgique
et
Guinée

Convention générale de coopération entre la République de Guinée et le Royaume de Belgique. Conakry, 5 janvier 2016

Entrée en vigueur : *1er avril 2017, conformément à l'article 13*

Texte authentique : *français*

Enregistrement au Secrétariat de l'Organisation des Nations Unies : *Belgique, 1er juin 2017*

[TEXT IN FRENCH – TEXTE EN FRANÇAIS]

CONVENTION GENERALE DE COOPERATION ENTRE LA REPUBLIQUE DE GUINEE ET LE ROYAUME DE BELGIQUE

La République de Guinée, ci-après dénommée la Partie Guinéenne d'une part ;

Et

Le Royaume de Belgique, ci-après dénommé la Partie Belge, d'autre part,

Ci-après dénommés « les Parties »,

Résolues à élaborer leurs relations de partenariat et de coopération qu'elles souhaitent développer sur la base du respect mutuel de la responsabilité partagée, de la souveraineté et de l'égalité des Parties en vue de la réalisation d'un développement humain durable, harmonieux et bénéfique pour toutes les composantes de leurs populations et particulièrement les plus démunies, afin de promouvoir une croissance économique inclusive et durable et d'éradiquer la pauvreté, l'exclusion et les inégalités ;

Réaffirmant leur attachement au principe de :

- la Charte des Nations Unies ;
- la Déclaration Universelle des Droits de l'Homme ;
- la Convention sur le Droit de l'enfant ;
- la Convention sur l'élimination de toutes les formes de discrimination à l'égard des Femmes ;
- la Convention Internationale sur l'élimination de toutes les formes de discrimination raciale ;

- les Conventions de Genève de 1949 et les autres instruments du droit international humanitaire ;

Reconnaissant la nécessité des Parties de conjuguer leurs efforts afin d'accélérer le progrès vers la réalisation des objectifs de développement durable, issus du Sommet des Nations Unies pour l'adoption du programme pour le développement pour l'après – 2015 à New York en 2015, et qui soutiendront la coopération entre les Parties ;

Souscrivant aux objectifs en matière d'efficacité de l'aide tels qu'énoncés dans la Déclaration de Paris sur l'efficacité de l'aide au développement du 02 mars 2005, et dans le partenariat mondial pour une coopération efficace au service du développement, lancé à Busan le 1er décembre 2011 ;

Réaffirmant leur attachement à l'accord de partenariat entre les membres du groupe des Etats d'Afrique, des Caraïbes et du Pacifique, d'une part, et la communauté européenne et ses Etats membres, d'autre part, signé à Cotonou le 23 juin 2000 et révisé à Luxembourg le 25 juin 2005 et à Ouagadougou le 22 juin 2010 ;

Consciente de l'ampleur des défis environnementaux posés au niveau mondial par le changement climatique, réaffirmant leur attachement à la protection et la conservation de l'environnement, et accordant une attention particulière aux engagements et aux objectifs des traités multilatéraux sur l'environnement et convenus lors des conférences majeures des Nations Unies et d'autres conférences internationales ;

Souscrivant aux objectifs des initiatives fiscales d'Addis (Addis Tax Initiative), lancée lors de la conférence relative au financement pour le développement organisé à Addis-Abeba du 13 au 16 juillet 2015 ;

Reconnaissant qu'en plus de la coopération gouvernementale entre les Parties, d'autres acteurs de coopération, tels qu'organisations de la Société Civile, Université, Autorité locale, Acteurs de l'aide humanitaire et banques de développement, jouent également un rôle essentiel et apporte une contribution supplémentaire et complémentaire au processus du développement ;

Convaincus que ces principes constituent les fondements essentiels des relations de coopération entre les Parties ;

Sont convenus de ce qui suit :

DISPOSITIONS GENERALES

Article 1er : OBJET DE LA PRESENTE CONVENTION

La présente Convention a pour objet de définir le cadre politique, institutionnel et juridique de la coopération gouvernementale entre les Parties.

Article 2 : OBJECTIF DE LA COOPERATION GOUVERNEMENTALE

Les Parties concluent la présente Convention en vue de promouvoir et d'accélérer le développement humain durable, la croissance économique inclusive, la promotion des Droits de l'Homme et la bonne gouvernance.

Article 3 : RESPONSABLES POUR LA PRESENTE CONVENTION

1- La Partie guinéenne désigne le Ministère des Affaires Etrangères et des Guinéens de l'Etranger comme garant du respect et de l'exécution de la présente Convention ;

2- La Partie belge désigne le service public fédéral des Affaires Etrangères, Commerce Extérieur et Coopération au Développement comme garant du respect et de l'exécution de la présente Convention ;

3- La Partie belge désigne sa Mission diplomatique accréditée en République de Guinée pour l'exécution de la présente Convention.

DISPOSITIONS SUR LA MISE EN ŒUVRE DE LA PRESENTE CONVENTION

Article 4 : CHAMP D'APPLICATION

Les Parties prenantes de la coopération gouvernementale entre les Parties comprennent :

a- Pour la Partie guinéenne :

a1. Les autorités publiques locales, régionales et nationales, ainsi que le Parlement ;

a2. Les acteurs non étatiques, secteur privé et société civile sous toutes ses formes selon les caractéristiques nationales ;

b- Pour la Partie belge :

b1. Les autorités publiques fédérales, ainsi que le Parlement fédéral ;
b2. La coopération technique belge ci-après dénommée « CTB », agence de développement de la Belgique.

Article 5 : PROGRAMME DE COOPERATION

1- La partie guinéenne détermine, en toute souveraineté ses principes et stratégies de développement. Elle établit avec la Partie belge des programmes de coopération prévus dans le cadre de la présente Convention, qui doivent correspondre, d'une part, aux objectifs de développement déterminés par la Partie guinéenne dans le cadre de ses priorités et de sa stratégie de développement et, d'autre part aux priorités retenues par le Gouvernement fédéral belge en matière de coopération au développement.

2- La coopération entre les Parties se concrétise par des programmes de coopération définis et validés d'un commun accord par une commission mixte, composée des représentants des Parties.

3- La commission mixte suivra et évaluera la mise en œuvre des programmes de coopération pour leur apporter, le cas échéant, les adaptations nécessaires.

4- Les programmes de coopération seront concrétisés par des interventions de coopération qui auront comme base juridique une convention spécifique, conclue entre les Parties, ou un accord conclu entre les Parties mentionnés à l'article 4..

5- La Partie belge pourra confier la réalisation de ses obligations dans les phases de formulation et de mise en œuvre à la CTB. La Partie belge conclura des conventions avec la CTB par lesquelles la CTB s'engage à respecter les conventions spécifiques mentionnées.

Article 6 : SUIVI ET EVALUATION

1-Le suivi et l'évaluation ont pour but de permettre un contrôle régulier des interventions de coopération afin d'améliorer l'efficacité et l'impact des interventions de coopération en cours et à venir.

2-Les Parties prendront toutes les mesures administratives et budgétaires nécessaire pour atteindre les objectifs des interventions de coopération qui découlent de la présente Convention générale.
3-Les Parties procéderont, ensemble ou séparément, aux contrôles et aux évaluations, tant interne qu'externe qu'elles estimeront utiles de réaliser. Chacune des Parties informera l'autre des contrôles et des évaluations qu'elle entendrait mener séparément.

Article 7 : COHERENCE ET COMPLEMENTARITE

1- Les Parties reconnaissent le rôle et la contribution complémentaires des autres acteurs de la coopération, tels qu'organisations de la Société civile, Université, autorités locales, acteurs de l'aide humanitaire et banques de développement, au processus de développement.

2- Les Parties s'engagent à mobiliser et soutenir les efforts des autres acteurs de la coopération, dans les limites de la soudaineté, institutionnelle propre à ces acteurs, à favoriser la complémentarité entre leurs initiatives et les efforts déployés par les Parties dans les programmes de coopération.

3- Les Parties s'engagent à fournir, dans le cadre de leur réglementation respective en vigueur, leur soutien aux initiatives des autres acteurs de coopération à travers un environnement propice à la coopération dans sa totalité.

DISPOSITIONS DIPLOMATIQUES ET FISCALES

Article 8 : PRIVILEGES ET IMMUNITES

1. Pour l'exécution de la présente Convention, le Représentant de la CTB et ses adjoints recrutés en Belgique, pour autant qu'ils ne soient pas ressortissants de la République de Guinée

bénéficieront, des privilèges et immunités applicables au personnel administratif et technique des postes diplomatiques.

2. Pour l'exécution de la présente Convention, tout expert non ressortissant de la République de Guinée ou n'y ayant pas sa résidence permanente, aura le droit d'importer ou d'acheter, en franchise de tous droits, en véhicule, des meubles et des articles à son usage personnel ainsi qu'à l'usage des membres de sa famille vivant avec lui, lors de sa première installation. Son salaire et ses émoluments seront exonérés de taxe sur le territoire de la République de Guinée. Quand requis, il sera toutefois assujetti à la sécurité sociale dans le respect de la législation belge ou guinéenne.

Article 9 : DISPOSITIONS FISCALES

1. Les équipements ou services importés ou achetés localement dans le cadre des programmes de coopération entre les Parties, seront exempts de tous droits, taxes et charges imposés par la législation fiscale guinéenne.

2. L'exemption fiscale telle que décrite à l'article 9.1, sera suspendue pour une période de cinq ans à partir de l'entrée en vigueur de la présente Convention.

3. Après une évaluation conjointe, des périodes quinquennales supplémentaires de suspension pourront être décidées par échange de lettres entre les Parties. Les critères et modalités d'évaluation seront déterminés de commun accord dans les programmes de coopération et auront trait au renforcement de capacités de l'administration fiscale et de l'efficacité de la politique fiscale de la Partie guinéenne, ainsi qu'à la mobilisation accrue des recettes fiscales par la Partie guinéenne.

4. La suspension de l'exemption fiscale ne pourra s'appliquer aux activités, achats et importations dans le cadre d'interventions humanitaires.

DISPOSITIONS FINALES

Article 10 : NOTIFICATIONS

Toute notification relative à l'exécution de la présente Convention sera communiquée aux entités figurant ci-dessous. Toute modification à leur sujet sera communiquée par voie diplomatique.

a- pour le Royaume de Belgique : la Représentation diplomatique accréditée en République de Guinée.
b- pour la République de Guinée : le Ministère des Affaires Etrangères et des Guinéens de l'Etranger.

Article 11 : REGLEMENTS DES DIFFERENDS

Les différends nés de l'interprétation ou de l'application de la présente Convention et de ses mesures d'exécution seront réglés par voie de négociation bilatérale. Ceux qui n'auront pu être résolus seront soumis aux procédures prévues par la Charte des Nations Unies.

Article 12 : PROCEDURE DE CONSULTATION ET MESURES APPROPRIEES EN CAS DE MANQUEMENTS EN CE QUI CONCERNE LES DROITS DE L'HOMME, LES PRINCIPES DEMOCRATIQUES DE L'ETAT DE DROIT ET LA CORRUPTION

1- Si l'une des Parties considère que l'autre a manqué à une des obligations essentielles qui lui incombent au titre de la présente Convention, à une obligation découlant du respect du droit de l'homme, des principes démocratiques et de l'Etat de droit, ainsi que dans des cas de corruption, elle notifie à l'autre les éléments d'information utiles nécessaires à un examen approfondi de la situation ainsi que le fait qu'elle envisage de suspendre la présente Convention en cas d'absence de solution acceptable dans les trois (3) mois.

2- Les Parties se consulteront et détermineront les actions appropriées à prendre dans les trois (3) mois qui suivent la notification.

3- En absence de solution acceptable, la Convention sera suspendue trois (3) mois après la notification visée à 1.

Article 13 : RATIFICATION, ENTREE EN VIGUEUR ET MESURES TRANSITOIRES

1- La Présente Convention est ratifiée ou approuvée par les Parties selon leurs règles constitutionnelles et procédures respectives.

2- La présente Convention entrera en vigueur le premier jour du mois qui suit la date de la dernière notification de l'accomplissement des procédures de ratification ou d'approbation.

Les Parties s'engagent à exécuter chaque intervention de coopération au développement entamée avant l'entrée en vigueur de cette Convention dans le respect de cette Convention.

Article 14 : DUREE, DENONCIATION, REVISION ET FORCE MAJEURE

1- La présente Convention est conclue pour une durée indéterminée.

2- Chacune des Parties peut dénoncer la présente Convention à tout moment par notification à l'autre, cette dénonciation prenant effet six mois plus tard. Cette dénonciation n'entraîne pas celles des interventions de régis par la présente Convention. Celles – ci devront faire l'objet d'un acte de dénonciation spécifique.

3- Chacune des Parties peut proposer à l'autre des modifications à la présente Convention en cas d'accord des Parties sur des modifications proposées, des dispositions de l'article 13 de la présente Convention s'appliqueront.

4- Chacune des Parties peut suspendre la présente Convention dans des cas de force majeure pendant la durée de cette force majeure.

La Partie qui invoque un cas de force majeure notifie à l'autre Partie les éléments d'information utiles nécessaires à un examen approfondie de la situation en vue de rechercher une solution acceptable par les Parties ainsi que le fait qu'elle envisage de suspendre la présente Convention en cas d'absence de solution acceptable dans les trois mois. Les Parties se consulteront et détermineront les actions appropriées à prendre.

En absence de solution acceptable, la Convention sera suspendue trois (3) mois après la notification visée au deuxième alinéa.

En foi de quoi, les Représentants de la République de Guinée et du Royaume de Belgique ont signé la présente Convention générale.

Fait à Conakry, le 05 / 01 /2016 en langue française et en double exemplaire, chacun ayant valeur d'original.

POUR LA REPUBLIQUE DE GUINEE

MAMADY YOULA
Premier Ministre,
Chef du Gouvernement

POUR ROYAUME DE BELGIQUE

ALEXANDER DE CROO
Vice – Premier Ministre,
Ministre de la Coopération au Développement

[TRANSLATION IN ENGLISH – TRADUCTION EN ANGLAIS]

GENERAL COOPERATION AGREEMENT BETWEEN THE REPUBLIC OF GUINEA AND THE KINGDOM OF BELGIUM

The Republic of Guinea, hereinafter referred to as "the Guinean Party"

and

The Kingdom of Belgium, hereinafter referred to as "the Belgian Party",

Hereinafter referred to as "the Parties",

Determined to develop their partnership and cooperation ties on the basis of mutual respect for shared responsibility, sovereignty and equality of the Parties with a view to achieving sustainable human development that is harmonious and beneficial to all components of their populations, particularly the poorest among them, in order to promote inclusive and sustainable economic growth and eradicate poverty, exclusion and inequality,

Reaffirming their commitment to the principles of:

- The Charter of the United Nations;
- The Universal Declaration of Human Rights;
- The Convention on the Rights of the Child;
- The Convention on the Elimination of All Forms of Discrimination against Women;
- The International Convention on the Elimination of All Forms of Racial Discrimination;
- The Geneva Conventions of 1949 and other international humanitarian law instruments;

Recognizing the need for the Parties to combine their efforts in order to accelerate progress in achieving the Sustainable Development Goals arising from the United Nations summit for the adoption of the post-2015 development agenda held in New York in 2015, and to support cooperation between the Parties,

Endorsing the aims of aid effectiveness as set out in the Paris Declaration on Aid Effectiveness of 2 March 2005, and in the Global Partnership for Effective Development Cooperation, launched in Busan on 1 December 2011,

Reaffirming their commitment to the Partnership Agreement between the Members of the African, Caribbean and Pacific Group of States of the one Part, and the European Community and its Member States, of the other Part, signed in Cotonou on 23 June 2000 and revised in Luxembourg on 25 June 2005 and in Ouagadougou on 22 June 2010,

Aware of the magnitude of the global environmental challenges posed by climate change, reaffirming their commitment to the protection and conservation of the environment and attaching particular attention to the commitments and objectives of the multilateral environmental treaties agreed upon at major United Nations conferences and other international conferences,

Endorsing the goals of the Addis Tax Initiative, launched at the International Conference on Financing for Development held in Addis Ababa from 13 to 16 July 2015,

Recognizing that, in addition to governmental cooperation between the Parties, other cooperation actors, such as civil society organizations, academia, local authorities, humanitarian actors and development banks also play a key role and make an additional and complementary contribution to the development process,

Convinced that these principles constitute the essential foundation for the relations of cooperation between the Parties,

Have come to the following understanding:

GENERAL PROVISIONS

Article 1. Purpose of the present Agreement

The purpose of the present Agreement is to define the political, institutional and legal framework for governmental cooperation between the Parties.

Article 2. Objective of governmental cooperation

The Parties shall conclude the present Agreement in order to promote and accelerate sustainable human development, inclusive economic growth, the promotion of human rights and good governance.

Article 3. Competent authorities for the implementation of the Agreement

1. The Guinean Party shall appoint the Ministry for Foreign Affairs and Guineans Established Abroad as guarantor for the compliance with and implementation of the present Agreement;
2. The Belgian Party shall appoint the Federal Public Service for Foreign Affairs, Foreign Trade and Development Cooperation as guarantor for the compliance with and implementation of the present Agreement;
3. The Belgian Party shall appoint its diplomatic mission accredited in the Republic of Guinea for the implementation of the present Agreement.

PROVISIONS ON THE IMPLEMENTATION OF THE PRESENT AGREEMENT

Article 4. Scope

Stakeholders in governmental cooperation between the Parties shall include:

(a) For the Guinean Party:
 - (a1) Local, regional and national public authorities, as well as the Parliament;
 - (a2) Non-State actors, the private sector and civil society in all its dimensions according to national circumstances;

(b) For the Belgian Party:
 - (b1) The federal public authorities, as well as the Federal Parliament;
 - (b2) The Belgian Technical Cooperation (hereinafter CTB), a Belgian agency for development.

Article 5. Cooperation programme

1. The Guinean Party shall determine, in full sovereignty, its principles and strategies for development. With the Belgian Party, it shall establish cooperation programmes provided for within the framework of the present Agreement. The cooperation programmes shall correspond, on the one hand, to the development objectives determined by the Guinean Party as part of its development strategies and, on the other hand, to the priorities adopted by the Belgian federal government in terms of development cooperation.

2. Cooperation between the Parties shall be realized through mutually agreed upon cooperation programmes defined and approved by a joint commission composed of representatives from the Parties.

3. The joint commission shall monitor and assess the implementation of cooperation programmes so as to make any necessary adjustments.

4. Cooperation programmes shall be implemented by means of cooperation interventions, which shall have as their legal basis a specific agreement concluded between the Parties or an agreement concluded between the Parties as referred to in article 4.

5. The Belgian Party may entrust the CTB with the fulfilment of its obligations in the drafting and implementation phases. The Belgian Party shall conclude agreements with the CTB whereby the CTB commits to complying with the specific agreements.

Article 6. Monitoring and evaluation

1. The purpose of regular monitoring and evaluation of cooperation interventions is to improve the effectiveness and impact of ongoing and future cooperation interventions.

2. The Parties shall take all necessary administrative and budgetary measures to achieve the objectives of the cooperation interventions arising from the present General Agreement.

3. The Parties shall conduct, jointly or separately, such internal and external audits and evaluations as they deem necessary. Each Party shall inform the other Party of any audits or evaluations that it intends to conduct separately.

Article 7. Coherence and complementarity

1. The Parties shall recognize the complementary role in, and contribution to, the development process of other cooperation actors, such as civil society organizations, academia, local authorities, humanitarian actors and development banks.

2. The Parties commit to mobilizing and supporting the efforts of other cooperation actors within their own institutional confines, to promote complementarity among their initiatives and the efforts made by the Parties in cooperation programmes.

3. The Parties shall provide, within the framework of their respective regulations in force, their support to the initiatives of other cooperation actors through an environment conducive to cooperation in its entirety.

DIPLOMATIC AND TAX PROVISIONS

Article 8. Privileges and immunities

1. For the implementation of the present Agreement, the representative of the CTB and his or her deputies recruited in Belgium shall be granted the same privileges and immunities enjoyed by administrative and technical staff of diplomatic and consular missions, provided that they are not nationals of the Republic of Guinea.

2. For the implementation of the present Agreement, all experts who are not nationals of the Republic of Guinea, or who do not have permanent residence there, shall have the right to import or to purchase duty-free when first settling in, a vehicle, furniture and articles for their personal use and for use by family members living with them. Their salary and emoluments shall be exempt from taxation in the territory of the Republic of Guinea. However, where required, such experts shall be subject to social security obligations in compliance with Belgian or Guinean legislation.

Article 9. Tax provisions

1. Equipment or services imported or purchased locally under the cooperation programmes between the Parties shall be exempt from all taxes, fees and charges imposed by the tax laws of the Republic of Guinea.

2. Exemption from taxation, as described in article 9.1, shall be suspended for a period of five years from the entry into force of the present Agreement.

3. After a joint evaluation, additional five-year suspension periods may be agreed through exchanges of letters between the Parties. The criteria and modalities for evaluation shall be determined by mutual agreement under the cooperation programmes and shall relate to strengthening the capacity of the tax administration and the effectiveness of the tax policy of the Guinean Party, and to increasing the mobilization of tax revenue by the Guinean Party.

4. The suspension of the exemption from taxation shall not apply to activities, purchases and imports in the context of humanitarian interventions.

FINAL PROVISIONS

Article 10. Notifications

Any notification relating to the implementation of the present Agreement shall be sent to the following entities. Any amendment thereto shall be communicated through the diplomatic channel.

(a) For the Kingdom of Belgium: The diplomatic representatives accredited in the Republic of Guinea;

(b) For the Republic of Guinea: the Ministry for Foreign Affairs and Guineans Established Abroad.

Article 11. Settlement of disputes

Disputes arising out of the interpretation or implementation of the present Agreement and its implementing measures shall be settled through bilateral negotiation. Disputes that have proven impossible to resolve shall be subject to the procedures set out in the Charter of the United Nations.

Article 12. Procedures for appropriate consultation and measures in breaches of human rights and of the democratic principles of the rule of law and corruption

1. If a Party considers that the other Party has failed to fulfil one of its essential obligations under the present Agreement relating to compliance with human rights, democratic principles and the rule of law, as well as in cases of corruption, it shall notify the other Party of the information required for a thorough review of the situation, and of the fact that it intends to suspend the present Agreement if no acceptable solution is found within three (3) months.

2. The Parties shall consult each other and determine the appropriate actions to take within three (3) months of the notification.

3. In the absence of a mutually acceptable solution, the Agreement shall be suspended three (3) months after the notification referred to in paragraph 1 above.

Article 13. Ratification, entry into force and transitional measures

1. The present Agreement shall be ratified or approved by the Parties according to their respective constitutional rules and procedures.

2. The present Agreement shall enter into force on the first day of the month following the date of the last notification of the completion of said ratification and approval procedures.

The Parties shall carry out each development cooperation intervention initiated prior to the entry into force of the present Agreement in keeping with the Agreement.

Article 14. Duration, termination, revision and force majeure

1. The present Agreement shall be of unlimited duration.

2. Either Party may terminate the present Agreement by notifying the other Party and said termination shall take effect six months later. Such termination shall not entail the termination of interventions governed by the present Agreement. Such interventions must be terminated through specific termination notifications.

3. Either Party may propose amendments to the present Agreement to the other Party. In the event of agreement by the Parties to the proposed changes, the provisions of article 13 of the present Agreement shall apply.

4. Either Party may suspend this Agreement in cases of force majeure for the duration of such force majeure.

The Party invoking force majeure shall notify the other Party of the relevant information required for a thorough review of the situation in order to find a solution acceptable to the Parties, and of the fact that it intends to suspend the present Agreement should there be no acceptable solution within three months. The Parties shall consult each other and determine the appropriate actions to take.

In the absence of a mutually acceptable solution, the Convention shall be suspended three (3) months after the notification referred to in the second paragraph.

IN WITNESS WHEREOF, the representatives of the Republic of Guinea and the Kingdom of Belgium have signed the present General Agreement.

DONE at Conakry, on 8 January 2016, in the French language and in two originals, both texts being equally authentic.

For the Republic of Guinea:
MAMADY YOULA
Prime Minister, Head of Government

For the Kingdom of Belgium:
ALEXANDER DE CROO
Deputy Prime Minister
Minister of Development Cooperation

No. 54547

Poland
and
Belarus

Agreement between the Government of the Republic of Poland and the Government of the Republic of Belarus on good neighbourliness and friendly cooperation. Warsaw, 23 June 1992

Entry into force: *30 March 1993 by the exchange of the instruments of ratification, in accordance with article 27*

Authentic texts: *Belarusian and Polish*

Registration with the Secretariat of the United Nations: *Poland, 1 June 2017*

Pologne
et
Bélarus

Accord entre la République de Pologne et la République du Bélarus relatif au bon voisinage et à la coopération amicale. Varsovie, 23 juin 1992

Entrée en vigueur : *30 mars 1993 par l'échange des instruments de ratification, conformément à l'article 27*

Textes authentiques : *biélorusse et polonais*

Enregistrement au Secrétariat de l'Organisation des Nations Unies : *Pologne, 1er juin 2017*

[TEXT IN BELARUSIAN – TEXTE EN BIÉLORUSSE]

Д А Г А В О Р

паміж Рэспублікай Польшча і Рэспублікай Беларусь аб добрасуседстве і дружалюбным супрацоўніцтве

Рэспубліка Польшча і Рэспубліка Беларусь, якія далей называюцца "Дагаворныя Бакі",

кіруючыся мэтамі і прынцыпамі Статута Арганізацыі Аб'яднаных Нацый, Заключнага акта Нарады па бяспецы і супрацоўніцтву ў Еўропе, Парыжскай Хартыі для новай Еўропы, а таксама іншых дакументаў па еўрапейскаму супрацоўніцтву,

усведамляючы сваю адказнасць за ўсеагульны мір і бяспеку,

імкнучыся ўнесці ўклад у будаўніцтва справядлівага і мірнага парадку ў Еўропе,

пацвярджаючы сваю павагу правоў чалавека і асноўных свабод, а таксама прынцыпаў дэмакратыі, справядлівасці і цярпімасці, якія з'яўляюцца неад'емным элементам еўрапейскай спадчыны,

падкрэсліваючы значэнне дружалюбных польска-беларускіх адносін для замацавання даверу і супрацоўніцтва на еўрапейскім кантыненце і, у прыватнасці, у Цэнтральнай і Усходняй Еўропе,

улічваючы, што Польшча і Беларусь маюць у многім агульную гісторыю, лепшай традыцыяй якой з'яўляецца суіснаванне і ўзаемаўзбагачэнне культур,

прымаючы пад увагу этнічную і культурную блізкасць польскага і беларускага народаў,

адзначаючы той факт, што палякі і беларусы, якія пражываюць на тэрыторыі абодвух Дагаворных Бакоў, уносяць істотны ўклад у развіццё абедзвюх дзяржаў і культур абодвух народаў,

імкнучыся да ўмацавання асноў добрасуседскага супрацоўніцтва паміж Рэспублікай Польшча і Рэспублікай Беларусь, а таксама да паглыблення ўзаемаразумення паміж польскім і беларускім народамі,

дагаварыліся аб наступным:

А р т ы к у л 1

Дагаворныя Бакі будуюць свае адносіны як дружалюбныя дзяржавы ў духу ўзаемнай павагі, добрасуседства і партнёрства. Яны кіруюцца прынцыпамі суверэннай роўнасці, непрымянення сілы або пагрозы сілай, непарушнасці граніц, тэрытарыяльнай цэласнасці, мірнага ўрэгулявання спрэчак, неўмяшання ва ўнутраныя справы, павагі правоў чалавека і асноўных свабод, права народаў на самавызначэнне.

А р т ы к у л 2

Дагаворныя Бакі пацвярджаюць існуючую паміж імі граніцу, лічаць гэту граніцу непарушнай і заяўляюць, што не маюць і не будуць мець у будучым адзін да аднаго ніякіх тэрытарыяльных прэтэнзій.

А р т ы к у л 3

Дагаворныя Бакі абавязваюцца ўмацоўваць еўрапейскія механізмы забеспячэння бяспекі, стабільнасці і супрацоўніцтва на аснове Заключнага акта Нарады па бяспецы і супрацоўніцтву ў Еўропе, Парыжскай Хартыі для новай Еўропы, іншых дакументаў Нарады па бяспецы і супрацоўніцтву ў Еўропе, а таксама Дагавора аб звычайных узброеных сілах у Еўропе.

А р т ы к у л 4

Дагаворныя Бакі будуць садзейнічаць працэсу раззбраення ў галіне ядзерных, хімічных і іншых відаў зброі масавага знішчэння і звычайных узбраенняў. Яны таксама будуць імкнуцца да далейшага абмежавання ўзброеных сіл і ўзбраення ў Еўропе да ўзроўню абароннай дастатковасці і ўмацоўваць меры даверу і бяспекі ў ваеннай сферы.

Артыкул 5

У адпаведнасці з Дагаворам аб нераспаўсюджанні ядзернай зброі Дагаворныя Бакі будуць супрацоўнічаць у сферы прадухілення распаўсюджання гэтага віду зброі, асабліва ў Цэнтральнай і Усходняй Еўропе. Яны будуць ажыццяўляць узаемадзеянне ў мэтах стварэння гарантый кантролю над экспартам тавараў і тэхналогій, якія служаць мірным мэтам, але могуць быць выкарыстаны для вытворчасці зброі масавага знішчэння.

Артыкул 6

Дагаворныя Бакі абавязваюцца згодна са Статутам Арганізацыі Аб'яднаных Нацый і адпаведнымі дакументамі Нарады па бяспецы і супрацоўніцтву ў Еўропе вырашаць спрэчкі, якія маглі б узнікнуць паміж імі, выключна мірнымі сродкамі.

Артыкул 7

1. Дагаворныя Бакі адмаўляюцца ад прымянення сілы або пагрозы яе прымянення ва ўзаемных адносінах.

2. Ні адзін з Дагаворных Бакоў не дапусціць, каб яго тэрыторыя была выкарыстана трэцяй дзяржавай або трэцімі дзяржавамі ў мэтах узброенай агрэсіі або варожай дзейнасці супраць другога Дагаворнага Боку.

3. У выпадку, калі трэцяя дзяржава або трэція дзяржавы ўчыняць узброенае нападзенне на адзін з Дагаворных Бакоў, другі Дагаворны Бок абавязваецца не аказваць ваеннай дапамогі або якой бы то ні было падтрымкі такой дзяржаве або дзяржавам на працягу ўсяго часу прадаўжэння ўзброенага канфлікту і будзе садзейнічаць таму, каб канфлікт быў урэгуляваны ў адпаведнасці з прынцыпамі Статута Арганізацыі Аб'яднаных Нацый і дакументамі Нарады па бяспецы і супрацоўніцтву ў Еўропе.

4. Вышэйпералічаныя абавязацельствы не закранаюць правоў і абавязацельстваў Дагаворных Бакоў па Статуту Арганізацыі Аб'яднаных Нацый.

А р т ы к у л 8

Дагаворныя Бакі будуць праводзіць кансультацыі па пытаннях міжнароднай бяспекі. Калі адзін з Дагаворных Бакоў прызнае, што сітуацыя, якая склалася, ці канфлікт пагражае міжнароднаму міру або еўрапейскай бяспецы ці парушае іх, то Дагаворныя Бакі неадкладна правядуць кансультацыі аб магчымых шляхах пераадолення сітуацыі, якая ўзнікла, ці ўрэгулявання канфлікту. Такія кансультацыі будуць праводзіцца ў адпаведнасці з дакументамі Нарады па бяспецы і супрацоўніцтву ў Еўропе.

А р т ы к у л 9

Дагаворныя Бакі будуць у выпадку неабходнасці праводзіць кансультацыі ў галіне абароны па пытаннях, якія прадстаўляюць узаемны інтарэс.

А р т ы к у л 10

1. Дагаворныя Бакі будуць развіваць рэгулярныя кантакты паміж органамі дзяржаўнай улады і кіравання. Яны надаюць асаблівае значэнне ўзаемным міжпарламенцкім сувязям.

2. Сустрэчы і кансультацыі на вышэйшым узроўні будуць праводзіцца ў мэтах развіцця двухбаковых адносін і ўзгаднення пазіцый па пытаннях, якія прадстаўляюць узаемны інтарэс.

3. Міністры замежных спраў будуць праводзіць рэгулярныя кансультацыі, але не радзей аднаго разу ў год.

4. З улікам неабходнасці і на падставе ўзаемнага пагаднення Дагаворныя Бакі будуць ствараць адпаведныя змешаныя камісіі.

Артыкул 11

1. Дагаворныя Бакі будуць садзейнічаць устанаўленню і развіццю прамых кантактаў і супрацоўніцтва паміж раёнамі, гарадамі і іншымі адміністрацыйна-тэрытарыяльнымі адзінкамі Рэспублікі Польшча і Рэспублікі Беларусь. Асаблівая ўвага будзе ўдзяляцца супрацоўніцтву ў прыгранічных раёнах. Па гэтых пытаннях будуць заключаны асобныя пагадненні і створана міжурадавая камісія па справах рэгіянальнага і прыгранічнага супрацоўніцтва.

2. Дагаворныя Бакі павялічаць колькасць пагранічных пераходаў, мадэрнізуюць іх у адпаведнасці з міжнароднымі стандартамі, а таксама ўдасканаляць пагранічны і мытны кантроль, у тым ліку зробяць адпаведныя захады з мэтай спрашчэння пагранічных і мытных працэдур для грамадзян абедзвюх дзяржаў.

Артыкул 12

1. Дагаворныя Бакі будуць усямерна садзейнічаць прадаўжэнню пазітыўных традыцый узаемаадносін абодвух народаў. Яны будуць ствараць умовы для свабоднага абмену аб'ектыўнай інфармацыяй ва ўсіх сферах грамадскага і культурнага жыцця.

2. Дагаворныя Бакі будуць актыўна садзейнічаць пашырэнню кантактаў паміж іх грамадзянамі. Яны будуць ствараць належныя ўмовы для развіцця адносін паміж палітычнымі партыямі, рухамі, прафсаюзамі, навуковымі і творчымі аб'яднаннямі, іншымі грамадскімі, а таксама рэлігійнымі арганізацыямі, фондамі і сродкамі масавай інфармацыі.

3. Дагаворныя Бакі прызнаюць важную ролю маладога пакалення ў фарміраванні новых адносін паміж народамі і будуць садзейнічаць развіццю дружалюбных сувязей паміж моладдзю абедзвюх дзяржаў.

4. Дагаворныя Бакі будуць спрыяць развіццю супрацоўніцтва ў галіне спорту і турызму.

Артыкул 13

Дагаворныя Бакі абавязваюцца захоўваць міжнародныя прынцыпы і стандарты, якія датычацца абароны правоў нацыянальных меншасцей і выкладзеныя, у прыватнасці, у Міжнародных пактах аб правах чалавека, Заключным акце Нарады па бяспецы і супрацоўніцтву ў Еўропе, дакуменце Капенгагенскай сустрэчы па чалавечаму вымярэнню, Парыжскай Хартыі для новай Еўропы.

Артыкул 14

1. Дагаворныя Бакі пацвярджаюць, што асобы, якія належаць да польскай меншасці ў Рэспубліцы Беларусь і беларускай меншасці ў Рэспубліцы Польшча, маюць права індывідуальна ці сумесна з іншымі членамі сваёй групы на свабоднае захаванне, развіццё і выражэнне сваёй этнічнай, культурнай, моўнай і рэлігійнай самабытнасці без якой-небудзь дыскрымінацыі і ва ўмовах поўнай роўнасці перад законам.

2. Дагаворныя Бакі пацвярджаюць, што прыналежнасць да нацыянальнай меншасці з'яўляецца пытаннем індывідуальнага выбару асобы, які не цягне для яе ніякіх неспрыяльных вынікаў.

Артыкул 15

Дагаворныя Бакі гарантуюць, што асобы, названыя ў Артыкуле 14, маюць, у прыватнасці, права індывідуальна і сумесна з іншымі членамі сваёй групы:

- свабодна карыстацца роднай мовай у прыватным ці грамадскім жыцці, мець доступ да інфармацыі на гэтай мове, ажыццяўляць яе распаўсюджанне і абмен, а таксама карыстацца сваімі імёнамі і прозвішчамі ў гучанні, прынятым у іх роднай мове;

- ствараць, а таксама падтрымліваць дзейнасць уласных асветніцкіх, культурных і іншых устаноў, арганізацый і таварыстваў, якія могуць звяртацца за добраахвотнай фінансавай і іншай дапамогай, у тым ліку дзяржаўнай, у адпаведнасці з нацыянальным заканадаўствам, мець магчымасць карыстацца сродкамі масавай інфармацыі,а таксама прымаць удзел у дзейнасці міжнародных няўрадавых арганізацый;

- спавядаць сваю рэлігію і адпраўляць рэлігійныя абрады, у тым ліку набываць і выкарыстоўваць рэлігійныя матэрыялы і ажыццяўляць асветніцкую рэлігійную дзейнасць на роднай мове;

- бесперашкодна ўстанаўліваць і падтрымліваць кантакты паміж сабой на тэрыторыі сваёй дзяржавы, а таксама кантакты праз граніцы з грамадзянамі іншых дзяржаў, з якімі іх звязваюць агульнае этнічнае ці нацыянальнае паходжанне, культурная спадчына ці рэлігійныя перакананні;

- карыстацца прадугледжанымі нацыянальным заканадаўствам дзяржавы пражывання юрыдычнымі сродкамі для ажыццяўлення і абароны сваіх правоў.

Артыкул 16

1. Дагаворныя Бакі будуць развіваць канструктыўнае супрацоўніцтва ў галіне абароны правоў асоб, якія належаць да нацыянальных меншасцей, разглядаючы яго як фактар умацавання ўзаемаразумення і добрасуседскіх адносін паміж польскім і беларускім народамі.

2. Дагаворныя Бакі ў ходзе ажыццяўлення рэгіянальнага развіцця будуць улічваць грамадскія і эканамічныя інтарэсы асоб, названых у Артыкуле 14, а таксама іх арганізацый і аб´яднанняў.

3. Дагаворныя Бакі будуць імкнуцца надаваць асобам, названым у Артыкуле 14, адпаведныя магчымасці для вывучэння іх роднай мовы і навучання на гэтай мове ў адукацыйных установах, а таксама, дзе гэта магчыма і неабходна, для выкарыстання роднай мовы ў зносінах з афіцыйнымі ўладамі. У праграмах навучання ў адукацыйных установах, дзе вучацца вышэйназваныя асобы, будзе ўдзяляцца асаблівая ўвага выкладанню гісторыі і культуры нацыянальных меншасцей.

4. Дагаворныя Бакі будуць паважаць правы асоб, названых у Артыкуле 14, на ўдзел у грамадскіх справах, асабліва ў тых, якія датычацца абароны і ўмацавання іх самабытнасці, а таксама ў выпадку неабходнасці будуць праводзіцца кансультацыі з арганізацыямі ці аб'яднаннямі гэтых асоб.

Артыкул 17

Дагаворныя Бакі згодны ў тым, што асобы, названыя ў Артыкуле 14, павінны выконваць законы дзяржавы свайго пражывання.

Артыкул 18

1. Дагаворныя Бакі будуць садзейнічаць узаемавыгаднаму супрацоўніцтву ў галіне эканомікі, імкнучыся да захавання і развіцця традыцыйных эканамічных і гандлёвых сувязей з улікам патрэбнасцей і рэальных магчымасцей абедзвюх дзяржаў і базіруючыся на прынцыпах рыначнай эканомікі.

2. Дагаворныя Бакі будуць ствараць спрыяльныя эканамічныя, фінансавыя, падатковыя і юрыдычныя ўмовы для гаспадарчай дзейнасці, у тым ліку для развіцця прадпрымальніцтва. Яны будуць стымуляваць і абараняць інвестыцыі, выконваць нормы аўтарскага і патэнтнага права, а таксама аблягчаць перамяшчэнне праз граніцу тавараў, паслуг, рабочай сілы і капіталаў.

3. Дагаворныя Бакі будуць садзейнічаць развіццю непасрэднага супрацоўніцтва паміж дзяржаўнымі, прыватнымі прадпрыемствамі і іншымі эканамічнымі суб'ектамі, а таксама ажыццяўляць абмен вопытам і садзейнічаць адзін аднаму ў падрыхтоўцы кадраў і аказваць іншую дапамогу ў працэсе стварэння рыначнай эканомікі.

Артыкул 19

Дагаворныя Бакі будуць пашыраць супрацоўніцтва ў мэтах удасканалення прамых і транзітных зносін і звязанай з імі інфраструктуры ва ўсіх галінах транспарту, уключаючы трубаправодны транспарт і энергетычныя лініі. Гэтыя пытанні стануць прадметам асобных пагадненняў.

А р т ы к у л 20

Дагаворныя Бакі будуць прымаць неабходныя меры, у тым ліку на аснове заключэння асобных пагадненняў, у мэтах мадэрнізацыі і забеспячэння сумяшчальнасці тэлефонна-тэлеграфнай і паштовай сувязі, а таксама развіваць супрацоўніцтва ў галіне электроннай апрацоўкі даных.

А р т ы к у л 21

1.Дагаворныя Бакі будуць нарошчваць супрацоўніцтва ў галіне аховы і паляпшэння стану навакольнага асяроддзя, прадухілення трансгранічных забруджванняў, у прыватнасці ў басейне ракі Буг, памяншэння і ліквідацыі вынікаў аварый і стыхійных бедстваў, рацыянальнага выкарыстання прыродных рэсурсаў, пашырэння сферы экалагічна чыстых вытворчасцей і правядзення высокаэфектыўных прыродаахоўных і аднаўленчых мерапрыемстваў. Адпаведныя органы абедзвюх дзяржаў будуць, у прыватнасці, абменьвацца інфармацыяй у гэтай галіне і праводзіць рэгулярныя кансультацыі.

2. Дагаворныя Бакі, усведамляючы маштабы чарнобыльскай катастрофы, прыкладуць асаблівыя намаганні ў мэтах мінімізацыі і ліквідацыі яе вынікаў. Яны, абавязваюцца неадкладна інфармаваць адзін аднаго аб выпадках узнікнення ці небяспекі з'яўлення радыеактыўнай, хімічнай і біялагічнай пагрозы.

3. Дагаворныя Бакі заключаць асобныя пагадненні па экалагічнай бяспецы і супрацоўніцтву ў адпаведнасці з міжнароднымі стандартамі.

4. Дагаворныя Бакі будуць прымаць удзел у стварэнні скаардынаванай міжнароднай стратэгіі ў галіне аховы навакольнага асяроддзя, а таксама будуць супрацоўнічаць у вырашэнні глабальных і асабліва еўрапейскіх экалагічных праблем.

А р т ы к у л 22

1. Прымаючы пад увагу пазітыўныя каштоўнасці шматвяковай культурнай спадчыны польскага і беларускага народаў і іх укладу ў еўрапейскую цывілізацыю, Дагаворныя Бакі будуць садзейнічаць далейшаму супрацоўніцтву ў галіне культуры, навукі, адукацыі і інфармацыі. Яны будуць улічваць палажэнні дакумента Кракаўскага Сімпозіума Нарады па бяспецы і супрацоўніцтву ў Еўропе па пытаннях еўрапейскай культурнай спадчыны.

2. У мэтах узаемнага распаўсюджання ведаў аб нацыянальных дасягненнях у галіне культуры, навукі, адукацыі і інфармацыі кожны з Дагаворных Бакоў будзе ствараць культурныя цэнтры на тэрыторыі другога Дагаворнага Боку, якія будуць карыстацца ўсямернай падтрымкай з боку дзяржавы, дзе яны размешчаны.

3. Дагаворныя Бакі будуць супрацоўнічаць у галіне сродкаў масавай інфармацыі, а таксама спрыяць распаўсюджанню кніг, прэсы і аўдыя-візуальнай інфармацыі другога Дагаворнага Боку.

4. Дагаворныя Бакі будуць пашыраць культурны абмен у розных формах, садзейнічаць супрацоўніцтву паміж культурнымі ўстановамі і арганізацыямі, у тым ліку паміж творчымі саюзамі, на дзяржаўным, рэгіянальным і мясцовым узроўнях, а таксама стымуляваць прамыя кантакты паміж дзеячамі культуры і мастацтва.

5. Кожны з Дагаворных Бакоў будзе забяспечваць належную юрыдычную, матэрыяльную і іншую ахову каштоўнасцей, помнікаў і аб'ектаў, звязаных з агульнай культурнай і гістарычнай спадчынай ці культурнай і гістарычнай спадчынай другога Дагаворнага Боку, якія знаходзяцца на яго тэрыторыі, а таксама прымаць меры па іх выяўленню, захаванню, узʼяднанню і ўводу ў культурны абарот, у тым ліку па забеспячэнню свабоднага доступу да іх.

6. У адпаведнасці з міжнароднымі нормамі і стандартамі, а таксама на аснове двухбаковых пагадненняў Дагаворныя Бакі зробяць і будуць падтрымліваць захады, накіраваныя на выяўленне і вяртанне культурных і гістарычных каштоўнасцей, страчаных, незаконна вывезеных або тых, якія аказаліся на тэрыторыі другога Дагаворнага Боку іншым нелегальным чынам.

7. Дагаворныя Бакі будуць пашыраць супрацоўніцтва ў галіне навукі, тэхнікі і адукацыі. Яны будуць спрыяць развіццю супрацоўніцтва школ, вышэйшых навучальных і навуковых устаноў, у тым ліку ў галіне абмену навучэнцамі, студэнтамі, навуковымі супрацоўнікамі і стыпендыятамі, а таксама будуць садзейнічаць вывучэнню польскай мовы ў Рэспубліцы Беларусь і вывучэнню беларускай мовы ў Рэспубліцы Польшча.

Артыкул 23

1. Дагаворныя Бакі будуць падтрымліваць усебаковае супрацоўніцтва ў сферы аховы здароўя, санітарыі і гігіены, асабліва ў галіне прафілактыкі і барацьбы з інфекцыйнымі захворваннямі, а таксама з хваробамі, звязанымі з сучаснай цывілізацыяй.

2. Дагаворныя Бакі будуць імкнуцца да цеснага супрацоўніцтва ў галіне працы і занятасці, сацыяльнага страхавання і забеспячэння. З гэтай мэтай яны заключаць адпаведныя пагадненні.

Артыкул 24

1.Дагаворныя Бакі будуць удасканальваць консульскія адносіны, а таксама на аснове асобных пагадненняў будуць аказваць узаемную прававую дапамогу па грамадзянскіх, сямейных, крымінальных і адміністрацыйных справах.

2. Дагаворныя Бакі будуць супрацоўнічаць у справе барацьбы з арганізаванай злачыннасцю, тэрарызмам, эканамічнымі злачынствамі, незаконным гандлем зброяй, наркотыкамі і культурнымі каштоўнасцямі, незаконнымі актамі, накіраванымі супраць бяспекі грамадзянскай авіяцыі і марскога суднаходства, нелягальнай міграцыяй, кантрабандай, вытворчасцю і ўвядзеннем у абарачэнне фальшывых сродкаў плацяжу і іншымі відамі правапарушэнняў. Умовы гэтага супрацоўніцтва будуць вызначаны ў спецыяльных пагадненнях, у якіх, у прыватнасці, будуць змяшчацца палажэнні аб абмене вопытам і інфармацыяй у гэтай галіне.

Артыкул 25

1. Кожны з Дагаворных Бакоў абавязваецца ажыццяўляць прававую абарону і ўтрымліваць у адапаведнасці з нормамі міжнароднага права, уключаючы нормы гуманітарнага права, і нацыянальнымі і рэлігійнымі звычаямі ваенныя і грамадзянскія могілкі, магілы і месцы пахаванняў, якія існуюць у цяперашні час ці будуць адкрыты ў будучым на яе тэрыторыі і з'яўляюцца аб'ектам памяці для грамадзян другога Дагаворнага Боку.

2. Грамадзянам кожнага з Дагаворных Бакоў будуць забяспечаны доступ і магчымасці для догляду магіл і месцаў пахавання суайчыннікаў, якія знаходзяцца на тэрыторыі другога Дагаворнага Боку.

3. Дагаворныя Бакі будуць супрацоўнічаць у галіне выяўлення, устанаўлення і рэгістрацыі месцаў пахавання грамадзян другога Дагаворнага Боку на сваёй тэрыторыі.

Артыкул 26

Палажэнні гэтага Дагавора не парушаюць правоў і абавязацельстваў, якія вынікаюць з двухбаковых і шматбаковых дагавораў, заключаных кожным з Дагаворных Бакоў з іншымі дзяржавамі.

Артыкул 27

Гэты Дагавор падлягае ратыфікацыі і ўступіць у сілу ў дзень абмену ратыфікацыйнымі граматамі, які адбудзецца ў Мінску.

Артыкул 28

Гэты Дагавор заключаецца тэрмінам на 15 гадоў. Яго дзеянне будзе затым аўтаматычна працягвацца на пяцігадовыя перыяды, калі ні адзін з Дагаворных Бакоў пісьмова не паведаміць другому Дагаворнаму Боку аб сваім жаданні дэнансаваць яго за адзін год да сканчэння адпаведнага тэрміну.

А р т ы к у л 29

Гэты Дагавор пасля ўступлення яго ў сілу будзе зарэгістраваны ў Сакратарыяце Арганізацыі Аб´яднаных Нацый у адпаведнасці з артыкулам 102 Статута Арганізацыі Аб´яднаных Нацый.

Афармлена ў Варшаве 23 чэрвеня 1992 года ў двух экземплярах, кожны на польскай і беларускай мовах, прычым абодва тэксты маюць аднолькавую сілу.

За Рэспубліку Польшча

За Рэспубліку Беларусь

[TEXT IN POLISH – TEXTE EN POLONAIS]

T R A K T A T

między Rzecząpospolitą Polską a Republiką Białoruś
o dobrym sąsiedztwie i przyjaznej współpracy

Rzeczpospolita Polska i Republika Białoruś, zwane dalej "Umawiającymi się Stronami",

kierując się celami i zasadami Karty Narodów Zjednoczonych, Aktu Końcowego Konferencji Bezpieczeństwa i Współpracy w Europie, Paryskiej Karty dla Nowej Europy, jak również innych dokumentów współpracy europejskiej,

świadome swej odpowiedzialności za pokój i bezpieczeństwo w świecie,

pragnąc wnieść wkład w budowę sprawiedliwego i pokojowego ładu w Europie,

potwierdzając poszanowanie praw człowieka i podstawowych wolności oraz zasad demokracji, sprawiedliwości i tolerancji, stanowiących niezbywalny element dziedzictwa europejskiego,

doceniając znaczenie przyjaznych stosunków polsko-białoruskich dla umocnienia zaufania i współpracy na kontynencie europejskim, a w szczególności w Europie Srodkowej i Wschodniej,

biorąc pod uwagę, że Polska i Białoruś mają w dużej mierze wspólną historię, której najlepszą tradycją jest współistnienie i wzajemne wzbogacanie kultur,

uwzględniając etniczną i kulturową bliskość narodów polskiego i białoruskiego,

uwzględniając fakt, że Polacy i Białorusini, mieszkający na terytoriach obydwu Umawiających się Stron, wnoszą istotny wkład w rozwój obu państw i kultury obu narodów, dążąc do umocnienia podstaw dobrosąsiedzkiej współpracy między Rzecząpospolitą Polską a Republiką Białoruś, a także do pogłębiania wzajemnego zrozumienia między narodami polskim i białoruskim,

uzgodniły, co następuje:

Artykuł 1

Umawiające się Strony kształtują swoje stosunki jako zaprzyjaźnione państwa w duchu wzajemnego szacunku, dobrosąsiedztwa i partnerstwa. Kierują się zasadami suwerennej równości, niestosowania siły lub groźby jej użycia, nienaruszalności granic, integralności terytorialnej, pokojowego rozstrzygania sporów, nieingerencji w sprawy wewnętrzne, poszanowania praw człowieka i podstawowych swobód oraz prawa narodów do samostanowienia.

Artykuł 2

Umawiające się Strony potwierdzają istniejącą między nimi granicę, uważają tę granicę za nienaruszalną i stwierdzają, że nie mają i nie będą mieć w przyszłości wobec siebie żadnych roszczeń terytorialnych.

Artykuł 3

Umawiające się Strony zobowiązują się umacniać europejskie mechanizmy bezpieczeństwa, stabilności i współpracy na podstawie Aktu Końcowego Konferencji Bezpieczeństwa i Współpracy w Europie, Paryskiej Karty dla Nowej Europy, innych dokumentów Konferencji Bezpieczeństwa i Współpracy w Europie oraz Traktatu o Konwencjonalnych Siłach Zbrojnych w Europie.

Artykuł 4

Umawiające się Strony będą wspierać proces rozbrojenia w dziedzinie broni jądrowej, chemicznej i innych rodzajów broni masowej zagłady oraz broni konwencjonalnej. Będą one także dążyć do dalszego ograniczania sił zbrojnych i zbrojeń w Europie do stopnia wystarczającego do obrony oraz umacniać środki budowy zaufania i bezpieczeństwa w sferze militarnej.

Artykuł 5

Zgodnie z Układem o nierozprzestrzenianiu broni jądrowej Umawiające się Strony będą współpracować na rzecz nierozprzestrzeniania tej broni, w szczególności w Europie Srodkowej i Wschodniej. Będą one współdziałać w celu zagwarantowania kontroli eksportu towarów i technologii, które służą celom pokojowym, lecz mogą być wykorzystane do produkcji broni masowej zagłady.

Artykuł 6

Umawiające się Strony zobowiązują się, zgodnie z Kartą Narodów Zjednoczonych i odpowiednimi dokumentami Konferencji Bezpieczeństwa i Współpracy w Europie, do rozstrzygania sporów mogących powstać między nimi wyłącznie środkami pokojowymi.

Artykuł 7

1. Umawiające się Strony wyrzekają się użycia siły lub groźby jej użycia we wzajemnych stosunkach.

2. Żadna z Umawiających się Stron nie pozwoli, aby jej terytorium było wykorzystywane przez państwo trzecie lub państwa trzecie w celach zbrojnej agresji lub wrogiej

działalności przeciwko drugiej Umawiającej się Stronie.

3. W razie, gdyby państwo trzecie lub państwa trzecie dokonały napaści zbrojnej na jedną z Umawiających się Stron, druga Umawiająca się Strona zobowiązuje się do nieudzielania pomocy militarnej ani jakiegokolwiek poparcia takiemu państwu lub państwom przez cały czas trwania konfliktu zbrojnego oraz będzie działać na rzecz uregulowania tego konfliktu zgodnie z zasadami Karty Narodów Zjednoczonych i dokumentami Konferencji Bezpieczeństwa i Współpracy w Europie.

4. Wymienione wyżej zobowiązania nie naruszają praw i obowiązków Umawiających się Stron, wynikających z Karty Narodów Zjednoczonych.

Artykuł 8

Umawiające się Strony będą przeprowadzać konsultacje w sprawach bezpieczeństwa międzynarodowego. Jeżeli jedna z Umawiających się Stron uzna, że powstała sytuacja lub konflikt zagraża pokojowi międzynarodowemu lub europejskiemu bezpieczeństwu względnie je narusza, Umawiające się Strony przeprowadzą bezzwłoczne konsultacje na temat możliwych sposobów przezwyciężenia zaistniałej sytuacji lub uregulowania konfliktu. Takie konsultacje będą prowadzone zgodnie z dokumentami Konferencji Bezpieczeństwa i Współpracy w Europie.

Artykuł 9

Umawiające się Strony będą, w razie potrzeby, przeprowadzać konsultacje w dziedzinie obrony w sprawach będących przedmiotem wspólnego zainteresowania.

Artykuł 10

Umawiające się Strony będą rozwijać regularne kontakty między organami władzy i administracji państwowej. Przywiązują one szczególne znaczenie do wzajemnych stosunków międzyparlamentarnych.

2. Spotkania i konsultacje na najwyższym szczeblu będą dokonywane w celu zapewnienia rozwoju stosuków dwustronnych i zharmonizowania stanowisk w kwestiach będących przedmiotem wspólnego zainteresowania.

3. Ministrowie Spraw Zagranicznych będą odbywać regularne konsultacje przynajmniej raz w roku.

4. W zależności od potrzeb i na podstawie wzajemnego porozumienia Umawiające się Strony mogą tworzyć odpowiednie komisje mieszane.

Artykuł 11

1. Umawiające się Strony będą sprzyjać ustanowieniu i rozwojowi bezpośrednich kontaktów i współpracy między regionami, miastami i innymi jednostkami administracyjnoterytorialnymi Rzeczypospolitej Polskiej i Republiki Białoruś. Szczególna uwaga będzie poświęcona współpracy na obszarach przygranicznych. W tych sprawach zostaną zawarte odrębne porozumienia oraz zostanie utworzona komisja międzyrządowa do spraw współpracy regionalnej i przygranicznej.

2. Umawiające się Strony zwiększą liczbę przejść granicznych, dokonają ich modernizacji zgodnie ze standardami międzynarodowymi oraz usprawnią kontrolę graniczną i celną, w tym podejmą stosowne kroki w celu uproszczenia postępowania w sprawach kontroli granicznej i celnej obywateli obu państw.

Artykuł 12

1. Umawiające się Strony będą usilnie sprzyjać działaniom zmierzającym do kontynuowania pozytywnych tradycji stosunków między obu narodami. Stworzą one warunki dla swobodnej wymiany rzetelnej informacji we wszystkich sferach życia społecznego i kulturalnego.

2. Umawiające się Strony będą aktywnie sprzyjać rozszerzaniu kontaktów między ich obywatelami. Będą tworzyć odpowiednie warunki dla rozwijania stosunków między partiami politycznymi, ruchami społecznymi, związkami zawodowymi, stowarzyszeniami naukowymi i twórczymi, innymi organizacjami społecznymi, instytucjami wyznaniowymi, fundacjami i środkami masowego przekazu.

3. Umawiające się Strony uznają doniosłą rolę młodego pokolenia w kształtowaniu nowych stosunków między narodami i będą popierać rozwój przyjaznych związków między młodzieżą obu państw.

4. Umawiające się Strony będą sprzyjać rozwojowi współpracy w dziedzinie sportu i turystyki.

Artykuł 13

Umawiające się Strony zobowiązują się do respektowania międzynarodowych zasad i standardów dotyczących ochrony praw mniejszości narodowych, w szczególności zawartych w Międzynarodowych Paktach Praw Człowieka, Akcie Końcowym Konferencji Bezpieczeństwa i Współpracy w Europie, Dokumencie spotkania kopenhaskiego w sprawie ludzkiego wymiaru oraz Paryskiej Karcie dla Nowej Europy.

Artykuł 14

1. Umawiające się Strony potwierdzają, że osoby należące do mniejszości polskiej w Republice Białoruś oraz mniejszości białoruskiej w Rzeczypospolitej Polskiej mają prawo,

indywidualnie lub wespół z innymi członkami swojej grupy, dc swobodnego zachowania, rozwijania i wyrażania swojej tożsamości etnicznej, kulturowej, językowej i religijnej, bez jakiejkolwiek dyskryminacji i w warunkach pełnej równości wobec prawa.

2. Umawiające się Strony potwierdzają, że przynależność do mniejszości narodowej jest sprawą indywidualnego wyboru dokonywanego przez osoby i że nie mogą z tego wynikać dla niej żadne negatywne następstwa.

Artykuł 15

Umawiające się Strony gwarantują, że osoby wymienione w artykule 14 mają w szczególności prawo, indywidualnie lub wespół z innymi członkami swej grupy, do:

- swobodnego posługiwania się językiem ojczystym w życiu prywatnym i publicznym, dostępu do informacji w tym języku, jej rozpowszechniania i wymiany, a także używania swych imion i nazwisk w brzmieniu przyjętym dla języka ojczystego

- zakładania i utrzymywania własnych instytucji, organizacji lub stowarzyszeń oświatowych, kulturalnych i innych, które mogą ubiegać się o dobrowolną pomoc finansową lub inną jak również o pomoc państwową, zgodnie z prawem krajowym, korzystać z dostępu do środków masowego przekazu, a także uczestniczyć w działalności międzynarodowych organizacji pozarządowych;

- wyznawania i praktykowania swej religii, w tym nabywania i wykorzystywania materiałów religijnych oraz prowadzenia oświatowej działalności religijnej w języku ojczystym;

- ustanawiania i utrzymywania niezakłóconych kontaktów między sobą na terytorium swego państwa, jak również kontaktów poprzez granice z obywatelami innych państw, z którymi łączą je wspólne pochodzenie etniczne lub narodowe, dziedzictwo kulturalne lub przekonania religijne;

- korzystania ze środków prawnych, przewidzianych ustawodawstwem wewnętrznym państwa zamieszkania dla urzeczywistnienia i ochrony swych praw.

Artykuł 16

1. Umawiające się Strony będą rozwijać konstruktywną współpracę w zakresie ochrony praw osób należących do mniejszości narodowych, traktując je jako czynnik wzmocnienia wzajemnego zrozumienia i dobrosąsiedzkich stosunków między narodami polskim i białoruskim.

2. Umawiające się Strony w trakcie realizacji rozwoju regionalnego będą uwzględniać społeczne i ekonomiczne interesy osób wymienionych w artykule 14 oraz ich organizacji lub stowarzyszeń.

3. Umawiające się Strony będą starać się zapewnić osobom, o których mowa w artykule 14, odpowiednie możliwości nauczania ich języka ojczystego lub nauczania w tym języku w placówkach oświatowych, a także, gdzie jest to możliwe i konieczne, posługiwania się językiem ojczystym wobec władz publicznych. W programach nauczania placówek oświatowych, do których uczęszczają wyżej wymienione osoby, będzie uwzględniona w szerszym zakresie historia i kultura mniejszości narodowych.

4. Umawiające się Strony będą szanować prawo osób, o których mowa w artykule 14, do uczestnictwa w sprawach publicznych, w szczególności dotyczących ochrony i umacniania ich tożsamości, a także w razie potrzeby przeprowadzać konsultacje z organizacjami lub stowarzyszeniami tych osób.

Artykuł 17

Umawiające się Strony są zgodne co do tego, że osoby, o których mowa w artykule 14, powinny przestrzegać ustawodawstwa państwa swego zamieszkania.

Artykuł 18

1. Umawiające się Strony będą sprzyjać wzajemnie korzystnej współpracy gospodarczej, dążąc do zachowania i rozwoju tradycyjnych powiązań ekonomicznych i handlowych, z uwzględnieniem potrzeb i realnych możliwości obu Państw, w oparciu o zasady gospodarki rynkowej.

2. Umawiające się Strony będą tworzyć dogodne warunki ekonomiczne, finansowe, podatkowe i prawne dla działalności gospodarczej, w tym rozwoju przedsiębiorczości. Będą popierać i ochraniać inwestycje, przestrzegać norm prawa autorskiego i patentowego, a także ułatwiać przepływ przez granice towarów, usług, siły roboczej i kapitałów.

3. Umawiające się Strony będą ułatwiać rozwój bezpośredniej współpracy przedsiębiorstw państwowych, prywatnych oraz innych podmiotów gospodarczych, a także dokonywać wymiany doświadczeń oraz udzielać sobie pomocy szkoleniowej i innej w procesie tworzenia gospodarki rynkowej.

Artykuł 19

Umawiające się Strony będą rozszerzać współpracę w celu doskonalenia bezpośrednich i tranzytowych połączeń i związanej z nimi infrastruktury we wszystkich dziedzinach transportu łącznie z transportem rurociągowym i liniami energetycznymi. Sprawy te będą przedmiotem odrębnych umów.

Artykuł 20

Umawiające się Strony będą podejmować właściwe kroki, w tym zawierając odpowiednie porozumienia, w celu modernizacji i zapewnienia kompatybilnej łączności telefonicznej, telegraficznej i pocztowej, a także rozwijać współpracę w dziedzinie elektronicznego przetwarzania danych.

Artykuł 21

1. Umawiające się Strony będą pogłębiać współpracę w dziedzinie ochrony i polepszania stanu środowiska, zapobiegania transgranicznym zanieczyszczeniom, w szczególności w dorzeczu rzeki Bug, zmniejszania i likwidacji następstw awarii i klęsk żywiołowych, racjonalnego wykorzystywania zasobów naturalnych, rozszerzania sfery produkcji ekologicznej czystej i realizacji najbardziej efektywnych przedsięwzięć w zakresie ochrony i odtwarzania należytego stanu środowiska. Właściwe organy obu państw będą w szczególności dokonywać wymiany informacji w tym zakresie oraz przeprowadzać regularne konsultacje.

2. Umawiające się Strony, świadome konsekwencji, które spowodowała czernobylska katastrofa, dołożą szczególnych starań w celu minimalizacji i likwidacji jej skutków. Zobowiązują się one do bezzwłocznego wzajemnego informowania się w przypadkach powstania lub niebezpieczeństwa pojawienia się zagrożenia promieniotwórczego, chemicznego i biologicznego.

3. Umawiające się Strony zawrą odrębne porozumienia w sprawie bezpieczeństwa i współpracy ekologicznej, zgodne ze standardami międzynarodowymi.

4. Umawiające się Strony będą brać udział w tworzeniu skoordynowanej międzynarodowej strategii w dziedzinie ochrony środowiska, a także współpracować w rozwiązywaniu globalnych, w szczególności europejskich, problemów ekologicznych.

Artykuł 22

Nawiązując do pozytywnych wartości wielowiekowego dziedzictwa kulturowego narodów polskiego i białoruskiego i ich wkładu do cywilizacji europejskiej, Umawiające się Strony będą sprzyjać dalszej współpracy w dziedzinie kultury, nauki, oświaty i informacji. Wezmą one pod uwagę postanowienia Dokumentu krakowskiego sympozjum Konferencji Bezpieczeństwa i Współpracy w Europie w sprawie europejskiego dziedzictwa kulturalnego.

2. W celu wzajemnego upowszechniania wiedzy o narodowym dorobku w dziedzinie kultury, nauki, oświaty i informacji każda z Umawiających się Stron powoła ośrodki kulturalne na terytorium drugiej Umawiającej się Strony, które będą korzystać z szerokiego poparcia państwa siedziby.

3. Umawiające się Strony będą współdziałać w dziedzinie środków masowego przekazu,a także ułatwiać rozpowszechnianie książek, prasy i przekazów audiowizualnych drugiej Umawiającej się Strony.

4. Umawiające się Strony będą rozszerzać wymianę kulturalną w różnych formach, sprzyjać współpracy między instytucjami i organizacjami kulturalnymi, w tym związkami twórczymi, na szczeblu ogólnokrajowym, regionalnym i lokalnym, a także popierać bezpośrednie kontakty między twórcami kultury i sztuki.

5. Każda z Umawiających się Stron będzie zapewniać należytą ochronę prawną, materialną i inną znajdującym się na jej terytorium wartościom, zabytkom i obiektom związanym z dziedzictwem kulturalnym i historycznym drugiej Umawiającej się Strony lub wspólnym, jak również będzie działać na rzecz ich ujawnienia, zachowania, scalania i wprowadzania do obiegu kulturalnego, w tym tworzenia swobodnego dostępu do nich.

6. Zgodnie z międzynarodowymi normami i standardami a także na podstawie dwustronnych porozumień, Umawiające się Strony podejmą i będą wspierać działania zmierzające do ujawnienia i zwrotu dóbr kulturalnych i historycznych, które zaginęły, zostały bezprawnie wywiezione lub w inny nielegalny sposób znalazły się na terytorium drugiej Umawiającej się Strony.

7. Umawiające się Strony będą rozszerzać współdziałanie w dziedzinie nauki, techniki i oświaty. Będą sprzyjać rozwojowi

współpracy szkół, wyższych uczelni i innych instytucji naukowych, między innymi w zakresie wymiany studentów, pracowników naukowych i stypendystów, a także popierać nauczanie języka polskiego w Republice Białoruś oraz języka białoruskiego w Rzeczypospolitej Polskiej.

Artykuł 23

1. Umawiające się Strony będą popierać wszechstronną współpracę w dziedzinie ochrony zdrowia i higieny sanitarnej, w szczególności w zakresie zapobiegania i zwalczania chorób zakaźnych i związanych ze współczesną cywilizacyjną.

2. Umawiające się Strony dążyć będą do ścisłego współdziałania w dziedzinie pracy, ubezpieczeń i opieki społecznej. W tym celu zawrą odpowiednie umowy.

Artykuł 24

1. Umawiające się Strony będą doskonalić stosunki konsularne, a także, na podstawie odrębnych umów, realizować obrót prawny w sprawach cywilnych, rodzinnych, karnych i administracyjnych.

2. Umawiające się Strony będą współdziałać w zwalczaniu przestępczości zorganizowanej, terroryzmu, przestępczości gospodarczej, nielegalnego handlu bronią, narkotykami i dziełami sztuki, bezprawnych aktów wymierzonych przeciwko bezpieczeństwu lotnictwa cywilnego i żeglugi morskiej, przemytu, nielegalnej migracji, wytwarzania i wprowadzania do obiegu fałszywych środków płatniczych, a także innych rodzajów przestępstw. Warunki tej współpracy zostaną określone w odrębnych porozumieniach, które zawierać będą w szczególności postanowienia o wymianie doświadczeń i informacji w tych dziedzinach.

Artykuł 25

1. Każda z Umawiających się Stron zobowiązuje się do objęcia ochroną prawną, jak również utrzymywania zgodnie z normami prawa międzynarodowego, w tym humanitarnego, oraz zwyczajami narodowymi i religijnymi, wojskowych i cywilnych cmentarzy, grobów i miejsc pochówku znajdujących się obecnie lub odkrytych w przyszłości na jej terytorium, stanowiących przedmiot pamięci obywateli drugiej Umawiającej się Strony.

2. Obywatele każdej z Umawiających się Stron będą mieć zapewniony dostęp do znajdujących się na terytorium drugiej Umawiającej się Strony grobów i miejsc pochówku rodaków oraz możliwość opieki nad nimi.

3. Umawiające się Strony będą współdziałać w ustalaniu i rejestracji miejsc pochówku obywateli drugiej Umawiającej się Strony na swoim terytorium.

Artykuł 26

Postanowienia niniejszego Traktatu nie naruszają praw i zobowiązań wynikających z dwustronnych i wielostronnych umów, obowiązujących w stosunkach każdej z Umawiających się Stron z innymi państwami.

Artykuł 27

Niniejszy Traktat podlega ratyfikacji i wejdzie w życie w dniu wymiany dokumentów ratyfikacyjnych, która nastąpi w ..Mińsku..................

Artykuł 28

Niniejszy Traktat zostaje zawarty na okres 15 lat. Po tym terminie jego moc obowiązująca ulega automatycznie każdorazowo przedłużeniu na okres pięcioletni, jeżeli żadna z Umawiających się Stron nie wypowie go w drodze notyfikacji na rok przed upływem danego okresu.

Artykuł 29

Niniejszy Traktat, po jego wejściu w życie, zostanie zarejestrowany w Sekretariacie Organizacji Narodów Zjednoczonych zgodnie z artykułem 102 Karty Narodów Zjednoczonych.

Sporządzono w Warszawie dnia 23 czerwca 1992 roku w dwóch egzemplarzach, każdy w językach polskim i białoruskim, przy czym obydwa teksty posiadają jednakową moc.

Za Rzeczpospolitą Polską

Za Republikę Białoruś

[TRANSLATION IN ENGLISH – TRADUCTION EN ANGLAIS]

TREATY BETWEEN THE REPUBLIC OF POLAND AND THE REPUBLIC OF BELARUS ON GOOD NEIGHBOURLINESS AND FRIENDLY COOPERATION

The Republic of Poland and the Republic of Belarus, hereinafter referred to as "the Contracting Parties",

Adhering to the purposes and principles of the Charter of the United Nations, the Final Act of the Conference on Security and Cooperation in Europe, the Charter of Paris for a New Europe and other documents on European cooperation,

Aware of their responsibility for peace and security in the world,

Wishing to contribute to building a just and peaceful order in Europe,

Reaffirming respect for human rights and fundamental freedoms, as well as for the principles of democracy, justice and tolerance as an integral part of European heritage,

Appreciating the importance of friendly Polish-Belarusian relations for building confidence and improving cooperation on the European continent, especially in Central and Eastern Europe,

Taking into consideration the fact that Poland and Belarus have a long shared history, of which the best tradition is coexistence and mutual enrichment of cultures,

Taking into account the ethnic and cultural closeness of the Polish and Belarusian peoples,

Taking into account the fact that Poles and Belarusians living in the territories of both Contracting Parties contribute significantly to the development of both States and to the cultures of both peoples,

With the aim of strengthening the foundations of good-neighbourly cooperation between the Republic of Poland and the Republic of Belarus, and deepening mutual understanding between the Polish and Belarusian peoples,

Have agreed as follows:

Article 1

The Contracting Parties shall base their relations as friendly States on mutual respect, good neighbourliness and partnership. Guided by the principles of sovereign equality, restraint from the use of force and from the threat thereof, the inviolability of borders, territorial integrity, the peaceful settlement of disputes, non-interference in external affairs and respect for human rights and fundamental freedoms, as well as for the right of peoples to self-determination.

Article 2

The Contracting Parties confirm the existing border between them, deem it inviolable and affirm that they do not and shall not in the future have territorial claims in respect of each other.

Article 3

The Contracting Parties undertake to strengthen European mechanisms of security, stability and cooperation on the basis of the Final Act of the Conference on Security and Cooperation in Europe, the Charter of Paris for a New Europe, other documents of the Conference on Security and Cooperation in Europe and the Treaty on Conventional Armed Forces in Europe.

Article 4

The Contracting Parties shall support the disarmament process for nuclear and chemical weapons, as well as other kinds of weapons of mass destruction and conventional arms. They shall also endeavour to further reduce armed forces and armaments in Europe to a level sufficient for defence, as well as to strengthen confidence- and security-building measures in the military sphere.

Article 5

In accordance with the Treaty on the Non-Proliferation of Nuclear Weapons, the Contracting Parties shall work together on the non-proliferation of such weapons, especially in Central and Eastern Europe. They shall cooperate to ensure export controls of goods and technologies that are used for peaceful purposes but which have the potential to be used to produce weapons of mass destruction.

Article 6

The Contracting Parties, in accordance with the Charter of the United Nations and the relevant documents of the Conference on Security and Cooperation in Europe, commit to using peaceful means to settle any disputes that may arise between them.

Article 7

1. The Contracting Parties repudiate the use of force or the threat thereof in relations between them.

2. Neither Contracting Party shall allow its territory to be used by a third State or third States for the purpose of armed aggression or hostile activity against the other Contracting Party.

3. In the event of armed aggression against one of the Contracting Parties by a third State or third States, the other Contracting Party shall not provide military assistance or any kind of support to that State or those States for the entire duration of the armed conflict and shall act to settle the conflict in accordance with the principles of the Charter of the United Nations and the documents of the Conference on Security and Cooperation in Europe.

4. The commitments referred to above shall not affect the rights and obligations of the Contracting Parties under the Charter of the United Nations.

Article 8

The Contracting Parties shall consult with each other on matters of international security. Where a Contracting Party recognizes that a situation or conflict has arisen that threatens or constitutes a breach of international peace or European security, the Contracting Parties shall hold consultations without delay on possible ways to overcome the situation which has arisen or to settle the conflict. These consultations shall be conducted in accordance with the documents of the Conference on Security and Cooperation in Europe.

Article 9

The Contracting Parties shall, if necessary, consult with each other in the area of defence on matters of mutual interest.

Article 10

The Contracting Parties shall develop regular contact between entities of Government and of State administration. They shall attach particular importance to interparliamentary relations.

2. High-level meetings and consultations shall be held to ensure the development of bilateral relations and the harmonization of their positions on matters of mutual interest.

3. Their Ministers of Foreign Affairs shall hold regular consultations at least once a year.

4. Joint commissions on relevant matters may be established by the Contracting Parties as needed and by mutual agreement.

Article 11

1. The Contracting Parties shall contribute to the establishment and development of direct communication and cooperation among regions, cities and other local administrative units of the Republic of Poland and the Republic of Belarus. Particular attention shall be paid to cooperation in border areas. Separate agreements shall be concluded on these matters and an intergovernmental commission for regional and cross-border cooperation shall be established.

2. The Contracting Parties shall increase the number of border crossing points and modernize crossing points in accordance with international standards, as well as upgrade border and customs control, including by taking appropriate steps to simplify the border and customs control process for nationals of both States.

Article 12

1. The Contracting Parties shall strongly encourage activities aimed at maintaining the positive traditions of relations between the two States. They shall create conditions to facilitate the exchange of reliable information on all aspects of social and cultural life.

2. The Contracting Parties shall actively promote increased communication between their citizens. They shall foster conditions conducive to the development of relations between political parties, social movements, trade unions, scientific and creative associations, other social organizations, religious institutions, foundations and the media.

3. The Contracting Parties recognize the vital role of the younger generation in forging new relationships between peoples and shall support the development of friendly relations between young people of both States.

4. The Contracting Parties shall promote increased cooperation in the areas of sport and tourism.

Article 13

The Contracting Parties are committed to respecting international principles and standards concerning the protection of the rights of national minorities, in particular those set forth in international human rights treaties, the Final Act of the Conference on Security and Cooperation in Europe, the Document of the Copenhagen Meeting of the Conference on the Human Dimension of the Conference on Security and Cooperation in Europe and the Charter of Paris for a New Europe.

Article 14

The Contracting Parties affirm that members of the Polish minority in the Republic of Belarus, and of the Belarusian minority in the Republic of Poland, have the right, individually or jointly with other members of their group, to freely preserve, develop and express their ethnic, cultural, linguistic and religious identity without any form of discrimination and in conditions of complete equality before the law.

2. The Contracting Parties confirm that affiliation to a national minority is a matter of personal choice for an individual and that such persons must not suffer any negative consequences as a result.

Article 15

The Contracting Parties guarantee that the individuals referred to in article 14 have, in particular, the right, individually or jointly with other members of their group, to:

- Use their mother tongue freely in private and public life and to have access to, disseminate and exchange information in that language, as well as to use their first and last names in the accepted spelling of their mother tongue;

- Establish and maintain their own educational, cultural or other kinds of institutions, organizations and associations, which may apply for voluntary financial or other support, as well as State assistance, in accordance with national law, benefit from access to mass media, and also take part in the activities of international non-governmental organizations;

- Profess and practise their religion, including with regard to the purchase and use of religious material and the holding of religious educational activities in their native language;

- Establish and maintain unimpeded contact among themselves within the territory of their country, and cross-border contact with nationals of other States with which they share ethnic or national origins, cultural heritage or religious beliefs;

- Use the legal remedies provided for in the domestic legislation of the State in which they reside in order to exercise and protect their rights.

Article 16

1. The Contracting Parties shall develop constructive cooperation for the protection of the rights of individuals belonging to national minorities, considering such individuals as people who

strengthen mutual understanding and good-neighbourly relations between the Polish and Belarusian peoples.

2. With regard to regional development, the Contracting Parties shall take into account the social and economic interests of the persons referred to in article 14, as well as their organizations or associations.

3. The Contracting Parties shall try to provide the persons referred to in article 14 with suitable opportunities to learn their native language or to study in that language in educational establishments, and, where possible and if required, to use their native language with the public authorities. Broader consideration shall be given to the history and culture of national minorities in the syllabus of educational establishments attended by the persons referred to above.

4. The Contracting Parties shall respect the right of the persons referred to in article 14 to be involved in public affairs, especially those concerning the protection and strengthening of their identity, and, if required, to consult with organizations and associations representing said people.

Article 17

The Contracting Parties agree that the persons referred to in article 14 must abide by the laws of the State in which they live.

Article 18

1. The Contracting Parties shall promote mutually beneficial economic cooperation, the maintenance and development of traditional economic and trade ties, and take into account the needs and real opportunities of both States on the basis of the principles of the market economy.

2. The Contracting Parties shall foster favourable economic, financial, fiscal and legal conditions for economic activity, including by promoting entrepreneurship. They shall support and protect investment, observe copyright and patent regulations, and facilitate the flow of goods, services, labour and capital across borders.

3. The Contracting Parties shall facilitate direct cooperation between State and private companies, as well as other kinds of economic entities, and shall exchange experiences and provide each other with training and other assistance in respect of the process of the establishment of a market economy.

Article 19

The Contracting Parties shall step up cooperation to improve direct and transit connections, as well as related infrastructure in all transport matters, including pipelines and power lines. Such matters shall be subject to separate agreements.

Article 20

The Contracting Parties shall take appropriate measures, including by concluding relevant agreements, to modernize and ensure the compatibility of telephone, telegraph and postal connections, and shall enhance cooperation with regard to the electronic processing of data.

Article 21

1. The Contracting Parties shall step up cooperation: to protect and improve the environment; to prevent cross-border pollution, especially in the Bug River basin; to reduce and eliminate the consequences of accidents and natural disasters; promote a rational use of natural resources; to increase the manufacture of environmentally-friendly products; and to carry out the most effective projects in the fields of environmental protection and restoration. Competent bodies of both States shall, in particular, exchange information in this regard and consult with each other on a regular basis.

2. The Contracting Parties, mindful of the consequences of the Chernobyl disaster, shall make a special effort to minimize and eliminate its impact. They undertake to immediately inform each other should a radioactive, chemical or biological threat arise or is at risk of occurring.

3. The Contracting Parties shall conclude separate agreements on environmental security and cooperation, in accordance with international standards.

4. The Contracting Parties shall take part in the development of a coordinated international strategy on environmental protection and shall also work together to resolve global, in particular European, environmental issues.

Article 22

With reference to the positive values of the cultural heritage of the Polish and Belarusian peoples over many centuries and their contribution to European civilization, the Contracting Parties shall promote further cooperation in the areas of culture, science, education and information. They shall take into account the provisions on cultural heritage of the document of the Krakow Symposium on the Cultural Heritage of the Conference on Security and Cooperation in Europe Participating States.

2. For the purpose of sharing knowledge about national achievements in the areas of culture, science, education and information, each Contracting Party has established in the territory of the other Contracting Party cultural centres that shall enjoy extensive support from the host State.

3. The Contracting Parties shall work together on matters concerning mass media and shall also facilitate the dissemination of books, newspapers and audiovisual transmissions of the other Contracting Party.

4. The Contracting Parties shall expand different kinds of cultural exchange, promote cooperation between cultural institutions and organizations at the national, regional and local levels, including creative partnerships, and shall also support direct communication between creators of culture and art.

5. Each Contracting Party shall provide the appropriate legal, material and other protection of valuables, monuments and objects in its territory, whether associated with the cultural and historical heritage of the other Contracting Party or of both Parties, and shall also endeavour to ensure their disclosure, preservation, integration and introduction into the cultural heritage, including through making them accessible to all.

6. In line with international norms and standards based on bilateral agreements, the Contracting Parties shall adopt and support measures aimed at the disclosure and return of cultural and historical goods that were stolen, unlawfully removed or were for any reason unlawfully located in the territory of the other Contracting Party.

7. The Contracting Parties shall increase cooperation in science, technology and education. They shall help enhance cooperation among schools, higher education establishments and other academic institutions, including through exchanges of students, academic staff and recipients of grants, and shall support the teaching of the Polish language in the Republic of Belarus and of the Belarusian language in the Republic of Poland.

Article 23

1. The Contracting Parties shall support their overall cooperation with regard to health care and sanitary hygiene, especially in order to prevent and eradicate transmissible diseases and diseases related to modern civilization.

2. The Contracting Parties shall endeavour to interact closely in the areas of work, insurance and social security. They shall conclude appropriate agreements in that regard.

Article 24

1. The Contracting Parties shall improve consular relations and also, on the basis of separate agreements, provide mutual legal assistance relating to civil, family, criminal and administrative law.

2. The Contracting Parties shall cooperate to counter organized crime, terrorism, economic crime, trafficking in arms, drugs and works of art, illegal acts that compromise the safety of civil aviation and maritime transport, smuggling, illegal migration, the production and circulation of counterfeit currency, as well as other types of crime. The terms of this cooperation shall be set out in separate agreements that will include, in particular, provisions for exchanges of experience and information in that regard.

Article 25

1. Each Contracting Party undertakes to afford legal protection to and maintain, in accordance with the norms of international law, including humanitarian law, and national and religious customs, military and civilian cemeteries, graves and burial sites that are currently located, or are discovered in the future, in its territory and that are sites of remembrance for nationals of the other Contracting Party.

2. Nationals of each of the Contracting Parties shall be provided with access to the graves and burial sites of compatriots located in the territory of the other Contracting Party and shall have the opportunity to tend to them.

3. The Contracting Parties shall work together to identify and register sites where nationals of the other Contracting Party are buried in their territory.

Article 26

The provisions of this Treaty shall not affect the rights and obligations arising from bilateral and multilateral agreements that are binding on either of the Contracting Parties in their relations with other States.

Article 27

This Treaty is subject to ratification and shall enter into force on the day on which the instruments of ratification are exchanged, which shall be done in Minsk.

Article 28

This Treaty shall remain in force for 15 years. Thereafter, it shall be extended automatically, each time for a period of five years, provided that neither of the Contracting Parties has denounced it by means of a notification sent one year before that period has elapsed.

Article 29

Once the Treaty has entered into force, it shall be registered with the Secretariat of the United Nations in accordance with Article 102 of the Charter of the United Nations.

DONE at Warsaw on 23 June 1992 in two copies, each in the Polish and Belarusian languages, both texts being equally authentic.

For the Republic of Poland:

[LECH WAŁĘSA]

For the Republic of Belarus:

[STANISŁAU SZUSZKIEWICZ]

[Translation in French – Traduction en français]

TRAITÉ ENTRE LA RÉPUBLIQUE DE POLOGNE ET LA RÉPUBLIQUE DU BÉLARUS RELATIF AU BON VOISINAGE ET À LA COOPÉRATION AMICALE

La République de Pologne et la République du Bélarus, ci-après désignées les « Parties contractantes »,

Adhérant aux buts et aux principes de la Charte des Nations Unies, de l'Acte final de la Conférence sur la sécurité et la coopération en Europe, de la Charte de Paris pour une nouvelle Europe et d'autres documents relatifs à la coopération européenne,

Conscientes de leur responsabilité en matière de paix et de sécurité dans le monde,

Souhaitant contribuer à la mise en place d'un ordre juste et pacifique en Europe,

Réaffirmant que le respect des droits de la personne et des libertés fondamentales, ainsi que des principes de la démocratie, de la justice et de la tolérance, fait partie intégrante du patrimoine européen,

Saisissant l'importance des relations amicales entre la Pologne et le Bélarus pour l'instauration d'un climat de confiance et l'amélioration de la coopération sur le continent européen, particulièrement en Europe centrale et orientale,

Tenant compte du fait que la Pologne et le Bélarus partagent une longue histoire commune, dont la tradition la plus louable est la coexistence et l'enrichissement mutuel des cultures,

Reconnaissant la proximité ethnique et culturelle des peuples polonais et bélarussien,

Tenant compte du fait que les Polonais et les Bélarussiens vivant sur les territoires des deux Parties contractantes contribuent de manière significative au développement des deux États et à la culture des deux peuples,

Ayant pour objectif de renforcer les bases d'une coopération de bon voisinage entre la République de Pologne et la République du Bélarus, et d'approfondir la compréhension mutuelle entre les peuples polonais et bélarussien,

Sont convenues de ce qui suit :

Article premier

Les Parties contractantes fondent leurs relations en tant qu'États amis sur le respect mutuel, le bon voisinage et le partenariat. Elles sont guidées par les principes d'égalité souveraine, de non-recours à la force et à la menace d'emploi de la force, d'inviolabilité des frontières, d'intégrité territoriale, de règlement pacifique des différends, de non-ingérence dans les affaires extérieures et de respect des droits de la personne et des libertés fondamentales, ainsi que du droit des peuples à disposer d'eux-mêmes.

Article 2

Les Parties contractantes confirment la frontière existante entre elles, la considèrent comme inviolable et affirment qu'elles n'ont et n'auront à l'avenir aucune revendication territoriale l'une envers l'autre.

Article 3

Les Parties contractantes s'engagent à renforcer les mécanismes européens de sécurité, de stabilité et de coopération sur la base de l'Acte final de la Conférence sur la sécurité et la coopération en Europe, de la Charte de Paris pour une nouvelle Europe, d'autres documents de la Conférence sur la sécurité et la coopération en Europe et du Traité sur les forces armées conventionnelles en Europe.

Article 4

Les Parties contractantes soutiennent le processus de désarmement en ce qui concerne les armes nucléaires et chimiques, ainsi que d'autres types d'armes de destruction massive et d'armes conventionnelles. Elles s'efforcent également de réduire davantage les forces armées et les armements en Europe à un niveau suffisant pour la défense, ainsi que de renforcer les mesures de confiance et de sécurité dans le domaine militaire.

Article 5

Conformément au Traité sur la non-prolifération des armes nucléaires, les Parties contractantes collaborent pour empêcher la prolifération de ces armes, notamment en Europe centrale et orientale. Elles coopèrent pour assurer le contrôle des exportations de biens et de technologies qui sont utilisés à des fins pacifiques, mais qui sont susceptibles d'être utilisés dans la fabrication d'armes de destruction massive.

Article 6

Les Parties contractantes, conformément à la Charte des Nations Unies et aux documents pertinents de la Conférence sur la sécurité et la coopération en Europe, s'engagent à recourir à des moyens pacifiques pour régler tout différend qui pourrait survenir entre elles.

Article 7

1. Les Parties contractantes renoncent à employer la force ou à menacer d'employer la force dans leurs relations.

2. Aucune des Parties contractantes ne permet que son territoire soit utilisé par un ou plusieurs États tiers à des fins d'agression armée ou de conduite d'activités hostiles à l'encontre de l'autre Partie contractante.

3. En cas d'agression armée dirigée contre l'une des Parties contractantes par un ou plusieurs États tiers, l'autre Partie contractante ne fournit aucune assistance militaire ni aucun soutien de quelque nature que ce soit à cet État ou à ces États pendant toute la durée du conflit armé et agit en vue de régler le conflit conformément aux principes de la Charte des Nations Unies et aux documents de la Conférence sur la sécurité et la coopération en Europe.

4. Les engagements susmentionnés n'ont pas d'incidence sur les droits et obligations des Parties contractantes au titre de la Charte des Nations Unies.

Article 8

Les Parties contractantes se consultent sur les questions de sécurité internationale. Lorsque l'une des Parties contractantes constate l'existence d'une situation ou d'un conflit qui menace ou constitue une atteinte à la paix internationale ou à la sécurité européenne, les Parties contractantes se consultent sans délai sur les moyens possibles de surmonter la situation ou de régler le conflit. Ces consultations sont menées conformément aux documents de la Conférence sur la sécurité et la coopération en Europe.

Article 9

Les Parties contractantes, si nécessaire, se consultent dans le domaine de la défense sur les questions d'intérêt commun.

Article 10

1. Les Parties contractantes établissent des contacts réguliers entre les entités du Gouvernement et de l'administration publique. Elles accordent une importance particulière aux relations interparlementaires.

2. Des réunions et des consultations de haut niveau sont organisées afin de garantir la progression des relations bilatérales entre les Parties contractantes et l'harmonisation de leurs positions sur des questions d'intérêt commun.

3. Les Ministres des affaires étrangères des deux Parties tiennent des consultations régulières au moins une fois par an.

4. Des commissions mixtes sur des questions pertinentes peuvent être créées par les Parties contractantes selon les besoins et d'un commun accord.

Article 11

1. Les Parties contractantes contribuent à la mise en place et au développement d'une communication et d'une coopération directes entre les régions, les villes et les autres unités administratives locales de la République de Pologne et de la République du Bélarus. Une attention particulière est accordée à la coopération dans les zones frontalières. Des accords distincts sont conclus à cet égard et une commission intergouvernementale pour la coopération régionale et transfrontalière est créée.

2. Les Parties contractantes augmentent le nombre de points de passage frontaliers et les modernisent conformément aux normes internationales, et améliorent les contrôles frontaliers et douaniers, notamment en prenant les mesures appropriées en vue de simplifier la procédure de contrôle frontalier et douanier pour les ressortissants des deux États.

Article 12

1. Les Parties contractantes encouragent vivement les activités visant à promouvoir la poursuite des relations constructives entre les deux États. Elles créent des conditions favorables à l'échange d'informations fiables sur tous les aspects de la vie sociale et culturelle.

2. Les Parties contractantes encouragent activement une meilleure communication entre leurs ressortissants. Elles créent des conditions propices au développement de relations entre les partis politiques, les mouvements sociaux, les syndicats, les associations scientifiques et créatives, les autres organisations sociales, les institutions religieuses, les fondations et les médias.

3. Les Parties contractantes reconnaissent le rôle essentiel de la jeune génération dans la création de nouvelles relations entre les peuples et soutiennent l'établissement de relations amicales entre les jeunes des deux États.

4. Les Parties contractantes favorisent une coopération renforcée dans les domaines du sport et du tourisme.

Article 13

Les Parties contractantes s'engagent à respecter les normes et les principes internationaux en matière de protection des droits des minorités nationales, en particulier ceux énoncés dans les traités internationaux relatifs aux droits humains, dans l'Acte final de la Conférence sur la sécurité et la coopération en Europe, dans le Document de la Réunion de Copenhague de la Conférence sur la dimension humaine de la Conférence sur la sécurité et la coopération en Europe et dans la Charte de Paris pour une nouvelle Europe.

Article 14

1. Les Parties contractantes affirment que les membres de la minorité polonaise en République du Bélarus ou de la minorité bélarussienne en République de Pologne ont le droit, individuellement ou conjointement avec d'autres membres de leur groupe, de préserver, de développer et d'exprimer librement leur identité ethnique, culturelle, linguistique et religieuse sans aucune forme de discrimination et dans des conditions d'égalité totale devant la loi.

2. Les Parties contractantes confirment que l'appartenance à une minorité nationale relève du choix personnel de l'individu et que les personnes concernées ne doivent subir aucune conséquence négative du fait de cette appartenance.

Article 15

Les Parties contractantes garantissent que les personnes visées à l'article 14 ont, notamment, le droit, individuellement ou conjointement avec d'autres membres de leur groupe :

- D'utiliser librement leur langue maternelle dans la vie privée et publique et d'avoir accès à l'information, de la diffuser et de l'échanger dans cette langue, ainsi que d'utiliser leur prénom et leur nom de famille dans l'orthographe admise par leur langue maternelle ;

- De fonder et de maintenir leurs propres institutions, organisations ou associations éducatives, culturelles ou autres, qui peuvent solliciter un soutien financier volontaire ou autre, ainsi que l'aide de l'État conformément à la législation nationale, avoir accès aux médias de masse, et prendre également part aux activités des organisations non gouvernementales internationales ;

- De professer et de pratiquer leur religion, y compris en ce qui concerne l'achat et l'utilisation de matériel religieux et l'organisation d'activités éducatives religieuses dans leur langue maternelle ;

- D'établir et de maintenir sans entraves des contacts entre elles sur le territoire de leur pays, ainsi que des contacts au-delà des frontières avec des ressortissants d'autres États avec lesquels elles partagent des origines ethniques ou nationales, un patrimoine culturel ou des croyances religieuses ;

- D'utiliser les recours juridiques prévus par la législation nationale de l'État dans lequel elles résident afin d'exercer et de protéger leurs droits.

Article 16

1. Les Parties contractantes développent une coopération constructive pour la protection des droits des personnes appartenant à des minorités nationales, considérant ces personnes comme des acteurs qui renforcent la compréhension mutuelle et les relations de bon voisinage entre les peuples polonais et bélarussien.

2. En matière de développement régional, les Parties contractantes tiennent compte des intérêts sociaux et économiques des personnes visées à l'article 14, ainsi que de leurs organisations ou associations.

3. Les Parties contractantes s'efforcent d'offrir aux personnes visées à l'article 14 des possibilités adaptées d'apprendre leur langue maternelle ou d'étudier dans cette langue dans les établissements d'enseignement et, dans la mesure du possible et si nécessaire, d'utiliser leur langue maternelle dans leurs échanges avec les autorités publiques. Une plus grande attention est accordée à l'histoire et à la culture des minorités nationales dans les programmes d'enseignement des établissements fréquentés par les personnes susmentionnées.

4. Les Parties contractantes respectent le droit des personnes visées à l'article 14 de participer à la vie publique, notamment en ce qui concerne la protection et le renforcement de leur identité, et, si nécessaire, de consulter les organisations et associations qui représentent ces personnes.

Article 17

Les Parties contractantes conviennent que les personnes visées à l'article 14 doivent se conformer aux lois de l'État dans lequel elles vivent.

Article 18

1. Les Parties contractantes favorisent une coopération économique mutuellement avantageuse, le maintien et le développement des liens économiques et commerciaux traditionnels, et tiennent compte des besoins ainsi que des possibilités réelles des deux États sur la base des principes de l'économie de marché.

2. Les Parties contractantes créent des conditions économiques, financières, fiscales et juridiques favorables à l'activité économique, notamment en promouvant l'entrepreneuriat. Elles soutiennent et protègent les investissements, respectent les réglementations en matière de droits d'auteur et de brevets, et facilitent la circulation transfrontière des biens, des services, de la main-d'œuvre et des capitaux.

3. Les Parties contractantes facilitent la coopération directe entre les entreprises publiques et privées, et entre d'autres types d'entités économiques, et échangent des expériences et se fournissent mutuellement une formation et une assistance dans le cadre du processus d'établissement d'une économie de marché.

Article 19

Les Parties contractantes renforcent leur coopération en vue d'améliorer les connexions directes et de transit, ainsi que les infrastructures connexes dans tous les domaines liés au transport, y compris les canalisations et les lignes électriques. Ces questions font l'objet d'accords distincts.

Article 20

Les Parties contractantes prennent les mesures appropriées, y compris en concluant des accords pertinents, pour moderniser et assurer la compatibilité des connexions téléphoniques, télégraphiques et postales, et renforcent la coopération en matière de traitement électronique des données.

Article 21

1. Les Parties contractantes renforcent leur coopération en vue : de protéger et d'améliorer l'environnement ; de prévenir la pollution transfrontière, notamment dans le bassin du fleuve Bug ; de réduire et d'éliminer les conséquences des accidents et des catastrophes naturelles ; de promouvoir une utilisation rationnelle des ressources naturelles ; d'accroître la fabrication de produits respectueux de l'environnement ; et de mettre en œuvre les projets les plus efficaces dans les domaines de la protection et de la restauration de l'environnement. Les organes compétents des deux États échangent notamment des informations à cet égard et se consultent régulièrement.

2. Les Parties contractantes, conscientes des conséquences de la catastrophe de Tchernobyl, s'efforcent tout particulièrement d'en minimiser et d'en éliminer les effets. Elles s'engagent à s'informer immédiatement l'une l'autre en cas de menace radioactive, chimique ou biologique ou de risque qu'une telle menace se produise.

3. Les Parties contractantes concluent des accords distincts sur la sécurité et la coopération en matière d'environnement, conformément aux normes internationales.

4. Les Parties contractantes participent à l'élaboration d'une stratégie internationale coordonnée en matière de protection de l'environnement et œuvrent également ensemble à la résolution des problèmes liés à l'environnement à l'échelle mondiale, en particulier en Europe.

Article 22

1. En se référant aux valeurs positives de l'héritage culturel des peuples polonais et bélarussien au cours des siècles et à leur contribution à la civilisation européenne, les Parties contractantes encouragent la poursuite de la coopération dans les domaines de la culture, de la science, de l'éducation et de l'information. Elles tiennent compte des dispositions relatives au patrimoine culturel contenues dans le document du colloque de Cracovie sur le patrimoine culturel des États participants à la Conférence sur la sécurité et la coopération en Europe.

2. En vue de partager les connaissances sur les progrès réalisés à l'échelle nationale dans les domaines de la culture, des sciences, de l'éducation et de l'information, chaque Partie contractante a établi sur le territoire de l'autre Partie contractante des centres culturels qui bénéficient d'un soutien important de l'État hôte.

3. Les Parties contractantes coopèrent sur des questions relatives aux médias et facilitent également la diffusion des livres, des journaux et des transmissions audiovisuelles de l'autre Partie contractante.

4. Les Parties contractantes développent différents types d'échanges culturels, encouragent la coopération entre les institutions et organisations culturelles aux niveaux national, régional et local, y compris les partenariats créatifs, et soutiennent également la communication directe entre les créateurs culturels et artistiques.

5. Chacune des Parties contractantes assure la protection appropriée, qu'elle soit juridique, matérielle ou autre, des objets de valeur, monuments et artefacts sur son territoire, qu'ils soient associés au patrimoine culturel et historique de l'autre Partie contractante ou des deux Parties, et s'efforce également d'assurer leur divulgation, leur préservation, leur intégration et leur introduction dans le patrimoine culturel, notamment en les rendant accessibles à tous.

6. Les Parties contractantes, conformément aux normes et règles internationales fondées sur des accords bilatéraux, adoptent et soutiennent les mesures visant à la divulgation et à la restitution des biens culturels et historiques qui ont été volés, illicitement déplacés ou qui se trouvent pour quelque raison que ce soit illicitement sur le territoire de l'autre Partie contractante.

7. Les Parties contractantes renforcent leur coopération dans les domaines de la science, des technologies et de l'éducation. Elles contribuent à renforcer la coopération entre les écoles, les établissements d'enseignement supérieur et autres établissements universitaires, notamment par des échanges d'étudiants, de personnel universitaire et de boursiers, et soutiennent l'enseignement de la langue polonaise en République du Bélarus et de la langue bélarussienne en République de Pologne.

Article 23

1. Les Parties contractantes favorisent leur coopération générale en matière de soins de santé et d'hygiène, notamment en vue de prévenir et d'éradiquer les maladies transmissibles et les maladies liées à la civilisation moderne.

2. Les Parties contractantes s'efforcent d'interagir étroitement dans les domaines du travail, des assurances et de la sécurité sociale. Elles concluent des accords appropriés à cet égard.

Article 24

1. Les Parties contractantes améliorent leurs relations consulaires et, sur la base d'accords distincts, se prêtent mutuellement une assistance judiciaire en matière civile, familiale, pénale et administrative.

2. Les Parties contractantes coopèrent pour lutter contre la criminalité organisée, le terrorisme, la criminalité économique, le trafic d'armes, de stupéfiants et d'œuvres d'art, les actes illégaux qui compromettent la sécurité de l'aviation civile et du transport maritime, la contrebande, la migration illégale, la production et la circulation de fausse monnaie, ainsi que d'autres types d'infractions pénales. Les modalités de cette coopération sont définies dans des accords distincts qui contiennent notamment des dispositions relatives à l'échange d'expériences et d'informations à cet égard.

Article 25

1. Chaque Partie contractante s'engage à accorder une protection juridique, conformément aux normes du droit international, y compris le droit humanitaire, et aux coutumes nationales et religieuses, aux cimetières militaires et civils, aux tombes et lieux de sépulture qui se trouvent

actuellement ou seront découverts à l'avenir sur son territoire et qui constituent des lieux de mémoire pour les ressortissants de l'autre Partie contractante, et à les entretenir.

2. Les ressortissants de chacune des Parties contractantes ont accès aux tombes et aux lieux de sépulture de leurs compatriotes situés sur le territoire de l'autre Partie contractante et ont la possibilité d'en prendre soin.

3. Les Parties contractantes collaborent en vue de recenser et d'enregistrer les sites où des ressortissants de l'autre Partie contractante sont enterrés sur leur territoire.

Article 26

Les dispositions du présent Traité n'ont pas d'effet sur les droits et obligations découlant d'accords bilatéraux et multilatéraux qui lient chacune des Parties contractantes dans leurs relations avec d'autres États.

Article 27

Le présent Traité est soumis à ratification et entre en vigueur le jour de l'échange des instruments de ratification, qui a lieu à Minsk.

Article 28

Le présent Traité reste en vigueur pendant une période de 15 ans. Il est ensuite automatiquement reconduit, chaque fois pour une période de cinq ans, à moins que l'une des Parties contractantes ne le dénonce au moyen d'une notification envoyée un an avant l'expiration de la période de validité en cours.

Article 29

Une fois entré en vigueur, le présent Traité est enregistré auprès du Secrétariat de l'Organisation des Nations Unies conformément à l'Article 102 de la Charte des Nations Unies.

FAIT à Varsovie, le 23 juin 1992, en deux exemplaires, chacun en langues polonaise et bélarussienne, les deux textes faisant également foi.

Pour la République de Pologne :

[LECH WAŁĘSA]

Pour la République du Bélarus :

[STANISŁAU SZUSZKIEWICZ]

No. 54548

Poland
and
Republic of Moldova

Agreement between the Government of the Republic of Poland and the Republic of Moldova on friendship and cooperation. Warsaw, 15 November 1994

Entry into force: *2 March 1996 by the exchange of the instruments of ratification, in accordance with article 20*

Authentic texts: *Moldovan and Polish*

Registration with the Secretariat of the United Nations: *Poland, 1 June 2017*

Pologne
et
République de Moldova

Accord d'amitié et de coopération entre le Gouvernement de la République de Pologne et la République de Moldova. Varsovie, 15 novembre 1994

Entrée en vigueur : *2 mars 1996 par l'échange des instruments de ratification, conformément à l'article 20*

Textes authentiques : *moldave et polonais*

Enregistrement au Secrétariat de l'Organisation des Nations Unies : *Pologne, 1er juin 2017*

[TEXT IN MOLDOVAN – TEXTE EN MOLDAVE]

T R A T A T
de prietenie şi cooperare între
Republica Polonia şi Republica Moldova

Republica Polonia şi Republica Moldova, denumite în continuare Părţi Contractante,

- călăuzindu-se după scopurile şi principiile Cartei Organizaţiei Naţiunilor Unite,

- reafirmîndu-şi ataşamentul faţă de principiile Actului Final al Conferinţei pentru Securitate şi Cooperare în Europa, Cartei de la Paris pentru o Nouă Europă şi a altor documente de colaborare general-europeană,

- recunoscînd necesitatea depăşirii divizării Europei, precum şi a edificării unei ordini europene echitabile şi trainice,

- fiind conştiente de comunitatea intereselor şi de responsabilitatea pentru destinele păcii, securităţii, înţelegerii şi cooperării într-o Europă democratică, liberă, în care să se respecte drepturile omului,

- avînd în vedere importanţa raporturilor polono-moldoveneşti pentru colaborarea pe continentul european, inclusiv în Europa Centrală şi Europa de Est,

- exprimîndu-şi disponibilitatea pentru cooperarea atît pe bază bilaterală, cît şi în cadrul organizaţiilor şi instituţiilor internaţionale,

- pornind de la relaţiile istorice şi de la tradiţiile de prietenie dintre Polonia şi Moldova,

- năzuind spre edificarea relaţiilor de bună vecinătate şi dezvoltarea unei colaborări fructuoase,

au convenit următoarele:

Articolul 1

1. Părţile Contractante îşi edifică relaţiile în spiritul respectului reciproc, încrederii, egalităţii în drepturi şi al parteneriatului, bazîndu-se pe primatul dreptului internaţional, precum şi pe principiile respectării suveranităţii, inviolabilităţii frontierelor, integrităţii teritoriale şi neamestecului în treburile interne.

2. Părţile Contractante, în cadrul organizaţiilor şi instituţiilor internaţionale, vor năzui spre crearea condiţiilor pentru dezvoltarea colaborării şi relaţiilor de bună vecinătate în această parte a Europei.

Articolul 2

1. Părţile Contractante, în conformitate cu principiile Cartei Organizaţiei Naţiunilor Unite, se obligă să soluţioneze diferendele dintre ele prin mijloace exclusiv paşnice şi îşi reafirmă ataşamentul faţă de neaplicarea forţei sau ameninţarea cu aplicarea ei în relaţiile bilaterale.

2. Fiecare dintre Părţile Contractante garantează că activitatea forţelor armate proprii pe teritoriul său va corespunde prevederilor Cartei Organizaţiei Naţiunilor Unite, Actului Final al Conferinţei pentru Securitate şi Cooperare în Europa, Cartei de la Paris pentru o Nouă Europă şi altor documente ale Conferinţei pentru Securitate şi Cooperare în Europa.

Articolul 3

1. Părţile Contractante, în conformitate cu prevederile formulate în documentele Conferinţei pentru Securitate şi Cooperare în Europa, vor colabora în scopurile menţinerii securităţii şi încrederii pe continentul european.

2. Părţile Contractante, în scopurile menţionate în punctul 1 al prezentului articol, vor utiliza mecanismele europene existente, precum şi în caz de necesitate vor susţine şi vor înainta noi iniţiative în acest domeniu.

Articolul 4

1. Părţile Contractante vor susţine activ procesul de dezarmare nucleară, lichidare totală şi generală a armelor chimice şi biologice. Părţile Contractante consideră că reducerea armamentului convenţional pînă la un nivel suficient pentru apărare, va contribui la întărirea stabilităţii şi securităţii în Europa.

2. În conformitate cu Tratatul de neproliferare a armelor nucleare Părţile Contractante vor colabora în scopul prevenirii proliferării acestor arme în lume, în special în Europa Centrală şi Europa de Est.

3. Părţile Contractante vor lua măsuri în scopul asigurării controlului asupra exportului mărfurilor şi tehnologiilor ce pot fi folosite la fabricarea armelor nucleare, chimice şi biologice.

4. Părţile Contractante vor dezvolta cooperarea între ministerele apărării în baza unor acorduri speciale.

Articolul 5

1. În cazul apariţiei divergenţelor sau a situaţiilor care, după părerea uneia dintre Părţile Contractante, ameninţă sau pot ameninţa menţinerea păcii sau a securităţii în lume, sau destabilizează pacea şi securitatea în întreaga lume, în special cînd aceste divergenţe sau situaţii vizează ambele Părţi Contractante, ele vor proceda neîntîrziat la consultări, în conformitate cu Carta Organizaţiei Naţiunilor Unite, în scopul căutării mijloacelor posibile pentru reglementarea divergenţelor sau situaţiilor apărute.

2. În cazul în care un stat terţ sau terţe state au săvîrşit o agresiune militară împotriva uneia dintre Părţile Contractante, cealaltă Parte Contractantă se obligă să nu acorde nici un fel de ajutor sau sprijin acestui stat sau acestor state pe parcursul întregii durate a conflictului armat şi va acţiona în scopul aplanării conflictului, conform Cartei Organizaţiei Naţiunilor Unite şi documentelor Conferinţei pentru Securitate şi Cooperare în Europa.

Articolul 6

1. Întîlnirile conducătorilor statelor şi guvernelor Părţilor Contractante se vor convoca după caz, în funcţie de necesităţi.

2. Miniştrii afacerilor externe ai Părţilor Contractante vor efectua consultări asupra problemelor de interes comun.

3. Părţile Contractante vor promova contacte între organele puterii de stat şi executive, precum şi între parlamente.

Articolul 7

1. Părţile Contractante vor contribui la dezvoltarea colaborării economice şi comerciale reciproc avantajoase, bazate pe principii de piaţă şi vor asigura condiţii favorabile pentru o astfel de cooperare în domeniul protejării investiţiilor, tehnologiilor, dreptului patentar şi de autor, precum şi în domeniul circulaţiei capitalurilor, forţei de muncă, mărfurilor şi serviciilor. În aceste scopuri pot fi încheiate acorduri separate.

2. Părţile Contractante vor contribui la dezvoltarea colaborării întreprinderilor de stat şi particulare, precum şi a altor agenţi economici. În special Ele vor susţine cooperarea întreprinderilor poloneze şi moldoveneşti în domeniul investiţiilor de capital. O atenţie deosebită va fi acordată colaborării întreprinderilor mici şi mijlocii.

3. Părţile Contractante vor face schimb de experienţă şi îşi vor acorda asistenţă în pregătirea specialiştilor, vor practica alte forme de ajutor în procesul creării şi perfecţionării economiei de piaţă.

4. Părţile Contractante vor dezvolta şi vor încuraja colaborarea bilaterală tehnico-ştiinţifică în scopuri paşnice pe baza egalităţii în drepturi şi avantajului reciproc, utilizînd realizările ştiinţei şi tehnicii moderne.

Articolul 8

1. Părţile Contractante atribuie o importanţă mare colaborării pe bază de parteneriat dintre unităţile administrativ-teritoriale corespunzătoare şi organele autoadministrării locale.

2. Părţile Contractante, potrivit legislaţiei proprii, vor facilita şi vor susţine o asemenea colaborare în diverse domenii, în special în domeniul comercial-economic, social, ecologic şi cultural-umanitar.

3. Părţile Contractante vor tinde spre soluţionarea problemelor de drept, administrative sau tehnice, ce pot împiedica dezvoltarea şi realizarea favorabilă a colaborării internaţionale.

4. În caz de necesitate vor fi încheiate acorduri corespunzătoare de colaborare în domeniile menţionate în prezentul articol.

Articolul 9

1. Părţile Contractante vor colabora în scopul dezvoltării şi perfecţionării comunicaţiilor de transport bilaterale şi de tranzit şi a infrastructurii respective în toate domeniile transportului.

2. Părţile Contractante vor întreprinde măsuri în scopul modernizării şi perfecţionării sistemelor de telecomunicaţii, în special a comunicaţiilor telefonice, telex şi transmiterii electronice a informaţiei.

3. Părţile Contractante vor contribui la colaborarea în domeniul transportului şi comunicaţiilor atît în Europa, cît şi în alte părţi ale lumii.

4. Organele de resort ale Părţilor Contractante pot încheia acorduri separate în aceste domenii în conformitate cu standardele şi normele internaţionale.

Articolul 10

1. Părţile Contractante vor colabora activ în domeniul protecţiei mediului ambiant şi al folosirii raţionale a resurselor naturale în scopul asigurării echilibrului ecologic permanent în regiune. Ele vor contribui şi vor crea condiţii pentru ameliorarea mediului înconjurător, a spaţiului acvatic şi aerian, a solului şi pădurilor, inclusiv a regnului animal şi vegetal. Părţile Contractante vor depune eforturi pentru neadmiterea poluării chimice, radioactive şi a altor poluări, vor tinde spre limitarea şi lichidarea lor efectivă. Ele vor colabora de asemenea în domeniul elaborării şi aplicării producţiilor şi tehnologiilor ecologic pure.

2. Părţile Contractante vor colabora şi îşi vor acorda ajutor mutual în scopul prevenirii şi lichidării pericolelor ecologice şi calamităţilor naturale. Ele se vor informa reciproc şi neîntîrziat asupra unor asemenea pericole şi calamităţi sau asupra posibilităţii apariţiei lor.

3. Organele de resort ale Părţilor Contractante vor încheia acorduri speciale privind securitatea ecologică şi colaborarea potrivit standardelor internaţionale.

4. Părţile Contractante vor participa la elaborarea unei strategii coordonate de protecţie a mediului ambiant în Europa şi în lume.

Articolul 11

1. Părţile Contractante vor susţine dezvoltarea multilaterală a colaborării în domeniul culturii, ştiinţei şi învăţămîntului în baza standardelor universale şi europene existente prevăzute, în special, în convenţiile UNESCO, în documentele Conferinţei pentru Securitate şi Cooperare în Europa.

2. Părţile Contractante vor încheia acorduri interguvernamentale privind colaborarea în domeniul culturii, ştiinţei şi învăţămîntului, vor intensifica şi extinde schimburile culturale în toate domeniile şi la toate nivelurile. Ele vor susţine îndeosebi colaborarea între uniunile de creaţie, instituţiile şi organizaţiile culturale, precum şi contactele nemijlocite dintre reprezentanţii polonezi şi moldoveni ai artei, culturii şi ştiinţei.

Articolul 12

Fiecare dintre Părţile Contractante îşi reafirmă disponibilitatea de a crea tuturor persoanelor interesate condiţiile necesare pentru accesul la limba şi cultura celeilalte Părţi Contractante şi va susţine iniţiativele instituţiilor statale şi particulare în acest sens.

Articolul 13

1. Părţile Contractante vor conlucra în scopul dezvoltării colaborării între şcoli, instituţii de învăţămînt superior şi instituţii de diferite tipuri, în special prin intermediul schimburilor de elevi, studenţi, bursieri şi cercetători ştiinţifici.

2. Părţile Contractante vor colabora în domeniul schimburilor, pregătirii şi perfecţionării cadrelor didactice, precum şi în domeniul elaborării şi schimbului de manuale.

3. Părţile Contractante îşi confirmă intenţia de a recunoaşte reciproc durata de studii şi diplomele şcolilor şi instituţiilor de învăţămînt superior de diverse niveluri, precum şi gradele ştiinţifice.

Articolul 14

Părţile Contractante vor colabora în domeniul radiodifuziunii, televiziunii şi agenţiilor de informaţii.
Fiecare dintre Părţile Contractante va facilita difuzarea presei, cărţilor, emisiunilor audiovizualului ale celeilalte Părţi Contractante.

Articolul 15

Părţile Contractante vor contribui la dezvoltarea contactelor dintre cetăţenii lor, precum şi între organizaţii obşteşti, partide politice, uniuni profesionale, biserici şi confesiuni religioase, organizaţii sportive, fundaţii şi alte organizaţii obşteşti şi asociaţii.

Articolul 16

1. Părţile Contractante, în conformitate cu standardele internaţionale, inclusiv cu documentele CSCE, confirmă, că cetăţenii Republicii Polonia de provenienţă moldovenească şi cetăţenii Republicii Moldova de provenienţă poloneză se bucură de aceleaşi drepturi şi libertăţi de rînd cu ceilalţi cetăţeni ai acestor state şi recunosc dreptul acestor persoane la libera exprimare, păstrare şi dezvoltare a identităţii lor etnice, culturale, lingvistice şi religioase fără nici o discriminare şi în condiţii de deplină egalitate în faţa legii.

2. Părţile Contractante sînt de acord cu faptul că persoanele menţionate în alineatul 1 sînt obligate să respecte legislaţia ţărilor de reşedinţă.

Articolul 17

1. Părţile Contractante vor susţine colaborarea multilaterală în domeniul ocrotirii sănătăţii şi al igienei, în special al profilaxiei şi combaterii maladiilor infecţioase.

2. Părţile Contractante vor năzui spre o colaborare fructuoasă în domeniul muncii, asigurărilor şi protecţiei sociale.

Articolul 18

1. Părţile Contractante vor conlucra în problemele de asistenţă juridică şi dezvoltare a relaţiilor de drept în cazuri civile, penale şi de familie.

2. Părţile Contractante vor colabora în combaterea criminalităţii organizate, terorismului, criminalităţii economice şi penale, fabricării şi punerii în circulaţie a mijloacelor de plată false, traficului de stupefiante, comerţului ilegal cu arme şi opere de artă, violării securităţii traficului aerian civil şi maritim, precum şi a migraţiunii ilegale.

Articolul 19

Prezentul Tratat va fi înregistrat la secretariatul Organizaţiei Naţiunilor Unite în conformitate cu Articolul 102 al Cartei Organizaţiei Naţiunilor Unite.

Articolul 20

1. Prezentul Tratat va fi supus ratificării şi va intra în vigoare la data schimbului instrumentelor de ratificare.

2. Prezentul Tratat se încheie pe un termen de 10 ani. După expirarea acestui termen acţiunea lui se prelungeşte în mod automat de fiecare dată pentru un termen de încă 5 ani, dacă nici una dintre Părţile Contractante nu-l denunţă printr-o notă, într-un termen de cel puţin un an înaintea datei expirării valabilităţii acestuia.

Intocmit la Varşovia la 15 noiembrie 1994 în două exemplare originale, fiecare în limba poloneză şi în limba moldovenească, ambele texte avînd aceeaşi valoare.

PENTRU
REPUBLICA POLONIA

PENTRU
REPUBLICA MOLDOVA

M. Snegur

[TEXT IN POLISH – TEXTE EN POLONAIS]

TRAKTAT

między Rzecząpospolitą Polską a Republiką Mołdowa o przyjaźni i współpracy

Rzeczpospolita Polska i Republika Mołdowa, nazywane dalej Umawiającymi się Stronami:

— kierując się celami i zasadami Karty Narodów Zjednoczonych,

— potwierdzając przywiązanie do zasad zawartych w Akcie końcowym Konferencji Bezpieczeństwa i Współpracy w Europie, Paryskiej Karcie Nowej Europy oraz w innych dokumentach współpracy ogólnoeuropejskiej,

— przekonane o konieczności przezwyciężenia podziału Europy oraz stworzenia sprawiedliwego i trwałego ładu europejskiego,

— świadome wspólnoty swoich interesów i współodpowiedzialności za pokój, bezpieczeństwo, porozumienie i współpracę w demokratycznej, wolnej i szanującej prawa człowieka Europie,

— doceniając znaczenie stosunków polsko-mołdowskich dla współpracy na kontynencie europejskim, w tym w Europie Środkowo-Wschodniej,

— wyrażając gotowość współpracy zarówno na płaszczyźnie dwustronnej, jak i w ramach organizacji i instytucji międzynarodowych,

— pomne historycznych związków i tradycji przyjaźni między Polską a Mołdową,

— dążąc do stworzenia dobrosąsiedzkich stosunków i rozwoju owocnej współpracy

uzgodniły, co następuje:

Artykuł 1

1. Umawiające się Strony kształtują swoje stosunki w duchu wzajemnego szacunku, zaufania, równouprawnienia i partnerstwa, opierając się na prymacie prawa międzynarodowego, a także na zasadach poszanowania suwerenności, nienaruszalności granic, integralności terytorialnej oraz nieingerencji w sprawy wewnętrzne.

2. Umawiające się Strony w ramach organizacji i instytucji międzynarodowych będą dążyć do stworzenia sprzyjających warunków dla rozwoju współpracy i przyjaznych stosunków w tej części Europy.

Artykuł 2

1. Umawiające się Strony, zgodnie z zasadami Karty Narodów Zjednoczonych, zobowiązują się rozwiązy-

wać spory między nimi wyłącznie środkami pokojowymi i potwierdzają, że powstrzymują się od użycia siły lub groźby jej użycia w stosunkach wzajemnych.

2. Każda z Umawiających się Stron gwarantuje, że działalność jej sił zbrojnych na swoim terytorium będzie zgodna z Kartą Narodów Zjednoczonych, Aktem końcowym Konferencji Bezpieczeństwa i Współpracy w Europie, Paryską Kartą Nowej Europy i innymi dokumentami Konferencji Bezpieczeństwa i Współpracy w Europie.

Artykuł 3

1. Umawiające się Strony, stosownie do postanowień zawartych w dokumentach Konferencji Bezpieczeństwa i Współpracy w Europie, będą współdziałać w celu utrzymania i umocnienia bezpieczeństwa i zaufania na kontynencie europejskim.

2. Umawiające się Strony dla osiągnięcia celów wymienionych w ustępie 1 niniejszego artykułu będą wykorzystywać istniejące mechanizmy ogólnoeuropejskie, a także w koniecznych wypadkach będą proponowały i popierały nowe inicjatywy w powyższych dziedzinach.

Artykuł 4

1. Umawiające się Strony będą aktywnie wspierać proces rozbrojenia jądrowego oraz całkowitą i powszechną likwidację broni chemicznej i biologicznej. Umawiające się Strony uważają, że redukcja zbrojeń konwencjonalnych do stopnia wystarczającego do obrony będzie prowadziła do utrwalenia stabilności i bezpieczeństwa w Europie.

2. Zgodnie z Układem o nierozprzestrzenianiu broni jądrowej Umawiające się Strony będą współdziałać na rzecz zapobiegania rozprzestrzenianiu tej broni w świecie, w szczególności w Europie Środkowej i Wschodniej.

3. Umawiające się Strony podejmą działania w celu zagwarantowania kontroli eksportu towarów i technologii, które mogą być wykorzystywane do produkcji broni jądrowych, chemicznych i biologicznych.

4. Umawiające się Strony będą rozwijać współpracę między resortami obrony na podstawie odrębnych porozumień.

Artykuł 5

1. W przypadku powstania sporów lub sytuacji, które zdaniem jednej z Umawiających się Stron zagrażają lub mogą zagrażać utrzymaniu pokoju lub bezpieczeństwa w świecie albo naruszają ład międzynarodowy, w szczególności gdy takie spory lub sytuacje dotyczą obu Umawiających się Stron, Umawiające się Strony niezwłocznie przeprowadzą stosowne konsultacje w celu poszukiwania możliwych środków uregulowania sporów lub powstałych sytuacji, zgodnie z Kartą Narodów Zjednoczonych.

2. W razie gdyby państwo trzecie lub państwa trzecie dokonały zbrojnej napaści na jedną z Umawiających się Stron, druga Umawiająca się Strona zobowiązuje się nie udzielać jakiejkolwiek pomocy i poparcia takiemu państwu lub państwom przez cały czas trwania konfliktu zbrojnego oraz będzie działać na rzecz uregulowania tego konfliktu zgodnie z Kartą Narodów Zjednoczonych i dokumentami Konferencji Bezpieczeństwa i Współpracy w Europie.

Artykuł 6

1. Spotkania szefów państw i rządów Umawiających się Stron będą się odbywać w każdym przypadku, gdy uznają one to za celowe.

2. Ministrowie spraw zagranicznych Umawiających się Stron będą odbywać konsultacje w sprawach będących przedmiotem wzajemnego zainteresowania.

3. Umawiające się Strony będą rozwijać kontakty między organami władzy i administracji państwowej oraz parlamentami.

Artykuł 7

1. Umawiające się Strony będą sprzyjać rozwojowi wzajemnie korzystnej współpracy gospodarczej i handlowej, opartej na zasadach rynkowych, i zapewnią dogodne warunki dla takiej współpracy w dziedzinach ochrony inwestycji, technologii, prawa patentowego i autorskiego, przepływu kapitałów, siły roboczej, towarów i usług. W tym celu mogą być zawarte stosowne porozumienia.

2. Umawiające się Strony będą ułatwiać rozwój współpracy przedsiębiorstw państwowych i prywatnych oraz innych podmiotów gospodarczych. W szczególności będą popierać rozwój kooperacji inwestycyjnej i kapitałowej przedsiębiorstw polskich i mołdowskich. Szczególna uwaga będzie skierowana na współpracę małych i średnich przedsiębiorstw.

3. Umawiające się Strony będą dokonywać wymiany doświadczeń oraz udzielać sobie pomocy w szkoleniu i innej pomocy w procesie budowania i doskonalenia gospodarki rynkowej.

4. Umawiające się Strony będą rozwijać dwustronną współpracę naukową i techniczną na zasadach równouprawnienia i wzajemnych korzyści, wykorzystując możliwości nowoczesnej nauki i techniki.

Artykuł 8

1. Umawiające się Strony przywiązują duże znaczenie do współpracy między odpowiednimi jednostkami terytorialno-administracyjnymi i organami samorządowymi.

2. Umawiające się Strony będą zgodnie z własnym ustawodawstwem ułatwiać i podtrzymywać taką współpracę w różnych dziedzinach, w szczególności handlowo-ekonomicznej, socjalnej, ekologicznej, kulturalnej i humanitarnej.

3. Umawiające się Strony będą dążyć do rozwiązywania kwestii prawnych, administracyjnych i technicznych, które mogłyby utrudnić rozwój i pomyślną realizację współpracy międzyregionalnej.

4. W razie potrzeby będą podpisane odpowiednie porozumienia o współpracy w dziedzinach wymienionych w niniejszym artykule.

Artykuł 9

1. Umawiające się Strony będą współpracować w celu rozwoju i doskonalenia wzajemnych i tranzytowych połączeń transportowych i związanej z nimi infrastruktury we wszystkich dziedzinach transportu.

2. Umawiające się Strony będą podejmować kroki na rzecz modernizacji i doskonalenia połączeń telekomunikacyjnych, w szczególności połączeń telefonicznych, teleksowych i elektronicznego przekazywania informacji.

3. Umawiające się Strony będą sprzyjać współpracy w dziedzinie transportu i łączności tak w Europie, jak i w innych częściach świata.

4. Właściwe organy Umawiających się Stron mogą zawierać odrębne umowy w tym zakresie, odpowiadające standardom i normom międzynarodowym.

Artykuł 10

1. Umawiające się Strony będą ściśle współpracować w dziedzinie ochrony środowiska i racjonalnego wykorzystania zasobów naturalnych w celu zapewnienia stałej równowagi ekologicznej w regionie. Strony będą przyczyniać się do tworzenia warunków dla poprawy stanu środowiska, w tym wód i powietrza, gleb i lasów oraz ochrony flory i fauny. Umawiające się Strony będą przeciwdziałać zanieczyszczeniom chemicznym, radioaktywnym i innym oraz będą dążyć do ich skutecznego ograniczenia. Strony będą także współpracować w dziedzinie opracowania i zastosowania ekologicznie czystych technologii i produkcji.

2. Umawiające się Strony będą współpracować i okazywać sobie pomoc w celu zapobiegania i likwidacji zagrożeń ekologicznych i klęsk żywiołowych. Będą niezwłocznie informować się wzajemnie o takich zagrożeniach i klęskach lub o możliwości ich powstania.

3. Właściwe organy Umawiających się Stron zawrą stosowne porozumienia dotyczące bezpieczeństwa ekologicznego i współpracy, zgodnie ze standardami międzynarodowymi.

4. Umawiające się Strony będą uczestniczyć w tworzeniu skoordynowanej strategii ochrony środowiska naturalnego w Europie i na świecie.

Artykuł 11

1. Umawiające się Strony będą popierać wszechstronny rozwój współpracy w dziedzinie kultury, nauki i oświaty na podstawie istniejących światowych i europejskich standardów, w szczególności określonych w konwencjach UNESCO, a także w dokumentach Konferencji Bezpieczeństwa i Współpracy w Europie.

2. Umawiające się Strony zawrą umowy międzyrządowe o współpracy w dziedzinie kultury, nauki i oświaty, a także będą intensyfikować i rozbudowywać wymianę kulturalną we wszystkich dziedzinach na wszystkich szczeblach. Strony będą w szczególności popierać współpracę między stowarzyszeniami twórców i artystów oraz instytucjami i organizacjami kulturalnymi, a także bezpośrednie kontakty pomiędzy polskimi i mołdowskimi przedstawicielami sztuki, kultury i nauki.

Artykuł 12

Każda z Umawiających się Stron potwierdza swą gotowość do umożliwienia wszystkim zainteresowanym osobom pełnego dostępu do języka i kultury drugiej Umawiającej się Strony i będzie popierać odpowiednie państwowe oraz prywatne inicjatywy i instytucje.

Artykuł 13

1. Umawiające się Strony będą współdziałać na rzecz rozwoju współpracy pomiędzy różnymi rodzajami szkół, uczelni oraz instytucji naukowych, między innymi poprzez wymianę uczniów, studentów, stypendystów i pracowników naukowych.

2. Umawiające się Strony będą współpracować w wymianie, kształceniu i doskonaleniu zawodowym pracowników dydaktycznych oraz w rozwijaniu i udostępnianiu podręczników naukowych.

3. Umawiające się Strony potwierdzają zamiar uznawania okresów studiów, dyplomów szkół i uczelni różnego szczebla oraz tytułów naukowych.

Artykuł 14

Umawiające się Strony będą współdziałać w dziedzinie radia, telewizji i agencji prasowych. Każda z Umawiających się Stron będzie ułatwiać rozpowszechnianie prasy, książek i przekazów audiowizualnych drugiej Umawiającej się Strony.

Artykuł 15

Umawiające się Strony będą sprzyjać rozwojowi kontaktów zarówno między ich obywatelami, jak również między organizacjami społecznymi, partiami politycznymi, związkami zawodowymi, kościołami i związkami wyznaniowymi, organizacjami sportowymi, fundacjami oraz innymi organizacjami i zrzeszeniami społecznymi.

Artykuł 16

1. Umawiające się Strony, zgodnie ze standardami międzynarodowymi, w tym dokumentami KBWE, potwierdzają, że obywatele Rzeczypospolitej Polskiej pochodzenia mołdowskiego i obywatele Republiki Mołdowa pochodzenia polskiego korzystają z praw i wolności na równi z innymi obywatelami tych państw, oraz uznają prawo tych osób do swobodnego wyrażania, zachowania i rozwoju swojej tożsamości etnicznej, kulturowej, językowej i religijnej bez jakiejkolwiek dyskryminacji i w warunkach pełnej równości wobec prawa.

2. Umawiające się Strony zgodne są co do tego, że osoby, o których mowa w ustępie 1 niniejszego artykułu, powinny przestrzegać przepisów prawnych państwa swego zamieszkania.

Artykuł 17

1. Umawiające się Strony będą popierać wszechstronną współpracę w dziedzinie ochrony zdrowia i higieny, w szczególności w zakresie zapobiegania chorobom zakaźnym i ich zwalczania.

2. Umawiające się Strony będą dążyć do ścisłej współpracy w dziedzinie pracy, ubezpieczeń i opieki społecznej.

Artykuł 18

1. Umawiające się Strony będą współpracować w kwestiach pomocy prawnej i rozwoju stosunków prawnych w sprawach cywilnych, karnych i rodzinnych.

2. Umawiające się Strony będą współpracować w zwalczaniu zorganizowanej przestępczości, terroryzmu, przestępczości gospodarczej i kryminalnej, w szczególności wytwarzania i wprowadzania do obiegu fałszywych środków płatniczych, nielegalnego handlu narkotykami, bronią oraz dziełami sztuki, bezprawnych naruszeń bezpieczeństwa cywilnej żeglugi powietrznej i morskiej, a także nielegalnej migracji.

Artykuł 19

Niniejszy traktat będzie zarejestrowany w Sekretariacie Organizacji Narodów Zjednoczonych zgodnie z artykułem 102 Karty Narodów Zjednoczonych.

Artykuł 20

1. Niniejszy traktat podlega ratyfikacji i wejdzie w życie w dniu wymiany dokumentów ratyfikacyjnych.

2. Niniejszy traktat zostaje zawarty na okres 10 lat. Po tym terminie jego ważność ulega automatycznemu przedłużeniu każdorazowo na okres pięcioletni, jeżeli żadna z Umawiających się Stron nie wypowie go w drodze notyfikacji najpóźniej na rok przed upływem danego okresu obowiązywania.

Sporządzono w Warszawie dnia 15 listopada 1994 r. w dwóch egzemplarzach, każdy w językach polskim i mołdowskim, przy czym obydwa teksty mają jednakową moc.

Za Rzeczpospolitą Polską	Za Republikę Mołdowa
L. Wałęsa	*M. Snegur*

Po zaznajomieniu się z powyższym traktatem, w imieniu Rzeczypospolitej Polskiej oświadczam, że:

— został on uznany za słuszny zarówno w całości, jak i każde z postanowień w nim zawartych,

— jest przyjęty, ratyfikowany i potwierdzony,

— będzie niezmiennie zachowywany.

Na dowód czego wydany został akt niniejszy, opatrzony pieczęcią Rzeczypospolitej Polskiej.

Dano w Warszawie dnia 15 lutego 1995 r.

Prezydent Rzeczypospolitej Polskiej: *L. Wałęsa*

L.S.

Minister Spraw Zagranicznych: *A. Olechowski*

[TRANSLATION IN ENGLISH – TRADUCTION EN ANGLAIS]

AGREEMENT BETWEEN THE REPUBLIC OF POLAND AND THE REPUBLIC OF MOLDOVA ON FRIENDSHIP AND COOPERATION

The Republic of Poland and the Republic of Moldova, hereinafter referred to as the "Contracting Parties",

Adhering to the purposes and principles of the Charter of the United Nations,

Reaffirming their commitment to the principles contained in the Final Act of the Conference on Security and Cooperation in Europe, the Charter of Paris for a New Europe and other documents on pan-European cooperation,

Convinced of the need to overcome the division of Europe and establish a just and lasting European order,

Aware of the common interest in and shared responsibility for peace, security, agreement and cooperation in a Europe that is democratic and free and that respects human rights,

Appreciating the importance of Polish-Moldovan relations for cooperation on the European continent, including in Central and Eastern Europe,

Expressing their readiness to collaborate both at the bilateral level and in international organizations and institutions,

Mindful of the historical ties and tradition of friendship between Poland and Moldova,

Striving for the establishment of good-neighbourly relations and the development of fruitful cooperation,

Have agreed as follows:

Article 1

1. The Contracting Parties shall build their relations in the spirit of mutual respect, trust, equality and partnership, relying on the primacy of international law, and the principles of respect for sovereignty, the inviolability of borders, territorial integrity and non-interference in the internal affairs of others.

2. The Contracting Parties shall endeavour, within international organizations and institutions, to establish favourable conditions for the development of cooperation and friendly relations in that part of Europe.

Article 2

1. In accordance with the principles of the Charter of the United Nations, the Contracting Parties undertake to settle any disputes between them exclusively through peaceful means and affirm that they shall refrain from the use of force or the threat of the use of force in their relations with each other.

2. Each Contracting Party shall guarantee that actions by its armed forces in its own territory shall be in compliance with the Charter of the United Nations, the Final Act of the Conference on

Security and Cooperation in Europe, the Charter of Paris for a New Europe and other documents of the Conference on Security and Cooperation in Europe.

Article 3

1. The Contracting Parties, in accordance with the provisions contained in the documents of the Conference on Security and Cooperation in Europe, shall collaborate to maintain and strengthen security and trust on the European continent.

2. The Contracting Parties shall use existing pan-European mechanisms and, if necessary, shall propose and support new initiatives in the areas mentioned above to achieve the goals referred to in paragraph 1 of this article.

Article 4

1. The Contracting Parties shall actively support the nuclear disarmament process and the complete and universal elimination of chemical and biological weapons. The Contracting Parties consider that the reduction of conventional arms to a level sufficient for defence would lead to the consolidation of stability and security in Europe.

2. In accordance with the Treaty on the Non-Proliferation of Nuclear Weapons, the Contracting Parties shall work together to prevent the proliferation of such weapons in the world and especially in Central and Eastern Europe.

3. The Contracting Parties shall take measures to ensure exports controls on goods and technology that may be used to produced nuclear, chemical and biological weapons.

4. The Contracting Parties shall develop cooperation between their Ministries of Defence on the basis of separate agreements.

Article 5

1. If disputes or situations arise that, in the belief of one of the Contracting Parties, jeopardize or are liable to jeopardize the maintenance of peace or security in the world or to disrupt the international order, in particular if those disputes or situations involve both Contracting Parties, the Contracting Parties shall conduct relevant consultations without delay to seek possible means of resolving the dispute or situation that has arisen, in accordance with the Charter of the United Nations.

2. In the event of armed aggression against one of the Contracting Parties by a third State or third States, the other Contracting Party shall not provide any kind of assistance and support to that State or those States for the entire duration of the armed conflict and shall act to settle the conflict in accordance with the Charter of the United Nations and the documents of the Conference on Security and Cooperation in Europe.

Article 6

1. Meetings between the Heads of State and Government of the Contracting Parties shall be held whenever they deem appropriate.

2. The Ministers of Foreign Affairs of the Contracting Parties shall hold consultations on matters of mutual interest.

3. The Contracting Parties shall develop contacts between state authorities, administrative bodies and parliaments.

Article 7

1. The Contracting Parties shall foster the development of mutually beneficial economic and trade cooperation based on market principles and shall ensure favourable conditions for such cooperation in the fields of investment protection, technology, patents and copyrights, and the movement of capital, workers, goods and services. Separate agreements may be concluded to that end.

2. The Contracting Parties shall facilitate the development of cooperation between State and private enterprises, and other economic entities. In particular, they shall support the development of cooperation related to investment and capital between Polish and Moldovan companies. Special attention shall be paid to cooperation between small and medium-sized companies.

3. The Contracting Parties shall exchange experiences and provide each other with assistance in training and in other areas, as part of the process of building and improving a market economy.

4. The Contracting Parties shall develop bilateral scientific and technical cooperation on the basis of the principles of equality and mutual benefit, making use of the possibilities of scientific and technological advances.

Article 8

1. The Contracting Parties attach considerable importance to cooperation between relevant territorial and administrative units and self-governing bodies.

2. The Contracting Parties shall, in accordance with their laws, facilitate and continue such cooperation in various areas, in particular in the commercial and economic, social, environmental, cultural and humanitarian fields.

3. The Contracting Parties shall endeavour to resolve legal, administrative and technical issues that could impede the development and the successful conduct of interregional cooperation.

4. Corresponding agreements shall be signed on cooperation in the fields referred to in this article as needed.

Article 9

1. The Contracting Parties shall work together to foster and improve bilateral transport and transit connections and related infrastructure in all areas of transport.

2. The Contracting Parties shall take steps to modernize and improve telecommunications connections, in particular telephone and telefax connections, as well as the electronic transmission of information.

3. The Contracting Parties shall promote cooperation in transportation and connections both in Europe and in other parts of the world.

4. The competent bodies of the Contracting Parties may conclude separate agreements in that regard, in accordance with international standards and norms.

Article 10

1. The Contracting Parties shall cooperate closely on the protection of the environment and the rational use of natural resources in order to ensure a constant environmental balance in the region. The Parties shall contribute to creating the conditions for improving the state of the environment, including with regard to water, air, soils and forests and the protection of flora and fauna. The Contracting Parties shall counter chemical, radioactive and other pollution and strive for their effective restriction. The Parties shall also work together to design and apply environmentally-friendly technology and production methods.

2. The Contracting Parties shall cooperate and provide each other with assistance in order to prevent and eradicate environmental threats and natural disasters. They shall inform each other of such threats and disasters, and of the possibility of them occurring, without delay.

3. The competent authorities of the Contracting Parties shall conclude appropriate agreements on environmental safety and cooperation in accordance with international standards.

4. The Contracting Parties shall be involved in creating a coordinated strategy on the protection of the natural environment in Europe and the world.

Article 11

1. The Contracting Parties shall support the comprehensive development of cooperation in the areas of culture, science and education, on the basis of existing global and European standards, in particular those set out in UNESCO Conventions, and also in the documents of the Conference on Security and Cooperation in Europe.

2. The Contracting Parties shall conclude international agreements on cooperation in the areas of culture, science and education, and shall also intensify and increase cultural exchange in all fields and at all levels. The Parties shall, in particular, support cooperation among associations of creators and artists and cultural institutions and organizations, and also direct communication between Polish and Moldovan representatives of art, culture and science.

Article 12

Each Contracting Party affirms its readiness to facilitate full access for all interested parties to the language and culture of the other Contracting Party, and shall support relevant national and private initiatives and institutions.

Article 13

1. The Contracting Parties shall develop cooperation among different types of schools, universities and scientific institutions, including through exchanges of academics, students, scholarship holders, and researchers.

2. The Contracting Parties shall cooperate in the exchange, training and professional development of teaching staff as well as in the development and provision of scientific textbooks.

3. The Contracting Parties affirm their intention to recognize periods of study diplomas from various levels of schools and universities, as well as academic titles.

Article 14

The Contracting Parties shall cooperate with regard to radio, television and press agencies. Each Contracting Party shall facilitate the dissemination of newspapers, books and audiovisual materials of the other Contracting Party.

Article 15

The Contracting Parties shall foster the development of communication both between their nationals and among social organizations, political parties, trade unions, churches and religious groups, sports organizations, foundations and other community-based organizations and associations.

Article 16

1. The Contracting Parties, in accordance with international standards, including the documents of the Conference on Cooperation and Security in Europe, reaffirm that nationals of the Republic of Poland of Moldovan origin and nationals of the Republic of Moldova of Polish origin shall enjoy rights and freedoms on an equal footing with the other nationals of those States, and recognize the right of those persons to freedom of expression, and to preserve and develop their ethnic, cultural, linguistic and religious identity free from any kind of discrimination and in conditions of full equality before the law.

2. The Contracting Parties agree that the persons referred to in paragraph 1 of this article shall abide by the legal provisions of the State in which they live.

Article 17

1. The Contracting Parties shall encourage comprehensive cooperation in the fields of health care and sanitary hygiene, particularly in the prevention and control of infectious diseases.

2. The Contracting Parties shall endeavour to cooperate closely in the areas of labour, insurance and social welfare.

Article 18

1. The Contracting Parties shall cooperate in matters of legal assistance and in the development of legal relations in civil, criminal and family matters.

2. The Contracting Parties shall cooperate to combat organized crime, terrorism, economic and other crime, in particular the production and circulation of counterfeit means of payment, trafficking in drugs, arms and art, unlawful interference with the security of civil air and sea navigation and illegal migration.

Article 19

This Agreement shall be registered with the Secretariat of the United Nations in accordance with Article 102 of the Charter of the United Nations.

Article 20

1. This Agreement is subject to ratification and shall enter into force on the day on which the instruments of ratification are exchanged.

2. This Agreement shall remain in force for 10 years. Thereafter, it shall be automatically extended for periods of five years, provided that neither of the Contracting Parties has terminated it by means of a notification sent no later than one year before the period in question has elapsed.

DONE at Warsaw on 15 November 1994 in two copies, each in the Polish and Moldovan languages, both texts being equally authentic.

For the Republic of Poland:
L. WAŁĘSA

For the Republic of Moldova:
M. SNEGUR

[TRANSLATION IN FRENCH – TRADUCTION EN FRANÇAIS]

ACCORD D'AMITIÉ ET DE COOPÉRATION ENTRE LA RÉPUBLIQUE DE POLOGNE ET LA RÉPUBLIQUE DE MOLDOVA

La République de Pologne et la République de Moldova, ci-après dénommées les « Parties contractantes »,

Adhérant aux buts et aux principes de la Charte des Nations Unies,

Réaffirmant leur attachement aux principes consacrés dans l'Acte final de la Conférence sur la sécurité et la coopération en Europe, dans la Charte de Paris pour une nouvelle Europe et dans d'autres documents relatifs à la coopération paneuropéenne,

Convaincues de la nécessité de surmonter la division de l'Europe et d'établir un ordre européen juste et durable,

Conscientes de leur intérêt commun et de leur responsabilité partagée en ce qui concerne la paix, la sécurité, l'entente et la coopération dans une Europe démocratique et libre qui respecte les droits de la personne,

Conscientes de l'importance des relations entre la Pologne et la République de Moldova en matière de coopération sur le continent européen, y compris en Europe centrale et orientale,

Exprimant leur volonté de collaborer tant au niveau bilatéral qu'au sein des organisations et institutions internationales,

Conscientes des liens historiques existants et de la tradition d'amitié entre la Pologne et République de Moldova,

S'efforçant d'établir des relations de bon voisinage et de développer une coopération fructueuse,

Sont convenues de ce qui suit :

Article premier

1. Les Parties contractantes établissent leurs relations dans un esprit de respect mutuel, de confiance, d'égalité et de partenariat, en se fondant sur la primauté du droit international et sur les principes du respect de la souveraineté, de l'inviolabilité des frontières, de l'intégrité territoriale et de la non-ingérence dans les affaires intérieures des autres.

2. Les Parties contractantes s'efforcent, au sein des organisations et institutions internationales, de créer des conditions favorables au renforcement de la coopération et à l'instauration de relations amicales dans cette partie de l'Europe.

Article 2

1. Les Parties contractantes, conformément aux principes de la Charte des Nations Unies, s'engagent à régler les différends entre elles exclusivement par des moyens pacifiques, et affirment qu'elles s'abstiennent de recourir à la force ou à la menace du recours à la force dans leurs relations mutuelles.

2. Chaque Partie contractante garantit que les actions de ses forces armées sur son propre territoire sont conformes à la Charte des Nations Unies, à l'Acte final de la Conférence sur la sécurité et la coopération en Europe, à la Charte de Paris pour une nouvelle Europe et aux autres documents de la Conférence sur la sécurité et la coopération en Europe.

Article 3

1. Les Parties contractantes, conformément aux dispositions contenues dans les documents de la Conférence sur la sécurité et la coopération en Europe, collaborent pour maintenir et renforcer la sécurité et la confiance sur le continent européen.

2. Les Parties contractantes utilisent les mécanismes paneuropéens existants et, le cas échéant, proposent et appuient de nouvelles initiatives dans les domaines mentionnés ci-dessus afin d'atteindre les objectifs visés au paragraphe 1 du présent article.

Article 4

1. Les Parties contractantes soutiennent activement le processus de désarmement nucléaire et l'élimination complète et universelle des armes chimiques et biologiques. Les Parties contractantes considèrent que la réduction des armements conventionnels à un niveau suffisant pour la défense conduirait à la consolidation de la stabilité et de la sécurité en Europe.

2. Les Parties contractantes, conformément au Traité sur la non-prolifération des armes nucléaires, collaborent pour empêcher la prolifération de ces armes dans le monde, notamment en Europe centrale et orientale.

3. Les Parties contractantes prennent des mesures en vue d'assurer le contrôle de l'exportation de marchandises et de technologies susceptibles d'être utilisées pour produire des armes nucléaires, chimiques et biologiques.

4. Les Parties contractantes développent la coopération entre leurs Ministères de la défense sur la base d'accords distincts.

Article 5

1. S'il se produit des différends ou des situations qui, de l'avis de l'une des Parties contractantes, compromettent ou sont susceptibles de compromettre le maintien de la paix ou de la sécurité dans le monde ou de perturber l'ordre international, en particulier si ces différends ou situations concernent les deux Parties contractantes, ces dernières tiennent sans délai des consultations pertinentes afin de rechercher les moyens possibles de résoudre le différend ou la situation, conformément à la Charte des Nations Unies.

2. En cas d'agression armée dirigée par un ou plusieurs États tiers contre l'une des Parties contractantes, l'autre Partie contractante ne fournit aucune aide ni aucun soutien à cet État ou à ces États pendant toute la durée du conflit armé et s'efforce de régler le conflit conformément à la Charte des Nations Unies et aux textes de la Conférence sur la sécurité et la coopération en Europe.

Article 6

1. Des réunions entre les chefs d'État et de gouvernement des Parties contractantes se tiennent chaque fois qu'elles le jugent opportun.

2. Les Ministres des affaires étrangères des Parties contractantes se consultent sur des questions d'intérêt commun.

3. Les Parties contractantes développent les contacts entre les autorités publiques, les organes administratifs et les parlements.

Article 7

1. Les Parties contractantes favorisent le développement d'une coopération économique et commerciale mutuellement bénéfique fondée sur les principes du marché, et garantissent des conditions favorables à cette coopération dans les domaines de la protection des investissements, de la technologie, des brevets et des droits d'auteur, ainsi que de la circulation des capitaux, des travailleurs, des biens et des services. Des accords distincts peuvent être conclus à cette fin.

2. Les Parties contractantes facilitent le développement de la coopération entre les entreprises publiques et privées et d'autres entités économiques. Elles soutiennent notamment le développement de la coopération en matière d'investissements et de capitaux entre les entreprises polonaises et moldaves. Une attention particulière est accordée à la coopération entre les petites et moyennes entreprises.

3. Les Parties contractantes échangent leurs expériences et se prêtent mutuellement assistance en matière de formation et dans d'autres domaines, dans le cadre du processus de mise en place et d'amélioration d'une économie de marché.

4. Les Parties contractantes développent une coopération scientifique et technique bilatérale sur la base des principes d'égalité et de bénéfice mutuel, en tirant parti des possibilités offertes par les progrès scientifiques et technologiques.

Article 8

1. Les Parties contractantes attachent une importance considérable à la coopération entre les unités territoriales et administratives compétentes et les organes autonomes.

2. Les Parties contractantes, conformément à leur législation, facilitent et poursuivent cette coopération dans divers domaines, notamment dans les domaines commerciaux et économiques, sociaux, environnementaux, culturels et humanitaires.

3. Les Parties contractantes s'efforcent de résoudre les problèmes juridiques, administratifs et techniques susceptibles d'entraver le développement et le bon déroulement de la coopération interrégionale.

4. Si nécessaire, des accords pertinents relatifs à la coopération dans les domaines visés par le présent article sont signés.

Article 9

1. Les Parties contractantes collaborent en vue de favoriser et d'améliorer les connexions bilatérales de transport et de transit ainsi que les infrastructures connexes dans tous les domaines des transports.

2. Les Parties contractantes prennent des mesures visant à moderniser et améliorer les liaisons de télécommunications, notamment les liaisons téléphoniques et de télécopieur, ainsi que la transmission électronique des informations.

3. Les Parties contractantes favorisent la coopération en matière de transports et de liaisons tant en Europe que dans d'autres parties du monde.

4. Les organes compétents des Parties contractantes peuvent conclure des accords distincts à cet égard, conformément aux normes et règles internationales.

Article 10

1. Les Parties contractantes coopèrent étroitement à la protection de l'environnement et à l'utilisation rationnelle des ressources naturelles en vue d'assurer un équilibre environnemental constant dans la région. Les Parties contribuent à créer les conditions nécessaires à l'amélioration de l'état de l'environnement, notamment en ce qui concerne l'eau, l'air, les sols et les forêts, ainsi que la protection de la flore et de la faune. Les Parties contractantes luttent contre la pollution chimique, radioactive et autre et s'efforcent de la réduire efficacement. Les Parties collaborent également à la conception et à la mise en œuvre de technologies et de méthodes de production respectueuses de l'environnement.

2. Les Parties contractantes coopèrent et se prêtent mutuellement assistance afin de prévenir et d'éliminer les menaces contre l'environnement et les catastrophes naturelles. Elles s'informent immédiatement de ces menaces et catastrophes, ainsi que de la possibilité qu'elles se produisent.

3. Les autorités compétentes des Parties contractantes concluent des accords appropriés en matière de sécurité environnementale et de coopération, conformément aux normes internationales.

4. Les Parties contractantes participent à l'élaboration d'une stratégie coordonnée relative à la protection de l'environnement naturel en Europe et dans le monde.

Article 11

1. Les Parties contractantes appuient le renforcement global de la coopération dans les domaines de la culture, de la science et de l'éducation, sur la base des normes mondiales et européennes existantes, en particulier celles qui sont énoncées dans les conventions de l'UNESCO ainsi que dans les documents de la Conférence sur la sécurité et la coopération en Europe.

2. Les Parties contractantes concluent des accords internationaux de coopération dans les domaines de la culture, de la science et de l'éducation, et intensifient et développent également les échanges culturels dans tous les domaines et à tous les niveaux. Les Parties soutiennent notamment la coopération entre les associations de créateurs et d'artistes et les institutions et organisations culturelles, ainsi que la communication directe entre les représentants polonais et moldaves des arts, de la culture et de la science.

Article 12

Chaque Partie contractante affirme sa volonté de faciliter l'accès complet de toutes les parties intéressées à la langue et à la culture de l'autre Partie contractante, et soutient les initiatives et institutions nationales et privées pertinentes.

Article 13

1. Les Parties contractantes développent la coopération entre différents types d'écoles, d'universités et d'institutions scientifiques, y compris au moyen d'échanges d'universitaires, d'étudiants, de boursiers et de chercheurs.

2. Les Parties contractantes coopèrent dans le domaine de l'échange, de la formation et du développement professionnel du personnel enseignant, ainsi que dans l'élaboration et la fourniture de manuels scientifiques.

3. Les Parties contractantes affirment leur intention de reconnaître les diplômes obtenus à l'issue de périodes d'études dans les différents niveaux d'enseignement scolaire et universitaire, ainsi que les titres universitaires.

Article 14

Les Parties contractantes collaborent en ce qui concerne les sociétés de radiodiffusion, de télévision et les agences de presse. Chaque Partie contractante facilite la diffusion des journaux, des livres et des matériels audiovisuels de l'autre Partie contractante.

Article 15

Les Parties contractantes favorisent le développement de la communication entre leurs ressortissants et au sein des organisations sociales, des partis politiques, des syndicats, des églises et des groupes religieux, des organisations sportives, des fondations et autres organisations et associations communautaires.

Article 16

1. Les Parties contractantes, conformément aux normes internationales, y compris les documents de la Conférence sur la coopération et la sécurité en Europe, réaffirment que les ressortissants de la République de Pologne d'origine moldave et les ressortissants de la République de Moldova d'origine polonaise jouissent des mêmes droits et libertés que les autres ressortissants de ces États, et reconnaissent le droit de ces personnes à la liberté d'expression, ainsi que leur droit de préserver et de développer leur identité ethnique, culturelle, linguistique et religieuse sans aucune forme de discrimination et dans des conditions de pleine égalité devant la loi.

2. Les Parties contractantes conviennent que les personnes visées au paragraphe 1 du présent article se conforment aux dispositions légales de l'État dans lequel elles vivent.

Article 17

1. Les Parties contractantes favorisent leur coopération générale en matière de soins de santé et d'hygiène, notamment en vue de prévenir et d'éradiquer les maladies transmissibles.

2. Les Parties contractantes s'efforceront de coopérer étroitement dans les domaines de l'emploi, des assurances et de la protection sociale.

Article 18

1. Les Parties contractantes coopèrent en matière d'entraide judiciaire et dans le développement des relations juridiques en matière civile, pénale et familiale.

2. Les Parties contractantes coopèrent en vue de lutter contre la criminalité organisée, le terrorisme, la criminalité économique et autre, notamment la production et la circulation de moyens de paiement contrefaits, le trafic de stupéfiants, d'armes et d'œuvres d'art, l'atteinte illicite à la sécurité de la navigation aérienne et maritime civile et la migration clandestine.

Article 19

Le présent Accord est enregistré auprès du Secrétariat de l'Organisation des Nations Unies, conformément à l'Article 102 de la Charte des Nations Unies.

Article 20

1. Le présent Accord est soumis à ratification et prend effet le jour de l'échange des instruments de ratification.

2. Le présent Accord reste en vigueur pour une durée de 10 ans. Il est ensuite automatiquement reconduit pour des périodes de cinq ans, à moins que l'une des Parties contractantes ne le dénonce au moyen d'une notification envoyée au plus tard un an avant l'expiration de la période de validité en cours.

FAIT à Varsovie, le 15 novembre 1994, en deux exemplaires, chacun en langues polonaise et moldave, les deux textes faisant également foi.

Pour la République de Pologne :

L. WAŁĘSA

Pour la République de Moldova :

M. SNEGUR

No. 54549

Peru
and
Belgium

Specific Convention between the Republic of Peru and Kingdom of Belgium on the "Program of support for the universal health insurance policy in Peru, through the SIS". Lima, 21 March 2013

Entry into force: *25 October 2013 by notification, in accordance with article 12*

Authentic texts: *French and Spanish*

Registration with the Secretariat of the United Nations: *Peru, 30 June 2017*

Not published in print, in accordance with article 12(2) of the General Assembly regulations to give effect to Article 102 of the Charter of the United Nations, as amended, and the publication practice of the Secretariat.

Pérou
et
Belgique

Convention spécifique entre la République du Pérou et le Royaume de Belgique relative au « Programme d'appui à la politique d'assurance santé universelle au Pérou, par le truchement du SIS ». Lima, 21 mars 2013

Entrée en vigueur : *25 octobre 2013 par notification, conformément à l'article 12*

Textes authentiques : *français et espagnol*

Enregistrement au Secrétariat de l'Organisation des Nations Unies : *Pérou, 30 juin 2017*

Non disponible en version imprimée, conformément au paragraphe 2 de l'article 12 du règlement de l'Assemblée générale destiné à mettre en application l'Article 102 de la Charte des Nations Unies, tel qu'amendé, et à la pratique du Secrétariat en matière de publication.

No. 54550

Peru
and
China

Exchange of notes constituting an agreement between the Government of the Republic of Peru and the Government of the People's Republic of China on the realization of a feasibility study relating to the project "Improvement of cultural services of the national museum of archeology, anthropology and history of Peru". Lima, 21 November 2016

Entry into force: *11 April 2017 by notification, in accordance with the provisions of the said notes*

Authentic texts: *Chinese and Spanish*

Registration with the Secretariat of the United Nations: *Peru, 30 June 2017*

Not published in print, in accordance with article 12(2) of the General Assembly regulations to give effect to Article 102 of the Charter of the United Nations, as amended, and the publication practice of the Secretariat.

Pérou
et
Chine

Échange de notes constituant un accord entre le Gouvernement de la République du Pérou et le Gouvernement de la République populaire de Chine pour effectuer une étude de faisabilité du projet « Amélioration des services culturels du Musée national d'archéologie, d'anthropologie et d'histoire du Pérou ». Lima, 21 novembre 2016

Entrée en vigueur : *11 avril 2017 par notification, conformément aux dispositions desdites notes*

Textes authentiques : *chinois et espagnol*

Enregistrement au Secrétariat de l'Organisation des Nations Unies : *Pérou, 30 juin 2017*

Non disponible en version imprimée, conformément au paragraphe 2 de l'article 12 du règlement de l'Assemblée générale destiné à mettre en application l'Article 102 de la Charte des Nations Unies, tel qu'amendé, et à la pratique du Secrétariat en matière de publication.

No. 54551

Peru and China

Exchange of notes constituting an agreement between the Government of the Republic of Peru and the Government of the People's Republic of China to provide a donation to the Government of the Republic of Peru of 4000 computers for the electronic notification system of the Peruvian judiciary. Lima, 21 November 2016

Entry into force: *11 April 2017 by notification, in accordance with the provisions of the said notes*

Authentic texts: *Chinese and Spanish*

Registration with the Secretariat of the United Nations: *Peru, 30 June 2017*

Not published in print, in accordance with article 12(2) of the General Assembly regulations to give effect to Article 102 of the Charter of the United Nations, as amended, and the publication practice of the Secretariat.

Pérou et Chine

Échange de notes constituant un accord entre le Gouvernement de la République du Pérou et le Gouvernement de la République populaire de Chine pour l'octroi au Gouvernement de la République du Pérou d'un don de 4000 ordinateurs destinés au système de notification électronique de la magistrature péruvienne. Lima, 21 novembre 2016

Entrée en vigueur : *11 avril 2017 par notification, conformément aux dispositions desdites notes*

Textes authentiques : *chinois et espagnol*

Enregistrement au Secrétariat de l'Organisation des Nations Unies : *Pérou, 30 juin 2017*

Non disponible en version imprimée, conformément au paragraphe 2 de l'article 12 du règlement de l'Assemblée générale destiné à mettre en application l'Article 102 de la Charte des Nations Unies, tel qu'amendé, et à la pratique du Secrétariat en matière de publication.